U0908938

“十三五”国家重点出版物出版规划项目

朱 伦 刘 泓 主编

ETHNIC POLITICS

A Study of Problems and Policies in India

民族政治学

印度的族裔问题及其治理研究

■ 王树英 著

中国社会科学出版社

图书在版编目（CIP）数据

民族政治学：印度的族裔问题及其治理研究／王树英著．—北京：中国社会科学出版社，2017.11

ISBN 978－7－5203－1158－8

Ⅰ.①民…　Ⅱ.①王…　Ⅲ.①民族学—政治学—研究—印度
Ⅳ.①D0－05

中国版本图书馆 CIP 数据核字（2017）第 244793 号

出 版 人　赵剑英
责任编辑　安　芳
责任校对　张依婧
责任印制　李寡寡

出　　版　中国社会科学出版社
社　　址　北京鼓楼西大街甲 158 号
邮　　编　100720
网　　址　http://www.csspw.cn
发 行 部　010－84083685
门 市 部　010－84029450
经　　销　新华书店及其他书店

印　　刷　北京明恒达印务有限公司
装　　订　廊坊市广阳区广增装订厂
版　　次　2017 年 11 月第 1 版
印　　次　2017 年 11 月第 1 次印刷

开　　本　710×1000　1/16
印　　张　18.5
字　　数　317 千字
定　　价　78.00 元

凡购买中国社会科学出版社图书，如有质量问题请与本社营销中心联系调换
电话：010－84083683

目　录

前　言

印度和中国一样，同为世界上发展较早的国家，也同为世界上历史最悠久、文化最丰富的国家。长期以来，中、印两国相互学习、彼此交流，从而促进了双方的共同发展。中、印两国都有着悠久的历史，两国的文化都对世界做出了重要贡献，是任何其他国家民族的文化所不能比拟的。

但在西方一些人的眼里，印度的形象似乎变化不大，有人说，一提到“印度”，就会给人一个“落后”的印象。对这个问题，应作历史的分析，要全面地看、发展地看，不可笼统而言，一概而论。印度在历史上有过光辉灿烂的时期，印度也是世界四大文明古国之一，它在历史上对人类做出了不朽的贡献，对中国、对南亚和东南亚一带的国家影响很大，这是众所周知的事实。后来，由于种种原因，印度有些方面落后了，但就是落后的国家，也不会永远落后。事实上，它有不少地方已经或正在发生重大的变化。今天印度的经济和科技有了很大发展，它正在稳步变成一个重要的军事强国和工业强国，还有“21 世纪软件大国”之称，等等。因此，印度有些地方的确值得我们认真学习。

文化的高低，并不表明民族的优劣，而只是反映社会发展的程度。有的人说得好：当代的西方文化，在某些方面确实走在世界的前列，但这并不像某些种族主义者所说，是什么由于西方的“民族优秀”和“种族高贵”。因为他们的这种“理论”，无法解释他们不太遥远的祖先是何以在文化上一直落后于东方民族的。

我们说，文化的发展取决于社会物质生产的发展。在历史发展的长河中，其发展速度有快有慢，有各种原因。今天落后的，并不意味着永远落后；今天先进的，并不意味着永远先进。文化有高低之分，但民族无优劣之别。因此，马克思和恩格斯也曾指出：“古往今来每个民族都在某些方面优越于其他民族。”我们今天所以实行改革开放政策，就是要向世界各国学习，其中包括印度在内。要学习人家，首先要了解人家，不了解，就谈不上学习。为了加强与印度各族人民的友好往来，更好地向对方学习，对印度各族人民有个基本的了解，是很有必要的。

印度是块辽阔的大地。无论是在种族特征、人口数量、语言系属和宗教信仰上，还是在社会发展、经济活动、文化传统和生活方式上，都有千差万别，各具特色。其表现是多方面的：

种族特征比较复杂。这个地区，在历史上屡遭异族入侵和占领，因而人种繁多，血统混杂，素有“人种博物馆”之称。有的像欧洲的白种人，有的像非洲的黑种人，有的则是棕色的黄种人。有的身材高大，有的个子矮小；有的高鼻梁，有的塌鼻子。许多世纪以来，各色人种、宗教和文化一直不断地迁入这一地区，到底这里有多少人种，说法不一。主要有雅利安人、达罗毗荼人、蒙古人、蒙古—达罗毗荼人、雅利安—达罗毗荼人等。

印度的民族也很复杂，有几个语系的民族：（1）属印欧语系的民族有：印度斯坦人、古吉拉特人、孟加拉人、旁遮普人、信德人、阿萨姆人，分布在印度大部分地区。（2）属于达罗毗荼语系的民族有：泰卢固人、泰米尔人、坎纳达人、马拉雅兰人和布拉灰人。他们绝大多数分布在印度南部和中部。一部分泰米尔人分布在斯里兰卡北部。（3）属于南亚语系的民族有：讲蒙达语的蒙达人、桑塔尔人和霍人，居住在印度中部山区，尼科巴人分布在印度洋上的尼科巴群岛。

印度的人口数量大。大家知道，印度的人口在世界上位居第二位。这里有上亿人口的大民族，也有不足千人的小部落。这是由于社会发展不平衡所造成的。人口在1亿以上的大民族有：印度斯坦人（2亿）、孟加拉人（1.6亿）。人口在1亿以下5千万以上的民族有：旁遮普人、比哈尔人、马拉提人、泰米尔人、泰卢固人、古吉拉特人、奥里萨人、信德人等。另外还有400多支部落。

这里人口的出生率偏高，人口增加较快。天气热，人们成熟早，结婚也早，十几岁结婚也是有的。印度规定最多生三胎，但用当地人的话说，“实际上不受限制”，法律规定是一回事儿，实际行动上则是另一回事儿。印度的人口已增加到10亿多。有些人并不认为让少年男女结婚犯法，有些人也不知道这些规定。为什么存在结婚早的现象，这与印度的婚俗有关，印度社会盛行嫁妆制度，女孩早出嫁，可以少出嫁妆。有关这方面的事情，会在后文谈到。

需要指出的是，印度的语言非常复杂。在一张 10 卢比的纸币上，可以看到 15 种语言的文字，蔚为奇观。这些语言是：奥里萨语、乌尔都语、坚那勒语、古吉拉特语、梵语、信德语、印地语、克什米尔语、泰米尔语、泰卢固语、旁遮普语、孟加拉语、阿萨姆语、马拉雅兰语、马拉提语等。全印度各族、部落的语言再加上方言超过 150 种。如果再仔细区分，则达 1600 多种，所以语言问题一直是印度的一个麻烦问题。多年来，印度政府一直在全国推广普通话即印地语，但英语仍有很大影响。因为英国统治印度约两百年，所以英语在印度影响很大。1950 年印度宪法规定：英语为印度官方语言，15 年后，即 1965 年将被印地语代替。但是，到了 1965 年，该条规定却未行得通。现在的情况是：英语、印地语同为官方用语。今天印度小孩上学，同时要学三种语言，即英语、印地语和一种地方语。所谓“地方语”是指本邦或本地区的语言。

由于印度语言复杂，不同地区，尤其是南北两地，交流受到一定的影响，也直接影响到文化交流。这对整个印度的团结、统一和经济发展与繁荣不免带来一些麻烦。

印度的宗教信仰复杂。印度是一个宗教成分相当复杂的地区。西方国家主要信奉基督教，而印度则不然，这里主要信仰印度教，另外，还有伊斯兰教、基督教、耆那教、锡克教、佛教、犹太教、拜火教等。其中印度教影响更大，印度教教徒的人数超过 6.8 亿。除印度教外，其他宗教的教徒人数分别为：伊斯兰教教徒 1 亿 160 万，基督教教徒人数为 1960 万，锡克教教徒人数为 1630 万，佛教教徒人数为 640 万，耆那教教徒人数为 340 万，等等。宗教关系往往影响到民族关系，国家关系。如印度战后由一个国家分裂为三个国家，即印度、巴基斯坦、孟加拉国，宗教矛盾是分裂的原因之一。它不仅影响到国家关系，还与社会、经济和文化有着密切联系，它深入到人们生活的各个方面。

到过印度的人会发现，不管是城镇，还是乡村，是工厂，还是学校，无论老少，他们同你交谈之间，一定会问：“你信什么教?”当你回答不信任何宗教时，许多人，甚至青年学生都感到惊奇，不可思议。在印度人看来，信教是天经地义的，不信教是不可思议的。因此，宗教在人们生活中占有十分重要的地位，好像没有宗教就没有生活，而保护宗教的人将受到宗教的保护，这种思想体现在人们生活的各个方面。因此，人们信仰宗教，按宗教教义行事。绝大多数人从早到晚，从生到死，一举一动，无不与宗教联系起来。例如，一个信仰印度教的家庭的小孩，出生后到了一定日期，便选个良辰吉日进行起名仪式，而且不少人的名字也同神有关。小孩开始上学读书，也要进行拜石板仪式。一个人的家庭生活也同宗教有关，例如把结婚当作一项重要的宗教仪式来举行。举行结婚仪式时，房中间生一个火盆，由火神做证，并向神祈祷，进行一系列的宗教仪式。他们把结婚首先当作宗教职责来履行，因为“无妻之男，无权祭祀”。结婚的第二个目的是生育后代。为了死后升天，免入地狱，生个儿子是必不可少的条件。例如，必须由儿子为老人送终，举办葬礼的责任必须由儿子承担。如此等等，举不胜举。

他们还把经济生活同宗教联系起来，例如很多人一天几次拜神，若得到了职业或丰衣足食，便认为是敬神的结果，他们把罗其密视为女财神，认为一个人的贫富与她有关。城市商人、店铺老板开始营业之前先要祈祷，原因也在于此。此外，手工艺人则向自己的工具祈祷，农民向自己的犁、牛和田地祈祷，等等。由于种种宗教思想的影响，不少人把自己严格地约束起来，甚至有些达到极端的地步。

印度是个充满神话的国家。古代印度人民不注意自己的历史，尤其不注重系统记录自己的历史，而是非常喜欢讲故事，以神话故事形式述说古代所发生的重大历史事件或英雄人物事迹，这是印度的一大特点。《摩诃婆罗多》《罗摩衍那》《往世书》是印度神话故事的宝库。这些神话传说往往和宗教联系在一起，所以至今仍在印度广为流传，成为他们思想行为、道德观念的准则和生活的范示。若不了解印度神话，就无法知道印度的过去，也不能很好地认识印度的现在。没有这些神话，印度的历史、文学、宗教和艺术等就无从谈起，就是对今天印度人民的社会生活和风俗习惯等也无从了解。今天，人类进化了，离那个想象丰富、绚丽多彩的神话时代已经非常遥远。但是，那些古老的神话故事仍旧牵动着人们的心灵，激发着人们的幻想，在今天印度的许多节日集会上，人们仍然满怀喜悦地表演神话故事，演唱神话歌曲，通宵达旦，一连几天，有的长达一个月之久。神话故事影响着当今印度人的思想、生活和道德规范。许多人对本国的法律规定也许不清楚，但对复杂的神话人物却了如指掌。

种姓复杂。印度教的种姓制度是一个非常复杂的问题，今天它在世界上也实属罕见，它是一种世袭的等级制度。印度人口的82%为印度教徒，其内部分为不同等级的社会集团，我国通常称之为“种姓”。其实，种姓制度不仅在印度教徒中存在，在伊斯兰教、锡克教中也有不同程度的影响。种姓制度不但奴役、残害了广大劳动者，剥夺了他们做人的权利，同时也是印度社会发展的一大障碍。直到今天，它对印度社会、经济、政治、文化以及人民的生活等方面仍有很大影响。

“种姓”是怎么形成的？它有什么特点？一直是人们关心的问题，可以说是印度社会和文化的一个最突出的特点。印度的种姓制度有着长久的历史，可以上溯到公元前两千年左右，起初本来是征服者与被征服者的关系：即征服者雅利安人算作一个高级种姓，称作“雅利安”；被征服者达罗毗荼人算作一个低级种姓，称作“达萨”。后来，在“雅利安”种姓中发生分化，而分为婆罗门、刹帝利和吠舍三个种姓。“婆罗门”为僧侣贵族，掌握神权，主持祭祀；“刹帝利”为武士贵族，掌握军事和行政大权；“吠舍”为农牧民和工商业者；“达萨”后来改称“首陀罗”，属于该等级的人都是奴隶、杂工和仆役等。各种姓之内，实行内婚，职业世袭；各种姓之间，不能通婚，界限森严，甚至不能彼此交往。当印度进入封建社会以后，在各种姓之间又发生分化，出现了许多副种姓或叫亚种姓（据说全国有3000多个）；在种姓之外，则出现大批“贱民”，被称为“不可接触者”，备受歧视。他们无权进入学校、寺庙和公共场所，不得与其他种姓的人接触，甚至连他们的身影也不能落到其他种姓人的身上。这种从奴隶制社会继承下来的剥削压迫制度一直渗入印度社会的各个角落，成为印度社会进步与发展的一大障碍。印度国会曾于1950年通过了废除种姓制度的法律，目前虽然种姓制度在印度各地还存在不同程度的影响，但与从前相比，已发生了很大的变化，社会平等方面有了很大的进步。

历史在前进，社会在发展。印度自独立以来，特别是近些年发生了巨大变化。中、印两国的经济和文化交流亦在不断加强。中、印两国，早在2000多年前就开始了经济文化交流。对此中、印两国的史书上都有记载。至少在公元前2世纪以前，两国就有了商贸往来活动和文化交流。到了汉代，随着佛教的传入，两国的经济和文化交流就更加频繁了。中、印两国，既有精神文化交流，又有物质文化交流，从而丰富了两国的物质生活和精神生活。

如今，世界上的人们不仅注意到印度悠久的历史，丰富多彩的文化，诸如蜚声世界的电影、魅力无穷的音乐、多姿多彩的舞蹈等，而且更注意到印度正在崛起，已成为世界经济大国之一。目前它拥有居世界第四位的军事力量，有世界第三大科技人员储备库，有现代集约型的工业并实现了粮食的自给有余。印度的软件产品已占世界软件总数的 16.7%，在美国销售市场上占60%以上。因此，比尔·盖茨惊呼：未来的软件大国既不是美国，也不是欧洲国家，也不是日本，而是印度。据专家分析预测，印度将成为21世纪的软件大国。以上这些都说明，印度正在迅速发展。

现在已进入21世纪第二个十年，中、印两国都面临着新的机遇和挑战，寻求本国经济与文化向更高层次发展的途径。在这个意义上，中、印两国之间有着广阔的交流领域和长远的合作前景。中、印这两个亚洲大国的经济和文化交流活动，便愈加具有重要意义，而经济和文化只有相互交流，才能更加繁荣，只有相互交流，才能相得益彰，这也是早被历史证明了的真理。随着中、印两国友谊的不断发展，中、印经济文化的交流活动必将更加繁荣，超过历史上的任何时代。

为了进一步增进两国彼此了解，加强两国的交流与合作，进一步弘扬和发展两国的传统友谊，笔者撰写了本书，愿对读者能有所裨益。不妥之处，请批评指正。

王树英

2016 年 10 月 6 日

第一章　东方文明古国

一　国名溯源

印度曾有过很多国名，对同一名称的来历，也众说纷纭，莫衷一是。“帕勒德”即其中之一，它是梵文的发音。根据耆那教传说，教祖里施波德沃的长子叫“波勒德”，他是一位威望很高的国王，因此他的国家便以波勒德的变音“帕勒德”命名。又据《往世书》记载，包勒沃王朝著名的国王杜施因德的儿子叫“波勒德”，擅长武功，在继任国王期间，打败了许多雅利安人的小王国。《梵书》中记载了其武功。由于波勒德的原因，其后裔一直被认为是“帕勒德”，国祚甚长。因此，这个国家便以“帕勒德”命名。在《往世书》中尚有另外的记载，如“在大海以北和喜马拉雅山以南，有个国家名叫‘帕勒德·沃勒德’，其名称的由来即波勒德的后裔居住于此的原因”。由此证明，印度居民的一个古称也叫“帕勒迪”（帕勒德人）。又有些学者认为，帕勒迪人是指雅利安人进入印度以前的当地土著人而言，其文明遗迹在哈拉巴和莫亨殊达罗早有发现。不过有些人不同意这种说法。他们认为，帕勒德人是指波勒德国王的后代，凡此种种，可见一斑。

“印度”还有另外的叫法。几千年前，雅利安人乘世界人口移动的风潮，由中亚出发，分东、西两支迁移。向西去的一支雅利安人到了欧洲，成为今天大部欧洲人的祖先。向东去的一支雅利安人，有的则在波斯定居，成了今天的波斯人，另一部分则继续向东南移动，越过兴都库什山，来到印度的西北部，成为今天的一部分印度人。雅利安人初到印度时住在印度河流域，“印度”河古代梵文发音“信突”（sindhu）河，可是古代伊朗人把字母“斯”（s）的发音读成了“合”（h）音，即读成“很毒”

(hindu) 河。因此，住在印度河流域的人被称为“很毒”，而把这一地区称为“很毒斯坦”，“斯坦”是地区的意思，“很毒斯坦”，意即很毒人居住的地方。这就是印度又一名称“很毒斯坦”的由来。

历史上，中国对印度的称呼几经改变。西汉时称它为“身毒”，东汉称它为“天竺”。到了唐代玄奘指出：“仔细探讨天竺的名称，很多不同的说法，弄得一团混乱。旧时叫作身毒，或者叫贤豆。现在根据正确发音，应该称作印度。印度人民随居住地方之不同而自名其国，远方外国，异俗之人，从远处看，采用了一个总名，对自己所喜欢的地方，称之为印度。印度者，唐朝的话就是月亮。月亮有很多名称，印度是其中之一。意思是说，所有生物生生死死，轮回不息，好像一个没有光明的长夜，没有一个清晨的掌管者，就好像白日既已落山，晚上就点上蜡烛，虽然有星光来照明，哪能如同朗月的明亮？就由于这种情况，才把印度比成一轮明月。实在是因为在这个国家，圣贤相继出世，遗法相传，教导群生，条理万物，好像月亮照临一般。由于这样原因，才把本国称为印度。”这是一种解释和说法。从此中国才确定将其国名译为“印度”。

另外，古代希腊人却把印度河叫成“伊德斯”，把这一地区称为“伊迪亚”，这是西方人对印度的叫法。

古代印度，即今日之南亚次大陆，历史上曾发生过多次变动，分成了几个国家。1947 年 8 月 15 日印度独立。今天的印度，专指印度一国而言。

二 复杂的地形、富饶的河川

印度位于亚洲南部，几乎与亚洲大陆分开。它东邻孟加拉湾，南接印度洋，西濒阿拉伯海，北枕喜马拉雅山，成为远东、澳洲、欧洲和非洲海上交通的要冲，地理位置非常重要。

就印度的地形而言，可以有不同的分法。第一种，把印度全境分为三大部分，即北部、中部和南部。从喜马拉雅山麓到温迪亚山脉以北约 1610 平方千米的广大平原为北部，恒河横贯其间；纳巴达河以南，克里希纳河及通加巴德腊河以北的德干高原为中部；克里希纳河以南为南部。第二种，把印度分为五部分：①北部山区、②北部平原、③南部高原、④拉贾斯坦沙漠、⑤沿海平原。

在北部山区，喜马拉雅山脉如同印度北部的一道高墙，对印度起着一种保护作用，使印度的宗教信仰、婚姻制度、丧葬习俗以及社会结构和种姓制度等基本上从古代保留了下来。但同时也应指出，西北部还有些山口，那里森林并不茂密，山并不太高，所以自古以来就有异族从这里进入印度。他们是雅利安人、波斯人、希腊人、色底安人、匈奴人、土耳其人、鞑靼人、蒙古人等。这些民族进入印度，不仅使印度的民族成分发生了变化，而且他们还带来了各自的文化与习俗。这样就丰富了印度的民族文化，使印度社会与文化风俗复杂化。同时也不应该忘记，正是这些山口为印度同世界建立贸易联系与和平友好帮了大忙。无论是通商贸易，还是友好往来，这些山口都起了重要作用。现在这些山口都在巴基斯坦境内。在喜马拉雅山区内有茂密的森林，这里出产大量木材和药材。据中国史书记载，印度的药材早就由此传入中国。除此以外，印度洋的季风被喜马拉雅山脉挡住，从而变成大量雨水，为印度农作物生长提供了有利条件。冬天，喜马拉雅山脉使印度免受从北方吹来的寒风侵袭。发源于喜马拉雅山的一些河流，流经平原地区，为印度提供了灌溉的便利和水利资源。这里的山坡上产茶，产量很高，其大量的出口每年为印度增加不少外汇收入。

喜马拉雅山脉险峻，东西横列，仅有少数山口可以通行，但在封山季节，交通则完全中断。其山南麓，峰底生长着热带森林，峰顶终年积雪，且有冰川。喜马拉雅山成为印度北部的天然屏障，使印度免受亚洲中部冬季寒风的侵袭。因此，印度冬季并不太冷。

喜马拉雅山脉与南印度高原之间为印度大平原，它以萨特里日河、恒河、朱穆纳河与布拉马普特拉河的平原而闻名。面积约有 77 万平方千米，其长为 2414 千米，宽为 241—321 千米，为世界上人口最密集的地方。这块大平原由于肥沃、富庶，出现了一些古代文明城市、商业贸易中心和古代的首府。这块平原曾以阿利亚瓦德而闻名，意思是喜马拉雅山与温迪亚山之间的地方，是印度文明和文化的发源地，还一直是耆那教、佛教的活动中心。由于这块平原土质肥沃，所以自古以来盛产黄麻、大米、烟草、甘蔗、小麦、棉花等。印度人口的 40% 生活在这里。该地区在印度的经济发展中起着重要作用。

北印度平原以南，东、西两边由山环绕成南印度的三角形高原。除一些高峰外，一般高度在 458—1220 米之间。这个地区的面积占全印度的五分之二。从结构上看，它是印度最古老的地区，很可能是贡德人最早居住的地方。在温迪亚山和斯德布腊山区至今还保留着土著人的文化，那里有皮尔人、贡德人、桑塔人等部落民分布着。这里高原土著人的风俗习惯一直与北印度不同。南印度以达罗毗荼语言文化为主，古印度的文化核心成分在这里可以看到。

在恒河—印度河平原和温迪亚山之间，印度的西南部是拉贾斯坦的沙漠地区，它的西北部是沙漠和不毛之地，但东南部却土壤肥沃。这块沙漠对马尔瓦和拉贾斯坦起了保护作用，使拉贾斯坦的文化、风俗免受外国入侵者的干扰，当地居民的社会、宗教、衣食住行、婚丧嫁娶以及人们的性格、兴趣爱好等，均别具特色，与印度其他地方有所不同。这里的寡妇殉夫制度也一度闻名全印度。

印度河流不少，其中以恒河、布拉马普特拉河与印度河为大。恒河是印度的第一大河，有圣河之称，全长 3000 千米。其发源于喜马拉雅山南麓，与我国雅鲁藏布江仅有一山之隔。山水南注，形成无数河流，皆为恒河支流，有哥格拉河、朱穆河等。恒河与布拉马普特拉河在下游汇合，构成一个三角洲。恒河流域是印度经济最发达、人口最稠密的地区。在它的滋润下，出现了无数商业名城和宗教圣地。

布拉马普特拉河的上游，是我国的雅鲁藏布江，位于喜马拉雅山北麓，绕过喜马拉雅山而流入印度，水势汹涌，航行不便。印度河虽然也源远流长，但所经过的地方多为干燥区域，且中间有一部分沙漠，因此支流很少，河水含沙量大，常淤常决。

南印度高原以东和以西的沿海地区，是一些河流形成的冲积平原。在这块沿海平原上，分别有泰米尔纳德、安得拉、奥里萨、喀拉拉等几个邦的重要港口，是印度的主要门户，75% 的外贸活动均通过这些港口进行。西岸的孟买、卡利卡特（又叫科泽科德）、柯钦，东边的马德拉斯、维沙卡帕特南，都是著名港口。印度早在远古时代，就通过这些港口与爪哇、苏门答腊、中南半岛等地有了联系，在向东南亚传播印度文化方面起过重要作用。因此，从民族文化的形成与传播来看，沿海平原与港口是非常重要的。

据有关研究，南部德干高原，古代原是一个陆块，后来被无数断层分割为很多彼此隔绝的陆块，如同我国西北地形。高原高度一般在 3000—8000 米之间，高原由西向东倾斜，这一地区的大部分河流最后注入东部的孟加拉湾。河流多属自然河流，雨水为其天然水源，一旦雨季来临，下雨较多，河流则泛滥成灾；干旱季节，河水干涸，又失去了灌溉和航运之便。

印度风景秀丽，自然条件良好，可耕地多，土地也较肥沃。除北部山区外，印度没有霜期，就是在北方的德里地区，冬天林木仍葱郁，公园内各种奇花异卉，色彩绚丽，芬芳扑鼻。有人说："印度是个美丽的大花园。"也有人说："印度是个天然的植物园。"到过印度的人对印度有种种美好称呼，上述这些说法均有道理。印度的确给人一种特别的感觉，高旷无际的天空，赤红似火的太阳，五颜六色的花草，枝叶茂密的热带植物……这些无不令人心醉。

印度幅员辽阔，景色宜人。在这个国家，植物形形色色，几乎什么都有。印度朋友说得好："凡是世界上有的，我们印度几乎都有。"既有一望无际的绿色稻田，又有大片的甘蔗地，北方有挺拔的松树，南方有高大的棕榈，结着黄色果实的芒果园遍布各地，直立参天的椰子林在南方多得让人目不暇接。几乎一尺长的菠萝蜜，是那样惹人喜欢。金黄色的大香蕉几乎到处都有，甜而可口的各种柑橘，让你简直吃个没够，更有那无核的粉红色苹果，甜中带香，还有许多叫不出名字的水果。

印度人喜欢鲜花，他们总爱给贵宾、新婚夫妇、过生日者的脖子上套个长长的花环，就是去墓地哀悼亡者，也要在墓碑上挂上鲜花花环。花环用玫瑰、晚香玉和各色各样的热带花朵编制而成，看上去有无数金黄和银白的线条在闪烁。

不少女子喜欢在头上戴些新鲜花朵，有红的，有黄的，也有粉白的，可谓五颜六色，绚丽多彩。它们虽然颜色各异，但有个共同特点，即气味芬芳，鲜艳诱人。北印度人喜欢鲜花，南印度人更是如此。为此，商店里或马路两旁总有一些卖花的，甚至有些人还不时地高声叫卖。那些鲜花有些放在筐内，有些堆在地上，有的整个商店里里外外摆的全是鲜花。在川流不息的马路上行驶的汽车外壳上，也横七竖八地挂着各种颜色的花环，它们大都是结婚用车，或有什么别的喜庆活动。几乎每辆公共汽车的车头，即司机的方向盘左前方一般都放有各种神像：有的是彩色挂像，有的是铜制神像，有的是铜制神牛，神像身上也都挂着大小不一的花环。大街的十字路口、公路的两旁一般都有鲜花盛开的花坛；旅馆门前、校舍的周围一般都有常开不败的花朵。到了夜晚，即使住在三楼也能闻到花香。的确，印度到处鲜花盛开、百花争艳，简直像个大花园。在这美丽的自然环境中，即使是个不爱花的人也会被勾起几分兴趣。许多花树高大，如同中国北方的杨、柳，高达几丈，粗细不一，有的如水桶粗细，有的似手指大小。印度人活泼、乐观、风趣、好客、乐于和人交谈，也许同这美丽的自然环境有关，他们在某种程度上和鲜花一样，叫人喜欢。

印度也有“动物天国”之称。由于印度的广大地区气温较热，植物繁茂，因此动物的种类很多，再加上宗教的原因，不杀生的思想流行，因此，一切动物都在保护之列，不管是伤人的毒蛇，还是脏兮兮的老鼠，所以有人称印度为“动物的天国”。

象，是印度主要动物之一。在印度教的神话中，提到象的地方很多，财富女神罗其密四周围绕着象，智神耿乃希是象头人身，智力非凡，为印度教所崇拜的主神之一。古代印度王族作战，即有象军，高僧玄奘《大唐西域记》中对此也有记载。今天，印度每逢国庆，或有其他大型喜庆活动，总有象队参加游行，因为一般人认为，象是高贵的象征。印度象性情驯服，听人使唤。一家若有一头大象，可帮做许多事情，例如，象能用鼻子卷扫帚扫地，搬运柴草。农民下地干活，把它当作交通工具，驮着一家老少及一些工具，有的人家还用大象照看孩子，哄着小孩不哭，等等。象的用途可谓不少。

当你漫步在印度的街道上，总会不时遇到三五成群的白牛，它们横冲直撞，无所畏惧，简直无法无天，各种车辆和行人都得为它们让路。在广大农村，这种牛自然更多。牛在印度教中被视为最神圣的动物，处于优越地位，这同宗教信仰有关，然而实际的原因还在于它的经济作用。圣雄甘地曾解析过为什么要敬牛，他说道：“在我看来，保护牛是人类进化上最可敬的现象之一，它使人类超脱了自己的种族，在我看来，牛象征着整个次等的人类世界，人通过牛，晓得它和一切生命的同一性。牛是印度千百万人的母亲，它是一首怜悯的诗篇，保护牛意味着保护整个上帝的无声礼物。母牛产奶，供人享用，它的粪既可作肥料，也可作燃料。”有种说法，用牛粪烧饭，香甜可口。人死以后，用牛粪焚化，使灵魂圣洁。当然，今天火化尸体更多的是用木柴。无怪印度人对牛粪非常爱护，不管在城市的街上，还是在田间的路上，见有牛粪便有人用手抓起，放入一个特殊的容器，带回家中。每天的清早，三五成群的妇女到处寻找牛粪。她们把牛粪带回家中做成饼状，贴在墙上或晾在地上，待干后使用。所以一走进乡镇或某户农家，首先会闻到一股“牛味”。

农家养得起牛，是富有的象征，俗话说，牛是给予生气的宝库。相传，牛是破坏之神“湿婆”的坐骑，湿婆骑着一头白牛，手执一柄三股叉，可降伏一切妖魔鬼怪。同时，牛既是繁殖的象征，又是人们维持生存的基本资源之一。因此每个湿婆神庙都有牛的塑像，就连一些公共汽车司机座位的前方都供牛像。凡此种种，这些虽然同宗教信仰有关，但也同牛的经济价值很大和它在人们生活中的作用不无关系。

令人吃惊的还有那一群群天真活泼、乱蹦乱跳的猴子。猴子在印度也属圣物。据印度教的神话传说，印度的长尾猴哈奴曼是印度教的神猴，为罗摩神的弟子，他组织猴军帮助罗摩打败了魔王拉婆那。

印度的猴子很多，甭说在森林里，在城市的街上就能看到大量的猴子，一些地方还有神猴“哈奴曼”的神庙。那里猴子很多，当你刚一走进神庙院门，便有成群结队的猴子向你涌来。进入院后，更有不少猴子蜂拥而上，有的夺提包，有的抱你的双腿，但你无须害怕。尽管它们这样“拦路抢劫”，或故意同你嬉戏，但是它们既不咬人也不害人，既不想向你“讨钱”，更不想“图财害命”，仅仅是为了向你讨些吃的。给它们一些食品，它们则会自动离去。当然，也有些“不法”的猴子，随便闯入人家偷吃香蕉等物。这种情况不仅在哈奴曼神庙内及其附近能够看到，就是在汽车站或剧院旁边，也时常有几只猴子杂在乞丐中，向游客或行人乞讨食物。对此也有人勃然大怒，举手故作欲打之状，这时猴子见势不妙，撒腿便跑，迅速爬到树上或屋顶上。这种有趣的场面，恐怕在其他国家不会多见。

当你信步于城市的街道，或漫步在农村的田间，总会看到三五成群的孔雀，它们走来走去，或飞来飞去，不时地发出“哇、哇”的叫声。当你在房间里聚精会神地学习或工作时，突然“轰”的一声，有一两只孔雀落在你的阳台上。这时，不由得使你小心翼翼地转过头去，观看孔雀开屏。在灿烂的阳光下，孔雀的羽毛反射出五颜六色的光芒，令人顿生欣悦之情。印度规定，孔雀为国鸟，与神牛一样，受到国家保护，严禁伤害和捕杀它们。孔雀稳重而机警，深受人们的喜爱，尤其那美丽的羽毛和优美的姿态，更是讨人喜欢。几千年来，印度有许多关于孔雀的动人故事流传于民间，确实脍炙人口。传说迦尔迪盖耶（湿婆神的儿子）骑着孔雀云游四方，耆那教神祖的交通工具也是孔雀。孔雀往往成双成对地出现，很少有单独行动的。它们有时昂首阔步，有时低头伸颈快跑，它们虽然美丽，但见到人后总是感到羞怯，犹如印度的乡下姑娘。孔雀实在太美了，一般人都没有伤害它的念头，相反对它倍加爱护，非常喜欢。孔雀那五彩缤纷的羽毛、高视阔步的神态和那富丽华美的外表，似乎象征着印度在发展，人民在前进。

印度也有乌鸦，印度的乌鸦与别国的不同，这里专指它的数量和胆大而言。印度乌鸦多得出奇，成群结队，而且非常大胆，也很烦人。那难听的叫声不仅使人感到讨厌，它们的行为也实在可恨。黎明前，当人们还在酣睡时，它们会发出刺耳的噪声把你从梦中惊醒。这且不说，一天到晚偷吃东西而且非常猖狂。若食堂房门不关，它们竟敢闯入室内，啄食各种食品，甚至还会闯入人们的宿舍。若有人早上把准备好的午饭（如面包和鸡蛋）放在窗台上，乌鸦见了便毫不客气地啄食干净。楼前或房后，往往有成群成群的乌鸦，落在地上“哇哇”乱叫。在公园里，当你坐在一条长椅上休息，转瞬间，不知从哪儿飞来许多乌鸦，有的悄悄藏在你的身后，有的不声不响地落在你的身边或面前，同你保持一米左右的距离，密切地“注视”着你，一旦你拿出点吃的，它们就跃跃欲试，在你身边飞来飞去，叫声不停。在中国还没有见过乌鸦有如此之多，尤其是如此大胆。这也许是印度乌鸦的一大特点吧。

印度人注重保护自然，他们同大自然保持着一种特殊的关系。他们崇拜动植物，崇拜自然的历史悠久，这与其宗教信仰有着密切的联系。印度的种种神话传说和众多的礼仪活动，都含有对动、植物的崇拜。今天，在地球生态受到严重破坏的情况下，印度人的一些传统和习俗，有不少可取之处。

三　多样的气候

印度大部分地区处于热带，一部分处于温带。北部山区因地势高峻，有些地方终年积雪。除高寒山区外，大部分地区以热带和副热带气候为主。

印度全年分六季，即春、夏、雨、秋、冬、凉。但主要的是夏、雨、凉三个季节。5月到6月为夏季，其间天气炎热而干旱，人、畜俱疲，蚊蝇因酷暑而罕见，植物也“奄奄一息”。7月、8月为雨季，其时，云雾沉沉，大雨频降，草木茂盛，河水暴涨，泛滥成灾。这个季节蚊子、苍蝇纷纷出动。蚊子成群，十分猖狂，往往隔衣吸血，常常挥之不走，直至把它们打死才算完事。11 月、12 月为凉季，1 月、2 月为春季，这段时间处于东北季风的控制下，气候干燥凉爽，不冷不热，风和日丽，这同中国的春、秋两季大体类似，是印度的最佳季节。

从印度的地理位置和气候带看，印度又处在信风带上，信风带是在南北纬 10°与 20°之间。北半球的信风带，多为东北风，这种风是从高纬度吹向低纬度，即从低湿度的地方吹向高湿度的地方。这就使空气中所含水蒸气被较高的温度所蒸发，云雨之意，至此渐消。因此，处在信风带上的各地的天气，终年晴朗，空气干燥。虽然印度处在信风带上，但由于受西南季风的严重影响，即使是沙漠地带也成了多雨地区，再加上印度的山脉，如西高止山和喜马拉雅山等山脉的走向，都同西南季风相交，这样，西南季风所带来的水蒸气则被迫上升，凝结成雨。因此，印度不少地方，成为多雨地区。只有印度西北部受印度洋西南季风的影响不大，印度河流域雨量较少，通常降雨量为 500—600 毫米。

印度的地形丰富多彩，北枕高山，南邻大洋。在印度，既有一年保持一个温度的果阿地区，也有世界降雨量最多之地——阿萨姆谷地（现属迈卡拉雅），也有滴水不下的塔尔沙漠。给人印象最深的还有印度的“热”。印度的夏天可真叫“热”，名不虚传，简直难以忍受。太阳狂热地照晒着印度，甭说南方，就是对处于温带的印度北方，例如新德里的夏季，太阳也总是那样铁面无情，好像有意不让人松一口气。盛夏时，气温高达 48°C 以上。因此，一些东西全是热的，不，确切地说，全是烫的，桌椅烫手，墙壁烤人。尽管每个房间的上方吊有直径一米长的电扇，昼夜不停地转动，但因为“风”全是热的，仍使人汗流不止。然而，印度的凉季、春季却给人另一种感受：气候干燥凉爽，不冷不热，风和日丽，鲜花照样盛开，同中国的春、秋两季大体相似，这是印度的最佳季节。

四 国旗、国歌、国徽、国鸟、国兽、国花、国树、国果

（一）国旗

印度的国旗由橙、白、绿三色横条组成。这三种颜色的横条，分上、中、下三行平行排列，宽度相同，长度一样。最上面的是橙色，中间一条是白色，在白色条带中央有个蓝色的法轮，法轮上共有 24 根蓝色辐条。

此图案源于北方邦鹿野苑狮像柱顶上的底座，为阿育王于公元前 3 世纪所造。

国旗上三种不同颜色各代表不同的意思：橙色表示克己和献身精神；白色表示纯洁和真理；绿色表示信心和勇敢。白色带子上的法轮，象征着前进——“和平变革的推动力”。

印度今天的三色国旗，最初并非是这个样子，多少年来已有过好几次改变。最初在 1906 年设计过一面国旗，是由长方形三种不同颜色的条带平行排而成，即橙、白、绿三色，在橙色一行排开八朵白莲花，白色条带上写有“温德·马德勒姆”字样，1907 年，在国外的印度进步侨民设计了第二面国旗，也是由三色组成，但在橙色条带中的图案改成了一朵白莲花和七颗星，并在绿色条带内加进了白色的太阳、月牙和一颗星。后来该图案被否定。随后，迪拉克等著名民族运动领导人又设计了第三面国旗，但由于图案中有英国国旗的图样，故未被人们接受。到 1921 年，印度国大党在维贾伊瓦拉举行年会，会上安得拉邦一名青年把一面红、绿两色相间的旗子献给圣雄甘地，红、绿两色象征印度教和伊斯兰教两大宗教的结合。甘地对此基本满意，并建议在旗上加白色和一架手摇纺车的图案，以代表其他宗教和进步。甘地的建议得到大多数人的欢迎和支持，于是将旗帜定为白、红、绿三色。但也有人对颜色提出异议，因颜色意味着宗派。1931 年全印国大党委员会在卡拉奇召开会议，任命了七人作为委员专门负责国旗图案的起草工作，经过他们的共同努力，最后确定将原国旗中的红色改为橙色，并对各不同颜色重新作了解释，即如前面所述。1947 年 7 月 22 日印度独立前，制宪会议批准了上述三色旗为印度国旗，但用法轮取代了手摇纺车，以象征国家在不断前进。

（二）国歌

印度的国歌雄壮有力、悦耳动听，它的形成经历了一个曲折的过程。印度独立前，尼赫鲁于 1941 年曾请泰戈尔为未来的国家创作国歌，然而泰戈尔不久便不幸逝世。

1947 年印度独立前夕，国歌问题再次被提到议事日程。当时印度歌曲协会建议把作家邦金姆·金德拉·杰德吉的爱国歌曲《温德·马德拉姆》作为国歌，这一建议得到许多人的拥护，但因遭到圣雄甘地的反对而被否决。后来有人建议采用乌尔都语著名诗人伊克巴尔的歌曲《萨莱·杰航·赛·阿恰》（即“我们的印度斯坦比任何地方都好”）作为国歌，此歌在群众中有一定的影响，后亦被否决。同年，尼赫鲁的妹妹率领印度非官方代表团访问美国，在当时举行的招待会上，美方交响乐队提出要演奏印度国歌。印方代表团身边正好有一张《人民的意志》的曲谱，出乎意料，这首曲子一经演奏，便受到热烈欢迎。于是《人民的意志》很快就传播开来，1950 年 1 月 24 日，制宪会议正式通过，把该曲定为印度国歌。

《人民的意志》的歌词是印度著名作家泰戈尔用孟加拉文写的一首诗，创作于 1911 年，1912 年公开发表，后由他谱曲，它是一篇向印度命运的主宰者祈求赐福的祷文。这首诗与印度争取自由的斗争有关，圣雄甘地曾给予它很高的评价。其诗内容如下：

你是万民心灵的主宰，
印度命运的施主。
你的英名传遍旁遮普、
信德、古吉拉特和马拉塔，
以至达罗毗荼、奥里萨和孟加拉。
到处激发着人们的心声，
在温蒂亚和喜马拉雅山脉，
你的名字回响于万山丛壑之间，
同朱木拿河和恒河奏出的乐声交织在一起。
印度洋的波涛为你唱起赞歌，
为你的德泽而祈祷，
为歌颂你的英名而欢唱。
你拯救了人民，
你是印度命运的施主。
胜利、胜利、胜利永远属于你。

（三）国徽

印度国徽的设计讲究别致、结构复杂，是以萨尔纳特雄狮为摹本，萨尔纳特在北方邦瓦腊纳西城附近。带有这一狮子柱头的石柱是公元前 3 世纪阿育王树立起来的，用以标明佛陀初次宣讲他的和平与解脱真理的地点。国徽就是这样一个象征，意味着今天的印度依然奉守其古代对于世界和平与友好的承诺。

四只狮子位于一个圆形顶板之上，这四只雄狮的头分别向着东、西、南、北，昂然站立在一个圆形底座上。雄狮象征着力量、勇气和信心。雄狮脚下圆形底座周围刻有四个较小动物。它们是四方的守护者：北面是只狮子，东面是头大象，南面是匹骏马，西面是头公牛，它们象征着四个方向的保卫者。在它们之间有四个法轮，以象征前进。底座下方是盛开的荷花，用以表示生命的源头和创造性的灵感。国徽下方用天城体梵文字母刻写着箴言“萨陀耶梅瓦·阇耶帝”，意思是“真理必胜”。

印度政府于 1950 年 1 月 26 日把上述图案定为国徽，用以表达印度人民对真理和正义的追求，对和平与自由的向往。

（四）国鸟——孔雀

印度政府于 1963 年 1 月宣布孔雀为国鸟，列为国家级保护对象之一，和神牛一样，严禁伤害与捕杀。

孔雀稳重而机警，深受人们喜爱，尤其是它那美丽的羽毛和优美的举止更是讨人喜欢。在印度，几千年来有许多关于孔雀的动人故事流传于民间，脍炙人口。传说迦尔迪盖耶（湿婆神的儿子）骑着孔雀云游四方，耆那教神祖的交通工具也是孔雀；印度教大神因陀罗封它为鸟王。人们世世代代把孔雀的形象刻在器皿上，雕在建筑上，塑在庙宇里。

印度的孔雀很多，几乎到处可见。无论在平原和高山，还是在森林与湖畔，都能看到它的踪影。有时三五成群，有时成双成对，很少有单个行动的。它们有的昂首阔步，有的低头伸颈快跑。它们虽然美丽，但见人后总是感到羞怯，犹如印度的乡下姑娘。清晨，它们总是放声高叫，发出“哇、哇”的叫声，似乎要唤醒人们快快起床，去从事各自的工作。白天，除觅食和嬉戏外，还摆尾开屏，在阳光照射下光彩夺目。

7—9 月是孔雀脱毛的时期，每到这时，地上便有脱落的孔雀毛，人们小心地将它们一一收起，做成条帚或扇子或者各种装饰品和艺术品，供人欣赏。也有人把它们收集起来，根据长短不同，分别捆起，到自由市场偷偷叫卖。不过，孔雀毛也受到国家控制，政府尤其禁止个人把它带出国外，一经海关发现，一律没收。因为孔雀属于国鸟，受到国家保护。

（五）国兽——虎

虎是印度的国兽，它动作优美、敏捷、强壮有力，因此赢得人们的珍爱。印度老虎的种类很多，据统计至少有八种以上，其中以孟加拉虎最著名。孟加拉虎除了在印度的西北地区以外，全国各地均可看到，从干旱的丛林旷野，到潮湿的四季常青的森林，到布满红树的沼泽，都有孟加拉虎的出没。

印度老虎曾一度减少，到 1972 年减少到 1827 只。于是印度对虎采取了保护措施，从 1973 年起，一个大规模的保护计划即“老虎工程”开始实施，在全国建立了 19 个老虎保护区，约占 29715 平方千米。从此，虎的数量逐步增加，早在 1989 年印度全国老虎的数量上升到 4334 只，今天印度老虎种群的生存状况基本良好。

（六）国花——莲花

莲花或称睡莲，是一种睡莲科的水生植物。它生长在浅水中，宽阔的叶子漂浮在水面，花色明丽，带有清香。绿叶和花朵浮在水面，中空的叶柄长得很长。花朵很大，繁复的花瓣互相搭叠，形状匀称，十分优美。它的根部在水下泥中往水面方向呈扇形延伸。当莲花在池塘的水面上绽放的时候，看上去非常赏心悦目。在印度，庄重的莲花往往带有传奇色彩，大量的民间故事和宗教神话都是围绕着它展开的。

（七）国树——榕树

榕树是一种无花果树，根深叶茂，它的枝条可以在很大一片土上落地生根，长起来后，就像新树一般。接着，新根又会生出更多的树干和枝条。由于榕树有这样的特点，兼之寿命很长，所以便被认为是永生不朽的，并且成为印度神话和传说中重要的组成部分。即使在今天，榕树依然是乡村生活的中心所在。

（八）国果——芒果

芒果是热带地区广泛种植的重要水果之一，它是一种多肉水果，熟后可食，也可在青时腌制起来。它多汁的果实又是维生素 A、C、D 的丰富来源。印度的芒果品种很多，不下一百种，它们大小不等，形状各异，颜色也不同。芒果在印度的种植始于何时已不可考，古代诗人迦梨陀娑用诗歌赞美过它，亚历山大和中国的求法者玄奘都品尝过它的美味。阿克巴也曾在达班加种植过10万株芒果树，人称“拉吉·巴克”。

五　邦名探究及各邦概况

印度各邦名称的来历不同，有的同当地的特点有关，有的则与当地的历史或居民有关。各邦的出产不同，经济发展很不统一。现将各部的状况作以简要介绍。

（一）阿萨姆邦

阿萨姆邦位于印度的最东部，据2001年统计数据，该邦人口有2663多万。关于阿萨姆邦名称的来历说法不一，大体有三种意见：第一种认为“阿萨姆”这个词来自梵语，意思是无比的、无双的。因为阿萨姆邦的自然景色极其秀丽、举世无双，所以得名；第二种意见认为，阿萨姆邦的意思是起伏不平的山地，该邦有三分之二的地区是崇山峻岭和崎岖不平的丘陵，所以叫阿萨姆邦；第三种则认为“阿萨姆”这个词是“阿豪马”一词的变音。阿豪马是缅甸的一个民族，这个民族曾从中世纪到近代初期统治过阿萨姆的大部分地区。多数人认为第三种意见较合情理，因为“阿萨姆”这个名字是在阿豪马人统治阿萨姆邦的后期才开始有的，在这之前的历史著作和其他文献中，“阿萨姆”这个叫法从未出现过。

在古代神话传说中，阿萨姆叫普拉格焦迪希，当时阿萨姆的首府叫普拉格焦迪希普尔，意思是“东方占星之城”，据说当时这里是星相学、数学和天文学的中心，所以取了这个名字。至今在高哈蒂附近还有一座九星庙。迦梨陀娑在《罗怙世系》中，将阿萨姆叫作尼尔洛赫德（即赭蓝色），因为这儿的群山呈青蓝色。

有一条红色的布拉马普特拉河自中国西藏奔流而下，咆哮而过。阿萨姆东北的边境地区至今还叫洛赫德。至于布拉马普特拉河为什么在阿萨姆境内流过时水就变成了红色，这里还有一段故事。传说持斧罗摩（印度神话传说中的三个罗摩之一）杀了刹帝利人，沾了一斧子血，他在这条河里把斧头上的血洗掉，自己也在河里沐浴，作了忏悔，这样他就又恢复了原先的圣洁，但河水从此变成了红色。

阿萨姆邦还有一个众所周知的古名叫迦摩缕波，这个词的意思是“美丽的”。迦摩缕波和普拉格焦迪希这两个名字，在《迦梨迦往世书》《瑜伽经理》《薄伽梵歌》《罗摩衍那》和《摩诃婆罗多》等古典文献中都有记载。在印度民间流传的许多有趣和离奇的故事中，大多同“迦摩缕波”这个名字有关系。目前迦摩缕波只是一个县的名字。

迦摩缕波这个名字是有来历的。神话传说，有一次爱神想破坏湿婆神的修行，触怒了湿婆神，湿婆神睁开他的第三只眼睛，把爱神烧成了灰烬，爱神便失去了形体。爱神和妻子罗蒂进行了长期的苦修和祈祷，最后湿婆神表示满意，又赐给爱神形体。这件事发生的地方就叫迦摩缕波。迦摩意即爱神，缕波意即形体，迦摩和缕波结合在一起，组成了“迦摩缕波”这个词，意思就是爱神。传说帕格杜德国王统治阿萨姆时，阿萨姆的名字就已经由普拉格焦迪希改为迦摩缕波。唐高僧玄奘于公元630年至643年周游印度时，曾游历阿萨姆，当时阿萨姆的名字就叫迦摩缕波。

阿萨姆是个美丽富饶的地方。该邦以农业和种植业为主，72%以上的人从事农业生产，主要种植水稻和玉米等，经济作物有茶叶、棉花、黄麻、甘蔗和烟草等。其中茶叶产量很高，而且历史悠久。同时，森林资源也很丰富，森林面积占该邦总面积的21%，为印度木材主要供应地之一。还有丰富的矿产资源，盛产大理石、金刚石和原油、天然气等。

（二）梅加拉亚邦

梅加拉亚邦原属阿萨姆邦，1970年4月2日从阿萨姆邦划分出来，成为独立的新邦，面积2.2万多平方千米，人口231万（2001年）。

梅加拉亚邦位于西隆高原，最高部分为西隆毕戈，神话传说里，古代有个名叫西隆的神仙，曾在这里住过，因而得名。整个梅加拉亚邦为群山环绕，统称西隆高原，处于布拉马普特拉河套南部，同卡斯山、柬迪雅山、迦洛山、米格尔山等山脉连成一体，最高处海拔4600米以上。东部是斜坡，有许多起伏不平的山峦。发源于我国西藏的雅鲁藏布江（在印度境内称布拉马普特拉河）经阿萨姆流到这里，再向孟加拉湾流去。东南季风从布拉马普特拉河套吹进山区，被西隆山所阻，随季风飞来的云彩便长期飘浮在这里，故取名为梅加拉亚。“梅加”即云雾，“拉亚”即地方，意思是“云雾聚积的地方”。

当地雨量很大，气候潮湿，尤其是乞拉朋齐附近有个叫袍森拉姆的地方，那里年降雨量居世界第一。

梅加拉亚邦以农业为主，主要产水稻、小麦、玉米、黄麻、棉花、甘蔗。主要工业有石油化工、水泥、木材加工或食品加工业等，煤和石灰石的储藏量很大。

（三）北方邦

北方邦位于印度的最北部，历史上先后有“印度斯坦”“联合省”等不同名称。“北方邦”一名是 1950 年 1 月 26 日之后由“联合省”正式改为“北方邦”的，从此“北方邦”一名沿用至今。北方邦的北部与尼泊尔和中国的西藏相连，东接比哈尔邦，南连中央邦，西邻旁遮普邦，西北是喜马偕尔邦，西南是拉贾斯坦邦，其面积为 29.4 万多平方千米，它是继中央邦和拉贾斯坦邦之后的第三大邦。人口占全印人口的六分之一，有 1661万（2001 年），是人口最多的一个邦。北方邦是印度的两大圣河——恒河和朱木拿河流经地区，它在印度宗教文化上占重要地位，是印度教、佛教和伊斯兰教的活动中心。印度教的圣地遍布全邦。释迦牟尼成佛以后首先在北方邦的鹿野苑传法，并以北方邦为中心开展传法活动。伊斯兰教的基地也在北方邦。总之，北方邦在印度的政治和宗教文化生活中一向处于重要地位。

该邦土地肥沃，是印度主要农业区之一。主要农作物有水稻、小麦、玉米、甘蔗和棉花等。该邦也是印度重要工业邦之一，主要有纺织、制糖和食品业。工业城市很多，瓦拉纳西生产的纱丽等闻名印度。

（四）比哈尔邦

比哈尔邦位于印度北部，北邻尼泊尔，东接孟加拉邦，西边是北方邦和中央邦，南连奥里萨邦，为印度大邦之一，面积有 17.3 万多平方千米。人口有 8287 万（2001 年）。

“比哈尔”一名是从维哈尔变来的。维哈尔原是巴特那的一个古城，现在名叫比哈尔·夏立夫。在古代，这座城曾经是一个王国的都城。公元 9 世纪时，城里修建了一座维哈尔庙（佛教寺院），从此以后，该城的名字就改为维哈尔，后来整个地区都叫维哈尔，即比哈尔。

比哈尔邦古代有 4 个王国，即维戴赫国、梨奇维国、恩格国和摩羯陀国。摩羯陀国位于比哈尔邦中部，直到中世纪初还存在。维戴赫国位于现在的比哈尔邦北部，即古代的迪尔普格蒂地区。现在该地区叫迪尔胡特。维戴赫国的都城是密蒂拉。恩格国位于比哈尔邦东部的摩哈南达河岸一带。

比哈尔邦的北部为平原，土质肥沃，盛产大米、小麦、油料作物、烟草、辣椒和杂粮。芒果、荔枝和香蕉等水果闻名印度。比哈尔南部地区土质贫瘠，但地下有丰富的矿藏，如煤、铁、锰、铜、云母、铝、银等储藏量很大，是印度重工业区之一。主要工业有钢铁、机床、制铝、造纸、化肥和水泥等。

（五）克什米尔

克什米尔是印巴两国之间有争议的地区，这里只介绍印度实际控制的部分。这部分一般称查谟—克什米尔，这个地区情况较特殊，穆斯林近80%，是印度穆斯林集中的地区。

克什米尔多山多谷多湖，高山上白雪皑皑，终年不化，山谷地带绿草如茵，河流纵横，湖泊密布，冬暖夏凉，春华秋实，素有“地上天堂”和“花雪丽国”之称。人口有1006万（2001年）。

关于克什米尔名字的来历，有两种不同的说法。一是根据《诸王流派》（或称《王河》）一书所记载的传说故事。在古代，克什米尔地区是一个大湖，名叫萨蒂斯尔湖，湖里住了许多妖魔，魔王叫贾洛德帕瓦，他们都是吃人的魔怪。为了消灭这些妖魔，迦西耶布仙人修行了整整一千年。后来雪山神女下凡来帮助他，拿起一块石头，向贾洛德帕瓦投去，打死了魔王。投出的石头变成一座山，就是现在斯利那加附近那座有名的哈利巴拉瓦德山。魔王死后，大小妖魔鬼怪都逃亡他乡。迦西耶布把湖水从巴拉木拉排出，让人住进来。从此以后，这个地区便命名为迦西耶布·迈鲁，即迦西耶布山。“迦西耶布·迈鲁”一词后来讹为迦西耶布·迈尔、迦西耶·米尔、迦西米尔（即汉译克什米尔）。

另一种说法认为，古时这个地区居住过名叫格西或迦西的民族，因而得名。

克什米尔出产大米、小麦、高粱、黄麻、茶叶和烟草等，还盛产苹果、梨、胡桃等，其中克什米尔的苹果香甜可口，远近闻名。克什米尔生产的丝绸、地毯和毛衣等，早已驰名世界。

（六）旁遮普邦

旁遮普邦位于印度的西北部，面积为5万多平方千米，人口有2028多万（2001年）。

旁遮普邦的意思是五条河流域地区。按印地语的发音，旁遮普这个名字应该为班贾布，即旁遮普。最早的时候，班贾布（旁遮普）叫班吉那德。阿克巴大帝时，根据波斯语习惯，把梵语词“那德”改为波斯词“阿布”，于是“班吉那德”就变成了“班贾布”，即旁遮普。

根据《梨俱吠陀》记载，原来的五条河是夏得德鲁河（今萨得鲁季河）、维巴夏河（今沃亚斯河）、伊拉沃迪河（今拉威河）、金德拉帕迦河（今吉那布河）、维德斯达河（今切勒姆河）。这五条河中，现在只有两条河仍在旁遮普邦境内。

旁遮普是印度农业最发达的富邦之一，有印度粮仓之称，盛产小麦、水稻和棉花等。主要工业有纺织业、丝绸业、自行车、化肥、制糖、面粉加工业以及汽车业等。

（七）哈里亚纳邦

哈里亚纳是1966年10月1日从旁遮普邦划分出来的一个新邦，靠近德里，总面积为4.4万多平方千米，人口2114万（2001年），是印度面积较小的一个邦。

关于哈里亚纳这个名字的来历有几种说法。有的学者认为，哈里亚纳是由“哈里”和“扬”两个词构成，意思是“天之辇”，也就是毗湿奴神之辇。哈里亚纳的某些人至今还认为古时候哈里亚纳这个地区是哈里（即毗湿奴神）的乘骑。

还有人认为，古时候哈里亚纳地区一片葱绿、密林蔽日，因此得名，故有“哈里阿兰若”之称。“哈里”即绿色，“阿兰若”即森林，合起来“哈里阿兰若”就是绿林密布的地区。喜萨尔县人现在还认为，在古时候，哈里亚纳是一片绿色的林海。

哈里亚纳自古以来就很富庶，有“地上天堂”之称。古时候，哈里亚纳地区比现在还大，除了今天的哈里亚纳邦外，还包括今天的德里、北方邦的西部和拉贾斯坦邦的一部分地区。这一地区流行哈里亚里语，它属印地语的一支。

哈里亚纳邦以农业为主，该邦的农业生产和旁遮普邦一样，富庶而较先进。主要农作物有水稻、小麦、大麦、甘蔗、棉花等。主要工业有机器制造、水泥、纺织、造纸和铜器制造业等。矿藏资源主要有铁和石灰石等。

哈里亚纳邦有悠久的历史和文化传统，历史名城和文物古迹很多。

(八) 中央邦

中央邦位于印度中部，所以叫中央邦。它北枕拉贾斯坦和北方邦，南接安得拉邦，东连奥里萨邦和比哈尔邦，西邻古吉拉特邦与马哈拉施特拉邦。中央邦的地图形状给人以零乱的感觉，因为北部拉贾斯坦邦和北方邦的许多地区伸进了中央邦的内部。同样，中央邦也有一部分伸进了拉贾斯坦邦和北方邦。

关于“中央邦”这一地区，有一个美丽的神话传说。从前有一座山，它日夜不断升高，甚至快要遮住太阳的光芒了。仙人看到这一情景，他感到这样无休止地升高，情况非常不妙，于是他来到大山前，大山连忙向他行礼。仙人利用大山的这种礼貌，对它说道：“亲爱的，我不回来，你就这样一直低着头。”仙人朝前赶路了，再也没有回到那条路上去。从此这座大山就这样低着头，可能今天那座大山还在等着仙人的归来。

这座大山就是温蒂亚杰尔山，而那位仙人就是阿格斯叠。阿格斯叠走后，温蒂亚杰尔山停止了升高，人们在它附近定居下来，逐渐形成了村庄和城镇。著名的那巴达河横贯全邦，灌溉着广大的土地，它是印度一条很古老的河流，印度历史上所说的那巴达文明，就是指中央邦的古代文明。

中央邦既有绿油油的平原，又有高耸入云的群山，既有深邃的河流峡谷，又有一望无际的沙漠。那巴达河横贯全邦，印度人认为那条河比恒河还圣洁，那巴达河的一块石头也如湿婆林伽那样神圣。

中央邦城堡林立，名胜古迹很多。这些城堡和古迹都是历代王朝的历史见证，也反映出古代印度的灿烂文化。巴克的石窟、桑奇的佛塔、柯纠拉豪的庙群、高尔王朝的城堡、莫卧儿王朝的建筑等，都堪称中央邦的骄傲。

该邦以农业为主，主要农作物有水稻、小麦、棉花、玉米和豆类等。工业比较发达，主要有丝绸、制糖、纺织、造纸、钢铁和煤炭等。

（九）喜马偕尔邦

喜马偕尔邦位于印度西北部，坐落在喜马拉雅山南麓。东部同北方邦及我国西藏相邻，南部与哈里亚纳和旁遮普相连，西部和北部同克什米尔地区连接，面积5.5万多平方千米。人口有6077万（2001年）。

“喜马偕尔邦”是由“喜马”和“阿偕尔”组成，“喜马”意即“雪”，“阿偕尔”是山，两者合起来即为“雪山”的意思，“喜马偕尔”即雪山之邦。

该邦盛产苹果，有“苹果之乡”的美称，尤其是古鲁山区的苹果更为驰名。该邦40%被森林覆盖，因此，也出产珍贵木材。

该邦以农业为主，96%的人生活在乡村，主要农作物有玉米、小麦、水稻和土豆等。

（十）曼尼普尔邦

曼尼普尔邦位于印度东北部，南邻米佐拉姆邦，东接缅甸，西连阿萨姆邦，面积2.2万多平方千米，人口有229万（2001年）。

关于“曼尼普尔”名称的来历，当地流传一个说法：一天，蛇来这里观看湿婆和巴尔沃迪跳舞，蛇口中吐出很多“珍珠”，使整个地区耀眼辉煌。“曼尼”（珍珠）便由此而来，普尔是城市的意思。

印度史诗《摩诃婆罗多》及《往世书》中对此均有记载。当地人认为：阿图那在这里同吉德朗戈达结婚。因此，这里的人都说自己是他们的后代。随着历史的发展，那加人、古吉人、向人（缅甸）和中国人也来这里定居。曼尼普尔曾为一土邦，英国人于1891年占领了这一地区。印度独立后，为中央的直辖区，1972年1月被划为一个新邦。

该邦以农业为主，主要农作物有水稻和玉米等。当地至今还有伐木造田的做法，实行轮作，现在有固定耕种。该邦60%以上地区为森林，木质优良，宜作建筑材料。竹林也很多。当地人擅长做手工艺品，主要是手工纺织和家庭手工业，也有一些轻工业和食品工业。

（十一）拉贾斯坦邦

拉贾斯坦邦于1948年成立，面积34万平方千米，人口有5647万（2001年）。英国占领时期叫拉贾普达那，意即拉吉普特人居住的地区。

当时的拉贾普达那地区有 18 个国王和两个萨拉达尔，因此人们又把这个地区叫作拉吉瓦拉，即“国王的地方”。拉贾斯坦也是“国王地区”的意思。印度独立后将小王国合并，建立拉贾斯坦联邦，后来又改为拉贾斯坦邦。

拉贾斯坦冬季寒冷、夏季炎热，而且常刮热风。庄稼一年两熟，盛产葡萄。拉贾斯坦的广大地区土质肥沃，雨量充足，但有些地区常受干旱的威胁。拉贾斯坦的印布、刺绣和各种手工织品别具一格，受人欢迎。

（十二）古吉拉特邦

古吉拉特邦北靠拉贾斯坦邦，南接马哈拉施特拉邦，东邻中央邦。面积 18.7 万平方千米，人口 5059 多万（2001 年）。

关于“古吉拉特”一词的来历，说法不一。一种认为，“古吉拉特”是由梵语“古尔贾尔”（瞿折罗）的变音“古贾尔”发展而来。另一种认为，“古贾尔”很可能是 5 世纪时随匈奴人一起入侵印度的一个名为“古贾尔”的民族，他们分布在克什米尔和现在的古吉拉特一带，而其主要定居区是拉贾斯坦。他们初入印度时是处于流动状态，所到之处都有一部分人留下来，并把他们的居住区命名为“古贾尔”。现在的古吉拉特、古贾朗瓦拉、古贾尔康以及西旁遮普一些城市名称的来历都同这个民族有关。据说现在北方邦的萨哈兰普尔城 18 世纪时也叫“古吉拉特”。公元 7 世纪玄奘在印度时，西拉贾斯坦还叫“瞿折罗”（古尔贾尔）。9 世纪时拉贾斯坦的北部和中部叫“古尔贾尔特尔”。11 世纪初，拉贾斯坦的部分地区仍叫“古贾尔”。由此推断，古代的古尔贾尔比今天的古吉拉特邦面积还要大。

古吉拉特邦以农业和畜牧业为主，75% 的人口在农村。农作物主要有水稻、小麦、棉花、高粱和玉米等。该邦海岸线长，达 1540 千米，占整个印度海岸线的三分之一，因此盛产食盐，盐的产量占全印度的 70%，主要工业有纺织业、制盐业、水泥、化肥和机器制造业等。另外，有相当规模的军工业。主要矿产有原油、锰、石灰石等。

（十三）马哈拉施特拉邦

马哈拉施特拉邦原是孟买邦的一部分，后来孟买邦按语言分成了马哈拉施特拉邦和古吉拉特两个邦。马哈拉施特拉邦属于多山地区，面积 30

万多平方千米，人口有 9675 多万（2001 年）。

关于“马哈拉施特拉”这个名称的来源有几种不同说法。多数人认为，古时候有些国王喜欢说自己的国家比其他国家大，比其他国家好，所以总在国名前加上“马哈”（大）一词，以显示其威风。“马哈拉施特拉”就是根据统治这里的第一个王朝拉施特拉古特的名字而来的。该王朝灭亡后，人们便把该王朝统治过的国家称为“马哈拉施特拉”。原来的“拉施特拉古特”一词，后来演变成“拉特”或“拉德”，据说这是公元 1500 年以前的事。

还有一种观点认为，马哈拉施特拉是由“马哈”和“拉施特拉”两个词组成的，“马哈”指的是马哈尔族；“拉施特拉”指的是“地区”“国家”，马哈拉施特拉的意思是马哈尔人居住的地方和国家。再有一种意见认为，古代有个叫拉特的民族曾居住在这个地区，后来雅利安人从北方来，并把吠陀文化和梵语带到这里，两个民族同化后，自称为马哈拉塔，即大拉塔族，后来这个族建立的王国就被叫成马哈拉特或马哈拉施特拉。

梵文和普拉格利特语中所说的马哈拉施特拉、马哈拉斯特里、马哈拉特、拉特、拉塔、拉蒂迦、拉斯蒂、拉斯特里格等都是指这个地区当时的王国而言。

马哈拉施特拉邦的历史文物和名胜古迹很多。该邦农业发达，主要农作物为水稻，也盛产椰子、香蕉等。又是印度重要的工业邦之一，有很多大中型企业，如自行车、水泥、化肥、造船业等。矿藏资源丰富，产煤、铁、锰、铁矾土、硅砂、石灰石、蓝晶石等。

（十四）那加兰邦

那加兰邦位于印度东北部，西连阿萨姆邦，南接曼尼普尔邦。“那加兰”是由“那加”和“兰德”组成的，“那加”就是“那加人”，“兰德”是指地方，合起来就是“那加人居住的地方”，该邦由此得名。它是于 1963 年从阿萨姆划出的一个新邦。面积为 1.6 万多平方千米，人口有 988 万（2001 年）。

那加人有许多分支，其中主要有高雅格那加人、阿奥那加人、赛马那家人和恩迦米那加人等。他们语言不同，至少有两种。在实际生活中，主要使用阿萨姆语和英语。近年来，当地中学开设了印地语课。

那加兰邦是个山邦，大部分地区是崇山峻岭，道路多为羊肠小道，交通不便。全邦 860 个村庄，村村相隔甚远，村庄大都在山顶上或山坡上。

那加人对外来陌生人起初总是持怀疑态度，存有戒心，保持一定距离。只有在他们认为对方是好人而不是敌人的时候，才会表示热情欢迎，给予盛情款待。

该邦经济以农业为主，主要种植水稻、黄麻、棉花、甘蔗和烟草等，盛产香蕉。主要矿产资源有煤、石油和金等。该邦小型工业和乡村手工业较发达，生产不少手工艺品。

（十五）安得拉邦

安得拉邦位于孟加拉湾西岸，东北边同奥里萨邦和中央邦接壤，西北边同马哈拉施特拉邦相连，西南是卡纳塔克邦，南面是泰米尔纳德邦。面积 37 万平方千米，是印度较大的邦。人口有 7611 万（2001 年）。

安得拉邦是印度第一个按语言划分出来的邦，由原来马德拉斯北部的泰卢固语地区所组成，它以前属马德拉斯的一部分。“安得拉”和“泰卢固”是同义语，但一般把该区的语言叫“泰卢固”，而把该邦的居民称为“安得拉”。

关于“安得拉”一词的来源，流传着几种说法。第一种说法是，因为这些人定居在登德迦若的森林里，林木蔽日，终年不见阳光，所以居民被叫作“嗯蒂迦”（黑夜人）。这个词后来演变成“嗯德拉”，最后又叫“安得拉”。但在《薄伽梵歌》里是这样说的：巴利有六个儿子，最小的叫安得拉。因为是他后裔的缘故，这些人也就被叫成了“安得拉”。起初他们只是一个群体或氏族，并不是一个国家。

第二种说法是，据传这个国家有位双目失明的国王，他以一种特别的语言向太阳神祈祷，因而恢复了视力，重见光明。他所用的那种使他重见光明的语言，据说就叫“泰卢固”语。

第三种说法是，由于上述事情发生在戴里瓦合河岸，所以语言就称作“泰卢固”。《佛本生经》一书也提到当时的泰卢固人。说他们居住在戴里瓦合到迪鲁巴迪一带，其京城叫嗯特格普尔。

第四种说法是，这个词的原意是“像蜂蜜一样甜”。泰卢固语都是以元音结尾，是一种优美动听的语言，所以后来就把操这种语言的人也称之为“泰卢固”，并且把这个地区称作“泰卢固”地区。

另外还有一种说法认为，“泰卢固”这个名字同古代的羯陵伽有关。说羯陵伽分为两部分时，北部叫乌特伽尔，南部叫蒂利羯陵伽。蒂利羯陵伽后来简化成羯陵。蒂利的意思是“三”，陵伽就是“林加”，意思是男性生殖器。因为这个地区的三个角上矗立着三座湿婆林加庙，因而把这个地区称作蒂利羯陵伽。人们认为这种说法似乎更有道理。

安得拉邦的沿海地区土质肥沃，雨量很大，盛产水稻。高原地区雨量较少，土地贫瘠，人口稀少，但畜牧业较发达。安得拉邦是印度产烟草最多的地方，除销售本国外，还大量出口。安得拉邦矿产资源非常丰富，居全国第二。主要矿产有煤、铁、锰、云母、铅、铜和石棉等。主要工业有皮革、化工、医药、造船、化肥等。

安得拉人大都信仰印度教，其次是伊斯兰教和基督教。当地人喜欢吃辣椒。在他们看来，如果没有辣椒，什么食物都是寡淡无味的，当地人不大习惯吃糖和甜食，却很喜欢喝茶。

（十六）奥里萨邦

奥里萨邦是印度东部海岸的一个小邦，东枕孟加拉湾，南邻安得拉邦，西接中央邦，北傍比哈尔邦，东北是孟加拉邦。全邦面积为 15 万多平方千米，人口有 3670 万（2001 年）。

古时奥里萨邦有三个名称，即奥特拉、乌特伽尔和格岭伽（即羯陵伽）。史学家认为古时奥特拉人和格岭伽人曾先后在这一地区建立过王国，因而得名。奥特拉人建的王国叫奥特拉国，“奥特拉”一词逐渐讹为乌里萨即奥里萨。后来格岭人在这里建立王国，名为格岭伽国，即历史上有名的羯陵伽国。羯陵伽国分为两部分，南部叫蒂利岭伽，北部叫乌特伽尔。格岭伽和乌特伽尔都是梵文词。佛教里称奥里萨为“乌伽尔”或“原始民族国”，从语音上看，乌伽尔实际上是乌特伽尔的简化形式，意思仍是北部，即北格岭伽。现在的奥里萨人仍喜欢称自己为乌特伽尔人或奥特拉人。

奥里萨邦被誉为“纯粹的印度教之乡”，素有印度教圣地之称，古籍中说它是“神圣之国”“可以赎罪的地方”。

该邦气候炎热，绿林蔽日，花果俱繁。该邦以农业为主，全邦 90% 以上的人口从事农业生产，盛产水稻、小麦、高粱、油菜、黄麻、甘蔗等。奥里萨邦自然资源丰富，是森林和矿物之库。矿产丰富，主要有铁、煤、锰、铬、石墨、石灰石等。其中铁的储藏量最为丰富。主要工业有纺织业、水泥、钢铁、造纸、制糖和化肥工业等。

奥里萨邦交通不便，铁路、公路甚少，每逢下雨，许多地区往往同外界断绝。

（十七）孟加拉邦

孟加拉邦一般称西孟加拉，东接孟加拉国和阿萨姆邦，南濒浩渺的孟加拉湾，西连奥里萨邦和比哈尔邦，北傍不丹和锡金。全邦面积 8.1 万多平方千米，人口有 8022 万（2001 年）。

据《往世书》载金德拉族国王巴利有五个儿子，分别叫恩格（安伽）、温格、格岭伽（羯陵伽）、崩德拉和宋木赫。兄弟五人各自建立了自己的王国。恩格王国在今天比哈尔邦东部的乔塔那格普尔地区；格岭伽王国在今天的奥里萨邦；其余的三个王国都在现在的孟加拉邦境内。其中温格（或旺格）王国位于帕德马河南岸的帕格尔蒂河与布拉马普特拉河的古道之间。“孟加拉”这个名字就是由这个王国的国名而来。

12 世纪，森那族国王巴拉尔几乎统治了整个孟加拉地区。当时只剩下帕格尔蒂河口的一点地方还叫温格，其西部地区叫拉拉，这个词后来变成拉尔，温格和拉尔两词合在一起，组成了温格拉尔或崩格拉尔。穆斯林统治孟加拉后，按照他们的发音习惯，叫成崩伽尔或崩伽拉。英国人又按自己的发音特点，把它叫成班伽尔或高尔。

孟加拉邦土壤肥沃，盛产水稻和黄麻，全邦 3/4 的人生活在农村。主要工业有棉花纺织、制茶、制糖、钢铁和造纸等。孟加拉邦的甜食是很有名的。

（十八）泰米尔纳德邦

泰米尔纳德邦南临印度洋，东接孟加拉湾，西与卡纳塔克邦和喀拉拉邦接壤。面积 13 万平方千米，人口 6211 万（2001 年）。该邦水陆交通都很发达。泰米尔纳德邦原归马德拉斯邦，按语言划邦后才改为今名。该地区的人，过去一直把这个地区称为泰米尔纳德，把该地区的语言称为泰米尔语。

关于“泰米尔”一词的来源有不同解释。一种意见认为，它是由“达罗毗荼”一词演变来的。“泰米尔”先是读作“达罗毗荼”，后来又读作“达拉米荼”“达拉米尔”“德米尔”，最后演变为“达米尔”即“泰米尔”；另一种意见则认为，“泰米尔”的意思是“悦耳的”，因此，讲这种悦耳的语言的人便称为泰米尔人，泰米尔人居住的地区便叫“泰米尔纳德”。

泰米尔纳德邦有“寺庙之乡”的称号，名胜古迹遍布全邦。岗吉布拉摩为印度七大圣城之一，当地庙里的壁画至今色泽仍鲜艳如故，堪称艺术的光辉典范。摩哈波里布拉摩有著名石窟，石窟的雕刻、绘画具有独特风格，有很高的艺术水平。底鲁德里是有名的湿婆神圣地，香客每年定期从各邦成群结队地来到这里，他们齐唱颂神曲并举行音乐会。基登巴拉摩也是古圣地之一，庙塔上雕刻着婆罗多舞的108种舞姿，形象十分生动。著名的古城马杜赖有座米纳柯希庙，以富丽堂皇而闻名。

该邦是印度主要产粮区之一，盛产水稻、棉花、花生和甘蔗等。主要工业有纺织、钢铁、水泥、化肥和制糖业等。

（十九）卡纳塔克邦

卡纳塔克古称贡德尔，即操坚那勒语的人所居住的地区。面积13.6平方千米，人口5273万（2001年）。

“卡纳塔克”一名可能是来自泰米尔语“卡拉伊纳德”一词，意思是位于海岸之间的国家。过去，从西海岸到东海岸的广大地区属于卡纳塔克。但是今天的卡纳塔克邦是在原来迈索尔邦的基础上扩大而成的。

卡纳塔克邦东接安得拉邦，南邻泰米尔纳德邦和喀拉拉邦，西濒阿拉伯海，北靠马哈拉施特拉邦。该邦山清水秀，风景如画，江河湖泊，瀑布流泉，幽谷密林，名城古刹，应有尽有。而且那里有丰富的自然资源，该邦的金矿在印度首屈一指。仅科拉尔和胡迪的黄金就占全印度黄金总产量的95%，此外，铁矿资源也很丰富。农作物品种很多，有水稻、小麦等，其中咖啡的产量居各邦之首。

（二十）喀拉拉邦

喀拉拉邦位于印度的西南端，濒临阿拉伯海。全邦面积3.8万多平方千米，人口3183.8万多（2001年）人。

“喀拉拉”一词的来源有几种不同的说法：有的认为是由“椰林”和“土地”两词合成，因为这里的椰子树很多，有“椰林国”之称。有的认为这个词的基本意思是“杰尔德尔”，即杰尔王统治的地方。此外，喀拉拉也称为马拉雅兰地区，“马拉雅兰”一词是由“山”和“海”两字复合而成，“喀拉拉”即出生在山和海之间的地区。生活在这个地区的人叫马拉雅利人或马拉巴人，所用语言为马拉雅兰语。

喀拉拉邦境内河流纵横、遍布南北，江河湖泊里商船、渔船和游船络绎不绝，给当地人民提供了便利的水路交通。漫长的海岸线为喀拉拉邦与海外各地的联系提供了方便，该邦几乎四季如春，温差甚微，气候宜人。

喀拉拉邦文化发达，是个艺术圣地，也是唯一完好地保存着梵文、古代医学、天文学、瑜伽经等古代经典的地方。

该邦是印度重要的农作物种植邦，盛产椰子、甘蔗、橡胶、咖啡、茶叶、花生、香蕉、豆蔻等。粮食作物主要是水稻。渔业发达，鱼的产量居各邦首位。

（二十一）加尔克汉德邦

“加尔克汉德”原意为“森林地带”，它从远古就已存在，于 2000 年 11 月 15 日从比哈尔邦划分出来。其他地区包括今天的比哈尔、西孟加拉、中央邦和奥里萨各邦的一部分。这一地区有崇山密林，其在大部分的历史时期不为外人所知，所以关于它的早期历史很少有文字资料可查。居住在该邦的各个部落已经在这里生活了数千年，除去最近数十年外，其文化和生活方式世世代代几乎无大的变化。在古代，相当于今兰契县以及与之毗邻的帕尔贾那的整个地区，一直掌握在孟达部落和奥兰部落手里，无人争夺。雅利安人称之为加尔克汉德。古代的整个加尔克汉德地区可能都不在印度教的影响范围之内。不过，摩诃婆罗多时代王舍城强大的皇帝或许曾对这一地带进行过不严格的管理。到阿育王（公元前 273 年—前 232 年）统治时期，该地区也许在摩羯陀帝国的版图之内。焦达纳格布尔王国据说是在公元 5 世纪几多帝国衰败以后建立起来的，帕尼穆古特是它的第一位国王。据说他是在一个池塘边上被人发现的，有一条“那格”（蟒蛇）正保护着他。因此，由他建立的王朝被称作那格王朝。后来的伊斯兰历史学家提到焦达纳格布尔高原时，称它为加尔克汉德。

加尔克汉德的山谷风景如画，森林茂密而且郁郁葱葱，这里也是世界上拥有丰富矿产资源的地区之一。印度的全部矿产中大约有 40% 藏于该邦。主要工业有钢铁、汽车制造、重型机械、金属钢板、手摇纺织机等。

加尔克汉德虽然拥有巨大而丰富的自然资源——主要是矿产和森林资源，但它80%的人口还是以农业和与农业相关的行业为主。主要农作物有水稻、甘蔗、水果和蔬菜等。食品加工业发达，需求量不断增加。

（二十二）果阿

果阿是位于印度西海岸的一块宝石般的地域，是印度联邦的第二十五个邦，1961年从葡萄牙人的统治下获得解放。它在1987年5月30日之前曾是印度联邦果阿、达曼和第乌中央直辖区的一部分，此后分割形成单独的一个邦。

果阿（或同样知名的果曼塔克）的起源已被掩埋在历史的尘埃之中。在创作印度史诗《摩诃婆罗多》的后期吠陀时代（公元前1000—前600年），果阿在梵文中的名称是果曼塔克，该词有许多含义，但通常意指一片肥沃富饶的土地。壮美的风景与寺庙、教堂、古老民宅共同构建出的奇观，使果阿已成为世界旅游者心仪的胜地。但果阿之美还远不止海滩和大海。它的风采深深扎根于其独一无二的历史、丰富宏大的文化传统和一些只有印度才能奉献出的最美的自然景观。真实的果阿的美更表现于它的内在，如它的建筑物的内庭和远离沿海地带的内陆腹地。在印度教神话中将毗湿奴大神的化身帕尔苏拉姆神看作果阿的创立者。

果阿一个非常引人瞩目的特征便是各种宗教派别之间的和谐关系，它们世代和睦相处。许多世纪以来，果阿是东西方不同种族、不同宗教、不同文化的交汇点，它那五彩缤纷、风格独特的生活方式与印度的其他地区迥然有别。印度教和天主教信众几乎构成了它的整个人口，而伊斯兰教和其他教派教徒很少。不同教派之间彼此尊重，果阿人的温厚、宽容性格也使他们以同样的热情去欢庆、分享不同教派的宗教节日。果阿人对他们的独特个性深有感受，对之备感骄傲，并勇敢顽强地捍卫着它。

果阿的矿产是当地经济发展的主要动力。铁矿是主要商品，其他矿藏也很丰富，另外，化工业纺织业、工艺品产业和药业等也很发达。

农业也是当地重要产业。水稻和腰果是果阿的主要农作物，香蕉、菠萝和甘蔗也很多，因此也有发展很好的制糖业。

（二十三）米佐拉姆

米佐拉姆位于印度东北部，它的北面同阿萨姆和曼尼普尔邦相邻，东面和南面同缅甸接壤，西面则是孟加拉国和特里普拉邦。该邦的北部地区在1891年被英国兼并后，一度分属于阿萨姆和孟加拉。1898年归阿萨姆的首席专员管辖。1987年米佐拉姆成为直辖区，具有了邦的地位，同年2月，米佐拉姆成为印度的第二十三个邦。

米佐拉姆邦的居民一般被称作米佐人，这个名称的意思是山间（佐）的人（米）。大多数米佐人是基督教教徒。米佐语本没有文字，传教士将罗马字引进来，用于书写米佐语言，帮助当地进行语言教育。

米佐拉姆邦有非常美丽的自然景观，风光旖旎，精彩纷呈。该邦普布丘陵，另有若干小的平原分布其间。

米佐拉姆正在努力加速工业发展，已经确定优先发展的项目有：以农业和林业为基础的加工工业、手工纺织业、工艺品制造业和电子业等。在工业发展方面，政府已经出台了新的政策，决定对家庭手工业和小型工业单位给予支持。

米佐拉姆邦大约有60%的人从事农业，主要种植水稻，另外还有玉米、蚕豆、棉花、芝麻等。经济作物有咖啡、橡胶、茶等。当地人大多数的生产活动都是围绕农耕展开的，他们的节日也多与农业劳动有关。当今米佐人的习俗在很多方面是传统和现代相混合的结果。米佐人喜好音乐，年轻的小伙子和姑娘很迷恋西方音乐，并能地道地进行表演。

（二十四）特里普拉邦

特里普拉邦位于印度的东北部，其北面、西面、南面和东南面为孟加拉国，而东面则与阿萨姆和米佐拉姆邦相接。

人们普遍认为，特里普拉邦的名称来源于那片土地的主神“美丽的特里普拉”（“美丽的特里普拉”意为“三城女神”，“三城”则指日、月、火）。这里以印度教朝圣者所向往的51处圣地而闻名。除了上述传统说法之外，还有一种说法是这片土地原名“图伊普拉”，意思是“临水之地”。事实上，过去特里普拉的边界一直延伸到孟加拉湾，其统治者主宰着从加罗山到阿拉干之间的地区。

特里普拉原先是个土邦，后来成为印度共和国不可分割的一个组成部分。特里普拉邦的早期历史几乎没有记载，但到公元前3世纪时的阿育王石柱铭文初次提到这个地方。在公元14世纪，特里普拉在马尼克雅王国的控制之下。在17世纪初期，特里普拉为莫卧儿人所管辖。在特里普拉，君主制于 1947 年 9 月 9 日终结，1949 年 10 月 15 日正式成为印度的一部分，并于 1956 年 11 月 1 日成为中央直辖区，于 1972 年 1 月 21 日成为印度联邦的一个邦。

特里普拉邦的经济主要依靠农业。农业生产为全邦提供了 64% 的就业机会，为邦内生产总值做出约 48% 的贡献。旅游业和手纺机产业也发挥着重要作用。

这里的节日与印度其他地方的节日大体相同，除此之外，这里还有许多独特的节日，一年到头总有节日庆祝。

特里普拉尽管地域范围不大，但名胜古迹很多，为旅游者提供了许多具有吸引力的旅游胜地，特里普拉以拥有大量印度教与佛教寺庙而著称。另外，这里还有天然或人工形成的湖泊，风景秀丽迷人。

（二十五）北安恰尔邦

北安恰尔邦是 2000 年 11 月从北方邦分割出来的，主要由山区组成。吠陀、印度教经典以及印度史诗《摩诃婆罗多》都是在这片土地上产生的。

在古代的印度教经典中，北安恰尔邦这片地区被称为凯达尔坎、马纳坎和喜马瓦特（意为“雪山地区”）。这里有许多圣地与神殿，这片土地也因此被称为神灵之地。现在的北安恰尔邦曾是 1902 年建立的阿格拉和奥德联合邦的一部分。1935 年阿格拉和奥德联合邦被简称为联合邦。1950 年 1 月，联合邦更名为北方邦。在 2000 年 11 月 9 日北安恰尔成为印度一个新邦之前，它一直是北方邦的一部分。

北安恰尔邦自然风景如画，有众多的宗教圣地，因此，旅游业有广阔的发展前景。除旅游业外，北安恰尔邦人主要从事农业生产，除了有很多粮食作物外，还有果木种植业，盛产苹果、梨、葡萄、荔枝、芒果等。

高山森林与热带雨林覆盖着北安恰尔邦大部分地区，这使该邦成为印度一些珍稀动植物的自然栖息地。那些以热带雨林为主的国家公园里生活着大量的厚皮类动物。世界闻名的花谷百花盛开，有 300 多种野花在此竞相开放，争奇斗艳，而且大多数野花都有药用价值。

（二十六）查提斯加尔邦

查提斯加尔邦是于 2000 年 11 月 1 日从中央邦分出来的，它位于印度中部，在印度排在第九位，其人口排名第十七位。

“查提斯加尔”这个名称的广泛使用不过是最近几个世纪的事。古代这个地区的名字是南憍萨罗。这一名称可见于外国旅行家的记述、铭文以及《罗摩衍那》和《摩诃婆罗多》在内的文学作品，查提斯加尔这个名称广泛流行起来是在马拉塔时代。至于该名称的来源有一个普遍流行的说法，说它指的是当地城堡的数目，据说这个数目是36。还有一种解释，认为“查提斯加尔”是“车底斯加尔”误读的结果。“车底斯加尔”是车底人政治活动中心的意思。

查提斯加尔邦是一块名副其实的充满机会的土地，它有丰富的矿产资源，诸如钻石、铁矿、铝矿等。经勘探，该地的石灰石、白云石、煤炭、铝、矾土的蕴藏量都很大。另外有丰富的森林资源，印度12%森林资源在查提斯加尔邦，该邦有45%的土地为森林所覆盖，为绿色之邦，是印度生物种类最为丰富的地区之一，有两百种以上的林产品，有巨大的经济发展潜力。

水稻是查提斯加尔邦的最主要农作物，该邦拥有世界上最大的水稻品种库之一，收集水稻品种近2.1万种。除此之外，还有玉米、小麦、花生和各种豆类。

查提斯加尔邦具有丰富的文化传统。它有着自己的舞蹈风格和音乐特色。有自己独特的传统民歌，历史悠久，深受民众欢迎，世代流传。

查提斯加尔邦位于印度的心脏地区，具有丰富的文化遗产和多种多样、引人入胜的自然景观。邦内有很多古代遗迹、佛教寺庙、宫殿、洞窟、岩画等，有独特的文化和生态环境。

查提斯加尔邦正在着手把少数民族村庄变为文化遗产旅游项目的一部分，同时也鼓励私营企业出资对重要的传统文化保留地和纪念物加以合理维护，并进行专业化管理。

六 印度悠久的历史与文化

印度历史悠久、文化灿烂，是世界文明古国之一，对世界文化宝库做出了不朽的贡献。

早在公元前2500年左右，印度原始居民达罗毗荼人就已有了高度发达的城市文明，位于莫亨殊达罗和哈拉巴的古代遗址便是有力的佐证。在那里发现了水井、浴室和复杂的排水设备，还发现了不少家用器皿、油漆的陶器、古老的钱币、雕刻精细的石器、铜铸武器、金银手镯等物。这充分说明了当时市民的生活情形。有关科学家认为，它比同时代的巴比伦和埃及还要进步。这些遗址至今对世界各国的考古学家和历史学家仍然有着极大的吸引力。公元前2000年至前1600年间，游牧民族雅利安人从西北进入印度。从此，雅利安人由印度河流域逐渐向东南发展，移往恒河流域。他们带去了梵语和宗教。这个宗教是一种通过献祭仪式向象征自然力的神灵表示敬意的宗教，诸如雷电之神因陀罗、火神阿耆尼、水神伐楼那等。这一时期，在印度历史上称为“吠陀时代”和“史诗时代”。

公元前600年左右，犀顺那伽王建立了犀顺那伽王朝，国名摩揭陀，国都在旧王舍城。后来，由于婆罗门的地位逐渐提高，下层人民的处境日益悲惨，阶级矛盾尖锐，在意识形态领域出现了百家争鸣的局面，人民的思想异常活跃，于是，耆那教和佛教应运而生。值得一提的是，佛陀的人格和他注重博爱、怜悯与和谐的精神，对印度的思想和文化产生了深远的影响，佛教在印度之外也深深扎根。大雄创立的耆那教强调真理和非暴力，对印度艺术和哲学做出了重大贡献。

后来，犀顺那伽王朝为难陀王朝所灭，引起诸侯纷争，于是出现了社会混乱的局面。公元前326年，希腊亚历山大翻越兴都库什山入侵印度，占据了北印度。这次入侵开始了印度与希腊、罗马世界的联系，因而影响了印度文化。

公元前323年月护建立了孔雀王朝，世袭一个世纪之久。公元前273年，月护之孙阿育王即位。他大力宣传佛教，还派僧侣前往叙利亚、埃及、锡兰、缅甸等国传教。后来贵霜王迦腻色迦也和阿育王一样推崇佛教，使佛教声势大振，更广播于印度之外，同样也传到了中国。

公元前3世纪，旃陀罗·笈多一世驱逐大月氏灭安度罗国，建立笈多王朝。笈多王朝时期，政治较开明，经济也繁荣，在文化艺术及科学等方面都有很大发展，被称为古代印度历史上的黄金时代和艺术复兴时期。大小各18部的《往世书》也是在笈多王朝时期形成目前这种格式的，它是印度宗教与哲学的宝库。此外，鹿野苑寺庙、那烂陀寺、阿旃陀石窟的一些壁画等，都反映了笈多王朝在建筑、雕刻和绘画艺术方面所达到的令人惊叹的水平。

笈多王朝终因北方的哌哒人入侵而灭亡。后又有羯若鞠阇国兴起，有人认为羯若鞠阇国即笈多王朝的复兴。戒日王即位后，国势亦盛，东征西讨，所向披靡。唐代玄奘在印度时，正当戒日王在位。戒日王死后，大臣篡权，国家大乱。此后数百年间，小国纷立，互相争霸。改信伊斯兰教的突厥人乘机自中亚连年入侵，阿富汗伽色尼王朝国王马茂德在 26 年间（公元 1000—1026 年）就入侵北印度达 15 次之多，致使印度不少城池被洗劫，寺庙惨遭焚毁，无数精美建筑变成焦土。古尔王国国王穆罕默德从公元 1175—1206 年也先后 6 次出征印度，所到之处，劫掠一空，大肆破坏神庙与建筑，许多建筑被夷为平地。最后，穆罕默德的部将古杜布·邬丁征服了德里，建立了奴隶王朝。公元 1206—1526 年，德里的穆斯林王朝前后更换多次。后为北方入侵者所征服。

12 世纪末期，穆斯林统治建立，在印度文化史上开始了一个新的时期。印度教和伊斯兰教之间虽有着根本的区别，不过很快就开始了和解过程。巴卑尔于 1526 年建立莫卧儿王朝后，一体化的趋势得到加强。到了巴卑尔的孙子阿克巴大帝时，莫卧儿帝国国势极盛，几乎统一了全印度。他还倡导各教归一，召集全国各教的代表开会，制定法律，允许信仰自由。在阿克巴大帝英明和宽容的统治下，牢固地奠定了全国文化发展的基础。印度教文化和伊斯兰教文化在保持各自特性的同时，相互深刻地影响着对方。例如，印度的伊斯兰建筑起初是朴素而简单的，但不久以后，建筑师就开始采用印度教寺庙的装饰，诸如莲花图案等。同样，许多在中世纪建成的印度教寺庙也带有伊斯兰教的特色，如圆顶、拱门和用石头及大理石雕成的屏风等，印度建筑在阿克巴的孙子沙·贾汗时期（1627—1658 年）臻于顶点，举世闻名的泰姬陵就是其中一例，印度著名的红堡建成也因为他。在绘画方面也有两种传统的融合，奥朗则布对印度教的态度冷淡，战争不断，国势大衰。1707 年奥朗则布死后，各地土邦王公纷纷自立，这给后来欧洲人的入侵提供了可乘之机。葡萄牙、荷兰、法国、英国相继而至，互相排挤，最后英法两国决一雌雄，结果法国失败，英国取胜，英国乘机蚕食印度，扩大势力。与此同时，印度人民的反抗斗争此起彼伏，接连不断，但是轰轰烈烈的印度民族大起义于 1857 年被残酷地镇压了下去，莫卧儿帝国覆灭，印度完全沦为英国的殖民地。

英国殖民统治时期，不仅在印度修建铁路，开矿山，建工厂，办学校，而且还介绍西方的科学文明，也发掘印度古代文化遗产，这些在印度产生了一定影响。不过，由于英国的侵略和掠夺，给印度带来了更大的灾难和不幸。

印度文化尽管在政治上处于屈从地位，但仍然保持着它的活力。在19世纪后半期，小说家和戏剧家开始以政治、历史和社会题材为其创作的主题。伟大的乌尔都语诗人伽利卜和孟加拉小说家班吉姆·查特吉对印度文学做出巨大贡献。杰出的音乐家们仍保持着古典印度音乐的传统。卡塔克派舞蹈在勒克瑙和斋普尔得到发展，后来由于阿巴宁德拉纳特·泰戈尔和其他孟加拉派艺术家的倡导，印度绘画有了复兴。在孟买和加尔各答上演的剧目，既有传统的神话，又有现代的内容。

与此同时，印度人民争取民族独立的斗争并未停止，相反，他们以各种方式进行了不懈的斗争。在印度国大党的领导下，争取民族独立的运动日益高涨，这个时期的文学作品反映了当时风起云涌的爱国运动。当圣雄甘地在与南非种族主义英勇斗争之后回到印度时，印度的历史翻开了新的一页。他英勇不懈地领导人民开展反英斗争，为印度民族独立做出了不朽的贡献。尼赫鲁也配合甘地做了大量工作，起了积极作用。印度伟大诗人、哲学家罗宾德拉纳特·泰戈尔在文化战线上进行了英勇战斗，在诗歌、音乐、戏剧、长篇小说和短篇小说，甚至在绘画等方面都留下了他的个性和劳作的印记，整整一代印度作家和艺术家受到他的影响，他不愧为印度文化的泰斗。

1947 年 8 月 15 日印、巴分治，印度宣告独立，从而结束了英国在印度的统治。1950 年 1 月 26 日实施新宪法，印度宣布为独立自主的民主共和国。

印度自独立以来，在文化领域里发生了重大变化，取得了辉煌成就，例如，在文学、音乐、舞蹈和绘画及电影等方面，优秀人物大量涌现，他们在继承和发扬优秀文化传统的同时，不断革新创造，从而为丰富和发展印度的文化做出了不同贡献。

历史悠久的印度文化，在漫长的历史长河中，以其连续性、吸收性和融合性见长，从而使印度文化得以不断发展和丰富。

七　人口激增：21 世纪对印度的一大挑战

据有关报道，印度每分钟增加 30 人，每月增加 130 万人，每年增加 1700 万，相当于整个澳洲，或者 4 个新加坡。

印度人口的快速增长，是过去几十年来令印度头痛的问题之一。自1947年独立以后，政府对此采取过不少措施，也获得了一定成效，但效果并不明显。几十年来，印度人口增长率一般为21.34%左右，而1981—1991年则高达23.86%。进入21世纪后，印度第一次人口普查结果证明，人口增长速度虽有所缓慢，但形势仍不容乐观，全国人口已达12亿，在世界上除中国之外居第二位。据有关专家推测，按照印度目前的人口增长速度，到2050年人口将突破20亿。

印度独立后不久，即1951年政府采取措施，控制人口数量，号召人们实行计划生育，而且在每个五年计划中都有一定的资金投入，这在当时的世界上还是最早的。但前15—20年效果并不明显。后来，政府改变了策略，采取了新的措施，与群众团体相结合，开展了群众运动，取得了一定成效。随着教育的发展，人口识字率不断提高，大家庭逐步减少，小家庭逐渐增多。尽管如此，印度人口仍在增长中。

印度各邦人口增长的状况并不相同，有些邦的人口增长幅度较大，它们是：比哈尔邦、中央邦、北方邦、拉贾斯坦邦和奥里萨邦。据1986年的统计，全国44%的人口分布在上述5个邦，这些邦人口增长率偏高。据2001年统计，过去几十年人口出生率最高的是比哈尔邦，其人口增长率为28.43%；其他一些邦，即南印度的一些邦，如喀拉拉邦、卡纳塔克邦、泰米尔纳杜邦和安得拉邦等人口增长率偏低，尤其是喀拉拉邦人口的增长率仅有9.42%。这样，两种情况，两种结果，人口增长率一高一低，两相抵消后，总的人口仍处于增长中。因此，2000年，国家对包括上述5个邦在内的15个邦的人口增长率偏高问题采取进一步措施，如加强卫生保健，以降低儿童死亡率，结果使儿童的死亡率和人口的增长率都有所降低。

人口增长过快的原因很多，文化落后和思想迷信是重要原因之一，这在印度广大农村表现尤为突出。不少农村姑娘、妇女，由于文化落后，她们并不认为缺乏教育对自己是一种不幸或损失，许多农村妇女认为，“孩子是老天爷赐给的”“命中注定的”，采取任何措施阻碍婴儿的出生，都是一种犯罪。由于政府和有关部门经常开展宣传和教育，使上述思想虽有所转变，但要从根本上改变此方面的思想观念，不是短期所能奏效的。

人口增长过快也与贫困有关。人口多与贫困，两者互为因果。人越多，越穷；越穷，人越多，形成了一个恶性循环。“全球人口文盲总数接近五亿，印度就占了一半以上，失学儿童多达五千万。”不少人有“养儿防老”的思想，这也是人口增长快的一个重要原因。他们认为，孩子越多，老来生活越有保障。孩子多，将来能帮着自己维持生计。加之印度在礼仪活动、宗教庆典和社会风俗等方面都强调男孩比女孩重要，因此都想多生男孩。这样一来，促使了人口增加。与此同时，女子在家中或社会上受到歧视，不被重视。对她们的健康也重视不够，卫生健康不佳，结果造成男多女少，比例失调。情况最严重的地区有旁遮普、哈里亚纳和金迪格特等地区。这些邦男女的比例分别为1000∶773、1000∶861和1000∶874。这种情况的出现，也与现代技术的运用有关，即科学测胎，若发现怀的是女孩，则打掉。但喀拉拉邦和邦迪皆里这两个邦情况良好，由于文化发达，男女比例协调，甚至女子的数量略高于男子。

从整个印度来看，妇女受教育的程度不高，过去几十年，妇女的识字率虽有较大提高，但妇女识字率仍低于男子。据2001年人口统计，总识字率为65.4%，其中男性占75.85%，女性占54.16%，显然在受教育方面女性不如男性。印度人口激增与此不无关系。

为了遏制人口的快速增长，印度政府采取了新措施，把计划生育与经济利益和福利待遇挂钩。国家人口政策中作了明确规定：一家若生两胎，两个孩子可享受免费教育，在其他方面也有相应的福利待遇。马哈拉施特拉邦也作了明文规定：从2001年5月起，政府工作人员最多只能生两个孩子，如若违反，超生者不再享受政府提供的各项优惠福利。对违反规定的政界人士，政府将取消他们参加政府选举的权利，同时不允许他们出任官办公司的领导。该邦的卫生部部长宣称，政府希望通过实施计划生育政策，将该邦的人口出生率降下来。另外，中央邦、拉贾斯坦邦和安得拉邦等也都制定了有关的生育政策。

为了控制人口的过快增长，印度政府曾把结婚年龄由18岁提高到21岁。这一措施取得了一定效果，但低年龄结婚的情况仍十分严重，例如，在拉贾斯坦邦、中央邦和比哈尔等邦，少女的平均婚龄不到17岁；安得拉邦、北方邦和哈里亚纳邦的少女平均婚龄不到18岁。因此，政府加强了宣传力度，以便让人们充分认识到计划生育的重要性和必要性。在解决印度人口增长方面，妇女的作用重大，要使绝育和避孕措施推广和获得实效，必须提高妇女的社会地位，树立男女平等思想，并给她们以受教育的机会和权利。目前的情况是，西孟加拉邦、卡纳塔克邦、哈里亚纳邦、奥里萨邦、安得拉邦的绝大部分妇女是文盲；中央邦、北方邦、比哈尔邦、拉贾斯坦邦的妇女70%是文盲。生育率的高低与妇女受教育程度密切相关。例如，中央邦和比哈尔邦的妇女受教育的比例极低，当地1991年的生育率是在4.5%—5%之间。而妇女受教育程度高的喀拉拉邦和泰米尔纳杜邦的生育率则分别为2%和2.2%。由此可见，妇女受教育的程度对生育率影响之大。因此，对女性加强教育也是降低出生率的关键之一。与此同时，对育龄夫妇进行教育也是必要的。有资料证明，全国有1.68亿育婚夫妇，但只有45%的人采取了安全有效的避孕措施，因此，这里也存有很大的隐患。

在人口增长方面，喀拉拉邦堪称榜样，如上所述，该邦人口增长率最低，死亡率也最低，男女比例大体相当，女子结婚年龄也偏高，识字率高达90.92%。居印度之首。北方邦、中央邦、拉贾斯坦邦、奥里萨邦和比哈尔邦问题较大，要使这些邦的人口增长率真正降下来，实现国家人口政策中规定的目标，它们应向喀拉拉邦看齐。

印度面临着人口激增的巨大挑战。虽说印度的粮食产量在过去50年里增加了两倍，但印度的人口却比独立初期翻了两番，印度每年净增人口1700万人，这一数字占世界年度人口增长总量的五分之一，现在印度总人口高达10亿多。庞大的人口数量，高比率的人口增长，给印度造成了巨大压力，带来了一系列社会问题，诸如粮食、教育、住房、土地、水资源和就业等。印度10亿人口中有一半成人是文盲，四分之一的男孩和几乎二分之一的女孩不识字。目前，印度失业人数为3亿，生活在贫困线以下的人口为3.43亿，占总人口的35.97%，虽然政府为控制人口的高增长制定了奋斗目标，计划在2010年将人口增长率降至11%—12%，由于当地的风俗习惯和宗教思想，要想严格控制人口的增长，任务相当艰巨。

印度人口在快速增长，而人均耕地在逐渐减少，这对日益增长的粮食供应构成很大威胁。1960年印度人均耕地为0.21公顷，到1999年人均耕地减少为0.10公顷，即减少了一半还多。预计到2050年人均耕地减少到0.07公顷（合1.05市亩），另外，到21世纪初期，还要增加400万至500万公顷土地专供居住、铺设铁路公路、开发矿藏、国防用途及建造工业设施。粮食生产、饲料、木材和燃料等需要大面积的耕地。不仅如此，水淹侵蚀、土壤的盐碱化又会进一步缩小可耕地的面积。所有这些，势必影响到粮食的基本供应。

以往是靠开垦森林增加耕地，但现在印度的森林覆盖面积已经缩小到危险程度，再也无法继续开垦。20 世纪初，印度土地的 40% 被森林覆盖，有资料证明，全印森林覆盖面积已不到 25%，况且森林分布也不均匀，四分之三的森林分布在喜马拉雅山脉和东北地区。印度每年伐木量为 2 亿 6200 万立方米，而每年植树 3200 万立方米。若再伐林造田，等于慢性自杀。

印度的土地灌溉主要靠地下水，水浇地收成占整个粮食生产的 55%。据国际水资源管理部门估计，地下蓄水层的水源枯竭有可能使印度的粮食减产四分之一。有材料证明，印度现在每天提供的热量只有 2100 卡，而中国是 2600 卡，中上收入的国家是 3000 卡。要达到能维持健康的标准，印度起码要增加 50% 的热量。也就是说，印度的粮食生产必须在现有标准的基础上再增加一倍，才能养活 10 亿人口。在不严重破坏环境和土地资源有限的条件下，生产起码所需的粮食难度很大。马哈拉施特拉邦的邦长 P. C. 阿历山大博士在一次讲话中提到："印度的大多数邦的灌溉潜力几乎已经全部加以利用，新的灌溉项目则多半是高成本低收效。印度的三分之一的土地由于长年风水侵蚀及超负荷种植等原因而退化。据估计，已有 2500 万公顷土地逐渐变成不毛之地，约有 100 万公顷土地逐年退化。"形势可谓严峻。像印度这样一个超过 10 亿人口的大国，而且人口还在快速增长，耕地也在不断减少，的确令人忧虑。鉴于 53% 的儿童已营养不良，若不采取措施，必然会对国民的健康和国家的安定造成更大困难。

印度在 21 世纪最要紧的任务是把人口增长速度降下来，因此，当务之急是扩大对教育的投入，以减少人口激增，而不是扩大军费开支。但印度在 2001—2002 年却把国民生产总值的 2.5% 用于军事目的（133 亿美元），而用于教育卫生方面的只占 0.7%，其中包括计划生育费用，显然，这很不协调。不少印度人对此表示疑虑。印度的人口问题已引起了世人的关注和同情，其他国家如何解决人口增长问题也很值得深思，因为这关系到人类共同的命运和未来。

八　印度经济

（一）崛起的印度经济

印度刚独立时，人均寿命只有33岁。独立前不久（1943年），印度经历了一次大规模的饥荒，死亡大约300万人，经济形势严峻。独立后的印度，尽管干旱、水灾不断发生，甚至受到饥饿的威胁（如1968年比哈尔邦、1971年马哈拉施特拉邦和1978年孟加拉邦），但由于政府的领导和人民群策群力，避免了灾难的发生，人们的生活有了保障，这不能不说是了不起的变化。

印度国民生产总值的增长比人口增长快，年增长率由独立前的1%增加到独立后的3%至3.5%，大大超过了大约2%的人口增长率。印度的农业取得了显著的发展，不仅使全国迅速增长的人口在粮食方面达到自给自足，而且在大多数年份都有适量盈余，对一个拥有众多人口的大国来说，这是个了不起的成就。甚至有些地区（如旁遮普邦）的农业增长之快，足以同迅速发展的远东经济相媲美。随着人们生活水平的提高，人均寿命自然延长，由33岁增至52岁，生活在贫困线以下的人日益减少，据印度计划委员会报告，生活在贫困线以下印度人的比率已从1977—1978年的48.3%降到1987—1988年9.2%。这就意味着印度仅仅在十年内就有1.5亿人的生活水平上升到贫困线以上。值得注意的是，在印度独立后的前30年，贫困率几乎没有什么改变，而在第四个十年却出现直线下降，无疑是个惊人的成就。

尽管印度在许多方面都大踏步前进，但仍有27%的农村贫困人口生活在穷苦之中，常常缺乏基本的日用品。政府已采取措施，不断增加拨款，解决农村的发展问题，拨款数额已达31亿美元。并制订了扶贫计划，其重点是强调自助自立，提供就业、食品保障和加强乡村的基础设施建设。

今天印度的经济已进入发展阶段，因此，它很自然地做好了各种准备，接受国际市场的挑战。印度作为一个成功推行民主制度及真正充满活力的外向型经济的国家，可以在这个新的、处于变化的世界秩序中发挥其重要作用，印度拥有正在不断发展的庞大市场，它可以成为亚洲甚至全球经济发展中一个强大的推动力。一个在经济上正在蓬勃发展而在政治上稳定的印度，对当代世界就是一个重要的积极因素。

当然，短期而言，由于缺乏基础设施，人口增长率持续偏高，以及在根除贫困、文盲和疾病方面进展缓慢，改革速度会受到一定限制。但印度拥有巨大潜力，会不断前进，因为它有稳定的政治、丰富的资源和管理企业的才能。

（二）重视科学技术的发展

印度是个发展中国家，但它对科技发展非常重视。自独立以来，印度政府始终把发展科技置于重要地位，在科技管理、人才开发与培养、促进科技成果商品化及引进国外先进技术等方面采取了一系列措施。由于思想重视，措施得力，所以印度的科技发展相当迅速。目前印度在天体物理、空间技术、遥感卫星、核能应用、计算机软件、分子生物等领域的研究成果均已达到世界先进水平。而科技在国防工业上的运用，使印度有了“世界第四军事大国”的称谓。

1. 制定政策，依法办事

早在1958年，印度政府就通过了一份有关科技的文件，即《科技政策决议案》。文件强调了科学在国家实现现代化中的关键作用，文件指出：“一个国家要实现工业化，必须在进口科学和技术方面付出巨大代价，还要不惜高价获得科技人才和咨询人才。”文件还规定了指导印度科技工作的总原则及科学研究与发展目标。到了1983年，印度政府又宣布了一项全面的科技政策纲领《技术政策声明》。《技术政策声明》中在强调一贯政策的同时，还特别强调了技术设备的全面更新，以提高生产效益，增加竞争实力，赶上世界科技发展的步伐。

据《印度斯坦时报》报道，印度政府于1993年又特别制定了一项更新的科技政策纲领《新技术政策》，从而取代了1983年的《技术政策声明》。印度科技国务部部长于1995年2月在宣布《新技术政策》草案时说，《新技术政策》的目的是使印度工业在新兴技术方面赶上世界先进水平。其重点开发的领域是“关键性技术”，包括微电子学、生物工艺学、高速计算机、材料合成与加工、传感器和信号处理及计算机软件等。

2. 健全机制，加强管理

印度重视科研机构建设，现在印度从地方到中央都建有领导和管理科技工作的机构，如中央一级，设立了原子能、科学技术、电子设备、环境、非常规能源、生物技术、海洋开发等部门负责有关领域的科研开发。政府规定一些全国性的科研组织归口管理，分工负责，如印度科学和工业研究委员会负责指导和协调全国有关研究工作；印度农业研究委员会则专门负责全国性的农业科研工作等。

同时，印度还专门组建了总理科学顾问委员会。该委员会由若干名科技专家组成，他们参与政府制定有关科技政策的工作，最高顾问向总理负责并汇报工作，这样就形成了一个以总理为首的一元化科技领导体制。

3. 增加科技投资

印度对科技的投资不断增加，以适应科技的发展。据《印度快报》报道，印度的科研经费 1950—1955 年为上亿卢比，到 1985—1990 年已达到 481.6 亿卢比。虽然印度所投入的科研经费占国民生产总值的比例远不及发达国家，但在发展中国家仍居前茅。据有关统计，印度的研究开发经费在国民生产总值中所占的比例逐年增加，如 1958—1959 年为 0.23%，1982—1983 年度增加至 0.85%，1993 年增加至 0.9%。

印度自独立后对科技发展给予高度重视。“尼赫鲁相信，印度的未来靠的是科技发展，而且科技发展要建立在自力更生的基础之上。”他曾经把科技研究机构比喻为“现代印度的寺庙”。

经过几十年的发展，印度在原子能研究与应用、空间技术、大型计算机研究、电子技术、生物技术、新材料技术、海洋勘探开发等高科技和前沿科学领域的研究水平已经居于世界前列。现在印度能自行研制卫星及其发射系统，是世界的第七大空间国。印度的计算机软件开发发展迅速，目前，其软件出口几乎占据了全球市场的 30%，比尔·盖茨早在 1997 年访问印度时曾认为印度将成为 21 世纪全球的软件超级大国。

在 21 世纪，印度的科技能力发展具有较大的潜力，首先是因为印度庞大的经济规模和巨大的潜在市场，使之有能力从事高科技领域的研究与开发。其次是印度已经建立了比较完善的科学基础设施，从事科技研究的机构有 1700 多所。再次，印度拥有一支庞大的科技队伍。国内的高质量科技人员存量仅少于美国，居世界第二位。印度高等教育发达，现在每年约有 2 万名理工科毕业生，理工学院的毕业生质量较高。最后，经济改革打破了封闭的国门，外资的流入和市场的开放有利于先进科技的引进和开发。

4. 科研与生产相结合，科技成果商品化

印度拥有一大批高科技人才，他们的科研成果虽然在国际上受到重视，但在国内这些成果往往不能转化为商品。为改变这种状况，前些年，印度政府再三强调中央科研单位的科研项目要服务于生产，鼓励他们与生产部门挂钩，并为其解决生产中的技术问题，印度的“八五”（1992—1997 年）科技发展战略中明确提出：“要加快研究成果商品化的步伐，引导研究单位和工厂企业之间建立目标更为明确的联系。”为促使科研单位更自觉地与工业部门结合，印度科技部于 1993 年 2 月决定：第一，减少国家对中央科研单位的投资比例。决定中规定，印度科学和工业研究委员会所属研究单位的一半经费由自己筹措；第二，中央一级科研单位的技术开发工作一律下放到基层，允许科研单位向企业部门出售技术发明；第三，科研项目要有工业部门参与，以便尽快使科研成果转化为商品。

5. 政府积极支持企业科研

印度的科研与开发工作，除由科研单位和院校专门参与外，鼓励一些国营和私营企业也参与研究。在钢铁、工程设备、机床、电子设备、机器制造等行业中，许多国营和私营企业都建有自己的科技研究中心。其中私营企业所设的研究机构在数量上大大超过了国有企业的研究机构。据《经济时报》报道，截至 1991 年，印度工业企业中的研究开发机构共计 920 个，其中私营企业占 799 个，国有企业仅有 121 个。政府对企业的研究和开发积极支持，采取了多种鼓励措施，如企业可根据“开发普通许可证”，自由进出口从事科研开发的设备、元件及原材料，利用财政手段刺激企业开展科技活动等。

6. 引进外国技术，重在消化吸收

印度为尽快缩短与发达国家在技术方面的差距而采取了多种措施，其中主要措施之一是从国外引进国内发展需要而又没有的先进技术。印度政府特别强调在引进国外技术时坚持“有选择”的原则。为此政府不仅成立了专门机构，以负责技术进口的审批工作，定期公布允许进口的项目清单，还明确要求引进国外技术的单位必须具有消化吸收引进技术的能力，在规定时间内必须学会管理引进的设备。

印度非常强调自力更生和有限制地利用外资，在引进高技术方面始终实行鼓励政策，“凡属引进高技术及其设备、工艺等都予以鼓励、优惠甚至特许”。通过引进国外技术和不断消化吸收，印度的电子工业已发展为印度高技术产业的龙头。印度的计算机软件，其水平已跻身于国际先进行列。目前，印度生产的软件 80% 以上销往国外，年创汇上亿美元，印度拥有 10 万多员工的软件工业，出口增长率为 47%，在世界软件市场拥有巨大潜力，在高科技开发方面，印度已比较成功地采取了“引进—消化—出口”的发展战略。

在印度经济中，软件业已经成为一道美丽的风景，软件工程、网络服务、电子商务解决方案、业务流程外包等纷纷出现，已经成为印度经济的新宠。到 2003 年 3 月印度的软件业和服务业已经为 60 万名专业技术人员提供了就业机会，许多国际巨头将他们的关键软件业务外包给印度。

（三）狠抓教育与尊重人才

印度科技发展迅速，关键在于有大批人才，而人才建设的基础在于教育。印度对抓教育有一套政策和长远的教育战略思想。早在 1950 年印度政府就在宪法中明确规定：对 14 岁以下儿童实行免费普及教育。同时对高等教育、成人教育等狠抓不放。因此，印度每年有 15 万合格的科技人才毕业，现在拥有各类科技人才总数为 250 万，在人数上仅次于美、俄而居世界第三位，这是印度科技发展的巨大潜力。

印度政府不仅非常重视科技人才的培养，而且还注意调动科技人员的积极性，为此作了种种规定：

（1）努力为科技人员提供良好的生活条件和工作环境。印度知识分子的工资普遍较高，住房条件较好；在工作上，政府一贯鼓励知识分子大胆创新，并为那些有真才实学的科学家建立专门科研机构。还尽量为科研人员提供出国考察和参加国际学术交流的机会。（2）对学有专长并在科研方面取得重大成就，又具有组织能力的科学家委以重任，聘请他们参与国家建设的管理工作；政府制订有关计划时注意听取他们的意见，政府一些部门也大多聘请有关专家担任顾问。（3）鼓励青年科技人员成才，对 45 岁以下有杰出成果者设专门学术奖，定期评选，并由总统、副总统或总理亲自颁奖。（4）吸引海外的科技人员归国服务，并为他们提供各种便利。

（四）印度的经济改革

在西方一些人的眼里，印度形象仍然未变，但实际情况是印度，正在稳步变成一个重要的军事强国和工业强国，它已拥有居世界第四位的军事力量，有世界第三大科技人员储备库，有现代资本集约型的工业和实现了粮食自给有余的农业，有向俄罗斯、欧洲和北美出口大宗药物的世界上规模最大的制药业。

不过，1991 年前，印度曾出现过一场空前严重的危机。为了对付那场危机，印度政府提出了一项稳定经济的紧急计划，同时还实施了一项范围广泛的结构改革计划，对工业、农业、外贸、支付体制、税收和财政金融体制等领域进行了广泛的改革。

几年来，各领域中的改革均取得了一些进展，已引起世界各国的关注，证明印度的改革是有成效的。其明显成果是：第一，克服了外债危机。1991 年 6 月，印度外汇储备降低到 10 亿美元左右，但由于实行了改革措施，到 1995 年 3 月回升到 200 亿美元，创历史最高纪录。第二，贸易赤字有了大幅度减少。1990—1991 年印度贸易赤字为 94 亿美元，1992—1993 年减少到 41 亿美元，1993—1994 年则减少到 10 亿美元；第三，通货膨胀得到了控制。因此，印度经济在过去一些年中一直保持增长的趋势。在 1992—2002 的 10 年中，印度是资本收入增长率不断提高的唯一经济体。也就是说，在这 10 年中，几乎所有其他经济体的增长都低于印度，或者为负增长。同时，在 1997—2002 年，印度资本收入的增长率超过了其他发展中的经济体和除中国以外的主要亚洲经济体。印度资本收入的增长率在 1997—2002 年度为 9%，仅次于中国，中国资本收入的增长率为 39%。

1. 结构改革

印度认识到经济是国际关系的推动力。国家力量和影响是与国民生产总值的多少和人民生活的富裕程度成正比，而不是与国防预算数字的大小成正比。为了适应国内和世界的新形势，多年来，印度进行了市场型的经济改革，并使印度的经济与世界经济接轨，努力进入效率与竞争的新时代。印度事务部副部长曾明确指出："印度的结构改革计划旨在使经济在国际上具有竞争力，开放贸易、吸引外资、鼓励发展私有经济成分，并把政府工作的重点放到改善国家的基础结构、开发人力资源和缓解贫困上。"通过几年的改革实践，在各个领域中均取得了一些进展，并受到世界银行的赞同。世界银行在它的《国家经济备忘录》中指出："由技术所引入的各项改革，是迄今其他地方很少与之相比的，它增强了人们对改革进程的信心。”

在一系列改革中，重要的改革是工业政策、对外贸易、支付体制、金融和资本市场及税收体制等方面的政策。工业部门的保护壁垒已被取消，许多骨干部门已向私人参与者开放，如电力、电信、航空运输等部门，越来越多的国内外私人企业家对上述部门产生了兴趣。随着工业管制的放松，对外国投资这一重要政策作了适当的调整。因此，自 1991 年 7 月开始，批准的外国直接投资项目逐步上升，到 1994 年 5 月，国外投资已接近 50 亿美元。以前限制印度公司与外国合资者联合经营，现在政策已经放宽，不论与外国合资的规模大小，均可获得同样待遇。据有关报告指出，在印度的外国直接投资不断增加，到 2006 年 1 月，外国直接投资达 6.477 亿美元，比 2005 年 1 月的 1.5 亿美元同比增长 326%。印度已加入多边投资保障机构，陆续同一些国家签订了双边投资保障条约，现在流入印度的外国资本已达到 50 多亿美元。

2. 财政政策改革

印度政府认为，为满足现代全球性的经济需要，必须要有高效率的财政部门。为了提高银行和其他财政机构的效率与效益，采取了有力措施。诸如减少政府和其他公款的直接投资，允许国有银行进入资金市场；允许银行在贷款超过 200 万卢比时有决定贷款利息和管理资金财政的自由；允许开设新的私营银行，并将工业财政企业（国有财政发展机构）转化为一个公司等。

印度政府认识到宏观经济的稳定是基础结构改革成功的根本。为了减少比例过大的财政赤字，于 1991 年 7 月开始执行了财政政策的改革。这一改革旨在加强收支平衡，将资金从低生产率的企业转向高生产率的企业。财政改革计划也发放国有资金，用于对农业、农村发展、环境保护、教育及医疗卫生等需要国有投资事业的大规模投资。取消了主要津贴，如出口津贴、化肥和国有企业津贴等。同时也采取了一些有利于发展农村、解决贫困和基本社会福利等的措施，如教育、医疗等。政府已逐渐取消了印度储备银行自动提供资金弥补预算赤字的规定，今后靠市场借贷解决问题。政府的赤字不会自行弥补，货币发行和通货膨胀则较易控制。

印度银行系统进行的改革，目的是提高国家储备的流通和调拨的利率。多年来，已取得了实质性发展，利率已不再受行政控制，行政管理的存储率最高为 10%。为了引进银行系统的竞争机制，制定了私营银行进入银行系统的规定。印度储备银行已向一些私营银行颁发了执照。印度债券与交易委员会加强了对资金市场透明度较强的管理，以便保护投资者的利益。公司可在资金市场上自由筹集资金，由市场决定资金的价格和投放量。为了加强国有银行的资本基础，政府再次从预算中拨出560亿卢比，用于加强国有商业银行的资本基础。银行国有化条例已作修改，允许国有商业银行在资本市场筹集资金。颁布了相应法规，建立了债务清偿法庭，以督促偿还拖欠的借款。印度储备银行新设了银行监督部，加强对银行的监督管理。有些被批准建立的私有银行早在1994年开始营业。

在财政改革方面，尽管取得了不少进展，但财政系统真正全面实现健康的运营，还需些时日。

3. 工业改革

为适应经济改革的需要，工业系统也进行了改革。1991年7月，印度宣布了工业改革政策，目前工业管理规定已经撤销，除16家与国防、环境及社会有关的工业企业外，其他所有企业的报关手续均已撤销，这给印度工业注入了活力。为了保护环境，现在对大城市的一些工业企业地点进行了必要的限制，相当数量的企业在早期收归国有，目前除铁路、核能及军工业外，已不再有国家企业。对矿业开采也作出了新规定，1993年颁布了新矿业法。有13种矿源原来只允许国有企业开采，现在已向国内外投资者开放。总之，工业企业管理规定的撤销，为国内外私营企业提供了方便，增加了竞争力，促进了私营企业的发展。现在至少有1.7万个投资意向已在政府存档，价值约1000亿美元，可提供320万个就业机会。有关专家指出，这些投资意向中，如有40%的成功率，对现存工业基础就会产生重大影响。

在撤销有关工业企业管理规定的同时，放宽了对外来投资者的规定，以便吸引更多的外资流入印度，有利于实现其经济增长计划。有些工业企业已直接向外国投资者开放，外商拥有51%的自动批准所有权。与此相适应的一些行业也相继建立，如贸易大厦、饭店等。自1992年开始，印度进一步拓宽了外来投资渠道，印度的市场也已向外国投资者开放，同时，印度的公司也允许进入国际资本市场。到2005年，进入印度的外国直接投资达300亿美元，这是有史以来的最高水平。

4. 外贸政策

印度自实行经济改革以来，外贸政策有所放宽，其外贸政策的改革旨在确保出口竞争力，取消出口津贴，以适应国际形势发展的需要。印度早期的贸易体制特点是对进口和关税量进行大范围的控制。现在除消费品外，对“量”的控制已全部取消。机械和中介货物可以在缴纳规定的关税后自由出口，最高关税已从300%逐步减少到65%。印度准备今后几年内陆续降低关税，逐步淘汰对进口量的控制。1994年宣布的进出口政策，放宽了范围，特别是进口许可证的范围。同时扩大不受许可证限制的进口消费项目。随着大范围地降低关税，对进口数量的限制也已取消。

出于经济发展的需要，印度对进口政策作出了必要的修改，为对外贸易创造了一个宽松的环境，加强了出口结构，简化了出口手续，以提高工作效率，增加竞争力，提高质量和技术，增加出口产品。

印度的贸易策略是要脱离特别补贴和不必要的形式控制，转为宏观财政控制和现行的兑换率管理。其策略包括制定与进出口有关的措施，减少办理进口许可证的程序，鼓励出口，采用由市场决定的兑换率，扩大低息出口贷款，降低及调整进口税，加强基础设施。印度几年不变的进出口政策，已经摆脱了谨小慎微的控制，使贸易大见成效。早在1993—1994年开始，兑换率从双轨制改为由市场调节的统一单轨制。卢比存款可以兑换，兑税及营业税以进一步降低，更趋于合理。

印度正在继续努力，按国际竞争的利率为出口商提供足够的贷款，现在已做到在出口商品装运前向出口商提供外币贷款，还实行了出口支票在国外贴现金的做法。

印度把出口作为全国优先考虑的重点问题，政府决心竭尽全力帮助和鼓励出口商向世界各国出口印度商品，尤其是一些粮食制品。为此，印度已采取行动，进一步审查有数量限制的规定，撤销有碍贸易的政策。对农业进一步实行放宽政策，扩大劳务输出，建立机制以确保印度在一些国家的特殊市场，如独联体各国、中国、以色列、中亚各国和南非等国。

印度在2005年4月—2006年4月间的出口总额突破了1000亿美元大，达到1010亿美元，增长率达25%，超过92亿美元的年度目标。而进口额增加到1400亿美元，较上财年增长32%。印度和中国的贸易也不断发展，贸易额不断增加。在2005年就达到180亿美元，2008年则增至为380亿美元，2013年为650亿美元，2010年中国与印度的双边贸易额高达617亿美元，几乎是10年前的20倍。2011年12月高达700亿美元，到2015年双边贸易突破1000亿美元。

近些年来，印度政府实行全面经济改革，经济发展速度引人瞩目。目前，印度在天体物理，空间技术、分子生物电子技术等高科技领域都已达到较高水平。印度已成为仅次于美国的“世界软件超级大国”，目前有软件及服务企业近3000家，从业者超过50万人。印度的外资政策发生了一些变化，20世纪90年代，印度曾严格限制外资进入，而现在印度政府加大了吸收外商投资的力度，印度仿照中国，采取了一系列优惠措施，在全国范围内设立约20个经济特区，招商引资。印度是世界上五大计算机软件供应国之一，是仅次于美国的第二大计算机软件出口大国，在未来20年，印度将加大对软件建设的投入，印度将会在世界技术进口市场占据重要地位。

（五）印度农业发展的有效措施

印度在历史上是一个灾荒频繁的国家。尽管印度可耕地面积为1.8亿公顷，但由于长期遭受英国殖民统治，农业生产十分落后，因此印度独立以前，粮食每年进口。独立前不久（1943年），一场大饥荒死亡约300万人。印度刚独立时，人均寿命只有33岁。印度独立后，尽管旱灾、水灾不断发生，甚至遭受了饥荒的威胁（如1968年比哈尔邦，1971年马哈拉施特拉邦，1978年孟加拉邦），但人民生活却基本上有了保障，这与印度农业发展较快有关。到1978年，这个世界上第二人口大国已基本实现粮食自给。随着人民生活水平的提高，人均寿命逐渐增长，由刚独立时的33岁增长到52岁（据1990年报告），现在大有提高。近年来，随着经济改革不断深入，再加上风调雨顺等因素，印度年年获得丰收，1992—1993年和1993—1994年粮食产量分别为1.76亿吨和0.8亿吨，1994—1995年又达到了1.85亿吨的高峰，为1950年的3.6倍，2011—2012年印度粮食产量达到2.59亿吨。因此，印度的粮食储备大增，政府鼓励农民为粮食出口做贡献，这些成就令世界瞩目。

印度农业的发展，经历了一个曲折过程。1947年印度独立后，特别是从1950年开始，印度经济步入计划发展时期，农业生产得到了政府的重视。在1950—1956年的第一个五年计划里，印度对农业的投资占政府财政支出的37%。到1956年粮食产量已从1950年的500万吨，增加到6934万吨，增长26%。但是第二个五年计划期间（1956—1960年）由于政府片面强调发展重工业，忽视了农业的发展，使农业的投资比重从第一个五年计划的37%降至20%，农业增长放慢，影响了国民经济的全面发展，结果造成工农业生产比例严重失调。这期间，虽然工业生产增长率为7%，但粮食产量却增长2%左右，国内供求关系日益紧张，进口粮食增加。20世纪60年代与50年代相比，粮食进口量由平均每年290万吨增加到580万吨，特别是1966年，由于歉收，一年就进口粮食1034万吨。这种情况引起了政府的注意，并开始采取措施，调整政策。当时英迪拉·甘地政府提出，在继续发展重工业的同时，将农业发展置于优先地位，实行了重工业和农业并举的发展战略。政府对农业的投资比重从20%增加到22%—24%。从20世纪70年代开始，农业发展出现新的起色，到1978年实现了粮食自给，后来还有少量出口。近些年虽有时也进口一些粮食，但主要是为了调剂国内粮食品种，并非缺粮所致。

印度农业发展之所以能取得如此重大进步，原因是多方面的。最重要的是印度政府对农业的重视，认识到农业是经济改革的重要领域，没有较高的农业增长速度，就不能达到经济的全面增长和改善人民生活的伟大目标。因为印度三分之一的国内总产值和三分之二的人口依赖农业。政府不仅在思想上重视，而且在行动上采取了一系列有效措施，主要有以下几点：

（1）使用和推广良田。印度政府认识到，“种子是最基本又是最主要的投入”，为了防止向农民提供假良种，中央和各邦都成立了种子公司，专门负责验证、销售和分配良种，定期检查和召开有关会议，形成一套经营体制。这种良种有的是从国外引进的，有的是在国内培育的。早在1965—1966年绿色革命开始阶段，全印良种播种面积只有1万公顷，到1988—1989年已达到6500万公顷。为了让种子的用户最终受益，印度政府对种子运输给予补贴。尤其对交通不便的地区，这种补贴特别重要。由于高产良种的使用和推广，提高了单位面积产量，促进了农业的持续发展。

（2）扩大灌溉面积。印度政府认识到，扩大灌溉面积是提高粮食产量的重要条件，因此政府十分重视兴修水利和发展灌溉工程。从1950年到1990年的40年中，政府在这方面累计投资3400亿卢比（110亿美元），特别是20世纪70年代开凿了苏特里杰河和比阿斯两条运河，全长500千米，使印度西北部和北部广大地区得到了灌溉。1950年全印灌溉面积为2260万公顷，到1990年已增加到7130万公顷，增加2.3倍。为改变农民靠天吃饭的状况，政府每年都进行修造运河、打井和挖塘工程，以补充雨量的不足和保证农业的稳定增产。印度政府于1991年又制订了全国流域开发特别计划，强调用协调和统一的方式，以低价、有效和可替换的技术保护、提高使用水和动植物等自然资源。对梯田和平原植物区采用不同的耕作方法，使水土保持和粮食生产均见成效。

拉奥政府上台以后，对发展包括兴修水利在内的农村基础工程建设一直重视。在1995—1996年的国民经济预算中，政府决定建立农村发展基金，用以加快基础建设。政府制定了全国性河流法案，以加强对国内河流的管理。

（3）合理施用化肥。这是粮食增产的又一重要措施。1955年颁布的重要商品法和1985年颁布的有关化肥质量管理政令，对化肥的质量、价格和交易都有明确的规定。这样，能及时以合理的价格得到高质化肥。化肥法还对在国内销售化肥的规格、样品分析方法、化肥分配和交易、执法部门的任命等都作了详细规定。对化肥、有机肥料和生物肥料的使用都有一定的规定，并与土壤检测工作同步进行，以确保合理使用化肥，防止土壤退化，做到目前利益与长远利益相结合。

为使农民得到可靠的化肥，政府对化肥的质量和交易进行严格控制。全国各地已建立起47个化肥质量检测实验室，随时对化肥质量进行检查。为使农民买得起化肥，政府每年都要拿出巨款来补贴化肥供应，例如1994—1995年和1995—1996年政府化肥补贴分别为424亿卢比（13.6亿美元）和540亿卢比（17.4亿美元）。由于政府的重视和提倡，印度化肥使用量不断增加。1970—1971年全国化肥使用量为218万吨，但1991—1992年已达到270万吨，20年中增加近5倍，这对粮食产量的增加起了重要作用。

（4）扩大农业信贷。这对发展农业、保证农民资金需求十分必要。因此，印度政府注重发挥农业信贷作用，建立起各级农信贷机构，以确保农民所需资金。中央除建立农业银行及下属的14539个分行外，还在全国各地建立起10万个农业信贷社，350个县合作银行，27个邦合作银行，专门为农业和农村发展提供贷款。仅农业信贷合作社、地区农业银行和商业银行在1972—1973年共提供各种农业信贷116亿卢比（3.74亿美元），到1988—1989年这种贷款就增加到1175亿卢比（37.9亿美元）。与此同时，政府还注意从世界银行和其他国际信贷机构取得外援，发展农业。这些都促进了农业的发展。

（5）提供合理价格，调动农民积极性。政府为农产品提供合理的价格，使农民感到务农有利可图，这是保护农民生产积极性的重要措施。印度早在1965年就成立了农产品价格委员会，负责每年调查各类粮食成本和制定合理价格，供政府参考。政府根据价格委员会的建议，几乎每年提高粮价，并宣布最低收购价格。为了保护农民和消费者的利益，政府每年都出钱补贴价格，例如1993—1994年和1994—1995年政府每年提供的粮食补贴分别为600亿卢比（19.3亿美元）和540亿卢比（17.4亿美元）。政府还成立了粮食公司，负责收购农产品。政府提供的价格补贴虽然加重了国家财政负担，但为保证粮食的稳定供应和社会安定，政府直到现在还不得不维持这种做法。

（6）重视农业研究和技术培训。印度设有全国农业研究委员会，国家农业部有农业研究所和教育局，专门负责领导农业教育和协调农业各部门的研究。全国有30所农业大学，133所农学院，在校学生4万多人，每年可向全国输送大批科技人才。目前全国共有农业研究所49个，全国性农业研究中心13个。除了从事培育良种、防治病虫害和水土保持等使用项目研究外，还建立了遗传学和生物工程等高科技项目。全国已形成科研、教学和推广技术的网络和体系。

拉奥政府上台以后，农业年年丰收，除与“风调雨顺”有关外，根本原因是政府重视农业，增加了对农业的投入。1994—1995年政府对农村发展的拨款增加62%，1995—1996年的拨款又增加11%。印度政府把发展农村同治理贫穷联系起来，把贯彻“发展农业20点计划”和“农村统一发展规划”作为政府的头条大事来抓。与此同时，对于发展水浇地、治理江河、增加农村电力供应、发展林业、计划生育、解决无房户和改善农村交通状况等都采取了一系列措施，以加快农业的发展。

（7）注重水土保持与环境保护。水土保持被认为是增加农业产量的重要因素之一。印度一直把水土保持项目放在重要位置，即使在第一个五年计划期间也是如此。从一开始，政府就重视水土保持技术，强调把研究成果用于实践中，还制定了有关法规、章程，设立政策协调机构。当前政府的工作重点是治理碱性土壤、恢复土壤的肥力和控制耕作。注重用科学方法进行耕作和控制作物周期，从而保护了农业的自然投入，也保护了环境。印度在环境方面也存在一些问题，如自然资源锐减、土壤退化、大气和水污染等，有些少数民族地区，由于耕作方法落后毁坏了许多森林资源，也引起印度政府的重视，正设法采取措施控制这种毁林现象，中央及各邦政府已定出约 30 条保护环境的主要法规，如 1980 年森林保护法、1974 年的水法（保护水源、控制水污染）、1981 年的大气法、1986 年的保护环境法。

（8）鼓励并支持农业出口。这是促进农业发展的又一措施。近些年来，随着农业的不断发展，农业出口也显著增加。印度政府为了进一步发展农业而鼓励更多的农产品出口。在第八个五年计划中拨款 2246.7 亿卢比（约 61 亿美元），比第七个五年计划的拨款增加一倍多。印度的小米、小麦、水果和蔬菜等不仅大量出口于东南亚各国，而且还向欧洲和美国等大量出口。为保证粮食更好地出口，印度从 1994 年开始又作出新规定，简化了出口手续，取消了烦琐的许可证和登记制度，放宽了有些大米的最低出口价格限制，允许自由出口一些品种较好的大米等，这样更有助于出口商在国际市场上竞争。

为扩大出口和快速出口，对 1992—1997 年的进出口贸易政策作了修改。修改后的政策试图促进农业发展和农产品的大幅度出口，改善贸易服务，使各邦政府更好地参与出口。扩大了进出口货物种类，原来被控制出口的如天然橡胶、椰子等，现在允许自由出口。新政策受到贸易界和工业界的欢迎，促进了农业的发展，活跃了出口贸易。

印度农业在发展方面的成就比较显著，但也存在不少问题：土地占有结构不合理，约有 30% 的人没有土地；单位面积产量还不高；各地区农业发展也不平衡；政府财政补贴过大。在农业发展的同时，农业用地中已有 8500 公顷土质出现了不同程度的退化；“绿色革命”提高了农作物的产量，但却因大量使用化肥和杀虫剂而造成了污染；为了提高发电量而在河流上筑坝，但却破坏了河道，淹没了农田，使成千上万人不得不迁移他乡。使用机器生产了工业产品，同时也污染了空气和水，医药提高了人民的健康，随之而来的是人口激增，这又需要提供更多的产品。

印度人口众多，要养活这么多人，政府的任务依然艰巨。

（六）印度农村的信息革命

印度农业在迅速发展，粮食不仅自给有余，而且还有出口。印度是世界排名第二的小麦和水稻生产国，也是世界第二大蔬菜和水果生产国。为了保持农业的快速增长，政府采取了若干措施，在促进建立必需的基础设施外，主要是利用现代信息和通信手段加快向农民传播科学技术，大力推广科技种田，信息革命逐步展开。

印度科技部重视对农民素质的培养，强调提高农民的“科学素质”，对于国家的发展至关重要。因此，曾经提出过2004年为“科学意识年”，并开展了大规模的科学教育活动。这种推广科学意识的活动，开始于1982年，并在1987年和1992年先后结合民间艺术演出等形式，到各地开展科普宣传活动。第一次活动开展之后，印度民众科学网把各地民众的科学组织联合了起来，第二次开展的识字教育运动使民众的读、写能力有了很大提高。“科学意识年”活动还将继续开展下去，以便使更多人接受科学意识教育。这种活动的开展已引起世界上一些国家的关注。

为适应形势发展的需要，印度的工程师已研制出一种成本低于1万卢比（约238美元）的手提电脑，农民利用这种电脑，不仅可以获得与各种农作物有关的信息，还可以进行金融交易，且花费很低。乡村医疗诊所则通过利用太阳能的人造卫星发送患者的医疗消息，如X光照片等。根据发送的医疗信息，患者可向医学专家咨询疾病和治疗方案等，农民还可以用电脑通过一个专业网站出售各种农产品。

印度的农村正在逐步变成数字化的农村。印度受教育的阶层，正为印度在技术和软件业的发展做出贡献，现在他们用自己的力量，以实际行动帮助印度农村发展。通过网站，人们可以在互联网上获得从天气预报到与种植有关的各种信息。

由印度设计和研制的一种创新手提电脑，可以使用印度17种语言，用它可支付账单，发送电子邮件等，对当地农民非常适用。另外，还研制了一种专门用于印度农村地区的无线电通信系统。在一些邦政府专门建立了农村互联网。印度的非政府组织、教育机构和企业界正在联手，发挥优势，努力建设印度的数字化农村。

不久以前，政府宣布将设立约5000亿卢比的农业基础设施和信用基金，用于农村地区的基础设施。还可用这笔资金增加对农民的信贷，以便让农民为提高农作物的产量进行更多投资。

过去一些年来，在印度农业研究会的领导下，印度已建立起世界上最大和最广泛的农业研究网，它包含印度97个国家级机构，其任务主要是开展对农作物、牲畜、渔业和其他与农业有关的研究，还包含82个全印合作项目，另有40多所农业大学也从事农业方面的教育和研究。

值得注意的是，过去农业科技的发展与传播，被看成政府的事情，但现在发生了很大变化，政府鼓励私有资本进入这一领域，农业专业毕业生也可建立“农业门诊部”，并有一定的利益保障，他们不仅向农民进行科学指导和传播科学知识，还可以向农民出售必需的农业物资。“合作农业”日益受到欢迎，即合作公司和出口商帮助农民生产某些他们需要的农产品。这种类型的创新公司日益增多。在这些公司里，生产者与农民、最终消费者与出口商、加工商与贸易商达成相关的生产和消费协议，根据协议从事生产和经营。也对农业市场管理相应的法律规定作了适当的修改和补充，将这种“合同农业”合法化。

这样一来，也促进了农村私有农业市场的发展，农产品运输和储存的限制被取消，大大调动了生产者和经营者的积极性。

计算机信息技术在印度农村的使用越来越广。以前人们一度担心农村人文化水平较低，计算机信息技术和通信技术在农村不能得到很好运用，现在这一顾虑已被打消。过去几年，在农村中引入并运用计算机信息技术已获成功，即使在偏远地区也不例外。

为了进一步推进农村计算机化革命，政府还专门为农业设立了呼叫中心、广播台和电视频道。呼叫中心与地区农业教育及研究机构相连，由农业毕业生接听热线电话，接受农民的咨询，或及时解答有关问题，或咨询有关专家后再作答复。呼叫中心的电话一般免费为农民服务。电话已经进入很多个村庄。广播电台和电视台的覆盖面更大，几乎覆盖了绝大部分农村地区。

据报道，印度总统在2005年1月25日的讲话中指出：“随着信息和通信技术的发展，我们每个村庄都拥有计算机和联网的目标将很快成为现实，这将是我们的乡村通往知识世界的窗口，使他们能从电子政务、远程教育、远程医疗、电子商务和电子司法等项目中获益。尽管计算机已深入了各个领域，但对村民来说，操作还有些困难，还需要有媒介，这就是乡村信息官员，他们是乡村通往知识界的眼睛和耳朵，印度大约有230万个村委会，希望在这些村委会中建立乡村知识中心，以便帮助农民获得知识和信息，还可以为100多万村民提供直接的、高质量的就业机会，他们还将有助于促进农村地区向更富裕的水平发展。”印度IT行业的发展，缩小了城市和乡村在数字化领域的差距，满足了全国数亿计农民的需求。印度农村正在迎接数字化时代的到来。

九　印度的教育

印度是个发展中国家，对教育事业相当重视。因此印度自独立 60 年来，教育事业取得了显著成绩，从而促进了各项事业的不断发展。

（一）国家教育的出发点

印度自独立以来，政府认识到教育是人力资源开发的关键，要提高每个人的素质，必须对人们的教育进行投资，使教育工作在国家计划中占有适当地位，这是印度发展教育的基本出发点。为此，印度提出了明确的发展目标：保证每个人受教育的机会均等；不论年龄大小，为其提供学习知识、发挥才干的机会；使受教育者在体育、智育和文化三方面得到全面发展；在教育、就业和发展之间建立有机的联系；宣传国家统一，宗教与教育分离，宣传民主生活方式和尊重劳动的重要性。教育方针中明确强调了“普及教育”和“消灭成人文盲”的重要性，把普及小学教育和成人教育作为消灭文盲的重要措施，中等教育和中等专业化教育的目的是为印度的教育、经济和社会发展建立积极而有意义的联系；把高等教育视为经济和社会发展的一个关键因素，以及通向“现代化”的重要门径。尤其拉吉夫·甘地于 1985 年任总理后，对教育事业同样重视，他强调指出，“要对现行的教育制度进行改革”，“使教育成为把国家引向 21 世纪的工具，鼓励人们，特别是青年积极进取的精神，促进国家的进步，加强科学与技术教育，使教育同就业和国家经济建设的需要密切结合起来”。在这个总方针的指导下，各级政府为办好教育采取了一些措施。在 1985 年政府发表了题为《教育的挑战》的文件，接着又制定了《1986 年全国教育政策》，经过两院讨论通过，接着又制定了《二十三点行动纲领》，以落实上述政策。由于各级政府的重视和努力，从而使教育事业不断发展。在 2006—2007 年，仅有 93% 的 6 岁至 14 岁年龄段的儿童入学，到 2012 年，该年龄段的全部儿童都可以上学。国家新设了超过 5.1 万所学校，并且招收了约 70 万名教师。现在更注重教育质量的提高。“午餐计划”每天为在校的 120 万名儿童提供了营养丰富的午餐，这一计划在全世界也是最大规模的。

2011 年，印度总理在讲话中指出："今天，每个公民都有权接受初等教育。我们现在正在考虑普及中等教育。我们对职业教育及技能培训的重视也已上升到一个新的高度。面对这些重大变化，我们有必要全方位地将教育涉及的方方面面均纳入考虑范围。因此，我们决定成立一个教育委员会，研究如何发展所有层级的教育事业。"他还指出："现在，我们需要对初中和高中教育给予更大重视，应该让每一名儿童，不论贫富，不分群体，都能通过教育实现自己的潜能，使他们成为我们这个社会负责任的公民。"此番讲话，使印度人民深受鼓舞，努力前进。

（二）备受重视的教育

印度是个发展中国家，对教育事业相当重视。一个国家，一个民族是否有希望，能否兴旺发达，很重要的一个方面是看它对教育的态度。儿童和青少年是国家和民族的未来，决定着国家和民族前途，而决定他们思想品德、科学文化及身体等方面素质的却是对他们施加的教育。印度独立 60 年来，教育事业取得了显著的成就，从而促进了各项事业的发展。

据有关统计，印度自 1951 年以来，经过多年努力，到 1992 年为止，学校数量增加到 81 万余所，学生总人数到 1992 年为 1 亿 5 千万余上。其中大学 197 所，学院 8210 所，高等学校的入学人数达 350 余万人，居世界第三位。由于宪法中规定了向 14 岁以下的所有儿童实行免费普及教育，所以全国各地不少学校对一年级到五年级的学生实行了免费入学，甚至有些邦对六年级到八年级的学生也实行了免费教育，这样一来，全国的识字率大大提高，1951 年全印度的识字率为 16.6%，到 1971 年上升为 29.45%，1981 年又提高到 36.17%。1991 年为 52.21%。其中有些邦的比例较高，如喀拉拉邦、马哈拉施特拉邦、泰米尔纳杜邦等。

（三）中等技术教育

采用多种方法培养中等技术力量。培养的对象是 14—25 岁的青少年，为他们提供 30 多个工程行业和 20 多个非工程业的训练。这些训练工作由国家统一计划安排，经训练委员会批准执行。为此，全国设立了 356 所常设性学校和 139 所临时学校。除公办学校外，私办的训练性学校也有不少。这些学校总共容纳学生近 20 万人，训练期为 1—2 年。这类学校为青少年提供了学习科学的场所，并把它们看作学徒训练的重要基地。另外，还有300多所工业技术专科学校，每年可招生6万人左右，分全日制教育和业余性教育两种，学习期限分别为三年和四年，专门培养具有中等技术水平的专门人才。

（四）成人教育

印度把消灭文盲列为国家教育的任务之一，因此，成人教育受到重视，而且卓有成效，对国家的发展与建设起了重要作用。其主要是以消除文盲、提高文化水平和社会觉悟为目标。因此，发动了一个扩大成人教育的运动，目的是实施一项直接以社会及本人的需要为基础，和本地环境及国家的发展相联系的教育计划。尤其注意到对表列种姓、表列部族和贫困落后地区的教育，规定了有关政策，采取了特殊照顾等措施，使人们的识字率不断提高，1950年识字率为16%，到20世纪80年代初期上升到34%，后来又上升到63%左右。因此，印度的扫盲工作曾受到世界银行的赞扬，认为“印度的扫盲工作对发展中国家都有深远影响”。

看一个国家的经济和文化是否发达，妇女的教育情况是个重要表现。印度也注意到这一问题，在成人教育政策中，把15岁以上的成年妇女摆在首位。对其培养目标主要有四个：一是提高妇女的觉悟，使她们认识到应同男子一样享有社会地位和权利；二是使妇女掌握一定文化知识和科技专长，帮助妇女取得经济上的独立；三是使她们掌握一些卫生知识，特别是有关保健、营养、儿童护理和计划生育等知识；四是帮助妇女组织从事学习和生产活动的团体，加强妇女在各种团体中的参与权和发言权。

通过多种努力，女子的识字率大为提高，使男女受教育人数比例的差距逐渐缩小。以大学生为例，1963—1964年女大学生占总人数的19.5%，1979—1980年增加为26%。对印度来说，这是个了不起的变化。

（五）高等教育

印度的高等教育比较发达，培养了大批科学技术人才，对国家建设和科技发展起了重要作用，从而使印度成为世界上拥有最雄厚技术力量的国家之一。印度的高等教育之所以比较发达，主要采取了以下几项措施：

（1）强调高等教育的重要性。早在独立初期，印度总理尼赫鲁就曾指出：“人道主义、坚韧性、理性、进步和对真理的探索。它代表人类朝向更高的目标全速前进。如果大学充分履行其职责，那么它对国家和人民都是十分有益的。”因此，印度独立初期，专门成立了“大学委员会”，制定了高等教育的方针和任务，“教育方针和计划必须适应于我国的社会发展目标，要把教育的各种不同目标统一起来，教导和影响学生不仅要获得知识，而且要训练思想，使受教育者产生共同的思想准则”，“不仅向学生灌输知识，而且要发展其健康的判断能力，以满足社会的各种职业的需要”。从学校领导到任课教师，都注重学生对问题的探讨和争论，鼓励学生大胆发表自己的意见和看法，注意和引导对学生这方面的培养和训练。

（2）完善和加强对高等教育的领导。印度宪法规定，高等教育由中央政府和各邦政府共同领导。印度独立初期，全国除几所大学归中央直接领导和管理外，大多高等院校主要由邦政府负责。后来中央加强了对高等院校的领导，尤其是1976年修改了宪法，凡属大学、技术和医学等高等教育，均由中央政府和邦政府共同负责。中央不仅负责高校的教育改革、院校的新建与扩建、科研机构的设立与撤销，以及高等教育目标的制定，而且还要负责各高校之间的协调与科研方向的确定等。根据《印度大学拨款委员会法》第12条规定，委员会授权与有关大学进行协调，采取它认为有利于促进和协调大学教育，以及保证教学、考试与研究标准的一切措施。委员会将教学、科研和函授作为教育的三个方面。为了履行其职能，大学拨款委员会从委员会资金中给大学和学员拨款和分配资金，以保证它们的教学经费和发展。委员会向联邦政府、邦政府及高等教育机构就促进大学教育必须采取的措施提供咨询。委员会根据《印度大学拨款委员会法》制定规章条例。

1985年中央政府审查了教育状况，1986年2月通过了新的国家教育方针，使印度的教育又有新的变化。

（3）大力进行教育投资。为了发展高等教育，不断增加对高等教育经费的开支。1986的教育方针还强调了提高教育投资标准，1986年的教育经费约占国民收入的4%，到1990年提高到6%，以后又有增加。这就为高等教育的发展提供了物质基础。

由于采取了上述措施，在教育战线上取得了显著的成就，不仅使入学人数不断增加，而且大学的数量也不断增长。同时还建立了一些设备先进、师资力量雄厚、科研水平较高、在国内外享有盛誉的重点大学，培养了大批科技人才，对国家建设和科学发展起了重要作用，从而使印度成为世界上拥有最雄厚技术力量的国家之一。

（六）印度教育的突出变化

印度独立之后，由于宪法中明确规定了“向14岁以下所有儿童实行免费普及教育”，这为儿童入学提供了法律保证。全国各地不少小学校对一年级到五年级的学生实行了免费入学，甚至有些邦对六年级学生还是实行了免费教育。与此同时，政府一直为教育增加经费，为发展教育提供了一定的物质基础，使学校的数量不断增加，学生入学率不断提高。如1950—1951年教育经费为11.4亿卢比，到1984—1985年度增加600亿卢比。另据记载，1986年用于教育的经费为47亿美元，仅次于国防开支。1950—1951年印度小学共21万所，1984—1985年度增加到52万所。同期，中学由3.06万所增加到13万所。1947年在校注册人数为1050万，到1982年增加为7360万。全国的识字率不断提高，1951年全印度的识字率为16.6%，1971年上升为29.45%，1981年又提高为36.17%，1986年提高为36.23%。据2001年2月所进行的人口调查显示，印度在全国普及识字率的工作成就斐然。七岁和七岁以上的识字率已达到65.38%，其中男性为75.85%，女性为4.16%，也就是说，今天印度四分之三的男性人口和一半以上的女性以具备识字能力。尤其值得提出的是，印度高等教育发展迅速，目前有大学140所以上，学院有5246所之多，仅高等学校的入学人数高达350万以上，居世界第三位。对印度这样一个基础薄弱、经济落后的发展中国家来说也算是个了不起的成绩了。

但是，印度教育的突出变化，明显成绩表现在以下几个方面：

（1）大力发展职业和技术教育。为了提高就业人数，减少失业人数，并为国家经济建设和工业发展提供迫切需要的中等技术人才和减轻对高等教育的压力，政府对中等职业技术也给予一定的重视。由于种种原因，印度14—25岁青少年未完成基础教育的还很多，为了提高他们的文化水平，使之掌握一定专业知识，成为一支中等技术力量，政府采用多种方法对其进行培养，国家为他们提供30多个工程行业和20多个非工程行业的职业训练，这些训练工作由国家统一计划安排，经训练委员会批准执行。为此，全国设立了356所常设性学校和139所临时学校。除公办学校外，私办的训练学校也有不少。这些学校总共容纳20万人，训练期为1—2年，这类学校为青少年提供了学习科学的场所，把它们看作是学徒练习的重要基地。另外，还有300多所工业技术专科学校，每年可招生56000人，分全日制教育和业余教育两种，学习期限分别为3年或4年，培养具有中等技术水平的专门人才。

通过上述种种措施，使不少青少年成为中等技术人才，减少了文盲队伍和失业大军的人数，扩充了国家人才队伍，为国家建设发挥了力量。

（2）大办成人教育。这一问题与上述问题有关，但不完全相同。成人教育主要是对15—35岁的人进行非正规教育，其教育计划是通过邦政府、社会服务机构、大专院校来实施的。印度把消灭文盲列为国家教育方针的任务之一，因此，成人教育受到重视，而且卓有成效，为国家的发展与建设起了重要作用。其主要做法是以消除文盲、提高文化水平和社会觉悟为目标，因此，发动了一个扩大成人教育的运动，目的是实施一项直接以社会及本人的需要为基础，和本地环境及国家的发展相联系的教育计划。尤其注意到对表列种姓、表列民族和贫困落后地区的教育发展，对他们规定了有关政策，采取了特殊照顾等措施。他们的教育面貌得到一定改变。目前全印度已有632个社会服务机构为17个邦和5个中央直辖区开办的29000个成人教育中心提供经费，进行拨款，为成人教育提供方便。

通过成人教育的开展，人们的识字率不断提高，为全国扫盲工作做出了贡献。因此，印度的扫盲工作曾受到世界银行的赞扬，认为“印度的扫盲工作对发展中国家都有深远的影响。”（见《印度在前进》，第26页，1983年）

看一个国家的经济和文化是否发达，妇女的教育情况是个重要表现。印度妇女的社会地位低，文化教育差。印度独立后政府注意到这一问题。在成人教育政策中，印度把15岁以上的成人妇女摆在首位，对其培养目标主要有四个：一是提高妇女觉悟，使她们认识到应同男子享有一样合法的社会地位和权利；二是使妇女掌握一定文化知识和科技方面的专长，帮助妇女取得经济上的独立；三是使她们掌握一些卫生知识，特别是有关营养保健、儿童护理和计划生育等知识；四是帮助妇女在各种团体中的参与权和发言权。

几十年来，政府在几个五年计划中都有发展女子教育的指标，并且对那些妇女教育工作开展得好的邦或城市进行巨额奖励。因此，印度女子教育发展显著。在独立后的几十年内，印度建立了104所女子学院，到1965年发展为200多所，另外，还有50多所大学进行女生招收，男女合校。这样，使女子的入学率不断提高，据有关统计，1951 年为 79%，1971 年上升为 187%，1980 年又提高为 225%，男女受教育的比例差距逐渐缩小，女生入学人数比例不断增加，以大学为例，1963—1964 年女大学生占总人数的 19.5%，到 1979—1980 年增加为 26%；女子的识字率自独立后有明显的提高，1951 年为 8%，1971 年为 18.6%，1981 年上升为 24.8%。据统计，从 1991 年到 2001 年男女识字比例的差距大为缩小，由 1991 年的 28.8%降至 21.7%。随着妇女教育的提高，女子的职业和社会地位也发生了变化，今天的印度女子，不只是专门在家做饭、生孩子、侍候丈夫和公婆，而且不少人走出了家门，到社会上从事教学、科研、行医和经商等工作，甚至还出了不少著名教授、学者和专家。说明印度由于教育的进步，女子的状况也随之发生了可喜的变化。

（3）高等教育。印度的高等教育比较发达，培养了大批科学技术人才，为国家建设和科学发展起了重要作用，从而使印度成为世界上拥有最雄厚的技术力量的国家之一。

印度的高等教育所以比较发达，主要采取了以下几个措施：

（1）强调高等教育的重要性。早在独立初期尼赫鲁总理就曾经指出："大学代表人道主义、坚韧性、理性、进步和对真理的探索。它代表人类朝向更高的目标全速前进。如果大学充分履行其职责，那么它对国家和人民都是十分有益的。"（见印度《联系》周刊，1983 年 2 月 13 日，第 37—38 页）。因此，印度独立初期，专门成立了"大学委员会"，制定了高等教育的方针和任务，"不仅向学生灌输知识，而且要发展其健康的判断能力，以满足社会的各种职业的需要。"从学校领导到任课教师，都注重学生对问题的探讨和争论，鼓励学生大胆发表自己的意见和看法，注意并引导学生这方面的培养训练。

（2）完善和加强对高等教育的领导。印度宪法规定，高等教育由中央政府和邦政府共同领导。独立初期，全国除几所大学归中央直接领导和管理外，大多数高等院校主要由邦政府负责。后来，中央加强了对高等学校的领导权，尤其到 1976 年修改了宪法，凡属大学、技术和医学等高等教育，均由中央政府和邦政府共同负责。中央不仅负责高校的教育改革，院校的新建与扩建，科研机构的设立与撤销，以及高等教育目标的制定，而且还要负责各高校之间的协调与科研方向的确定等等。

（3）大力进行教育投资。为了发展高等教育，不断增加对高校的经费开支。据有关统计，政府对高等教育的开支第一个五年计划时为1.4亿卢比，第二个五年计划时为2.8亿，第三个五年计划时为8.8亿，第四个五年计划时为17.5亿，第五个五年计划时为29.2亿，第六个五年计划时为48.6亿。从这些数字不难看出，教育经费在不断增加，而且增长幅度较大，这就为高等教育的发展提供了物质基础。

由于采取了上述措施，印度的高等教育取得了显著成绩，据报道，截至2003年全印度由91所著名大学，大学生、学院学生总数为800万人。具体表现如下：

（1）建立了一些重点大学。印度现在已有一批设备先进、师资力量雄厚、科研水平较高、在国外享有声誉的重点大学。它们是：德里大学、尼赫鲁大学、贝拿勒斯大学、国际大学、海德拉大学等。这些大学规模大，人数多，为国家培养了大批人才。

（2）工程技术教育得到迅速的发展。从独立到现在，经过几十年的努力，工程技术教育取得了显著成绩，形成了一套高等技术教育体系。全国共有工程技术学院182所，每年招生2.5万人，专门培养专业技术人才。另外全国还有工程技术研究生院96所，每年招生5700人，学制为三年，专门培养工程技术研究生。

（七）存在问题及改进措施

从上述情况看出，印度自独立以来教育方面发生了不少变化，教育事业取得了显著成绩。与此同时，还存在不少问题，有待于很好地解决，主要表现如下：

各类教育发展不平衡，重视高等教育，对初等教育重视不够。印度政府的整个教育计划资金分配是：高等教育占20.9%，初等教育占32.4%，这种分配比例显然对初等教育过低，而对高等教育过高，因为全国72%的人口分布在农村，而且乡村的教育条件比城市要差，但对它的教育投资还不到一半，只占44%这是不够的。因此，农村教育落后的局面不能很快得到改变，使高等教育发展过快。

高等教育迅速发展，培养了大批人才，这是件好事。但是，由于超过了本国的实际需要，结果也带来了一些弊病，使数以万计的受过高等教育的人失业。据有关统计，1978年科技人员总数为1935300人，其中有237000人失业，占12.2%；1980年科技人数增为1949000人，而其中

290700 人失业，占 14.9%，有的要么改行，有的要么流向海外，到英国、美国、非洲等地求职谋生。

初等教育落后同农村经济不佳有关，贫困是文化教育落后的重要原因。1978 年中央政府关于成人教育曾做过乐观的设想，对计划也努力进行了贯彻。当时宣布：15 年内消灭文盲。但 8 年之后发现，效果不大，无显著变化。其主要原因是乡下人对此兴趣不高，缺乏城市人一般所具有的那种热情和兴趣。市民把受教育看作找职业挣钱谋生的重要手段，而乡下人则与此相反。他们贫困，若孩子不帮助父母务农、放牧或从事其他工作，则家庭生活会受到影响。因此，有些家长无心送子女上学。

今天的现实是，6—14 岁的孩子中只有 20% 的孩子能升入中学，然而入中学孩子的 80% 又中途退学，结果只有 20% 的孩子能升入高中。据 1982 年的一次教育调查表明，全国一半以上的小学校没有固定的房舍，三分之一的学校里没有供学生坐的椅子，40% 的学校教室没有黑板，50% 的学校没有体育运动设备和运动器材，70% 学校学生没有课本（见《印度斯坦报》1986 年 5 月 15 日）。校舍如此简陋，设备如此简单，教育如此落后，显然同农村经济状况有关，也同教育投资额小有关。全国教育研究会与师资培训理事会曾于 1980 年做过调查，全国三分之一以上的小学只有一个教师任教，有 2937 所小学没有教师（见印度《联系》周刊，1983 年 7 月 7 日）。由于师资缺乏，直接影响初等教育计划的完成。虽然在扫盲工作中取得了不少成绩，但随着人口的增长不可避免地每年都有大量新文盲产生，印度从独立到 1986 年为止，文盲率仍高达 63.77%，到公元 2000 年印度是文盲最多的国家。这的确是不可忽视的问题。

另外，各邦、中央直辖区之间，在教育水平和普及程度方面也存在很大差距，种姓歧视现象并未完全消除。政府虽然对低级种姓和落后部落有所照顾，但由于他们经济状况不同，文化基础薄弱，所以在教育方面存有不小差距，例如有些人英语或其他功课基础较差，入学后有不少人又中途退学，所以实际上形成了在校人数小于注册人数。总之，低级种姓和经济落后地区文化教育一般较差。这说明，只有获得了社会和经济的平等，教育机会的平等才能真正实现。

印度政府从实践中发现，有些问题处理欠妥，出现了一些偏差，因此有些方面做了改进，采取了新措施：

（1）为了解决知识分子失业问题，政府调整了高等教育与社会需要的结合问题，以防止高等教育迅速扩大。对大学课程还做了调整，推广了职业教育课程，使之更加专业化，以增加大学毕业生的就业人数。一些工学院和综合性理工学院为把工科教育与实际训练更好地结合起来同工业部门加强了协作与联系，开设了“学用一致”性的新课程等等。

（2）加强了初等教育，正在改变过去那种对初等教育重视不足的做法，注意了扩大初等教育的经费。例如政府在1980年开始的第六个五年计划中增加对初等教育的经费开支，据统计，初等教育经费占教育总费用的比例由“五五”计划的32%增加到“六五”计划的46%。尤其在1986年印度制定了《全国教育政策》和实施这一政策的《二十三点行动纲领》，其中强调了普及初等教育及在15—35岁的人中扫盲问题。为实现这一目标，印度政府于1986年又加大了教育经费（仅次于国防开支）。这个新政策还规定，不允许学生中途退学，要改革考试制度，继续执行小学阶段全部升学的政策，并且还指出评价学生学习成绩的好坏不应由一次考试来决定，而是靠平时成绩的连续积累。新政策还规定，每个小学校至少要有两名教师，其中一名为女教师。准备大力培养师资，以满足小学师资的不足。这就为大力发展初等教育创造了条件。

（3）改善教师待遇，提高教师地位。政府认识到，提高教学质量，实现教育计划，教师积极性的发挥也是个重要问题。因此采取了一系列政策和措施，诸如改进教师的工作条件，鼓励教师不断提高教学质量和科研水平，采取灵活政策补偿生活费的增长，并为教师自由发表学术思想创造条件等等。这些为调动和发挥教师的积极性提供了重要条件。

据报道，印度作为《德里宣言》和《全民教育行动纲领》（特别是对儿童的教育）的签署国之一，已经承诺将国民生产总值的6%用于教育。印度国会已经立法，对所有6—14儿童实行免费义务教育。

这些年来，印度公民的识字率获得了相当大的提高，1951年公民的识字率为18.33%，其中男性占27.16%，女性为8.86%，而到2003年男性上升至75%以上，女性接近55%，尽管男女识字率存在差别，但女性的识字率在近十年提高的速度比男性快，为15%，而男性则为12%。

据估计，6-14岁的儿童大约有80%已经入学，其总数近2亿，并且儿童的辍学率一直在不断下降。

总之，印度独立后，教育事业有了很大发展，取得了不少成绩。同时，也存在不少问题，为适应社会的需要和进一步搞好教育，正在总结经验，吸取教训，不断前进。

十　科技与艺术

（一）历史悠久的科技

印度历史悠久，文化灿烂。印度人民聪明智慧，早在远古时代就创造了丰富灿烂的文化，印度不仅是众多宗教的发源地，而且科学技术的历史很长，在天文、数学、历法、医学等科学技术领域取得了多方面的成就，对世界文化做出了重大贡献。

1. 数学

摩亨殊达罗和哈拉巴及印度河流域的考古发现，有力地证明了印度科技文化的历史源远流长。在这些地方发现了水井、浴室和复杂的排水设备，还发现了不少家用器皿、油漆的陶器、钱币、雕刻精细的石器、铜铸武器、金银手镯、项链及两轮车的模型等。在摩亨殊达罗和哈拉巴还发现了大约 400 个象形文字和字节符号；在出土的尺子上，分度是以十进位为基础的。这些不仅充分说明了当时市民的生活状况，更证明了当时科学的进步情况。有关科学家认为，它比当时的巴比伦和埃及还要进步。

在提到印度科学对世界科学的贡献时，不能不提到数学。印度数学产生于吠陀时代，古代数学的产生也与宗教有密切关系。当时为兴修水利和修建献祭仪式的场所需要进行精确的测量，促进了应用数学的发展。吠陀文献中出现了无限和零的概念，到了后吠陀时期，即早在公元前几个世纪形成的《数经》（又名《绳法经》）一书中，就研究了直角三角形、正方形、长方形等几何图形的性质，归纳了一些几何定理，提出了梯形变换规律等。英国著名历史学家麦唐纳认为：“印度几何学的发展有很古的历史，因为在吠陀的《仪轨经》（*Kalpa-sutra*）著作中的《准绳经》（*Sulva-sutra*）有相当数量的几何学知识，此经规定建筑祭祀场地的规则，建筑火坛（fir-altar）及其他为某大祭祀所必须具备的配置。因为需要设计祭祀场地及其最重要的构成部分，所以使直角、正方形、圆形及改变平面图形为其他相等的图形的方法乃成为必要的。在祭礼专家看来，最重要的是祭祀标准之间的长度用绳丈量需准确地合乎规则。因为此种实际的需要，结果促成相当数量的几何知识之汇集，其中尚有毕达哥拉斯定理。如此，祭祀专家知道如何将长方形变成正方形，将方形变成圆形，反之亦然。此种根据实际经验而得的几何学知识，可以溯源于吠陀颂诗时代。”①

据考古发现证明，“阿拉伯数字”是印度古代数学对世界文明的重要贡献。阿拉伯语中数学一词为“hindisat”，意思是“印度之术”。由此可见，阿拉伯世界的数学知识源于印度。阿拉伯人从印度人那里学会了带零的十进制，后来把它传给了欧洲的科学家。因此，印度在数学方面提供了一个间接的基础，没有这个基础，后来西方科学技术的许多重大进展是不可能取得的。所谓“阿拉伯数字”，实际上是印度发明创造的，是古代印度人的贡献。“美国科学史学者萨尔顿也曾指出，我们的数字和零的使用，是印度教徒发明的，然后经由阿拉伯传给我们。”② 以后印度在数学研究和运用方面又取得了重大进步。

印度古代数学的发展在笈多王朝时期达到顶峰，在以后的几个世纪，数学也有很大发展，取得了重大成就，促进世界科学的进步。印度数学界的泰斗当推阿耶婆多（生于公元499年），他对前辈发明的十进制作了精确的阐述。他还是一位著名的天文学家，在他的天文学论著中，开列了一系列数学运算方法。他提出的求二元线性方程正整数解的方法是早期的解法之一。另一些著名人物有婆罗门笈多、摩诃维阇罗利耶和巴斯迦罗·阿阇梨等，他们分别生活于7世纪、9世纪和12世纪。他们懂得正负量的含义，算出了许多复杂的方程式，还发明了求平方根和立方根的运算方法。他们对零和无穷大的含义有深刻的领悟。巴斯迦罗·阿阇梨从数学角度证明，无穷大无论怎样分割，仍然是无穷的，早在公元前6世纪的《奥义书》中，这一真理就被玄学接受。

在印度，数学与天文学的研究密切相关，著名的天文学家同时也是著名的数学家，如圣使、梵藏和作明等人的著作就是有力的证明。圣使（Aryabhata）的《圣使集》（Aryabhatiya）、梵藏（*Brahmagupta*）的《梵明满手册》（*Brahma-sphuta-siddhanta*）、作明（Bhaskara）的《顶上珠手册》（*Siddhanta-siromani*）等都很著名，影响巨大，它们不仅是天文学著作，而且是数学著作，在数学史和天文学史上同样重要。从他们的著作中可以看到印度人的数学成就：算术的几种方法，如加、减、乘、除、求平方与立方、求平方根与立方根等。

---

① ［英］麦唐纳：《印度文化史》，龙章译，上海文化出版社1989年版，第154页。

② 刘建等：《印度文明》，中国社会科学出版社2004年版，第318页。

9 世纪的印度数学家摩诃毗罗贡献很大，他于 850 年完成的《算术精义》一书是部创新的巨著，他在前人成就的基础上又有新的创见，在算术、代数和几何等方面都提出了一些新而复杂的计算命题，例如，他能解出一些特殊的高次方程，如 4 次方程的两个正整数根，他被认为是印度首次提到椭圆面积计算方法的专家。

12 世纪时，印度著名的数学家和天文学家巴斯迦罗·阿阇梨于 1150 年撰写的《历数精粹》一书作用很大，深受重视。由于他在数学方面有精湛的造诣，他被称为“世界上最早对任何数除以零的意义有所领悟的数学家”，“他设计了计算球面面积的求和方法，这一方法被世界科学界认为相当于微积分的雏形”。

但到 12 世纪以后，由于政局不稳，以及西方殖民者的入侵，印度科学研究也受到影响，数学研究也不例外，后来又有发展和进步。

2. 天文学

印度的天文学历史悠久，成果辉煌。古代印度天文学从萌芽到发展经过了漫长的历史。天文学的萌芽要追溯到编纂《梨俱吠陀》的时期。由于当时各部落主要从事农业及畜牧业生产，播种、灌溉、收割等要靠观天象来确定其时日，为祈祷丰收、敬天神和拜祖先而举行宗教祭祀活动及各种仪式也需要了解日、月、星辰的出没变化。经过长期对星空的观察，逐渐探索出太阳、月亮及一些行星、恒星的出没规律。那时，敬奉太阳为神，称其为苏里耶（Surya），称月亮为苏摩（Suma），即妙翅鸟，在《梨俱吠陀》中有这样的颂诗，说月亮“犹如公牛群，便行便鸣叫；取来太阳光，分享其明亮。绚丽妙翅鸟，照临大地上，苏摩以胜智，普察众生界”。“世界大帝主，圣洁而自见，欲求真哲理，征服众智仙。彼凭太阳光，自身获明亮；知识之生父，不可得天才。”① 巫白慧先生认为，这两节诗反映了“吠陀时期印度雅利安人已经注意到月亮的盈亏和太阳的照射二者之间的关系，并隐约地观测到月亮是借太阳来发光的”。在《梨俱吠陀·天文篇》和《夜柔吠陀·天文篇》中就有独立的篇章专论天文学，有许多诗篇集中探讨了宇宙的起源问题。《梨俱吠陀》中认为，宇宙犹似穹隆，广大无垠，状如两只巨碗合在一起。他们把整个宇宙划分为三大部分：大地、苍穹和天空。整个宇宙又被划分为东、南、西、北、上、下，

---

① 北京大学东方文化研究所编：《东方文化史话》，黄山书社 1987 年版，第 69 页。

多个方位。公元前6世纪以后，印度佛经中的宇宙观念与中国古代的盖天说较为接近，须弥山位于天地之正中央，日月环绕须弥山旋转而不入地下，太阳绕行一周为一昼夜。[①] 在《梨俱吠陀》中提到北斗七星（Riksha）居于中天，最引人注意。《阿闼婆吠陀》中出现了“行星”“流星”和“彗星”一词。《鹧鸪氏梵书》提到木星，并说恒星有27颗，《百道梵书》说金星是发光的。《梨俱吠陀》中提到日食和月食现象，并对此进行了解释，认为是罗睺（Rahu）或计都吞食了太阳或月亮之故，以及其他原因。当然，最早提到恒星的文献是《阿闼婆吠陀》，“那沙特拉”一词最早出现于《梨俱吠陀》中，当时泛指天空中所有的星辰，后来，逐渐演变成专指月亮所通过的星座，如同中国古代天文学的“宿”。有些学者认为二十七宿的全部名称最早出现于《耶柔吠陀》和《阿闼婆吠陀》中，有些学者则认为他们最初出现于《鹧鸪氏梵书》中，后来又增加了一宿，共二十八宿。印度的二十八宿一般以每宿内最亮的一颗星作为联络星（即距星），并以此星名称为该宿的命名。

印度和中国在古代都有二十八宿，发现的时间都很早，但其起源于印度，还是起源于中国，对此存有争论，季羡林先生在《中印文化交流史》一书中指出：“总的数目，二十八对二十八，是完全一样的。其间的渊源关系一目了然。”他倾向并赞同日本学者新城新藏的观点，认为印度的二十八宿是从中国传过去的。

关于季节，在《鹧鸪氏梵书》中将一年划分为六季，春季（Vasanta）、热季（Grishma）、雨季（Varshas）、秋季（Sharad）、寒季（Hemanta）、冬季（Shishira）。在古代印度，季节的划分除一年分为六季外，还有三季、四季、五季之分，甚至更多。到后来多为六季或三季。三季即冬季、夏季和雨季。在生产劳动和日常生活中，人们逐渐认识到雨季的重要，因此，“年”（Varsh）一词，被认为是由“雨季”一词演化而来。

印度古代天文知识到了吠陀后期开始出现质的变化。这与当时社会的发展有着密切关系，从公元前6世纪到公元2、3世纪，印度的政治和经济都发生了巨大变化。在这期间，农业技术不断提高，商业贸易逐步繁荣，海上航行和对外贸易日益发展。与此同时，人们思想活跃，佛教、耆

---

① 参见中国社科院亚太所《南亚与东南亚资料》，第193页。

那教等相继出现，所有这些都影响并促进了科学和技术的发展，印度古代天文学的发展进入了高潮，而且日益具有科学性，始于公元前6世纪的耆那教把天上的群星分为五大类，即日、月、行星、恒星及各星体，耆那教有一部天文巨著，名为《太阳的教言》（*Suriyapannati*，也译为《论太阳》）。耆那教也有自己的一套历法，称作耆那历。始于公元前6世纪的佛教经典中所反映出的天文历算知识基本上是吠陀文献及以后发展的传统内容，中国称其为梵历，梵历属阴阳合历。后来还出现过一部星相学专著，名为《毗达伽伽集》（*Vrddha-garga-samhita*），学者认为该作品是公元前50年代的著作，是以星相学为主的。当然，到后来各方面都发生了变化，天文学的发展也进入了一个新时期。

在笈多王朝时代，天文学获得了高度的发展，重要的天文学著作有《太阳手册》（公元4世纪或5世纪）和《云使集》（约公元550年）。"云使"即阿耶婆多，《云使集》是他的天文学和数学的论文集，在天文学史和数学史上都具有同样的重要性。阿耶婆多确定了太阳年的长度为365.3596805天，同现代的估算非常接近。他认为，地球不但按其轴心自转，而且绕太阳旋转。当时涌现出了许多著名的天文学家，除圣使以外，还有彘日、梵藏等。圣使的著作还有《阿利耶毗陀历书》，他创见性地提出了天文学的基本原理，首次提出了地球围绕太阳旋转并沿地轴自传的理论，探讨了日食、月食的真正原因，并提出了推算日、月食的科学方法。

另一位天文学家是巴拉哈·米赫拉，意译为彘日（Varaha-mihira），与阿耶婆多处于同一时代，是著名的天文学家和星相学家。他还通晓希腊和罗马的天文学，从中吸取了包括黄道12宫符在内的许多内容。他注重天文观测实践，并对这一实践和计算进行具体指导，他的主要著作是《五悉昙多论》（*Pancha - Siddhantika*），又译为《五大历书全书汇编》，是一部重要著作，该书汇集了古代印度天文学的全部精华。他还写了许多星象学方面的著作，如《广博观星大集》（*Brihat-samhita*），该著作汇集了古代印度的天文、星相及其他方面的丰富知识。他还写了天体观测指南方面的著作及《五部悉檀多续篇》等。

婆罗门笈布多（Brahmagupta），意译为梵藏，其成就卓著，主要著作有《婆罗门悉昙多》，也被译作《婆罗门修正体系》等，是7世纪的作品。书中详细地论述了行星的平均运动及平均位置的计算，时间的测定，日食和月食的测定，以及有关行星和恒星的会和等。

当时印度的天文学家描绘过天体的运动，以及天体在黄道和昼夜平分线方面的位置，均计算准确，指出12个太阳月为一年，一年分六季，每季两个月。预报过日食、月食，而且在没有望远镜的情况下，对星球的运行做过很精确的计算。

到了12世纪，穆斯林征服了印度，也给印度带来了伊斯兰文化，在不同程度上影响了印度，其中包括天文学在内。12世纪的印度数学家和天文学家巴斯迦罗撰写了《天算妙要》，该书对中世纪印度天文学的发展影响巨大，书中不仅涉及行星的位置、天体会和、日食、月食、宇宙结构等内容，还谈到天文观测的工具等。

在穆斯林统治时代，波斯、阿拉伯人的天文学影响了印度，到16世纪及以后又出现了一些天文著作，例如，迦摩拉伽罗于1658年出版的《诸谛分别指南》（*Siddhanta-tattva-viveka*），同样产生了积极影响。到17、18世纪，印度的天文学有了新发展，旧的传统受到不同程度的冲击，起到向近现代科学过渡的作用。天文仪器的制作和适用都有改进和提高。莫卧儿帝国后期，印度天文学家贾伊·辛哈（1686—1743）在原来印度天文学的基础上，又吸取了伊斯兰和欧洲的天文学的优点和长处，做了大量工作，不仅在多个城市建立了天文台，进行了实际观测和研究，而且得出了许多卓有创见的结论。例如，太阳表面有黑子移动；金星、水星本身不发光，只反射太阳的光线；木星周围有4颗卫星；精确测定了太阴月的时值为29天39分34.07秒等。欧洲科学传入印度后，被印度所吸收，从而又获得了新发展。

从历史上看，印度文化的兴盛始于孔雀王朝时期（公元前4—前2世纪），即印度统一为强大帝国时代，其繁荣一直延续到孔雀王朝以后，在笈多王朝时代（公元4—5世纪），即北印度重新统一的时期，科技文化更为繁荣。

帖木儿袭击北印度（1398—1399）后，加剧了印度的封建割据，使印度科技文化的发展受到严重影响。到了莫卧儿帝国时期，尤其在亚格伯王统治时期（1556—1605），科技文化呈繁荣局面。后来欧洲人入侵，印度沦为殖民地，尤其是英国人200年的殖民统治，阻碍了印度科技文化的发展。

（二）古老先进的印度医学

中国医学素称发达，印度医学历史也很悠久，自成体系。根据文献记载，两国的医学一直是相互学习和彼此影响的。

早在公元前2500—前1700年的哈拉巴文化时代，印度的医学知识就已萌芽。据考古发掘发现，在摩亨殊·达罗的城市遗址，有高度发达的沐浴、供水和处理污水的设施，以及厕所等卫生设备，这说明当时人们对清洁和健康的重视。发现的药品有暗棕色的五灵脂，专治消化不良、肝病、风湿病。乌贼骨内服可以开胃，外敷可治耳、眼、喉和皮肤等疾病。鹿角、羚羊角、犀牛角也都用作药物，珊瑚、尼姆树叶也是药物。外科手术当时已能利用头盖骨穿孔术治疗头痛、减轻乳突炎和治疗脑外伤。①

印度最古的医学文献要属几部吠陀。在《阿达婆吠陀》中，对于疾病和症状均有详细的记载，同时也提到某些类似疾病和药草的概括名称。尤其《寿命吠陀》（*Ayurveda*，即生命之学）是印度医学的最古文献（公元前8世纪），它是一部讲述有关药品学、解剖学、病理学和内科学等方面的理论著作，是吠陀较后时期的补充材料，它起源于《娑摩吠陀》。另据有关记载，在公元前5世纪到8世纪，印度的医学、数学、天文学及其他科学领域里已经积累了非常丰富的知识。耆娑迦（公元前6至前5世纪）、阇罗迦（公元1世纪）和妙闻（公元2世纪）都是当时杰出的医生。在《吠陀本集》和《百道梵书》中有关于临床治疗、麻醉药物，以及四肢、骨骼数目、内脏器官等人体解剖学和关于脑髓的知识，还强调肚脐是人体生命的主要所在，是一切血管和神经的发端。古印度的经典中提到了人类的下列疾病：黄疸病、消化不良、小产流血、痔、蛇及其他有毒动物咬伤后遗症等。在《爱达罗氏奥义书》中提到，牛奶是一种有价值的内服药，新鲜奶油对孕妇和婴儿很有滋补价值，澄清的奶油对成年人有价值。古代印度有人使用驱虫药和接种疫苗及利用高温配制砷的知识，知道治疗哮喘病的方法。印医和我国的中医类似。印医的体系虽然不止一种，但所用药物是植物、动物和矿物。古代印度有广泛的植物药、动物药和矿物药的知识。印医入药的植物大约有2000多种，动物有200多种，矿物有几十种。除利用大量的植物药外，动物药方面，如利用鳄鱼的精腺

① 参见［苏］彼德洛夫《医学史》，卫生出版社1959年版，第41—43页。

治疗黄疸病。在矿物药方面，有各种温度的硫黄浴、石油、贵金属和重金属盐，特别重视利用汞制剂。在临床治疗疾病方面大胆使用各种矿物和金属的配制剂，如硫黄、硝石、氯酸、氧化铜、硫化铜、硫化铁、硫化锌、铁、铅、锡、锌、铜、锑、砷及铁和铅的碳化物。利用朱砂以烟熏的方法刺激人体唾液分泌。印医是以摸脉、看舌苔、望气色等作为主要诊断方法。病人根据医生的处方购药，然后用水煎服。

印度的传统医学主要有两大类：一类是印度本国的，从印度古代流传下来的；另一类是从阿拉伯传来，而又和印度的具体条件相结合产生的。这两大类的原理差不多，都认为人体内有几种不同的体液，贯通全身。印度医学是以体液（doshas）和自然要素（gunas）为基础的，前者是指对肠液、胆汁和黏液三种重要液体的研究，这三种液体保持平衡，人才能健康。后者则认为有三种基本要素（sattva，rajas，tamas），分别与纯洁、热情和冷漠有关。要使身体完全健康，就要使 sattva 对另外两种要素起支配作用。印医努力找出失去平衡的根源，通过饮食调理、药物和锻炼来恢复正常。

到了吠陀时代，古代印度的医疗体系已经建立，而且已经有了医学校。公元前 6 世纪有一位内科名医阿特里雅（Atreya）。据传说，他习医于丹瑞（Dhanva-ntri），任呾叉始罗医校校长，写有医学著作《阿特里雅集》（*Atreya-Samhyta*），共 4500 节。克什米尔的卡拉克（Carak）于公元 150 年前后撰写了一部《阿特里雅医学体系纲要》，并由他的门徒阿格尼伏沙（Agnivesa，又名如火）传下来。公元前 6 世纪，摩揭陀国频毗裟罗王的御医耆婆伽（Jivaka）多次奉命为王舍城富商治病。他高明的医术为全印所崇拜，被誉为"有起死回生之术的神医"。其医术传入中国，在唐代医药典籍《外台秘要》中，有"耆婆万病丸""耆婆汤"等记载。认为"耆婆万病丸"能治百病，如癫痫、黄疸、疟疾、水肿、咳嗽等；"耆婆汤"有治人风劳虚损、补髓健身之功效。①

据有关文献记载，阇罗迦（Charaka）和妙闻（Susruta，即修罗泰）这两位著名医学家为古代印度医疗科学的发展做出了重要贡献。阇罗迦传说是公元 2 世纪贵霜王朝迦腻色伽的御医。其医学著作《阇罗迦本集》

---

① 参见房定亚等《从〈外台秘要〉看印度医学对我国医学的影响》，《南亚研究》1984 年第 2 期。

（Charka-Samhita）是印度古老的医学专著，用散文写成，每章末有一首诗。这部医学著作实际上是他和印度广大民间医师的集体创作。这一本集的可靠原文是由公元9世纪的克什米尔人特里达巴罗（Drid-habala）修订并增加了三分之一的篇章。《阇罗迦本集》共有8篇，内容包括：八种主要疾病、解剖学、病理学、医药、食物。它认为人体的健康是人体的三种活力或三种原质配合的结果，这三种活力与自然界的三种基本元素密切结合。第一种是脐下气所产生的作用；第二种是由控制脐与心之间的部位的胆汁作用所致；第三种是心部以上的黏液所产生的作用。这三种活力是人体七种基本素质的来源。七种基本素质是：乳糜、血液、肌肉、脂肪、骨骼、骨髓、精液。这七种素质数量调和则人体健康，否则就病患。①

食物营养、睡眠、节食是人身体健康的三大要素。《阇罗迦本集》论述人体的心、胸、腹、生殖器及下肢的疾病，并有专章论及药物、膳食及解毒，提到910种植物药材，而且主张产妇床单应消毒，使用金银制针，断脐带应使用金银手术刀。阇罗迦认为医业高于一切，行医的目的是谋人类之幸福。《阇罗迦本集》在公元9世纪译为波斯文和阿拉伯文。最早的注释文章是公元11世纪的《阇罗迦般尼达陀》（*Charaka-panidotta*）。总之，阇罗迦为印度的内科医学的发展起了很大作用。

公元2世纪的妙闻是著名的外科专家。《妙闻集》是古代印度最著名的外科医学著作，书中论述了病理学、解剖学、胚胎学，大量的医疗处方、药物配制方法、精神病治疗方法、121种类型的外科医疗器械、300种手术方法和42种外科处置方法。《妙闻集》论述了156种动物药、1040种植物药，并试图测定植物的根、皮、木髓、渗出物、茎、汁、芽、果实、花朵对人体各个组成部分的不同影响。《妙闻集》研究了156种动物的乳汁、胆汁、脂肪、骨髓、血液、肉、爪甲、角、蹄对人体的影响。《妙闻集》注意到疟疾与蚊子的关系，糖尿病患者的小便是甜的；还提到金、银、铜、铁、锡，以及有别于柔性碱的苛性碱；某种铁屑可以治疗贫血；用牛奶掺入含药的油中可治疗烧伤。②

妙闻重视人体的解剖，认为外科医师必须通过人体解剖来认识人体各器官，所以他对人体骨骼的了解非常详细。他说：人体骨凡360，其中包

---

① 参见［英］斯蒂芬·F．梅森《自然科学史》，上海人民出版社1977年版，第82页。

② 参见［英］斯蒂芬·F．梅森《自然科学史》，上海人民出版社1977年版。

括牙齿、爪甲和软骨。所以古代印度医学对人体的骨骼和肌肉具有充分的知识。妙闻主张外科医师于手术前必须置备手术器械、盐、绷带、油、蜜、水等物品；凡进行腹部、肛门和口腔手术以前不准患者进食；患者疼痛时则用浸黄油之软布热敷；用树皮和竹板作夹板；以棉花、羊毛、绸、麻布敷裹；用冷水压迫法、热油止血法；用催眠术麻醉患者以便进行开腹手术、开腹助产术、碎胎术；用烧红之针穿刺治疗常见的脾肿病；强调行医要有高尚医德。

公元8世纪的小婆拜（Vagbata）著的《八科精华集》（*Astangahrdaya-Samhita*），和公元9世纪摩陀婆伽罗（Madhavakara）著的《疾病研究》（*Rug-viniscaya*），都是印度病理学的权威著作，对最重要的病例有详尽的论述，在医学界产生了重大影响。

考古发掘证明，印度的外科医学历史也是悠久先进的。从考古发掘出来的几套外科医疗器械证实，古代印度人很早就使用了外科手术器械。外科医师能做断肢手术、剖腹术、眼科手术和整形术——耳、鼻、唇缺损的修补手术。医师对妇产科医术也有研究，知道胎儿倒转分娩术、剖腹分娩术。《长阿含经》中提到沙门和婆罗门医师用“针灸”药石治疗各种疾病。尸体解剖在古代印度并不受到惩罚，凡是要作解剖研究的尸体，先浸泡在水中七天七夜，然后用刷子或树皮将浸软部分刷落，或是只观察其自然腐解过程。①

到公元1世纪，随着佛教的传入、佛经的翻译，以及通晓医术的僧侣的陆续东来，印度的一些医学理论、医疗处方也不断传入中国，而且对中国产生了积极影响。东汉末年安世高翻译的佛经就有《人身四百病经》（《出三藏记集》卷13；《开元释教录》卷1）。以后不断有印度医学理论、药方被译为汉语在国内流传。如隋代，有许多所谓汉译胡方在中国流传。据《隋书·经籍志》记载，有《龙树菩萨药方》4卷，《西域诸仙所说药方》23卷，《西域婆罗门仙人方》、《香山仙人药方》10卷，《西录波罗仙人方》3卷，《耆婆所述仙人命论方》1卷，《龙树菩萨和香法》2卷，《西域名医所集要方》4卷，《婆罗门药方》5卷等。佛经中不少地方涉及印度医学诸科，如儿科、产科、肛瘘科、眼科等。据文献记载，印度的眼科医学很早就传入中国。传入中国最早的眼科著作是东晋竺昙无兰所译的

① 参见［印度］德·恰托巴底亚耶《印度古代的科学》，《南亚研究》1983年第3期。

《佛说咒目经》1卷。随着佛教传入中国，印度的眼科医学也传入中国。

这种影响一直存在，而且更大，在中国古书中有不少记载。例如，到了唐代，著名医学家王焘著的医书《外台秘要》、孙思邈的《千金翼方》等书里有关于印度医药的记载。义净的《南海寄归内法传》中也介绍了印度的医学理论和药材。在我国古代医学文献中，《外台秘要》的影响就更大了，里面记载了大量药理、药方，如"耆婆万病丸""耆婆汤"等，在当时非常流行，尤其是"耆婆万病丸"认为此方能治百病，如癫痛、黄疸、疟疾、水肿、咳嗽、耳聋及妇科病等，耆婆是古代印度有名的医生，约生于公元前6世纪，为中印度人，他医术高明，有起死回生之术，故有"神医之称"。因此，以"耆婆"命名的药方很多。关于眼科方面在"外台秘要"中也有记载，如"延年令目明方"，此方"明目甚验"。除了药方以外，印度眼科医术对我国的影响也很大，金篦决障术就是一例，即用金针治疗白内障的技术，它能使白内障患者恢复视力，唐朝诗人刘禹锡赠眼科医生婆罗门僧诗说："三秋伤望眼，终日哭途穷。两目今先暗，中年似老翁。看朱渐成碧，羞日不禁风，师有金篦术，如何为发蒙。"著名诗人白居易当年在苏州做官时，眼病发作，视力不佳，用了许多药都无效。后来靠印度医生的金篦术治好了眼病，故白居易病愈后写下了诗句："人间方药应无益，争得金篦试刮看。"不难看出，当时这种医疗技术的信誉是很高的。另外，印度有位著名的眼科医生名叫龙树，不少眼科专著都以龙树、龙木命名，如《龙树菩萨眼论》《龙木论》等，其中的《龙树菩萨眼论》被译成中文后，印度的眼科手术也随之传入中国，在中国影响很大，中国人称它为"眼光菩萨"。唐朝大诗人白居易诗里有这样两句："案上漫铺龙树论，盒中虚捻决明丸。"这里拿《龙树菩萨论》和中国用来治眼病的有名的"石决明丸"。相提并论，可见当时它的地位了。

据唐史记载，来华的很多印度人都向中国皇帝献药。唐太宗让印度医生治过病。唐高宗用印度医生制过药，还派过和尚去印度向医生求药。不难看出，当时中国皇帝对印度医生非常信任，印度眼科在当时的中国是享有盛誉的。

在戒日王执政及群雄割据时期，尤其在公元10—11世纪，在印度婆罗门教抬头，伊斯兰教早已传入，到这时势力大增，而佛教逐渐消失。这样，已不可能再像过去那样通过佛教进行中印文化交流，佛教研究之风大减，弘佛化法之事已成为历史陈迹。但是，中印文化交流并未因此停止，而是由另一种方式取而代之，即海上商业贸易。通过蓬勃开展的商业活动，中、印两国的经济、文化交流仍在进行。与此同时，印度医学也受到中国医学的影响，例如，12 世纪印度医生在中国医生的影响下，开始在为患者诊病时注意看其尿液与脉搏。

总之，印度古代医学源远流长，有自身特点，在世界上有重大影响并占有重要地位。

（三）别具特色的印度建筑

印度艺术文化的历史悠久，呈现在我们面前的一幅幅色彩绚丽、丰富多彩的艺术画面，使人目不暇接，其迷人的艺术特色引人入胜。无论是建筑艺术，还是雕刻艺术、绘画艺术，都是如此。

印度河文明时期就出现了城市建筑。经考古发现，摩亨殊·达罗和哈拉巴就是当时两座颇具规模的典型城市，它们出现于公元前 3000 年至前 2000 年，城市的街道纵横交错，房屋整齐有序。两城周长都在 4.8 千米以上，由卫城和下城（居民区）两部分组成。卫城的四周有防御的塔楼，中央是一个大浴池，考古学家认为，这是为了举行某种宗教仪式而设。下城居民区的街道整齐，主要街道宽十余米。下有排水道，形成完善的排水系统，建筑用砖砌成。房屋有大有小，分上下两层，布局整齐对称，但设备很不一致，说明当时有了阶级之分和穷富之别。以上充分证明，在印度河文明时期，建筑技术已经相当发达。

随着奴隶制国家孔雀王朝的建立（公元前 322—前 185 年），印度建筑艺术进入繁荣时期。鹿野苑、窣堵波的遗迹，说明了孔雀王朝的建筑已经达到的很高水平。在雕刻艺术领域，孔雀王朝的艺术水平达到了高峰，阿育王时期雕刻的主要成就表现在石柱雕刻艺术上。石柱是为纪念佛陀灵迹而作，在阿育王统治的 41 年中（公元前 273—前 232 年），共立过 30 根石柱。孔雀王朝的国王阿育王于公元前 234 年到过鹿野苑，他后来推广佛教。公元前 3 世纪，阿育王建造了一根石柱，石柱高达 15.24 米，顶端刻有 4 只石狮，堪称石柱艺术最上乘之作。现在印度的国徽就采用这 4 只石狮柱头的图案。狮子既代表了阿育王的皇权统治，又是佛祖威严的象征。不但在艺术上，就是在工程技术上也是举世无双的纪念物。史密斯在提及著名的鹿野苑柱头时说："要在任何别的国家找到一个优于或相当于这一美丽的艺术作品的古代兽物雕刻的实例是很难的，这一作品成功地结合了现实的模拟和理想的庄严，它是在每一个细节上以恰到好处的手法来完成的。”①

窣堵波，作为佛教建筑形式之一，发端于阿育王统治时期。由于佛教的传播，唤起了建筑事业的发展，当时建造了许多供官方宗教膜拜用的窣堵波、石窟庙宇及用石头雕成的石柱等。例如，桑奇的窣堵波就是一例，桑奇有“佛塔之城”的称号，从孔雀王朝起就远近闻名，它是中部印度的佛教中心，窣堵波是佛教的象征物。桑奇像是一座地上乐园，四周是美丽的小山，山上建有三座著名的佛塔。最大的佛塔直径 31 米，高 16 米，阿育王时期开始兴建，阿育王死后才竣工，时间大约在公元前 2 世纪。佛塔的周围有围墙，围墙有四道门，秀丽壮观，门上雕有释迦牟尼生平事迹和阿育王生平事迹。东门上的浮雕是释迦牟尼出家时的场面，西面的佛塔里放着佛牙和佛骨。所有画面形象逼真，都是珍品佳作。

据说，桑奇城是由阿育王修建的。根据史书记载，阿育王在经过了一场战争之后皈依了佛教，走上了非暴力的道路。事情是这样的：孔雀王朝的皇帝宾头沙罗在位 25 年后，于公元前 268 年死去，其子阿育王即位。阿育王即位以前，曾是印度西北部咀叉始罗的副王。他即位后，曾率军远征羯陵伽，杀人 10 万，虏 15 万人而归。这次远征中，他目睹了战争的残酷，产生了忏悔之心。他在诏谕中说：“朕为征服羯陵伽人深觉自责……不得不使人民陷于诛戮、死亡与被俘。此为朕所深切忧愁与悔恨之大事……在所有当时被杀致死或被俘之羯陵伽人民中，即使其百分之一或千分之一遭受同一命运，朕仍将为此而追悔。”从此，阿育王开始崇信佛教，皈依三宝。他亲自到印度各地巡视，颁布一系列诰文，禁止杀生，废除肉食，宣传佛教。阿育王皈依佛教之后便大力宣传佛教，这种宣传佛教的活动是由他的儿子莫亨德拉从桑奇首先开始的，所以桑奇就成了佛教中心。后来阿育王又派使节到中国、缅甸、锡兰、泰国去传教。

在桑奇的建筑群中，有一些寺院是佛教建筑中最古老、最精致的典型。在支提寺、寺院和僧房的框缘上及石柱的下楣上，都刻有关于佛陀前生不同化身的所谓“本生故事”和他的生平事迹。成组的形象构成了动人的系列故事。给人以形象生动之感。这些都是很好的艺术品。

建筑艺术的另一种形式是寺庙。寺庙分两种：一种是平地上建的寺

① 见［印度］辛哈《印度通史》，张若达等译，商务印书馆 1964 年版，第 96—97 页。

庙，供养僧人；另一种是开凿石窟，建造寺庙，僧人在那里静心修行。印度气候炎热，山上茂林相荫，开凿石窟，也乘凉避暑。因此，阿育王鼓励和提倡开山凿庙。在提到印度的石窟建筑时，自然会想到著名的阿旃陀石窟。

阿旃陀石窟地处印度马哈拉施特拉邦的一个半圆形山谷下的河流旁，开山凿石而成，它是建筑、雕刻和绘画三种艺术结合的范例，被誉为“世纪艺术精品之一”。

2000 年以前，在材料不足、设备落后、工具简陋的情况下，古代印度人民竟把一座荒山变成奇伟壮丽的艺术宝库，真是伟大的奇迹，它充分体现了古代印度人民的聪明才智。

阿旃陀石窟共有 29 窟，其中 25 个为僧房，4 个是佛殿。公元前 2 世纪开始修建，公元 650 年最后竣工，前后达几百年之久。阿旃陀石窟的壁画，以宣扬佛教为主要内容。例如，有关于释迦牟尼的诞生、出家、修行、成道、降魔、说法、涅槃等壁画。也有反映古代印度人民生活及帝王、宫廷生活的画面。其中人物花卉、宫廷田舍、飞禽走兽等，无不形象逼真。

第一窟的释迦牟尼雕像，从中间和左右三个不同的角度，可以看出佛祖快乐、痛苦和冥想三种不同的神态。这座石窟是大乘佛教建筑最光辉的典范，门楣的雕镂尤其精细，拱门和六根大柱上雕有飞天和仙女。中间有一大厅，21 米见方。左、中、右三侧，有僧侣修行的方室，右侧中间有一巨柱，上面刻有鹿头像，四周壁画上有 500 罗汉，他们的姿态面貌各不相同，喜、怒、哀、乐的表情也有殊异。有的瘦削，有的颀长；有的白皙，有的苍老；有的笑容可掬，有的怒目圆睁；有的在高声呼喊，有的在闭目冥思，无一重复。衣纹褶皱也都清晰分明。这座石窟中也有反映补罗稽舍二世和伊朗之间友好关系的画面，所以，它既是难得的艺术珍品，又是宝贵的历史资料。

第九窟是阿旃陀最古的石窟，于公元前 1 世纪建造，为小乘佛教精舍。壁画形象生动，题材多取自日常生活，如牧童放牛之类。石窟雕刻技术有了明显的提高，光线明暗的技巧的应用，使人们消除了荒石磊磊的感觉。

第十七窟的壁画尤为丰富，门楣上绘有弥勒与文殊两佛。左壁是人生轮回图，再左是一个国王抱着爱妃劝酒，后面有两个美女在窥视；右壁上画着佛陀在王舍城遇仇人所遣恶象冲至佛前突然跪下的故事，还有佛陀之妻耶输陀罗求佛给儿子罗候罗传衣钵图，以及维查耶王子渡海前往锡兰图。

阿旃陀石窟的绘画与雕刻虽然为宗教服务，但都是以当时现实生活为基础的，洋溢着浓厚的生活气息，是当时生活的写照。各种人物刻画生动，线条舒展，用色洗练，色泽鲜艳，人物体态丰满，人体肤色富于质感，形象优美动人，达到了很高的艺术境界，至今为各国艺术家所惊叹。

还有埃劳拉石窟，它于公元 3 世纪开始建造。公元 1300 年完成。阿旃陀石窟主要是弘扬佛教，但埃劳拉石窟则是三教同堂，即印度教、佛教和耆那教的寺庙建在一起，达 34 座之多。

在 34 座寺庙中，有 16 座印度教寺庙，13 座佛教寺院，5 座耆那教庙宇。其中第 16 窟是印度教神庙，名叫盖拉斯，该庙规模之宏大，建筑之精美，为世所罕见。这独一无二、宏伟壮观的神庙，用了一百多年才建成。庙长 44 米，宽 19 米，高 31 米，巍峨耸立，可谓壮观，其门、窗、柱等建筑技艺也无比精湛。还有第 33 号窟里面的雕像技艺精湛，令人惊叹。一些因陀罗（印度教大神）的神像和毗湿奴等神像，个个雕刻精美、形象，以造型夸张、动态强烈、变化丰富为特征，可以看出当时雕刻艺术水平。因此，一直吸引着各国的艺术家。

随着笈多王朝的建立（公元 4—5 世纪），奴隶制时代的印度建筑艺术进入了最后的繁荣时期，这个时期的艺术传统一直保持到公元 6—8 世纪。笈多王朝早期的庙宇一般不甚雄伟，但雅致美观，如公元 5 世纪在桑奇修建的 17 号庙宇。因当地雨量较大，往往需要高大的屋顶，从而形成了塔形庙宇，菩提加雅的庙便由窣堵波改建成大菩提加雅塔庙，特别在佛陀像方面，已逐渐确定了全印的宗教像的标准形体。在公元 5—7 世纪阿旃陀石窟的大量雕塑和绘画作品中，可以证明笈多王朝及其以后的艺术之丰富多彩。公元 4—8 世纪，印度的绘画艺术取得了更高的发展，以佛教传说为题材的阿旃陀壁画以及其他壁画，充分表现了人们对于生活的多方面追求，是人民生活现实的体现。

后来随着苏丹王朝的建立，印度艺术进入了一个新的时期，受到中亚等地区艺术特点的影响，出现了一些新的建筑形式，例如，带有高塔的清真寺、圆形屋顶的陵墓等。新式建筑的中心是德里城，在德里建造了古都布高塔和大清真寺等。古都布高塔，有世界“摩天塔”之称。它建于 12

世纪末，该塔从前共有七层，现仅剩五层，每层有飞檐相隔，塔呈圆形，下面三层用红石砌成，上面的两层用大理石和红砂石混合砌成，全塔高24米，里面有很好的通风设备，是德里的最高建筑，其建筑风格是典型的伊斯兰式，塔下面几层的外部还刻有《古兰经》。登上塔顶，鸟瞰全城，景物尽收眼底，令人赏心悦目。“摩天塔”不愧为建筑艺术史上的一大奇迹。

印度早期的陵墓，形式壮丽，外形酷似堡垒；庙塔高大，雄伟壮丽，也体现了当时的建筑特点。封建社会末期艺术的最后高潮，开始于1536年莫卧儿王朝的建立。用红砂石修建的旧德里城堡、亚格拉城堡大门均属这一阶段的早期建筑。后来又有不少，但最出色的建筑要属泰姬陵。

泰姬陵反映出莫卧儿王朝建筑艺术达到了很高水平。在16、17世纪之间的莫卧儿时代，阿格拉曾经是印度封建王朝的首都。正是在这里，王朝的奠基者巴卑尔在朱木拿河畔修建了第一座正式的波斯花园。后来，他的孙子阿克巴大帝修建了著名的红堡。在高墙里面，贾汗吉尔建筑了玫瑰色的宫殿、庭院和花园。沙·贾罕大帝为了美化它又修建了若干大理石的清真寺、宫殿和亭阁，它们都用白色大理石建造，并以宝石镶嵌。这座城市里的建筑中，泰姬陵首屈一指，蜚声世界。参观者无不为其美丽所陶醉，考察者无不为其技艺精湛而赞叹。这座伊斯兰教建筑被誉为“世界七大奇迹之一”。

泰姬陵坐落在朱木拿河的岸边，四周是用红沙石砌成的高大围墙，雄伟壮观，陵基建在一个很高的四方平台上，用白色的大理石砌成，光滑洁白，庄严美观。陵墓的上部是个硕大的白色圆顶，平台的四角各有一座白色高塔，尖尖地刺入天空，四个尖尖的高塔，衬托着中间泰姬陵的圆顶。两相映衬，显得匀称而富有韵律，给人一种奇特的美感，陵墓的内墙和门窗边缘均用五色宝石镶嵌各种花纹图案。

泰姬陵前有一条狭长的水池，环绕以绿树和鲜花；玉带般的水池两侧是宽阔的通道，通道上各国游人来来往往，络绎不绝。池水清澈，碧波荡漾，水中有陵墓、树木、鲜花的倒影，使人心旷神怡。白天，陵墓主体的白色大理石在阳光下熠熠发光；夜晚，皓月当空，凉风徐徐，给人以舒适之感。即使在盛夏的傍晚，乘凉者也不乏其人。陵墓后面的朱木拿河，蜿蜒流过，河里水流时急时缓，为陵墓增添了几分光彩。

泰姬陵建于公元1648年，由莫卧儿帝国第五代皇帝沙·贾罕为其爱妻所建。据传，其妻泰姬不仅容貌出众，而且聪明能干，曾协助国王料理朝政。因此，沙·贾罕对她宠爱备至。1630 年沙·贾罕带兵征战，泰姬随军伴行，不幸因生第八个孩子死于途中，时年 36 岁。临终前，沙·贾罕问妻子有何希望与要求，泰姬答道：“请陛下为我造一大墓，以纪念我们的爱情。”沙·贾罕听后欣然同意。后来，他从国内外请来最好的工匠，从外地选来最好的大理石，动用两万余人开工修建，历时 16 年之久，耗资 500 多万卢比，这座举世无双的陵墓终于竣工。因为此墓是沙·贾罕为其王后泰姬所建，故得名泰姬陵。

从 18 世纪起，印度的艺术开始趋于衰落。英国对印度的殖民统治加速了这一过程，同时也灌输了西方艺术，新德里的建筑形式便是一个实例。即使在殖民制度的压迫下，印度还保留了宗教方面的艺术特点，印度民间艺术创作起一定的作用，例如，孟加拉农村的房屋往往用小件的雕刻物装饰得非常美观。马杜拉石构房屋的特点是形式的匀称、朴实和协调等。

印度人民用聪明的才智不断丰富着具有古代传统的印度各种艺术，从而释放出艺术的光彩，建筑艺术、雕刻艺术和绘画艺术，三者互有联系，有时联系密切，相互配合，印度众多的庙塔建筑和石窟，它们的建筑结构及其壁画、雕刻，就是很好的说明。

（四）形形色色的印度戏剧

印度的戏剧同音乐和舞蹈一样，历史非常悠久。从现有的古典戏剧和演剧理论开来，它在公元前后已经达到了成熟阶段。据学者研究，文人的戏剧已经产生而且有了相当完备的固定的形式。在我国新疆发现而由德国人在 1911 年刊行的一些戏剧残卷，确切地证明了这一点。如果古典戏剧形式在公元前后不久已经完全成熟而且流行，以致佛教徒也采用为宣传工具，那么，民间戏剧的开始发展自然会更早些。在最古的文献《吠陀》中，有不少对话形式的赞美诗和伴有说明故事发展的合唱。印度古典戏剧和不少民间戏剧都源于此。在《梨俱吠陀》中，保存有当时民间艺人所表演的戏剧，如叙述婆罗门医生与患者的故事等。印度两大史诗《摩诃婆罗多》（公元前 4 世纪至公元 4 世纪）也都是对话体。从此以后就产生了一种演唱史诗作品的戏剧形式。

印度最古的戏剧是舞蹈哑剧，表演时有音乐伴奏和唱词配合，今天印度还有这种表演形式。古代文献《利论》（公元前4世纪）中也有关于歌手、演员、舞者、朗诵者和音乐家的记载。公元前2世纪的《舞论》也是一部戏剧理论著作，它为后来的戏剧发展起了重要的指导作用。

木偶剧也是印度的古老剧种，在两大史诗《摩诃婆罗多》和《罗摩衍那》中都有记载，至今它仍在印度流行。演出时，通常用木棍撑起制作的假人，由几个演员操纵木棒和系在假人身上的绳子，表演各种动作，同时，由演员替假人说话。表演的内容大多数取材于《史诗》，一般表现神灵、英雄、军事统帅及世俗滑稽人物或动物等，也有一些是讽刺现实生活的一些节目。

马鸣是公元前后的诗人和戏剧家，他的原文著作已经发现了两部长诗和三个戏剧残卷。他的长诗有《佛所行赞》《美难陀传》，他的戏剧有《舍利弗传》等。这些残卷剧本完全显示出古典戏剧的形式，人物、语言、格式等都符合传统规定，这证明古典戏剧已达到完全成熟的阶段。

跋娑是古典诗人和戏剧家，大约生活在二三世纪，他的13个剧本长短不一，但在形式上和古典戏剧基本一致。这13个剧本大多数是以史诗故事为题材。出于《摩诃婆罗多》的有6个，如《仲儿》《五夜》《黑天出使》《使者瓶首》《迦尔纳出任》《断股》；出于《罗摩衍那》的有2个，如《雕像》《灌顶》；有的出于《伟大的故事海》及其他文献。他的13个剧基本上代表了印度古典戏剧的一般题材。

公元以后，印度的古典戏剧正式形成，并具有相当高度的艺术价值。著名的古典戏剧的缔造者有拜沙（约公元3世纪）、迦梨陀沙（公元4—5世纪）、首陀罗迦（公元5世纪）等人，尤其迦梨陀沙的剧作使古代印度的戏剧创作达到了顶峰，他不仅以诗驰名于世，而且也是一位有名的剧作家，他的剧本流传至今的有《沙恭达罗》《摩罗毗迦与火天友》《勇健与广延》等，都是很著名的。这些创作虽然为当时的宫廷剧院所编写，但也有现实主义成分，不失为人民的艺术。同时它具有很高的艺术价值。

随着大多数古代城市的覆灭和城市文化的衰落，全国封建割据不断加剧，促使宫廷形式的戏剧进一步脱离人民大众，从而为宫廷戏剧的衰败创造了条件。

在戒日王朝及群雄割据后，即12世纪以后，再加上穆斯林进入印度，使戏剧演出受到影响，几乎再没有什么戏剧家的剧作问世，但各地一些民间戏剧仍然流行，例如，当时孟加拉的“赛会”和16世纪的马拉巴海岸一代的神秘剧“卡塔卡利”等。到 19 世纪以后，印度的传统戏剧开始在各地陆续恢复，尤其到 18 世纪后半叶，以反帝反封建为特点的戏剧出现，如《早婚》和《寡妇的婚礼》等，揭露了封建社会的黑暗；《蓝靛镜子》和《孟加拉的老爷》等讽刺了英国的殖民统治者及其奴才的嘴脸。

（五）魅力无穷的印度音乐

印度音乐历史悠久，非同一般。早在印度的上古文献《吠陀》中对音乐就有了记载。《梨俱吠陀》赞歌的吟咏，需要有音乐知识。著名《娑摩吠陀本集》更是以歌唱为目的而形成一部颂神曲。“娑摩”指的就是祭祀用的歌曲，因此可以说，印度音乐是以古代祭仪为基础而发展起来的。

印度教的三大神之一“湿婆”又名称“舞王”，人们在祭神或过宗教性节日时都举办歌舞集会，这已成为印度人民生活的重要组成部分。

印度人认为，“音乐与舞蹈的起源是神圣的”，其最终目的是帮助人们信神，所以在大约 3000 多年的音乐、舞蹈发展史中，音乐与舞蹈往往以精神为主导，而艺术处于从属地位。随着宗教的发展与传播，随着社会的不断发展，音乐和舞蹈也不断丰富和提高。载歌载舞，而且往往是歌舞并举，这就是印度音乐、舞蹈的特点之一。

据文献记载，早在吠陀时代，除唱歌外，已有不少“维拉”之类的弦乐器，以及横笛之类的管乐器。今天流行的不少乐器就是从古代流传或发展而来的。它们都同宗教信仰、宗教活动有密切关系。在古代两大史诗时期，音乐得到不断发展，在两大史诗中所提到的乐器有 20 种以上。到了这一时期，印度已有了七声音阶，有了七个基本调式，形成了一套相当完美的转调体系。但在音乐理论方面的著作应该以婆罗多仙人写的《舞论》为代表，对它成书的年代说法不一，有的认为它是公元 2 世纪的产物，有人认为它是公元初的作品。直到后来，到公元 11 世纪，才有了专门的大量研究音乐方面的著作，诸如劳舍·格威的《拉格德凌吉利》（12 世纪）、夏冷格戴沃的《桑吉德勒纳格尔》（即音乐宝库，13 世纪）等，不一一列举。

前面提到，印度音乐的出现与宗教信仰有关。音乐为宗教服务，祈祷、祭祀等都离不开奏乐和唱歌这类活动，而这类活动又反过来使音乐由简到繁，不断丰富和发展。今天，时代前进了，社会发展了，但印度人仍普遍信仰宗教，对神非常虔诚，宗教与音乐的关系仍很密切。拿占印度人口82%以上的印度教教徒来说，出于宗教信仰，一个人从生到死要参加许多仪式。印度多数人认为参加宗教活动非常重要：能使人生活纯洁、神圣，死后使灵魂得到解脱。因此，一个人从生到死要参加不少宗教仪式。而宗教仪式都有唱歌，有音乐伴奏。婴儿降生前开始就给他举行各种仪式，诸如授胎礼、生男礼等，待婴儿出生后仪式更多，诸如初食礼、剃胎发礼、出门礼、再生礼等，一直到结婚。结婚时，起码举行17—18种仪式。因为印度教教徒把结婚视为一种重要的宗教仪式。只有完成了一系列的仪式后才算结婚。

在举办结婚仪式时，有音乐、唱歌，自始至终，有的长达数十天、一个月，有时甚至更长，很有意思。如结婚仪式在女方家举行，在仪式的过程中，女方家的人可以唱歌大骂男方家的人，骂得非常难听，但男方家的人只能低头倾听，不可生气，更不能还口对骂，因为对方是客人。值得一提的是，就是骂人，也是唱歌，也有音乐伴奏，不能离开音乐。印度教自古以来就有这个风俗。

据印度的经典规定，人出世以后，通过各种仪式使人战胜今世；人死以后，再通过各种仪式，战胜来世，使死者的灵魂在阴曹地府获得安息。因此，人死以后，在抬尸的路上，焚烧尸体时骨灰撒进河里时都有不同的仪式，也都离不开音乐。

在庙里一切活动都有音乐，就是念经，也富于音乐感，并有音乐伴奏。节日期间更是如此，印度节日很多，多为宗教性节日，几乎天天有节日活动，节日庆祝都离不开唱歌、音乐。例如，霍利节时，不仅跳舞，而且唱歌，就是当时唱的霍利歌中也离不开宗教神话，而且歌词优美，音乐动听。

总之，印度的宗教与音乐的关系密切，密不可分，敬神祈祷离不开音乐，音乐在宗教活动中不断丰富和发展，这就是印度音乐的特点，从古至今，一贯如此。

（六）多姿多彩的印度舞蹈

舞蹈是一种气度雍容的艺术，其有高尚的风格，有综合性，非有相当程度的练习，不易精通。印度舞蹈更是如此。印度人跳舞历史悠久，早在印度河文明时期，据考古学家断定，大约为公元前2500至前1750年，印度先民就很喜欢跳舞。在哈拉巴和莫亨焦·达罗出土的文物中，有青铜舞女雕像和男舞者石雕像。这些都是当时流行舞蹈的佐证。

到了吠陀时期，印度舞蹈有了明显的发展，而且有了文字记载。公元前1500年的《梨俱吠陀》中就记有舞女的事情：“邬沙穿着闪光的衣服，像舞女一样”，“男子戴金首饰，通过舞蹈表演有关战争的场面”，“甚至有了专门以舞蹈、唱歌谋生的种姓”。可见当时舞蹈已经相当发达。

到了公元前4世纪，印度的大文法家波你尼也曾提到过“舞蹈”一词。至于在印度史诗之一《罗摩衍那》中有关舞蹈的记载就更多了，据专家研究，《罗摩衍那》的成书时间大约在公元前三四世纪至公元后2世纪，但书中记载的是吠陀后期的事情。《罗摩衍那》中写道：“在阿逾陀日夜举行舞会和音乐会，供国王享乐。”“一位舞者的优美的舞姿使罗婆那为之陶醉。”

但是，有关舞蹈艺术的专著应该以婆罗多的《舞论》为代表，它是印度古代最早的文艺理论著作，一般认为它是公元2世纪的产物，但其内容更早于成书年代，可能在公元以前。《舞论》是一部诗体著作，它全面论述了戏剧工作的各个方面，从理论到实践无所不包，而主要是为了满足实际工作的需要，起一个戏剧工作手册的作用。它讲到了剧场、演出、舞蹈、内容情调分析、形体表演程式、诗律、语言、戏剧的分类和结构、体裁、风格、化装、表演、角色，最后更为广泛地论及音乐。“这个全面总结一经出现，它对后来的文艺理论产生了很大影响。虽然它基本上是注重实际演出工作的书，但是，它在理论方面仍接触到一些重要问题，对音乐、舞剧等优美艺术的各个部分进行了很好的阐述。”到后来，香格尔戴沃在自己的《格冷特·勒德衲格》一书中对舞蹈进行了详细研究，提到舞蹈种类等内容。书中讲到当得沃舞（一种湿婆舞），湿婆神是这种舞的始祖，湿婆把这种舞蹈知识传授给自己的学生和婆罗多牟尼。“当得沃舞”是表示有关世界末日的舞蹈，当世界开始毁灭时，在布德杰里和沃亚克拉巴德仙人的请求下，湿婆表演了“阿安德当得沃”舞，当时四副面孔的梵天为他击掌伴奏，毗湿奴为他敲鼓，又有登巴鲁和衲罗陀为他伴唱。

到了迦梨陀娑时期（公元5世纪）印度舞蹈又有重大发展。迦梨陀娑的著作很多，他的剧作使古代印度戏剧创作达到了登峰造极的境地，他不仅以诗驰名于世，而且也是一位有名的剧作家，他的流传至今的剧本《沙恭达罗》《罗摩毗迦与火友王》等都很著名。剧词中散文与诗歌并茂，穿插自如，而且剧中有舞蹈，也有歌曲。他的《罗摩毗迦与火友王》的第一、二幕中对音乐和舞蹈的理论还进行了充分研究。迦梨陀娑的著作中也提到了舞蹈和表演之间的密切关系，这些对后来舞蹈的发展起了重要指导作用。

同音乐一样，舞蹈艺术也是一种谋生手段，印度自古以来就有舞女在寺庙跳舞，迦梨陀娑曾经描写当时一些寺庙中的舞女情况。在拜衲的《戒日王本行》中提到了戒日王给儿子过生日跳舞的舞伎。（《戒日王本行》是个无与伦比的传记，它除具有文学作品的卓越特点外，还是早期史料的宝库。）但是据史料记载，当时舞伎的社会地位不高，甚至在婆罗多的时期，音乐舞蹈方面的专业艺人已受到社会歧视，当时，婆罗多曾写了一则长篇故事，描述了舞伎所受到的屈辱，表明了演员在社会上的卑贱地位。不过音乐和舞蹈艺术本身是很受重视的，各阶级的男子和妇女都学习这两种艺术。

从地区角度看，印度舞蹈可分为北印度舞蹈和南印度舞蹈两大类，北印度舞蹈主要有克塔克舞和曼尼普利舞。南印度舞蹈主要有婆罗多舞和格塔克里舞，都是古典舞蹈。除上述古典舞蹈外，印度各地还有许多民间舞蹈。这些民间舞蹈都带有浓厚的地方特色和生活气息，深受群众欢迎，是印度灿烂文化的重要组成部分。因篇幅所限，这里对印度的各种舞蹈不一一介绍。

（七）闻名于世的印度电影

印度电影蜚声世界，在中国也享有盛誉。目前，印度电影年产量居世界之首。据有关统计，早在 20 世纪 80 年代中期，印度就拥有 66 家电影制片厂，400 多种电影杂志，1.2 万家电影院，25 万电影从业人员，年耗资约 20 亿美元，每天观众多达 1250 万—2000 万人次。印度不愧为世界上首屈一指的“电影王国”和“东方好莱坞”。

印度电影情节生动，富有戏剧性，几乎每部影片至少有 6 支插曲和舞蹈。一般影片不少于 3 小时，歌舞贯穿于影片的始终，这些都是印度电影的特点。

印度电影的发展经历了漫长的过程，狄拉吉·戈温特·巴尔吉被称为“印度电影之父”（1870—1944）。他生于孟买附近纳西克市的一个印度教家庭，他自幼酷爱艺术，对绘画、戏剧和魔术等感兴趣。少年和青年时期，先后就读于杰吉美术学校和巴里达艺术学院，使他的绘画、摄影、音乐、造型、魔术及表演方面的才能得以充分发展。他从 1911 年起，开始从事电影事业，他坚信，完善的电影工业最终会在印度建立起来。他因陋就简地进行拍片实验，呕心沥血，忘我工作。他的第一部电影是《哈里什昌德拉国王》，于 1913 年问世，影片取材于印度神话，赞颂了为追求真理而牺牲财产、王国和家庭的君主的功绩，深受印度各阶层观众的欢迎。从这时起，印度的电影产业正式诞生。

1920 年以后，印度电影就具有了工业规模，从最初年产 8 部影片上升到 1920 年的 18 部，到 1930 年多达 172 部。10 年间印度还涌现出一批新的影片公司和制片人，从而使印度的无声电影进入了繁荣时期。这个时期的主要代表人物和公司有几个，巴布罗・潘特是其中之一，他对印度电影的贡献仅次于巴尔吉，居第二位。他出生于画家世家，他创办了马哈拉施特影片公司。潘特所在的公司拍摄的第一部影片是《赛兰特里》，他的优秀影片是《尼泰基・普拉卡尔》。另一个重要人物是苏杰特・辛哈，他曾到美国学习过电影艺术，并和卓别林合作过。他创办了东方电影制片公司，《沙恭达罗》是该公司的第一部影片。有人认为，他的电影中带有西方情调，因而一度受到攻击。他拍摄的电影很多，诸如《三个魔鬼》等。

20 世纪 30 年代，新的电影公司有如雨后春笋纷纷成立。拍摄电影不仅成为一种重要的行业，而且成了艺术表现的一种手段。企业家创办了许多电影制片厂和制片集团，如加尔各答的新戏剧影片公司，浦那的普拉巴哈特制片公司和孟买有声影片公司，这些公司在 20 世纪 30 年代一直左右着观众的兴趣。其中帝国影片公司颇有生气，它拍摄了印度第一部有声故事片《阿拉姆・阿拉》。这是部幻想故事片，它的场景绚丽多彩，片中歌舞很多，对话全部使用通俗易懂的印度斯坦尼语，引起印度观众的极大兴趣。

印度电影业不断发展。1937—1938 年，“印度电影制片人协会”和“印度电影发行人协会”相继成立，在马德拉斯建立了“南印度电影商会”。这些机构开展了大量包括出版刊物在内的商业性活动，促进了电影业的发展。到 1940 年，印度电影企业在全国的企业中占第八位，在世界电影企业中占第四位。从业人员 4 万人，全国 75 家制片厂，250 个发行商，1496 家电影院。全国平均年产量 200 部影片。

到 20 世纪 40 年代，印度的电影内容发生了变化，以现实和历史为题材的影片居多。兰吉特公司拍摄的印地语和古吉拉蒂语影片《不可接触的人》就是一部反映印度社会问题的优秀作品，它抨击了印度的贱民制度，产生了深远的社会影响。1941 年问世的代表影片有阿巴斯的《新世界》，它的主题歌大胆表露了反对英国殖民统治和要求民族独立的爱国主义思想。

这个时期，反映教派团结的影片很多。如瓦迪亚公司拍摄的第一部印地语影片《团结》，是以宣传印度教和伊斯兰教的友好感情为主题的影片。拉贾斯坦语的《礼物》也体现了教派团结的进步思想。还有加尔各答一家影片公司的《忠实格比尔》也反映了格比尔教派团结的主张。可以说在这一时期，影片的题材丰富多彩，并各具特色。

第二次世界大战影响了印度电影制片业的发展。1943 年，英国殖民政府开始实行颁发制片许可证制度，严格禁止拍摄与战争无关的影片。印度国大党对此进行了针锋相对的斗争。

在英国政府的严格控制下，必然出现印度人民的反英斗争，这种斗争情绪也反映在影片中。例如，在影片《命运》的插曲中就有“外国人滚出去，印度斯坦是我们的”的词句，洋溢着强烈的爱国热情，体现了甘地所提出的口号“滚出印度的精神”。

1947 年印度获得独立，以后的一切情况都发生了重大变化。电影题材和电影歌曲也产生了重大影响。以前被英国殖民政府所禁止的各种文艺作品又见天日，有些则被拍成影片。如孟加拉邦著名的作家萨拉特·钱德拉的著名小说《真理追求者的道路》曾一直被英国列为禁书，现在被改编成为印地语和孟加拉语影片《萨维耶萨吉》上映。孟买的有声影片公司摄制的《强制》是一部爱国题材的影片。影片中穿插了一支歌曲：《英国人，滚蛋，白种人，滚蛋!》反映了印度人民的反英情绪。

到了 20 世纪 50 年代，尽管印度电影市场有不少内容空泛、题材平庸的影片，但是这些影片并不受欢迎，因而寿命不长，后来被内容充实、反映人民火热生活的影片所代替。拉兹·卡普尔自导自演的《流浪者》的出现是印度电影新起点的标志。这部电影在各个方面显示出了新的艺术风格和高超的艺术水平。影片表达了进步的社会思想。影片主题歌《我是一个流浪汉》在许多国家广为传唱，不少中国人也会唱此歌。除此以外，还有现实主义题材的影片大量出现。诸如《我们是人民》《世界》《青春》等。

1953 年也出现了一批反映社会现实问题的优秀影片，如《两亩地》和《已婚的女人》等，在社会上产生了很大影响。其中《两亩地》在中国放映后，反映强烈，给中国人民留下了很深的印象。

这一时期彩色影片也有进一步发展，例如，《章西女皇》就是大型彩色历史故事片，后来又有《哑女》问世。到 1954 年印度自己摄制的彩色片已经在国内取得了很大成功。

从 20 世纪 80 年代以来，印度电影业每况愈下，进入步履艰难的时期。虽然电影业规模仍然庞大，其年产量还居世界之首，但它的名声却在世界影坛中一落千丈，电影观众减少，票房收入降低，它说明印度电影业已趋萧条。所以如此，原因有三：（1）电影质量下降。（2）电视的普及。（3）录像的盛行也冲击了电影业的发展。

从印度电影业的发展历史来看，它经历了漫长而曲折的道路，并且存在不少困难和问题。正如印度评论家所指出的那样：制片人队伍过于庞大，电影界各种竞争激烈；演员职业自由化；酬金过高，缺少制片资金、技术人员和影院及电影业内部不团结等是其主要困难和问题。尽管困难重重，印度电影业仍然是不断发展。其原因是多方面的：（1）与印度政府对电影业的支持有关。印度的电影厂家尽管多数为私人资本所控制，但只要它们的产品不危及国家领土完整和社会治安，政府非但不对他们进行干涉，相反对他们给予鼓励。政府通过广播宣传部门对电影厂家给予原则上的指导。这样，政府的宽松政策为电影业的发展提供了有利条件。政府为发展电影业还采取了多种措施，例如，1948 年政府广播新闻部内设立了电影处，1953 年设置国家电影奖，1960 年建立电影金融公司，1961 年创办浦那电影学院，1964 年建立国家电影馆等。所有这些，对电影业的发展起了积极作用。（2）限制外国电影进口，并有严格的审查制度。进口外国电影要经过专门部门审批，严禁那些宣传暴力、色情和恐怖的影片进入印度。这些措施减少了外国电影进口，有助于本国电影业的发展。另外，印度影片生动活泼，歌舞贯穿始终，因此影片一般较长，不少于 3 小时，这是个不成文的“法规”，电影导演们都认真遵守。在绝大多数印度人看来，看电影是文化娱乐和逃避现实的主要形式。劳动一天，晚上看场电影调节一下，也是一种享受。因此，电影具有广大的市场，这种现实促进了电影业的发展。

但是，印度的电影业远远没有能满足社会发展的需要，也未能充分反映印度的现实和社会问题。印度的电影专家严肃地指出：印度的电影观众受到社会与经济等客观因素的影响，诸如传统习惯势力、物质匮乏、物价暴涨、黑市交易及不合理的社会现象等，对银幕上所反映的令人难以忍受的冷酷现实，不是兴趣索然，就是无动于衷。印度电影业要发展不仅需要人民生活水平的提高和观众兴趣的改变，而且取决于从事电影事业的人们共同努力并发挥创造精神。他们将像他们的前辈一样，披荆斩棘，开拓新的发展道路，创造电影更辉煌的未来。

（八）世人关注的印度软件

几年前，先后几次赴印度，对当地的软件业进行了一些实地考察，访问了一些城市，诸如新德里、海得拉巴德、班加罗尔、孟买等，参观了当地的软件企业，并与有关负责人进行了座谈，使我们对印度的软件业有了具体而深入的了解。“印度软件业发达”，的确名不虚传。耳闻目睹后，给我们留下了深刻的印象。在发展软件方面，印度确实有些地方值得我们学习和借鉴。

近几年来，印度的软件业引起了世界各国的广泛关注。曾任联合国秘书长的安南把印度誉为“发展中国家发展高科技的楷模”，比尔·盖茨惊呼，“未来的软件超级大国不是美国，不是欧洲国家，也不是日本，而是印度”。据专家们分析预测，印度将成为21世纪软件超级大国。通过考察得知，印度正在与世界上主要发达国家在信息产业方面进行合作，印度的软件已出口到95个多国家和地区，在世界上产生重大影响。因此，引起世人的关注是很自然的。

印度软件业发展迅速，尤其进入20世纪90年代以来，更是如此。据印度软件与服务公司协会公布的统计报告，近6年来，印度软件产业均以年综合增长率50%的速度增长，1999年至2000年度，印度的软件业总产值高达57亿美元，出口值达40亿美元。据有关调查显示，预计到2008年印度的软件产业产值将达到870亿美元，软件出口达到500亿美元。从1991年在班加罗尔建立第一个软件技术园区开始到目前，印度全国已建立起17个软件技术园区，它们分别分布在班加罗尔、海德拉巴德、浦那、孟买等地。注册公司由1992年3月的142家发展到2000年4月的5800多家，2001—2002年度发展到6000多家，大型软件企业有300家，其中170家获得了国际标准化组织的质量认证，是世界上软件公司获得此认证最多的国家。据有关报道，印度软件业共有专业技术人员，2000—2001年度为43万人，2001—2002年度为52.2万人，计划到2008年软件技术人员将增加到220万人，硬件技术人员增加到160万人。预计到2020年印度每个公民拥有一台电子计算机。到那时，印度软件业在国民经济中所占的比例将会大大增加。

大家知道，软件业是以知识和信息技术为载体的知识密集型产业，它是知识经济的核心。越来越多的人认识到，软件业不仅是一个国家的国民经济的重要领域，而且它对国民经济的其他领域有着极大的影响。印度软件业的快速发展，对印度经济的发展起了重要推动作用。近年来，印度经济之所以能保持较高速度增长，在很大程度上得益于软件业的发展。据有关统计，1999—2000年度出口值达40亿美元，2000年仅印度软件业的出口对印度国内生产总值的贡献就占四分之一。预计到2008年，印度软件业的发展将把印度的经济增长率提高到两位数，其中软件业产值将占到印度国内生产总值的7.5%，而软件出口则占印度出口总额的35%。由此可以看出，印度软件业的发展对国民经济的发展所起的重要作用。一个十几人的小企业每年创汇几百万美元，若不是亲眼所见，简直不敢想象。随着软件业的发展，印度的社会生活在发生变化。但印度出口的软件以定做软件为主，印度品牌软件所占比重较小。印度软件业发展的构想是：扩大印度品牌软件的影响，将计算机硬件和软件相结合，以取得更大的经济效益和培养更多的信息技术人才。在世界经济进入全球化的时代，“印度的经济发展正进入一个以发展信息产业和知识经济为主要目标的新阶段”，这种发展模式正引起越来越多人的关注和兴趣。

印度软件业之所以发展迅速，究其原因，主要有以下几点：（1）政府的改革开放政策。过去一些年来，印度实行了一系列的改革政策，诸如降低关税、放松进口管制等，经济发展开始由内向型向外向型转变。政府对软件业的干预和管制最小，从20世纪80年代就被列入国家优先发展的产业。因此，在税收、信贷等方面都给予优惠待遇，为吸引外资制定了一系列优惠政策，对于出口软件企业，外资控股可高达75%，或由外商独资经营等。这为发展印度经济尤其以出口为主要目标的软件业的发展提供了宽松的环境和良好的条件。由于推行了一系列的优惠政策，许多外国有关公司都纷纷进入印度。据统计，目前印度高科技工业园中有100多家外国软件公司。（2）政府大力支持。印度政府一直采取支持发展计算机产业的方针，早在20世纪80年代初，英迪拉·甘地执政时期就开始重视软件业的发展，1981年制定了有关发展计算机的政策，主张放宽进口，降低关税。1984年拉吉夫·甘地执政时期，印度政府更是重视计算机的开发，以致人们称拉吉夫甘地为“计算机总理”。1985年拉吉夫·甘地就提出了“要用电子革命把印度带入21世纪”的响亮口号，大力扶持计算机软件工业，以充分利用科技人才的优势。1986年政府颁布了一系列计算机软件政策，为制造软件提供一切便利和优惠，因此，印度的软件工业得以迅速发展。1991年拉奥上台以后，政府继续支持信息产业的发展，制定了不少新政策，诸如放宽税收限制，鼓励外商投资，允许外商100%控股等。印度政府于1998年组建了“国家信息技术特别工作组”，由总理任组长，制订了“印度信息技术发展计划”，提出了“信息产业超级大国”的战略目标，并制定了发展软件的108条措施。政府对新建项目给予补贴，并积极扶持新建软件园区，在购地、贷款、纳税和投资等方面为信息技术产业的发展提供优惠政策，给予大量支持。由此可见，印度历届政府都大量支持软件业的发展。（3）重视培养人才。印度软件业之所以发达，其背后有支强大的技术人才队伍。目前，印度软件技术人才无论在数量上，还是在质量上都具有较高水平。因此，美国、新加坡、日本、英国、德国、波兰等国都从印度大量引进软件人才，印度外流人才很多。印度的基础教育虽不发达，但高等教育却相当发达，科技人才多达350万以上，居世界第三位，这是个巨大的发展潜力。印度的计算机教育从小抓起，有条件的，儿童从5岁开始参加有关软件训练。有材料显示，目前印度约有3000所中学开了计算机课，400多所大专院校开设了计算机和电脑软件专业。印度注重采取各种措施培养信息技术人才，例如，加大对有关大学或学院的资金投入，用以计算机系统的升级换代；印度各邦都建有信息技术学院，专门培养高水平软件技术人才；积极提倡民间办学，鼓励软件产业公司办学、软件公司和高等院校联合办学，如NIIT等公司就是这样做的。（4）普及英语，重视专业英语训练。英国统治印度近200年，使英语成为印度官方用语之一。印度人从小学开始学习三种语言，即两种官方用语（印地语和英语）和一种本地区语言。因此，凡受过教育的人，特别是受过高等教育的人，一般英语较好。但更重要的是：非常重视专业英语的训练，而且要求极为严格，因此，英语专业能力强，这对软件业的发展起着非常重要的作用。若一个人只是一般英语好，而专业英语差，企业是不会欢迎他的。由于专业英语好，开发国际软件自然语言障碍较小，有利于与外国进行交流与合作，推动了印度软件业的发展。

通过考察给了我们不少启示：(1) 扩大出口和扩大开放。这是软件业发展的重要因素之一。当今的世界是开放的世界，不走出家门、国门，闭关自守是难以使软件业得以快速发展的。印度软件业的发展在这方面为我们做出了榜样：绝大多数软件公司都与外国有合作关系，同外国企业挂钩，或在国外建有分公司。因此，企业具有活力。(2) 政府积极支持，这是软件业发展的重要保证。从印度软件发展的历程来看，政府在政策、法律、资金、人才等方面都给予了大力支持，如廉价购地、资金补贴等，印度软件业所以发展迅速，与此不无关系。(3) 有广泛的群众基础，专门培训和民间培训相结合。这样，"既解决了一些学生的失业问题，又培养了软件科技人才，还生产出社会所需要产品"，可谓一举三得。用当地的话说，"形成了学生们情不自禁地学习软件的局面"，学习软件就有了广泛的基础。(4) 科学管理，按规程办事，严把质量关。强调工作预测、降低成本和企业的开创性，并对后进人员定期进行培训，不断提高人员的素质，创业与培训人才相结合。强调"质量"就是一个企业的生命力，无好的质量和优秀管理人才，企业则难以生存和发展。印度朋友深知此理，并严格执行，因此赢得世界软件客户的认可和信任。(5) 中印合作有广阔的发展前景。印度朋友也承认，"印度软件发达，中国硬件发达"。印度有很强的软件开发和软件出口能力，印度的软件出口在国际市场上占70%，排名第一，而中国的硬件出口在世界上占30%，排名第二。两国各有优势，互补性强。两国合作，彼此学习，相得益彰，而且两国都有丰富而廉价的人力资源和巨大的市场。印度的软件产品在美国市场上占60%，中国从美国进口的80%的产品中有70%是印度的产品。中印两大邻国直接合作，对两国更有好处。

中、印两国为近邻，两千多年来，两国人民相互交往，彼此学习，取长补短，在各自国家的经济和文化发展中起了重大作用。新世纪新千年已经到来，在新的形势下，两国都需要学习如何迎接21世纪带来的机遇和挑战，为把我们各自的国家建设得更好，相互学习，取长补短，显得更为重要。从印度考察归来虽已过数日，但印度软件企业的繁忙景象仍历历在目。中、印两国在软件方面合作的时期已经到来。种种迹象表明，两国之间，相互学习、密切合作的热潮将会出现，而且为期不远。

十一　节日由来与名胜古迹

（一）丰富多彩的节日

1. 节日的由来与种类

印度在长期的发展中形成了许多民族节日。这些节日是民族文化财富的重要组成部分，是印度古代文化史上不可缺少的篇章，也是民族特点的主要内容与表现形式。它全面、集中、典型、形象地反映出了一个民族的共同心理素质、性格特征和理想愿望。

民族节日，作为民族风俗习惯的主要组成部分，属于文化范畴，它在一定程度上反映着各族人民的经济、政治、宗教、思想和生活状况，并影响着人们的思想和生活，因此，节日的作用不可低估。

每个节日的出现不是偶然的，都是该民族在一定历史时期内的产物，有它产生的历史根源和社会条件。早在人类社会的原始时期它就产生，以后随着社会的发展、历史的前进、生产力的提高，以及人们能力、智力的发展，这种传统文化越来越显得丰富多彩。它不仅满足了人们要求，而且也巩固了社会秩序，它起着独特的作用。

印度节日的数目之多，令人吃惊。较大的节日就有百个以上，如国庆节、教师节、灯节、霍利节、杜尔迦节、胜利节、保护节等。再加上小的节日、各邦的节日，共有多少，谁也说不清楚。

印度的节日大致可分为以下几类：（1）政治性节日；（2）季节性节日；（3）历史性节日；（4）宗教性节日。但绝大多数节日是宗教性的，这同印度笃信宗教有关。属于政治性节日，如独立日等，这类节日可以激发人们的斗志，对人们进行教育；季节性节日，如秋收节等，在收成前后举行，表达人们对收获的喜悦，或祝愿来年有个好收成，鼓励人们努力生产，争取丰产丰收；历史性节日，如烈士节及英雄人物诞辰节等，在这类节日活动中，再一次提醒人们不要忘记过去，联系当前实际提出新的任务，向新的目标前进。宗教性节日无非是宣传宗教，要人们行善积德，而印度这类节日很多。节日庆祝的时间长短不一，少则几天、十几天，多则长达一个月之久。庆祝的规模不同，小的成百数千人，大的多达几十万人参加，而且有的节日庆祝方式全国各地并非完全一样。

节日也是同样，随着时代的变迁和社会的发展，这种传统文化不免显出它的局限性，甚至落后性。所以有些节日也会被淘汰，有些节日则从庆祝方式到节日内容有所改变或增减而被保留下来，同时也有些新节日出现。有的节日庆祝，费钱耗时不说，甚至有时在节日里还会死人。如摩格尔·僧格郎迪节就是一例。冬天，人们需泡在水里向神祈祷。虽说印度冬天不冷，但毕竟是冬天，在北方，气温也在零度以下。因此，每年不免有人为此节而丧生。像这类节日对社会发展没有什么好处，因此，今天已有不少人对这类节日的必要性提出了怀疑，甚至有些人，尤其是一些受过教育的人或青年人对此已没有多大兴趣。相反，有些原来没有的节日，随着历史的前进而产生了。例如，锡克教的那纳格诞辰节等并非自古就有，而是到16世纪那纳格去世后为了纪念他才有的。又如甘地诞辰节、印度独立节、儿童节等均属这类。

以上表明，随着社会的发展、科学的进步、人们文化水平的普及与提高，一些意义不大的节日会被逐渐淘汰，而一些健康有意义的节日，也会不断产生，历史的发展就是如此。下面简单介绍几个主要节日。

2. 主要节日与庆祝活动

（1）国庆节

1月26日为印度国庆节，是印度每年最大的政治性节日。印度共和国宪法于1950年1月26日颁布，届时印度举国上下热烈庆祝，但以首都新德里的庆祝最为热闹。从总统府到印度门有一条长而阔的大道，路旁是个大广场。节日那天，广场上的场面非常壮观。广场两侧有新搭起的观礼台，台上有各单位代表及外国宾客。观礼台中间有宽阔的通道，游行队伍从中经过。庞大的游行队伍由各邦代表和本市居民组成，他们身着不同式样的节日盛装，带有各种机械产品或农产品模型，既反映出各邦科技文化的风貌，也反映出各邦的不同特点。不时还有象队、马队、骆驼队通过，还有迈着稳健步伐的军队、活泼的学生队伍。文艺团体边歌边舞。游行队伍长达数里，观众有数十万乃至上百万。观光者不时欢呼雀跃，人们沉浸在欢乐的海洋之中。

（2）教师节

9月5日为印度的教师节。这一天，原是印度第二总统拉达克里希那的生日，后来定为教师节。节日那天，师生举行集会，讲述拉达克里希那的生平事迹，学生向教师敬献花环，提供种种服务，以示对老师的尊重。拉达克里希那于1888年9月5日生于马德拉斯地区的一个农村，他自幼勤奋好学，成绩突出。1908 年他 20 岁时，开始在马德拉斯学院任教，讲授哲学和逻辑学，其内容之精辟、语言之犀利、用词之准确，令人惊叹。他曾先后在马德拉斯学院、迈索尔的马哈拉贾学院、加尔各答大学等著名高等院校任教。他对学生诲人不倦，百问不烦，循循善诱。因此，向他请教的自学者不绝于他的家门，他竭尽全力给予指导和帮助。师生关系如何处理，拉达克里希那做出了光辉榜样。1931 年他任安得拉大学校长，1939 年任贝拿勒斯大学校长，直至 1948 年。他从事教育 40 余年，在印度为不可多得的人物。印度独立后，他先任过大使，第一任副总统和总统。他不仅是一位伟大的学者，还是一位经验丰富的国家领导人，在人民中间享有极高威望。因此，把他的生日作为教师节，加以庆祝，以教育后人。印度自古就有尊师爱生的传统，独立后更加重视。

(3) 灯节

灯节是印度教的重大节日之一，在公历 10—11 月间举行，流行于印度广大地区。

这个节日由来已久，首先庆祝这个节日的是阿逾陀人。当罗摩、罗奇曼、悉达和哈奴曼战胜了锡兰十首王罗婆那返回到阔别 14 年的首都阿逾陀城时，阿逾陀人全都点上油灯，昼夜热烈庆祝。从此，印度教教徒把这一天看成是罗摩战胜罗婆那、正义战胜邪恶的节日；凭着人们的智慧和劳动，用一排排油灯把漆黑的夜晚变成了一个明亮的夜晚，所以又把它看成是一个光明战胜黑暗的节日。

节日那天傍晚时分，人们忙碌万分，有的在墙上张贴神像，有的摆各种供品。神像前的供品各种各样，即有椰子、橘子等之类的水果；也有薄达夏等之类的甜食，还有糖做的糖马、糖象等玩具……地板擦得透亮。屋顶上挂有五彩缤纷的彩带，还有闪光的银纸。如同有谁结婚一样。灯节由婆罗门祭司主持，在祭司的示范和带领下，在场的人们时而双手合十，两手贴在脑门前，时而头触地板。仪式进行到后来，由祭司拿些供品，一一分发到在场的每个人手里。据说，这些东西就成了神给的，因经过了祭司之手。接着祭司又向每个人分发叫崩加莫里得的供品（用牛奶等五种东西混合而成，基本上呈牛奶状态），倒在每个人手中，有半酒杯的样子。接受东西的人伸出双手，一上一下，手心朝上叠成十字形（这是一种仪式）。这些东西必须喝光，不能扔掉。若有剩余，按规矩，要把盛下的部分全部涂到自己头上。从头顶前边涂起，逐渐往后，接着祭司又往每人的前额上点朱红，由下而上抹。在场的人都向祭司致谢，仪式到此结束。这时，祭司拿起早已准备好的口袋，口中念念有词，把那些供品装进他的口袋里。全部带走，说是给罗其密女神吃。当天晚上祭司要主持不少这样的仪式。

仪式结束后，按当地风俗，主人请在场的人吃些点心和水果。当天夜里，主人还要同他们的邻居交换甜食、水果，相互祝贺，意思是希望大家都招财进宝。节日这天的夜里，家家户户，墙上、门口都点着一排排油灯，密密麻麻，如同天上的繁星。商店门口点缀着五颜六色的灯泡，耀眼辉煌，犹如白昼。有些人在虔诚祈祷，有些人在热情而又耐心地接待顾客。但是，对它格外欢迎和重视的是商人。过节时进行结账，改换新的账本，故又有“商人节”之称。罗其密这位女财神喜欢住在商人家里，因为他们有钱有财。

据传说罗其密还喜欢住整洁、美观的地方。因此，在灯节之前几周，人们便打扫房舍，粉刷墙壁，室内墙上张贴神像，把各门口及院落的四角都清扫干净，装饰一新。墙头、院内都点上一排排小油灯，不留黑暗的死角。富有人家还装有五颜六色的灯泡。这都是为了给罗其密女神照明，请她到自己家来。这一天，有不少人家祈祷时，家中门窗全都大开，就连箱子、柜子的门也全打开，以便让罗其密财神进去，畅行无阻。甚至有些人家敞着门窗睡觉，而且又灯火通明，这给小偷作案提供了方便，故有偷窃案发生。灯节的晚上，不仅张灯结彩，耀眼辉煌，而且还鞭炮齐鸣，鞭炮和各种礼花的声音混成一片，简直有震耳欲聋之势。

（4）霍利节

霍利节，又名洒红节，是印度教的四大节日之一。3月间，每逢这个佳节，举国上下热烈庆祝，洒红取乐，互相祝贺。节日当天上午，无论男女老幼，手里大都有个纸袋或小塑料口袋，里面装有五颜六色的粉末，走街串巷，有说有笑。见了面先是贺喜，然后拥抱，接着相互往对方脸上、头上、身上撒些各种颜色的粉末。上至七旬老翁，下至五六岁的幼童，包括妇女在内，无一例外。有些人不仅相互嬉戏、对骂，甚至还说些难听的下流话，但无人介意。男女老幼一起跳各种舞蹈，跳起来格外起劲，个个脸上都呈现出欢乐的笑容。有些人敲打着手鼓奏出动听的乐曲，有些人有节奏地击掌。节日期间，不仅无种姓之分，无男女之别，就连平日有些敌意的人，今天也要互相祝贺，拥抱一番，以消除隔阂，言归于好。有些地区除洒红外，还有妇女手持木棒，追打男子，男子却不能还手，如在马士拉城、拉贾斯坦邦的一些城市，妇女们则是把衣服浸过水后拧成一股绳，用它打人。在北方邦的贝拿勒斯城，上午10点之前，人们相互洒水，水有各种颜色。这时，女子一般不出门。上午10点以后，人们成群结队，上街游行。大至四五十岁的壮年男子，小至七八岁的男孩。手里都持着一根长短不一，颜色各异的木制林加游行，游行队伍中，有人打扮成湿婆的模样骑着毛驴，人们边走边呼口号，口号也多是骂人的。女子们这时只好躲在家里，下午2点左右，人们开始洒红。此时只准使用五颜六色的粉末，不准再用带颜色的水。这时，若有人故意用带颜色的水泼人一身，别人就会动手打他一顿。因此，一般下午2点以后，女子才敢于出门洒红取乐，欢乐一番。

霍利节的庆祝在农村更加热闹，庆祝时间有的长达1个月左右。有些农村，不仅洒红，还选一些木棍，上面涂色，手持木棒集体跳舞，古吉拉特邦的棍棒舞是很有名的。但是，北方邦、比哈尔邦、中央邦等地的一些农村，过节时，除跳舞外还要唱与霍利节有关的歌曲。

关于这个节日的来历，普遍流传的说法是：从前有位国王，名叫赫尔那耶伽西布，暴虐无道，骄傲自满，后来连天神也不放在眼里。一天他公开宣布，他是唯一的被崇拜者，不准人们再提天神的名字，叫全国的人们只崇拜他自己，否则严加惩处。

他的儿子普拉赫拉德是天神的忠实信徒。他不同意父亲的意见，依然对天神虔诚不疑。因此父亲对儿子怀恨在心，并对他进行了种种残酷折磨。先是叫人把儿子从万丈悬崖上推下去，但儿子未被摔死。后来又叫人驱使大象去踩，结果也无济于事。最后，赫尔那耶伽西布恼羞成怒，便把自己的妹妹霍利叫来，对她说道："你把普拉赫拉德抱在怀里，坐在火中，你不会被烧死，因为你有件不怕火烧的纱丽。而这个坏蛋儿子会化为灰烬。"

霍利听了哥哥的话，抱着普拉赫拉德跳入火中。结果儿子毫毛无损，而霍利却化为灰烬。为纪念此事，每年人们将柴草堆成堆，象征霍利，对其焚烧，以示正义战胜邪恶、善良战胜凶残。在这期间，人们说些脏话或粗话被认为是针对坏人的。于是，每年过霍利节时，骂人、说些下流话，也就成了霍利节的一大特点。

（5）德喜合拉（胜利节）

德喜合拉节，又名胜利节。公历9月底开始，到10月初结束，时间一般为10天，但个别地方时间更长，长达1个月之久。是印度教的重大节日之一。

据史诗《罗摩衍那》记载，古代锡兰的国王十首王罗婆那抢走了罗摩的妻子悉达，罗摩和他弟弟罗奇曼前去追赶解救，神猴哈奴曼也带上猴子军和狗熊军前去支援。战争激烈地进行了10天，最后十首王罗婆那和他的儿子迈可纳特以及兄弟恭婆迦罗那全部被杀，罗摩获胜，悉达得救，罗摩和悉达重新团圆。德喜合拉节是印度教教徒庆祝罗摩大战10天最后获胜的节日，所以又叫胜利节。

节日期间，在舞台上表演罗摩的生平故事，故事以10首王罗婆那方的全军覆灭而结束。

节日的最后一天，在广场上焚烧3个巨型纸人，这3个假人分别象征十首王、迈可特纳和恭婆迦罗那3个人，一般傍晚7点钟左右焚烧。这时，还播放音乐歌曲，音乐声、喧哗声和各种东西的叫卖声汇成一片，震耳欲聋。在首都新德里的庆祝，带有浓厚的政治色彩，总统、总理都要出席，联系当前形势做个讲话，然后才焚烧假人。纸人被烧后，节日庆祝就算结束。

(6) 杜尔迦节

杜尔迦节是拜杜尔迦女神的意思，它是印度教的主要节日之一。每年从10月2日开始，持续5天。在过节的前几周，人们就开始忙碌，家家户户都充满了欢乐的气氛。有些人半年之前，就开始塑造杜尔迦等几位神像。杜尔迦是位勇敢而美丽的女神，她骑在一只雄狮背上，身上长着十只臂膀，手持各种兵器。她用一个三叉戟插进一只水牛（阿修罗的化身）的肋下，阿修罗从水牛体内钻出，现出原形，杜尔迦立即将他杀死。所有这些形象，都塑造得栩栩如生。

据《往世书》记载，从前有个可怕的凶神阿修罗，他变成水牛，折磨众神。100年后，阿修罗把众神从天堂赶出，登上了因陀罗的宝座。这时众神向梵天祈祷，找湿婆和毗湿奴求援。湿婆和毗湿奴得知阿修罗暴虐无道，怒发冲冠，于是喷出一种火焰。这种火焰先是照射到大地与整个宇宙间，然后变成一位漂亮的女神，这就是杜尔迦女神。这时，众神纷纷向她赠送了各种礼物，有的送丝绸服装；有的送各种首饰；有的送盔甲和各种武器；喜马拉雅山神也送她一只不可战胜的雄狮，作为坐骑。于是，杜尔迦女神向四周伸开十臂，向阿修罗挑战，带有各种武器的阿修罗立即率领军队前来应战。这样，一场激烈的战争开始了。转瞬间，地动山摇，海水翻滚，杜尔迦投出一种名叫“巴希”（一种圆圈）的武器，把阿修罗套住，使他处于困境。顿时，整个宇宙突然摇晃了起来。接着，阿修罗又变成各种形状，千方百计想砍断“巴希”，他虽然努力再三，由于罪大恶极，一切努力都无济于事。最后，杜尔迦抽出宝剑，将他杀死。这时，众神和百姓，高兴万分，欢声雷动，向杜尔迦祝贺致敬。印度教教徒为了感谢杜尔迦驱邪扶正的功绩，以投水方式送她回家与家人团圆。由此兴起了过杜尔迦节。

节日期间，神像林立，人海如潮，随处可见的神棚中表演各种节目。白天，有动人的话剧、优美的舞蹈、悦耳的歌曲和音乐等。到了深更半夜，还放映电影。

节日的参加者，这一天要穿最好的衣服。特别是妇女，穿上五颜六色的新纱丽，鲜艳夺目。不少男子，穿白色的裤子，浑身上下，全是白色。整个节日的盛装，用各种颜色的灯泡点缀起来，尤其在晚上，更是辉煌耀眼。路上行人成群结队，熙熙攘攘，谈笑风生。

节日高潮是送女神回家。将神像从台上抬下，用汽车、拖拉机或手推车等把塑像运往圣河或圣湖边，投入水中。在送神像的途中，人们敲鼓奏乐，载歌载舞，欢喜若狂。但是，当把塑像从台上取下和从湖边投下水时，人们的心情格外沉重，犹如同一去不复返的亲人告别一样难受。把神像投入水后，在回家的路上，人们又锣鼓喧天，歌声阵阵。

杜尔迦节的活动，在印度各地并不完全一样，重视的程度也不相同。从前，在西孟加拉邦，印度教国王让人在王宫里搭棚祈祷，庶民百姓若能去参加，则感到十分荣幸。以后，才开始通过各种组织和各区委员会来举办群众性祈祷活动。在孟加拉邦，每村至少有一个祈祷神棚，城市里更多些，在加尔各答每年至少有 3 万个以上。著名地方的神棚里，参加者可多达数十万人。

现在这种崇拜杜尔迦女神的活动，不仅限于西孟加拉邦，在北印度的比哈尔邦、阿萨姆邦、哈里亚纳邦等；南印度的奥里萨邦、安得拉邦和泰米尔纳德邦等都有。

（7）保护节

每年印历的五月（相当于阳历 7—8 月）的圆月那天，要过保护节（又名手镯节）。它是印度的重大节日之一，印度从北到南，从东到西，各地都热烈庆祝，其中以北方邦、中央邦、比哈尔邦、古吉拉特邦、拉贾斯坦邦、旁遮普邦等尤为重视。

节日前夕，大小商店便开始出售过节时戴的各种拉凯（手腕上绑的东西）。拉凯的颜色不同，有红的、黄的、蓝的、绿的，也有浅红的，其形状大小不一，有圆形的，也有方形的，以及各种形状的；有小孩戴的，也有大人戴的。小至几岁、十几岁的姑娘，大至几十岁的妇女都兴致勃勃地穿着漂亮衣服去商店购买拉凯。拉凯的价钱有高有低，质量有好有坏。

节日的前一天，商店出售人们喜欢的各种糖果、点心，诸如勒斯古拉等，令人垂涎。姐妹们更是兴奋，到节日这天她们起得最早。她们端个盘子，里面放有用纸包着的拉凯。接着往盘里放些糖果，准备先请兄弟们吃。姐妹用纱丽的一角把头发完全盖住，只留面孔（这是出于礼貌）来到兄弟面前坐下。兄弟微笑着向她伸出右手。这时，姐妹先给他的前额上点吉祥志，然后给他手腕上绑上"拉凯"。绑拉凯时，姐妹先对兄弟进行良好祝愿：愿你幸福、平安、发财；兄弟也向姐妹发誓：为了保护你的荣誉和尊严，即使赴汤蹈火，流尽最后一滴血，也在所不惜。

印度不同地区对这个节日有不同叫法，有的叫拉凯，有的叫斯鲁尼，有的叫它拉可里。关于这一节日的来历，还有不少有趣的故事呢。

一种说法是：从前，神仙和恶魔进行了激烈的战争。战争中，恶魔连连取胜，而众神节节败退。最后，众神情绪一落千丈，萎靡不振。因陀罗（天神王）也被打得丢盔卸甲，败阵而归，准备放弃首府而逃亡他地。这时，他把自己的大臣和师尊薄利哈斯巴迪请来，商谈此事。他强调指出，"现在千钧一发，进退维谷，我们既不能在此久留，又不能放弃此地而逃往他乡。我想现在只有孤注一掷，与恶魔决一死战。"

薄利哈斯巴迪听了，刚要回话，这时，因陀罗的妻子在旁抢先答道："夫君，莫怕，我自有办法，能克敌制胜。"第二天早晨，她在丈夫手腕上套了个"保护圈"。再战时，果然恶魔被因陀罗手上的保护圈吓得抱头鼠窜，再也不敢交战。

所以，每年过这个节时，姐妹们要先给兄弟们手腕上绑"拉凯"，表示保护兄弟平安无事。兄弟也要给姐妹们赠送鲜花，给卢比，以表示兄弟姐妹之间的情谊。

另一种说法是：一次，古吉拉特的统治者巴哈杜尔夏合大举入侵格尔纳沃迪的国王，格尔纳沃迪见巴哈杜尔夏合陈兵百万，慌了手脚，不知所措，甚感情况危急，无力抵抗。此时此刻，她想起了威震四方的强大的护马拥国王，她随即向护马拥寄去了“拉凯”，与他结为兄妹关系，请求支援。一般来说，护马拥不应反对巴哈杜尔夏合国王（因同属一教）而去支援一位印度教妇女。但是，由于“拉凯”的作用，护马拥马上率领大批军队前来支援，赶到了迈瓦尔一城，但为时已晚，格尔纳沃迪女王已英勇就义。护马拥悲痛万分，决心为格尔纳沃迪报仇雪恨，立即追击巴哈杜尔夏合，并将其彻底歼灭。莫卧儿王朝的历史上多次出现过类似事例。在拉贾斯坦的历史上，这种例子也屡见不鲜。

今天的印度也是同样。有些女子，因为自己没有亲生兄弟，若她们想找一个或几个兄弟的话也采用这种方法，彼此结为兄妹，成了亲戚关系。不过，她们大多找富有男子、有钱之人，一般不愿找个穷哥哥或穷弟弟，大中学生中都有这种情况。这种结兄妹关系还受到种姓的影响。

(8) 罗其密节

罗其密节又名财神节，印历六月八日至二十四日举行，是印度教重要的节日之一。

许多经典和往世书中对此都有记载。罗其密是位女财神，人们敬她，不仅为了子孙满堂，而且为了招财进宝、生活幸福。节日开始这天，人们黎明起床，洗16次手脸，然后拿由16股小线拧成的线绳来礼拜罗其密。先在这根线绳上打16个结，接着烧香、点灯、献花，再把这根线绳绑在自己右手上，开始讲述有关罗其密的行善功德故事，这样持续16天。到第16天，人们进行沐浴，向罗其密神像礼拜，把上述16股细线拧成的线绳从手上取下，放在神像前，再听有关罗其密的功德故事。节日期间，人们只吃水果，过苦修生活。节日的最后一天，人们彻夜不眠，通宵庆祝。这个节日每年庆祝，不同的地区有不同的庆祝方法，有的地方不仅敬罗其密，而且还敬罗其密的坐骑大象等。

关于罗其密节的故事很多，其中一个是这样的：从前有个国王，他有两个王后，大王后有几个儿子，小王后只有一个儿子，在罗其密节这天，大王后的儿子们弄来很多泥土做了个大象，进行了礼拜，但是小王后却闷闷不乐，因为她的儿子突然外出，无土做象，没法拜神。当儿子回来，问及母亲为何闷闷不乐时，母亲如实说了。儿子听后回答道：“母亲，泥制大象有何用，你准备礼拜吧，我马上给你牵一头真大象来。”说完这话，便到天神王因陀罗那里去了。他很快把因陀罗的大象牵来。小王后很高兴，虔诚地进行了礼拜。这位小王子的努力受到大地上人们的交口称赞，威望大增，于是后来他成了一位著名的国王。

另一个故事是这样的，古代有位国王，名叫孟格尔，他有两个王后，他特别喜欢小王后，为她修了一座美丽的小花园，小王后非常喜欢。一天，一头猪突然闯入园内，把花园弄得乱七八糟。国王得知这一消息，愤恨至极，立即追赶此猪，最后将猪打死。哪知，这头猪并非寻常，他名叫吉德尔勒特，原来是一位歌手，他因受一位仙人的诅咒才投胎为猪。国王使猪解脱，因此他对国王非常感激。他向国王讲述了自己受诅咒的经过，并发誓要从这诅咒中解脱出来而敬罗其密神，他强调了拜神的重要性。他向国王说："如果你发誓敬罗其密，那么有一天你会成为权力最大的皇帝。"国王听了这话，在回宫的路上，边走边认真考虑了拜罗其密一事。他在路上突然发现，有许多妇女在河边拜财神，并听与之有关的故事。国王从讲故事的人那里得知了拜罗其密神的方式，并就地进行了礼拜。回宫后，小王后看到国王手臂上绑着拜罗其密的线绳感到可疑，她怀疑国王可能去了一位情人那里，线绳可能是情人给国王戴的。于是，当国王睡后，她轻轻地把线绳从国王手上解下，扔在地上，国王并未觉察。事后，大王后从地上发现了那根打有许多结的线绳，她信手捡起，感到奇怪，马上把婆罗门叫来，给他看。婆罗门向她讲述了线绳的由来和礼拜罗其密财神的重要性，大王后信以为真，很虔诚地进行礼拜。国王看见大王后礼拜时想起了自己手上戴的线绳。当国王得知是小王后把他手上的线绳扔到地上，国王对她大为恼火。他很快来到大王后的宫内又虔诚地礼拜了罗其密财神。这时罗其密财神化装成一位老太婆来到小王后宫内。小王后本来对国王到大王后宫内去非常生气，这时一见老太太就火冒三丈，想把她立即赶走。老太太很恼火，因此诅咒了小王后，她变成了一只母猪，在大森林里到处流浪，然后罗其密到大王后那里，受到热情接待，罗其密对她的接待非常满意，就在她那里长期住了下来。小王后变成了母猪在森林里流浪不止，一天她来到恩根拉仙人的住处，在那里她受到仙人的教诲后深受感动，向罗其密进行了祈祷，结果她又变成了一位美丽的王后。几天之后，国王因打猎来到恩根拉的住处，在那里遇到了小王后。国王从仙人那里得知有关小王后的全部情况后，十分高兴，他带上小王后回到首府大王后那里，夫妻三人过起了幸福生活。由于拜罗其密财神，国王威望大增，国家日益强大，一天他终于成了权力最大的国王。由于罗其密的恩典，国王不仅享尽了人间幸福，而且他死后也升天了。

（9）拜蛇节

印度教重大节日之一，于印历五月五日庆祝。当雨季来临，阴雨连绵，不少蛇洞被水灌，迫使蛇纷纷出洞，另找新居，在农村田野、花园树丛中可以看到有大量蛇出来活动。因此拜蛇节在这时举行。

印度教徒认为，低等动物中蛇最可怕。自古以来人类受到蛇的威胁，敬蛇的习俗便由此形成。人们怀着惧怕和虔诚的心情拜蛇，祈求来年安全无灾。蛇节的前一天，人们只吃一餐。节日那天，人们在蛇像前呼唤着蛇神的名字，烧香、点灯，向蛇神供奉各种祭品，如牛奶粥、牛奶、旁贾莫里德（五种东西混合而成）等，这些食品蛇最喜欢。摆好祭品后，呼唤着12条蛇名祈祷，这12条蛇是：阿安德、巴苏吉、解施、巴德姆、耿薄尔、格高尔德格、阿希沃德尔、特利德拉施得尔、辛格巴尔、迦里亚、得柯希格、宾格尔。对这12条蛇从印历一月起到十二月止可依次每月拜一条，也可以年终一起拜。拜蛇之后，请婆罗门吃勒杜（一种甜食）和牛奶粥。拜蛇者要向祭司或婆罗门献黄金或母牛。过节那天忌讳犁地，同时，心要虔诚，不能对蛇有任何恶意。关于蛇节的由来有许多记载和传说。据《往世书》中记载，某村有个农夫，他有两儿一女。一天，他犁地时毁掉一个蛇洞，致使三条小蛇死亡。母蛇虽死里逃生，但三条小蛇的死使它非常悲伤，决心报仇雪恨。一天夜里，当农夫、妻子和两个儿子入睡以后，母蛇悄悄爬到农夫家里，决心咬死农夫全家。也巧，那天农夫的女儿未睡在家，才免于一死。第二天清早，一家几口突然死亡的消息传播开来，村民大为震惊。一天，当母蛇得知农夫的女儿还活着时，非常恼火，决心重返农夫家里咬死那个女儿。第二天夜里，它到了农夫家发现，该女儿正在为其父母和两位哥哥的突然死亡而号啕大哭，伤心备至，并未睡觉。这时姑娘发现，吐着信子的蛇朝她爬来，吓了一跳，她马上向母蛇祈祷起来。接着把一碗牛奶放到蛇前，以示欢迎。母蛇对农夫女儿的可怜请求和真诚敬意深受感动，以致忘记了自己的悲痛，答应了姑娘的要求，把农民夫妇和两个儿子身上的蛇毒全部排除，使他们得以复活。那天正好是印历五月五日，从此，五月五日便成了同情怜悯和原谅宽恕的日子，这就是蛇节的由来。

另据史诗《摩诃婆罗多》记载，从前印度有个蛇族，这个民族曾与雅利安人有过长期的交战。阿斯迪格仙人为使雅利安人和蛇族人之间关系和好，付出了巨大努力进行调解。阿斯迪格仙人的父亲是雅利安人，母亲是蛇族人，看来他们都是蛇的崇拜者，雅利安人也接受了这一拜蛇传统。有种说法，一个人若提阿斯迪格仙人的名字就会不怕蛇，有人坚信，听到阿斯迪格仙人的名字可免遭蛇害，因此蛇节每年举行，自古至今流行不衰，几乎全国各地都有热烈庆祝。尽管庆祝的方式不同，有的地方用牛粪做蛇像，有的地方用纸做蛇的模型。

另一个故事是这样的：一个婆罗门有7个儿子和7个儿媳，其中一个儿媳的娘家已经没人。印历五月的一天，6个儿媳都一一返回娘家，只有那位可怜的儿媳无处可去，待在婆家。这时有位邻居的妇女问她为什么不回娘家，她回答说："除了歇什纳格（有头顶地球之力）以外，我没有第二个娘家。"歇什纳格得知此事，对她非常同情，化装成一个婆罗门的模样来到这位儿媳家里，提醒婆罗门家的人们：这位媳妇是她的亲生侄女，叫她回到蛇界去。媳妇回到蛇界后过起了天堂式的生活。歇什纳格这时生了几个孩子。一天，这位媳妇不慎突然把灯弄倒，砸断了孩子们的尾巴。又过了几天，媳妇返回婆家了。随着时间的流逝，孩子一天天长大，有一次孩子们从母亲嘴里得知自己的尾巴被灯砸断的经过，非常生气，决心报仇，于是气冲冲地来到媳妇家里，那天是印历五月五日，媳妇正在一个蛇像前祈祷，祈求降福于那几条蛇弟弟。这几条小蛇见此情景非常感动，他们的怒火顿时消失，并马上见了这位姐姐。姐姐送给他们炒米饭和牛奶粥等礼物。临别前这些小蛇赠她一个宝石项链。有了这个宝石项链，媳妇生活得很好，当她遇有困难，一戴这个项链困难就没有了。

（二）名胜古迹

1. 名胜综述

印度历史悠久，文化灿烂，名胜古迹遍布各地，再加上当地明媚的风光，如画的景色，使印度成为诱人的学术考察和旅游之国。

印度与有些国家不同的是，到了那里你会发现，不只是越过了地理上的境界，也穿过了时光的隧道，就像进入了过去，但又停留在现在。有人把印度说成是"过去与现在、传统与当代、新与旧的融合"，这种说法不无道理。

印度的历史名胜很多，在世界上享有盛誉。首都新德里，为全国的政治和文化中心，该城给人以清新、舒适之感。全城身披绿装，树木浓郁，芳草如茵，终年百花争艳，鸟声嘤嘤。生活在这里，如同沉浸在鸟语花香的大花园里。寺院、神庙到处可见，雕饰华丽的古老建筑，栩栩如生的神像，对国内外学者和游客无不具有强烈的吸引力。红堡是一座著名的古老建筑，它建于16世纪莫卧儿王朝，其围墙高大，用红沙石建成，因此得名。但里面的楼、台、殿、阁却是另一种颜色，这些建筑基本上都是用大理石建造。大理石柱和墙壁上，都刻有许多花卉人物的浮雕，还镶嵌着许多红、绿、黄、紫的宝石，衬着灰白色的大理石，相映成趣，璀璨夺目。新德里有一高塔，名叫古都布，有世界“摩天塔”之称。它建于12世纪末叶，至今已有七八百年的历史。全塔高72米，是德里的最高建筑，其建筑风格是典型的伊斯兰式，塔下几层的外表还刻有《古兰经》，不愧为建筑艺术上的一大奇迹。登上塔顶，鸟瞰全城，景物尽收眼底，甚是令人赏心悦目。到此参观、考察者终年络绎不绝。

著名的阿旃陀石窟，地处印度马哈拉施特拉邦的一个半山腰，它有“艺术宝库”之称。据考证，石窟于公元前2世纪开始修建，公元650年竣工，前后达数百年之久。石窟的建筑艺术水平很高，窟窟都是艺术精品。以第19窟为例，洞窟的门上有龙王携妻图，庙柱、飞檐、壁龛上有各种雕像，其雕刻工艺之精美，表情之生动，可同我国的敦煌、云岗、龙门石窟媲美。石窟中有大量历史壁画，其造型生动，形态多样，比例匀称，色彩斑斓，其匠心独运，实在令人惊叹，至今散发出世间难得一见的艺术光彩，不愧为印度的艺术宝库，为各国艺术家所推崇。因此，前往参观、考察者不绝于途。

中央邦的瓜廖尔，为历史古城，历代统治者对它进行过精心点缀。那里的不少名胜古迹，至今吸引着国内外的广大学者和游客。瓜廖尔城堡宏伟壮观，在印度也是独一无二的，被誉为印度“城堡中的一颗明珠”。它有数十米高，有1500年以上的悠久历史。关于它至今流传着美丽的神话故事。城堡上有“婆媳庙”，庙宇高大，上下几层，类似石窟，又像石架，结构复杂讲究，气韵生动，令人惊叹。还有“耆那庙”等，都是很好的艺术建筑。一提到瓜廖尔城，人们会肃然起敬想起印度历史上的民族英雄章西女皇罗其密·巴依。她手持宝剑，同英国军队在疆场上厮杀，英军几次惨败，后寡不敌众，为不落入敌手，她拔刀自尽。那里有她的墓碑，令人景仰。瓜廖尔城在某种程度上也是印度的缩影，不仅名胜古迹很多，而且都有动人的故事，反映了印度人民的勇敢、智慧和古代文明。同时也反映了英国对印度的残酷统治和野蛮暴行。

拉贾斯坦的斋普尔，不仅以秀丽的自然风光而闻名，更以其建筑的宏伟而引人瞩目。斋普尔城是杰耶·辛哈二世于1727年所建。市区布局严谨，街道宽阔笔直，即使用现代眼光看，也是一个设计完善的城市。公路两旁重楼叠阁，庙宇林立，四周环以高大的城墙。现在围墙虽多处因城市扩建而被毁，但仍能窥见其雄伟气势。当年国王为使该城更加美丽，下令将全城房屋涂成浅红色，“玫瑰城”的名称便由此而来，并以此闻名。该城有享誉世界的“风宫”，其建筑高大，气势宏伟，建筑式样不凡，结构严谨，工艺精湛，虽历史久远，但给人印象却如同刚刚建成一样。盛夏之时，“宫”内总有徐徐凉风，故有“风宫”之称。

还有那“小印度”之称的孟买，是著名的商业中心，在世界上也享有盛名。300年前，孟买原是一个不出名的小村庄，如今发展成了世界十大城市之一。那里有个著名的印度门，给人以深刻印象。这座门是当年殖民者征服印度的象征，是他们耀武扬威的出发点。据说，当年英国派来的总督都从这里登岸，一过这座门，就算到了印度。印度饱尝了英国殖民统治的苦难，受尽了掠夺和剥削。但曾几何时，风云变幻，不可一世的外国侵略者被赶出了印度，那座拱门仍然巍峨耸立，而今象征着印度人民站起来了，做了国家的主人，印度洋的海浪拍打着堤岸，使我们依稀想象出英雄的印度人民反抗殖民者的斗争场面。如今那座拱门成了历史兴亡盛衰的见证。今天，孟买繁荣，名不虚传，尽人皆知。

亚格拉城的泰姬陵，更是早就蜚声世界，用白色大理石砌成，光滑洁白，庄严美观。陵墓的上部是个硕大的白色圆顶，四角各有一座白色高塔，尖尖地刺入天空。四个尖尖的高塔，衬托着中间泰姬陵的圆顶，两相映衬，给人一种奇特的美感。参观者无不为其美丽所陶醉，考察者无不为其艺术精湛而赞叹，很多印度朋友说：“来到印度，不去看看泰姬陵，实在虚此一行。”

更有那瓦腊纳西，又名贝拿勒斯，它有印度“圣城中的圣城”之称，它坐落在印度著名圣河——恒河的西岸。该城庙宇的数量相当可观，据有关统计，起码有1500座以上，这些庙宇大小不同，风格各异。因此，该城的地位自古特殊显赫，非同一般。它是一座可以反映印度文明与文化的古城，至今在印度人民的生活中仍占有很重要的地位。该城不仅有印度古老的寺庙，而且释迦牟尼初传佛法的鹿野苑就在附近，同时，耆那教的两个教长也诞生在这里。因此，对印度教教徒、佛教教徒和耆那教教徒来说，这里是个极神圣的地方。他们认为，一生能到瓦腊纳西一趟，是莫大的幸福。

位于东部沿海的奥里萨邦有许多名胜古迹，札格纳特布利是其中之一。那里的札格纳特庙有“天门”之称，每年有上百万香客从全国各地来这里朝拜。科尔腊格庙是奥里萨的又一名胜，该庙为太阳神庙，高大宏伟，用厚石板砌成，各种雕刻，形象生动，独具一格。

印度南端是喀拉拉邦，它位于印度西海岸。喀拉拉邦文化发达，是个艺术圣地，也是唯一完好地保存着梵文、古代印度医学、天文学、瑜伽经等古代经典的地方。喀拉拉邦既不乏名胜古迹，也有众多著名圣地，更有不少天然良港。如柯钦、奎隆等地自古以来与中国多有联系，为中、印两国的经济和文化交流起过重要作用。如此等等，不一一列举。

所有这一切，并不只是一个个已经消失了的过去的标志，这一切遗迹诞生的种种美丽传说，至今仍在人们中间广为流传。在这个国家，你会发现，人们的相貌和服饰、习俗与礼仪、生活方式及思想，有的差别很大，甚至截然相反。但是它们之间也有许多共同之点，这些构成了灿烂而伟大的印度文化。因此，吸引着大量外国学者和游客。

每天黎明，不少人还在酣睡，从古老的庙宇里就传出一阵阵悠扬悦耳的钟声与诵经声，当今隆重的婚礼，仍庄严地绕着圣火举行，音乐与舞蹈仍然回应着古老庙宇墙壁上所刻的旋律。与此同时，今天的印度，原子物理、太空技术和软件业等，就像当年圣雄甘地那样，不仅为世人所了解，而且在迅速发展，并获得了辉煌成就，为世人所惊叹。

的确，印度是“过去与现在”并存。历史名胜吸引着无数的游人们，但印度在保持和发扬过去五千年优秀文化传统的同时，也在不断吸收着当今世界上一切先进的文化。总之，出访或游览一次印度，尤其那数不胜数的名胜古迹会给你留下难忘的印象。

2. 主要名胜及其特点

（1）相得益彰——新、旧德里

德里分新、旧两城，中间隔着一座德里门，并以著名的拉姆利拉广场为界，广场以南为新德里，广场以北为旧德里。新德里为印度的首都，全国的政治、文化中心。

关于“德里”一名的来历，有种种不同的说法。有些学者认为，德里是根据孔雀王朝的一个国王“德鲁”的名字演变而来，它是“德鲁”的变音；另有学者认为，公元前10世纪，这个城市就以因陀罗·婆勒斯特而闻名，国王阿恩格巴尔曾把它改名为拉勒高德，并且建立了许多铁柱，由于铁柱立得不稳，虽然经过加固，但仍松弛不牢，“不牢”印地语读为“梯里”，因此，这个城市便以“梯里”（即德里）而得名。尽管德里的名称几经更换，但这是一座历史悠久的城市，则是人们公认的。

旧德里是座古城，在历史上，它几经沧桑，变化很大。在某种程度上，这座城市是印度历史的缩影，这里许许多多的古籍文物和宏伟建筑可作见证。历代有许多帝王曾看中这块地方，把它选作首府，对它不断进行修葺和扩建，使它更加美丽迷人。然而，由于古代诸侯割据，相互征伐，德里的不少建筑也毁于兵燹，3000多年前，般度人曾选中此地，作为首府，取名“因陀罗·婆勒斯特”；国王阿恩格巴尔和帝王角汗曾先后在这里竖起一根根铁柱，以图永远占领这块地方；莫卧儿帝国的第五代帝王沙·贾罕曾一度把德里改为沙·贾罕巴德（“巴德”是住地的意思）。但是，德里这一名称却并未因此而消失。沙·贾罕于1628年称帝为王，当时他未住在德里，而是住在距德里200多公里之外的阿格拉城。有种说法认为，1631年他的妻子穆莫泰姬·玛哈尔逝世后，他悲痛之极，为摆脱对爱妻的怀念之情和躲避当地的酷暑，又选中了德里为首府，终于迁离阿格拉。于是在1638年动工对德里进行整修和扩建，历时10年才竣工。在英国人统治印度的初期，一度把加尔各答作为首府，到了1911年12月12日，贾尔杰·巴杰又宣布将首都迁到德里。但是，新址却选在旧德里以南3千米的一片荒地上。当时的英国殖民当局要求对这座新城精心设计和认真施工，以使其具有独特的风格，因此，设计师们专门对雅典、罗马及印度的其他城市建筑进行了考察，最后决定，综合印度和外国建筑的特点，建造一座既有外国古代色彩，又有现代风格的新城。原计划新德里建设四年竣工，但由于第一次世界大战爆发，不得不中途停工，最后于1929年建成。1947年8月15日，新德里又被宣布为独立的印度的首都。尼赫鲁总理在红堡的宫墙上升起了第一面印度独立的旗帜。1950年1月26日德里正式成为印度民主共和国的首都。

新旧德里相隔虽有一箭之遥，但新、旧两城的风格却迥然不同。旧德里没有新德里那么美丽、壮观，也缺少新德里的高楼大厦。它的街道狭窄而曲折，街头小商贩十分拥挤，公路两旁有各式各样的小吃，大大小小的书店和五光十色的影院，浓郁的中古时代的气息，有时倒能吸引来访的游客。

不管旧德里，还是新德里，寺院、神庙到处可见。这也是印度城市的一大特点。那些五光十色的寺院，栩栩如生的佛像，古老建筑雕饰之华丽，雕像之精细，对国内外学者和游客无不具有强烈的吸引力。

新德里的十字路口，也颇惹人注意。路口的中心，多呈圆形，车辆行人不能径直通过，必须绕圈而行。初到印度的人，往往走过几个十字路口后就弄得头昏目眩，不辨东、西、南、北了。路口完全由红绿灯自动调节控制，很少站有路警指挥。公路两旁的商店，货物琳琅满目，顾客络绎不绝，可谓百货充盈，市场繁荣。你只要从店前经过，店主便主动向你打招呼，你若进去看看，主人便会设法叫你看个没完，态度和蔼，不厌其烦。使你惊奇的还有，所有的街道、商区，几乎看不到外国商品，就连当年英·甘地总理乘坐的小轿车，也是印度国内制造的。当然近几年在发生变化。让你眼花缭乱的还有那一家家的首饰商店，不由得使你停住脚步，即使不买，也愿多看上几眼，手镯、脚镯、耳环、鼻环、戒指、项链……名目繁多，品种齐全，个个生辉，件件耀眼。

德里有不少雄伟精妙的建筑、迷人的古迹，很值得一看。原来旧城的周围建有高大围墙，据说是古代沙·贾罕所建。墙高 9 米，墙厚 4 米，全由红石砌成。围墙有 6 道门，5 个窗口，另有 27 个守望台。因年久失修，现已有不少地方毁坏，但它仍能反映出这一建筑的宏伟和印度古代人民的聪明才智。

德里的胡马雍陵墓，引人瞩目。胡马雍为 16 世纪莫卧儿王朝的第二任皇帝，其陵墓是在他去世 8 年之后由其遗孀贝伽·贝格姆监造而成。它在建筑史上首开宝石镶嵌工艺的先河。1993 年被列入《世界遗产名录》。

胡马雍陵墓由伊朗建筑师米拉克·米尔扎·吉亚德设计。陵墓的布局、规划和设计充分体现了帝国以及莫卧儿王朝时期的建筑风格。其结构为方形。与大厅相连的每个正面均有入口，入口两旁还各有一个侧室。下层墓室的各个拱门均由带孔的大理石格板镶嵌。

陵园正中耸立着高大的陵墓，它建在一座高台之上，其高台修有一系列拱形洞。墓室的每一面各有三个拱门，居中的拱门最高。第二层的结构设计也与此相同。

胡马雍陵墓群的地宫中有多座石棺，东南墓室中有三座大理石石棺，传统上人们认为这三座石棺是胡马雍三个女儿的棺椁。西南侧的墓室中有两座同样的石棺。东北墓室中分别有哈吉·贝格姆（胡马雍的大遗孀）和哈密达·巴奴·贝格姆（阿克巴之母）的两座大理石石棺。

在胡马雍陵墓内是多室墓。陵墓中央有八角形的大厅，内有帝王碑，是最大的墓室。主墓室的网格大门系用一整块红沙石建成。

德里还有一著名高塔，名叫古都布塔，有世界“摩天塔”之称。它建于公元12世纪末，至今已有七八百年的历史。据说，从前全塔共有七层，现仅剩五层，每层由飞檐相隔，塔呈圆形，下面有三层，用红石砌成，上面的两层用大理石和红沙石混合砌成。全塔高72米，里面有很好的通风和采光设备，是德里最高的建筑，其建筑风格是典型的伊斯兰式，塔下面几层的外表还刻有《古兰经》。登上塔顶，环顾四周，气象万千，鸟瞰全城，景物尽收眼底，甚是令人赏心悦目。“摩天塔”不愧为建筑艺术上的一大奇迹。

在高塔附近，还矗立着享有盛名的铁柱，更引起人们的极大注意和兴趣。它不但是德里最引人瞩目的古迹，也是全印度最珍贵的遗迹之一。据有关科学家研究，它至少有1500年的历史。铁柱是铸造而成，含铁成分很高，尽管长年累月日晒雨淋，但至今它的外表仍光滑不锈，毫无损坏。由此可见，印度古代冶金技术水平之高和历史之久。

然而印度毕竟是个发展中国家，德里也在发展变化之中，有些问题正在解决，有些问题尚待解决。例如，在德里的街道上，随处可看到生活在贫困线以下的人群和一些在农村生活无着而涌入城市的百姓。在新德里，有一些人住在夏不避风雨，冬不御寒冷，潮湿而阴暗的贫民区的窝棚里。还有一些人身上只裹着一块破布，露宿桥下或车站；一些在街上或公共场所扫地的“贱民”，他们看上去多半目光忧郁，神情凄怆；那里更有面容憔悴、有气无力的妇女、儿童在路旁行乞。德里的报纸上还不时刊登“贱民”惨遭虐待，甚至活活被杀的新闻……看到这些情景，使人心酸落泪。这些都是发展中的印度亟待解决的问题。

德里终年鲜花盛开，人们大都能歌善舞。艳丽的花朵美化着环境，也蕴含着人民美好的希望和理想，愿德里变得更美好。

（2）初转法轮——鹿野苑

鹿野苑（Sarnath）亦称“仙人住处”“萨尔纳特”等。这里是释迦牟尼第一次宣传佛法、接收弟子的地方，历史上被称作“初转法轮”地。在佛教史上具有重要意义，因此成为重要的佛教圣地之一。

鹿野苑距圣城贝拿勒斯约10千米，在2500年前，释迦牟尼在加雅悟道成佛以后，第一次来到这里“说法收徒”，他向弟子们阐述了人生轮回，苦海无边，善恶因果，修行超脱之道。曾追随他的5位弟子听了他的说教，全然信服，并设定了佛教传统僧团的言行举止戒律，与其弟子们一起组织了第一个僧团。

公元前234年，（孔雀王朝的国王）阿育王来到这里，他后来将佛教给予广传。公元前3世纪，阿育王建造了一根石柱，石柱高达15.24米，顶端刻有4只石狮。现在印度的国徽就采用这4只石狮柱头的图案。狮子既代表了阿育王的皇权统治，又是佛祖威严的象征。中国的高僧法显提到过这里的寺庙，两个世纪后著名的高僧玄奘也来到这里，他在自己的著作中描述这座大型寺院分为八大部分，寺院内有宏伟的寺庙，饰有华丽的庭台，墙壁上刻有众多的镀金佛像壁龛等，还有一尊释迦牟尼讲经的雕像，形象逼真。

佛教主张普度众生，不分种姓，广收门徒，因而迅速发展传播。佛陀“初转法轮”以后，鹿野苑便成了印度著名的圣地，闻名国内外。公元7世纪，中国高僧玄奘赴印度取经时，正值佛教全盛时代，曾到此参拜过。当时这里香烟缭绕，盛况空前，在《大唐西域记》中对鹿野苑有较详细的记述。但到后来，佛教在印度逐渐衰微，该地也日趋荒芜。直到1836年才被考古挖掘发现，沉埋几百年的古迹，才得以重放光彩。

现在这里的主要古迹有达麦克窣堵波，塔形高大，分上下两层，它是为纪念佛陀在此地初转法轮而修建的。达迈克窣堵波它可能是建于公元5世纪前后，它是在许多较早建筑的旧址上建立起来的，因为考古发掘中，发现了很早以前的砖构建筑。窣堵波是一个实心的大塔，高33米，边缘上刻有十分精细的几何和花卉图案，以及人物和鸟类图像。窣堵波的基座由石块砌成，但较上部分则改为砖结构。另一处是萨尔纳特博物馆，里面藏有许多当地出土的珍贵文物。

（3）世界七大奇迹之一——泰姬陵

阿格拉位于德里东南200公里处，是北方邦的一座历史性建筑物林立的城市，这座莫卧儿皇城，不但有神话般的泰姬陵，还有许多其他纪念建筑物，反映出莫卧儿王朝建筑艺术达到了高度水平。在16、17世纪之间的莫卧儿时代，阿格拉曾经是印度封建王朝的首都。正是在这里，王朝的奠基者巴卑尔在朱木拿河畔修建了第一座正式的波斯花园。后来，他的孙子阿克巴大帝修建了著名红堡的防御高墙。在高墙里面，贾汗吉尔建筑了玫瑰色的宫殿、庭院和花园。沙·贾罕大帝为了美化它又修建了若干大理石的清真寺、宫殿和亭阁，它们都用白色大理石建造，并以宝石镶嵌。这座城市里的建筑中，泰姬陵则首屈一指，蜚声世界。参观者无不为其美丽所陶醉，考察者无不为其艺术精湛而赞叹。这座伊斯兰教建筑被誉为世界奇迹之一，这一称誉它受之无愧，1983 年被列入《世界遗产名录》。

泰姬陵坐落在朱木拿河的岸边，四周是用红沙石砌成的高大围墙，雄伟壮观，陵基建在一个很高的四方平台上，用白色的大理石砌成，光滑洁白，庄严美观。陵墓的上部是个硕大的白色圆顶，平台的四角各有一座白色高塔，尖尖地刺入天空，四个尖尖的高塔，衬托着中间泰姬陵的圆顶。两相映衬，显得匀称而富有韵律，给人一种奇特的美感，陵墓的内墙和门窗边缘均用五色宝石镶嵌各种花纹图案。

陵前有一条狭长的水池，环绕以绿树和鲜花；玉带般的水池两侧是宽阔的通道，通道上各国游人，来来往往，络绎不绝。池水清澈，碧波荡漾，水中有陵墓、树木、鲜花等倒影，使人心旷神怡。白天，陵墓主体的白色大理石在阳光下熠熠发光；夜晚，皓月当空，凉风徐徐，给人以舒适之感。即使在盛夏的傍晚，乘凉者也不乏其人。陵墓后面的朱木拿河，蜿蜒流过，河里水流时急时缓，为陵墓增添了几分光彩。

泰姬陵建于 1648 年，距今已有 300 多年之久。它是由莫卧儿帝国第五代皇帝沙·贾罕为其爱妻所建。据传，其妻泰姬不仅容貌出众，而且聪明能干，曾协助国王料理朝政。因此，沙·贾罕对她宠爱备至。1630 年沙·贾罕带兵征战，泰姬随军伴行，不幸因生第八个孩子死于途中，时年 36 岁。临终前，沙·贾罕问妻子有何希望与要求，泰姬答道：“请陛下为我造一大墓，以纪念我们的爱情。”沙·贾罕听后欣然同意。后来，他从国内外请来最好的工匠，从外地选来最好的大理石，动用两万余人开工修建，历时 16 年之久，耗资 500 多万卢比，这座举世无双的陵墓终于竣工。因为此墓是沙·贾罕为其王后泰姬所建，故以泰姬陵得名。墓建成之后，沙·贾罕常披白衣去陵前献花。不久，其子为篡夺王位起兵反叛，将他囚于一个古堡中。从此，他失去了自由，愁眉不展。每天坐在红堡的一个走廊上，背对着泰姬陵，凝神潜思，忍忧含悲，目不转睛地注视着镶嵌在一根柱子上的一块镜子。泰姬陵的姿影正反射在那面镜子上。就这样，他终日闷闷不乐，年复一年，在孤寂和怀念中度过了残生，最后郁郁而死。

沙·贾罕是个寡情薄义、心狠手毒的皇帝。他仇恨兄弟，放逐母亲，故意放出老虎，活活咬死和吃掉一个个“囚犯”，他坐在一旁，目睹惨状，欣赏取乐。这样一个暴虐无道的统治者，后来成为自己儿子的阶下囚，也是罪有应得，人民对他当然不会有什么同情。然而泰姬陵的美，却世世代代一直吸引着国内外的游客，它反映了印度劳动人民的聪明才智。印度的气候炎热多雨，令人惊奇的是，泰姬陵虽经年累月受到烈日炙烤，饱经风雨剥蚀，但它至今仍完好无损。的确，它是建筑艺术史上一大创造，不愧为世界上七大奇迹之一。

(4)“小印度”——孟买

孟买是马哈拉施特拉邦的首府，它不仅是印度的重要城市，在世界上享有盛名，素有“小印度”之称。孟买的一条条繁荣街道，一座座高大建筑，使观者赞叹不已。

三百年前，孟买原是一个高里族渔民的小村庄，如今，这个不知名的小村竟发展成了世界上十大城市之一。

在孔雀王朝统治马哈拉施特拉的岁月里，希腊人称孟买地区为“海薄达埃希亚”，意思是“七个岛”。构成孟买的七个岛是：高拉巴、摩吉岗沃、马黑姆、希沃、沃尔利、阿包劳港和奥勒德·邬门斯·阿依兰德。

关于孟买一名的来源，有许多说法。一说是由孟巴女神而得名。12世纪时的一部尼泊尔文书《达高纳沃》里写道：“在七岛组成的孟买，有座孟巴女神（孟巴阿依）庙。”到后来，“孟巴阿依”的变音成了“孟毕”，“孟毕”又演变成“孟买”。至今孟巴女神庙还坐落在孟巴女神湖畔。还有一说认为，孟买是葡萄牙语“包摩百姆”一词的变音，是“港口”的意思。16世纪，孟买村控制在葡萄牙人手里。英国人认为这里可以建成良港，想从葡萄牙人手中买去，但葡萄牙人不同意。直至英国国王同葡萄牙公主结婚时，这个地方才作为嫁妆，到了英国人手里。又有一说认为，孟买一名是根据“包毕尔”鱼的名字而来的，因为孟买湾盛产这种鱼。还有人认为：孟买是由迦提亚瓦尔农村女神“盟马依”庙而得名。

英国人从18世纪开始填海造地，建设孟买。以前，孟买城由葡萄牙控制时，只限制在从阿包劳湾到摩诃勒柯希米和根尔岗沃到邬摩尔卡里范围以内。到19世纪，才同阿包劳湾、佛来耶尔、莱格赖迈欣、毛迪·卡里、摩吉岗沃、登格港和耐尔芬斯顿连成一片。这样先后经过几百年之后，这些岛屿才连接起来形成今天的孟买城。

孟买濒临印度洋，岸边有座宏伟壮丽的拱门，它就是著名的印度门，给人以深刻印象。它巍然耸立，宏伟壮观，门前就是汪洋浩瀚的印度洋，门后是幅员辽阔的印度大地。这座门是当年殖民主义者征服印度的象征，是他们耀武扬威的出发点。据说，当年英国派来的总督都从这里登岸，一过这座门，就算到了印度。印度受英国的殖民统治达两百年之久，受尽了掠夺与剥削，饱尝到殖民统治的苦难。但是曾几何时，沧海桑田，风云变幻，当年那暴戾恣睢、不可一世的外国侵略者已被赶出了印度，那座拱门依然巍峨耸立，但它今天却象征着印度人民站起来了，做了国家的主人。印度洋的海浪拍打着堤岸，涛声震撼着全城，使我们依稀想象出英雄的印度人民反抗外国殖民统治者斗争的动人场面！今天那座门成了历史上兴亡盛衰的见证。

孟买繁荣，名不虚传。工厂星罗棋布，机器声隆隆，高楼大厦林立，各种商店齐全；哥拉巴道市场供销各种时髦服装及饰物，蔡胡市场销售各种古董及仿制品，在珠宝市和维多利亚车站可买到称心如意的金银首饰及种种物品等。总之，商店里货物琳琅满目，应有尽有。公路上车水马龙，人行道上行人摩肩接踵。给人印象很深的是，孟买轿车数量极多，这点与其他城市有所不同，车辆不仅成串成行，而且成阵成片，密密麻麻，来往如云，它们都各行其道，秩序井然。所有这一切反映出孟买在蒸蒸日上，在繁荣发展。

孟买是多种文化中心。早在 20 世纪初期，孟买就有 62 种语言和方言。随着区域的扩大，语言也不断增多。在孟买可以看到各种文化、语言、民族和风俗的缩影。多少年来，人们把世界各地的语言和风俗带进了孟买，使孟买成了“人类心理学博物馆”。开罗和君士坦丁堡以民族混杂而闻名，可是今天已远远不能与孟买相比。有些学者认为，世界上没有任何一个城市像孟买一样有着如此众多的宗教、民族和复杂的文化。

这种说法并不过分。早在公元 7—12 世纪，波斯的拜火教徒为逃避迫害而逃往国外，有一批教徒来到印度的西海岸，成为印度居民。他们不仅带来了语言和文化，使拜火教也传入印度。目前全印度拜火教徒共有 13 万，其中大多数分布在孟买。与其他宗教相比，他们人数虽少，但有一定影响。印度最大财团巨头塔塔和印度著名的原子物理学家霍米·巴巴博士及一些陆空军将领都是拜火教徒。

耆那教为印度的产物，其信仰者虽然分布于印度全国，但在孟买有相当数量，而且其总部设在孟买。耆那教对杀生、灵魂等看法，对印度教、佛教等均有影响。耆那教教徒大都从事商业贸易，在社会上有一定实力。

至于印度教教徒、穆斯林、锡克教教徒等在孟买更是人数众多，甚至有的占绝大多数，但他们之间彼此往来，相互尊重，互不歧视，全心致力于各自的行业，对发展和繁荣印度的经济与文化，做着自己的贡献。

印度电影蜚声于世，孟买则有“印度的好莱坞”之称。印度的大多数电影制片厂建在这里，诸如著名的拉杰格普尔制片厂、摩合布薄制片厂、菲勒密斯坦制片厂、菲勒马列制片厂、迦尔达尔制片厂等。一些电影工业单位和报刊社也设在这里。

当地的孟买大学，历史悠久，规模巨大。它自 1857 年创办，至今已有 140 年的历史。大学下设 10 个学院，30 多个系，130 多个研究所，在校人数超过 15 万人，人数相当可观。校内设备齐全先进，它是重要的人才培养基地之一，不愧为重点综合大学。校内风景秀丽，校舍建筑别有风格。校园内树木森森，池水涟涟，一年到头鲜花盛开，身临其境，流连忘返。

距孟买不远有个小岛，它为孟买增添了光彩。岛上有著名的爱里潘塔石窟，从前这里有一巨大石象，故以“爱里潘塔”（象）而得名。

孔雀王朝一度统治过此岛，他们给该岛取名叫“根里步利”，而实际上该岛的名字叫“塔拉步利”。考古发现，在佛教兴盛时期，该岛为重要的宗教圣地。16 世纪葡萄牙人统治时，他们发现了大石象后，便称它为“爱里潘塔”，此名一直沿用至今。

另外值得一看的还有贾特帕蒂·希瓦吉火车站，以前称维多利亚车站，它是印度孟买市维多利亚时代哥特式复兴建筑的杰出典范，其建筑融合了传统的印度建筑风格。这处由英国建筑师史蒂文仿照中古晚期意大利模式而设计的建筑，是孟买作为哥特式城市和印度主要国际商业港口的标志，充分表现出维多利亚时代哥特式建筑设计的高超水平。该建筑工程始于 1878 年延续 10 年多才完工。令人瞩目的圆形石头、屋顶、塔楼、尖拱及奇异的地面布置等特点，与传统的印度宫殿建筑特点十分相似。该建筑结合了英国建筑设计和印度简约的传统工艺，是英国文化和印度文化结合的典范。2004 年被列入《世界遗产名录》。

孟买的夜晚，天空繁星闪烁，地上灯火齐明，交相辉映，照耀得如同白昼。若登高眺望全城，景物尽收眼底，万家灯火星星点点，犹如万千星斗置于足下，使人有凌空之感。

孟买市内公园很多，免费游览，园里林木茂密，遍布各种奇花异卉，色彩绚丽，芬芳扑鼻。花木的数目繁多，有几丈高的花树，也有丈余高的仙人掌，有种花最引人注目，它属藤蔓植物，同一株上开有各种颜色的鲜花，有红色的，有黄色的，还有粉红色的，各种花朵相映衬，令人倍觉清幽艳丽。让人吃惊的是，无论是寒霜凛冽的冬季，还是倾盆大雨的雨季，无论是高温的夏季，还是风和日暖的春季，这种花总是以热情纯洁的笑脸，迎接着来往如云的游人，各种悦耳的鸟叫声，阵阵送入人们的耳内，令人心旷神怡。

孟买美丽、繁荣，它的今天来之不易。它饱尝过历史的辛酸，也反映着欣欣向荣的今天和人民的勤劳智慧，更预示着光辉的明天，它在某种程度上是印度的缩影，愿它不断繁荣与发展。

（5）艺术宝库——阿旃陀石窟

阿旃陀石窟地处印度马哈拉施特拉邦的一个半圆形山谷下的河流旁，开山凿石而成，它是建筑、雕刻和绘画三种艺术结合的范例，被誉为“世纪艺术精粹之一”。1983 年被列入《世界遗产名录》。

两千年以前，在材料不足，设备落后、工具简陋的情况下，古代印度人民竟把一座荒山变成奇伟壮丽的艺术宝库，真是伟大的奇迹。即使在今天，建成这样，也是困难重重的，它充分体现了古代印度人民的聪明才智。

阿旃陀石窟共有 29 窟，其中 25 个为僧房，4 个是佛殿。公元前 2 世纪开始修建，公元 650 年最后竣工，前后达几百年之久。

阿旃陀石窟的壁画，以宣扬佛教为主要内容。例如，有关于释迦牟尼的诞生、出家、修行、成道、降魔、说法、涅槃等壁画。也有反映古代印度人民生活及帝王、宫廷生活的画面。其中人物花卉、宫廷田舍、飞禽走兽等，无不形象逼真。

第一窟的释迦牟尼雕像，从中间和左右三个不同的角度，可以看出佛祖快乐、痛苦和冥想三种不同的神态。这座石窟是大乘佛教建筑最光辉的典范，门楣的雕镂尤其细致精工，拱门和六根大柱上雕有飞天和仙女。中间有一大厅，64 尺见方。左、中、右三侧，有僧侣修行的方室，右侧中间有一巨柱，上面刻有四鹿头像，四周壁画上有五百罗汉等画面，他们的姿态面貌各不相同，喜、怒、哀、乐的表情也有殊异。有的瘦削，有的颀长；有的白皙，有的苍老；有的笑容可掬，有的怒目圆睁；有的在高声呼喊，有的在闭目冥思，无一重复。衣纹褶皱，也都清晰分明。这座石窟中也有反映补罗稽舍二世和伊朗之间友好关系的画面，所以，它既是难得的艺术珍品，又是宝贵的历史资料。

第二窟主要是描写佛陀在兰毗尼花园投生的情景。第三、五、八窟，由于某些原因未能竣工。

第四窟为阿旃陀的最大僧舍，内有支柱 28 根，门的右方是尊观自在菩萨像，有一妇女斜依树旁，附近有一男一女，正被一只疯狂的大象追逐，男女的惊恐，大象的凶猛，十分逼真。

第九窟是阿旃陀最古的石窟，于公元前 1 世纪建造，为小乘佛教精舍。壁画形象生动，题材多取自日常生活，如牧童放牛之类。

第十六窟是佛本生经壁画。描写青年悉达多外出练习射箭，路见劳累过度的耕牛倒伏田间，口吐鲜血，使他首次苦思生活的烦恼。

第十七窟的壁画尤为丰富，门楣上绘有弥勒与文殊两佛。左壁是人生轮回图，再左是一个国王抱着爱妃劝酒，后面有两个美女在窥视；右壁上画着佛陀在王舍城遇仇人所遣恶象冲至佛前突然跪下的故事，还有佛陀之妻耶输陀罗求佛给儿子罗候罗传衣钵图，以及维查耶王子渡海前往锡兰图。

第十九窟的门上有龙王携妻图，庙柱、飞檐、壁龛上都有各种雕像，这一石窟为佛教时期寺庙建筑的最好代表。

阿旃陀石窟的绘画与雕刻虽然为宗教服务，但都是以当时现实生活为基础的，洋溢着浓厚的生活气息，是当时生活的写照。各种人物刻画生动，线条舒展，用色洗练，色泽鲜艳，人物体态丰满，皮肤富于质感，形象优美动人，达到了很高的艺术境界，至今为各国艺术家所惊叹。

(6)“玫瑰之城”——斋普尔

人们对美好的地方，往往具有天然的爱。未见到时，朝思暮想，无限神往；见了它，流连忘返，一往情深；离开了它，又梦绕魂牵，盼望有朝一日能再同它相见，拉贾斯坦邦的首府斋普尔，它给予访者和游者的感受正是这样。

中国的北方二月，还是春寒料峭，但是在印度的斋普尔，却是姹紫嫣红，满树芬芳，已是春意盎然了。那数不清、看不尽、开不败的名花异卉，用不着去公园观赏，在公路两旁、大街小巷，随处可见。和风拂面，绿草如茵。

到了斋普尔城，给你的第一个印象是“红色”。它的红又非同一般的红，而是一种美丽的浅红，故素有“玫瑰城”之称。斋普尔，不仅以秀丽的自然风光闻名，更以其建筑的宏伟而引人注目。

斋普尔城，为拉贾斯坦邦的首府，是杰耶·辛哈二世于1727年所建，至今已有200多年的历史。当年市区布局严谨，街道宽阔笔直，与其他城市截然不同。公路两旁重楼叠阁，庙宇林立，四周环以高大的城墙。现在围墙虽多处因城市扩建被毁，但仍能窥见其雄伟气势。根据记载，古代爱好艺术的国王杰耶·辛哈为使城市更加美丽，下令将全城房屋建筑涂成红色，“玫瑰城”的名称便由此而来。

斋普尔城三面环山，山中深岩幽壑，奇石异洞，峰峦起伏，林木葱茏，四季常青，更有鸟兽成群，朝出夕归。站在山顶观望，无数楼阁庙宇，掩映在绿树丛林之中，显得特别幽静。那一段段高大的城墙，依山环绕，使得整个斋普尔城在雄伟的气势中，透出了妩媚多姿之态。

在城内，你走到街上，不时会发现一群群猴子，既天真活泼，又可爱可气，它们有时跑到你面前嬉戏，你给它们一些吃的，吃完后又马上向你追来。一些高大树上或屋顶，以及茂密的灌木丛中，你会发现三五成群的孔雀，有时会听见它们的叫声，有时看见它们开屏。在耀眼的阳光下，美丽的孔雀尾毛如扇面般展开，那五彩缤纷的色彩，使人惊叹造化神奇的力量。

市内建筑高大宏伟，其中有闻名世界的“风宫”。它是由斯瓦依·普拉达普于1799年建成，整个建筑高大，气势雄伟，它虽然已有180多年的历史，但看后给人印象却如同刚刚建成一样。全宫共分五层，窗户数百，通风透光。炎夏之时，室内总有徐徐凉风，故有“风宫”之称。“风宫”建筑式样不凡，结构严谨，工艺精湛，宏伟壮观。

市内的拉姆尼瓦斯公园，最是迷人。园内树木森森，池水涟涟，清幽秀丽。在动物园中，饲养着各种珍禽异兽，供人们赏玩。

街道两旁商店内，商品琳琅满目，使人目不暇接。热情的店主会主动向你打招呼，介绍品种繁多的物品，让你看个没完。那一件件五颜六色光耀夺目的纱丽，一件件刺绣精致的衣衫，一座座雕有美丽图案的铜器，一件件玩具……都会使你感到眼花缭乱，仿佛似置身于五彩缤纷、花团锦簇的世界里，简直使你看得入神，忘记了向店主讨价还价，也忘记了时间早晚。印度手工艺品有其特点，而拉贾斯坦邦及其首府斋普尔在这方面则更为出色，这点名不虚传。

(7) 庙群之地——柯纠拉豪

柯纠拉豪（又译卡朱罗合）石城在古代是中央邦地区的名城，现在是尼瑙拉湖岸一个小村庄。据说，从前村里的人们为了美观，在村口种了两株柯纠尔树（野枣树），从那时起，这村庄和附近地区就取名柯尔纠尔·瓦赫格，意思是“枣庄”。后来，柯尔纠尔这个音慢慢变成了柯纠拉豪。该地于1986年被列入《世界遗产名录》。

柯纠拉豪当时是印度最大的城市之一，这座古城的遗址的面积至今还有将近3.08平方公里之大。坐落在本德尔坎德地区的这座古城，是金代尔王朝的国王们修建的。他们属于拉吉普特族，他们自称是月族的后代。金代尔人是印度教徒，他们原先信奉毗湿奴，后来又改信湿婆神。他们在前人的基础上又修了许多庙宇，但是他们所修的庙宇中，绝大部分是毗湿奴庙和湿婆庙，只有很少一部分是耆那教和佛教庙宇。

柯纠拉豪的庙宇原来有85座，现在只剩下20座。这里的庙宇各有特色，其他地方的庙宇都有围墙，这里的庙宇没有围墙，除了一座庙宇是用花岗石建的而外，其余都是用红石建成的。庙宇的外墙也都是雕刻而成，有很高艺术水平，庙里有各式各样的男女神像和人像，神态各异，栩栩如生。跳舞的神像形态逼真，一个个像要开口说话，翩翩起舞。

柯纠拉豪的庙分为三群：西庙群、东庙群和南庙群。东庙群靠近柯纠拉豪村，南庙群离东庙群5千米远。西庙群的庙宇最好，其中有炯斯特·约格尼庙、拉尔古旺·马哈代瓦庙、甘德利亚·马哈代瓦庙、贾格登巴庙、笈陀罗·古布塔庙、威西瓦那特庙、南迪庙、雪山神女庙、罗奇曼庙、孟格代希瓦尔庙和瓦拉赫庙。

炯斯特·约格尼庙就是迦利女神庙。传说迦利女神身边经常跟着64个（炯斯特）女苦行者（约格尼），所以迦利女神也叫炯斯特·约格尼（即64个女苦行神）。炯斯特·约格尼庙建在5.5米的高处，它和其他的庙宇完全不同，其他庙宇是坐北朝南，而炯斯特·约格尼庙则是坐东北朝西南，长32米，宽18米，庙堂内原先有65个小殿，今天只剩下35个。该庙是柯纠拉豪最古老的庙宇，据说建于公元9世纪。

炯斯特·约格尼庙的北边是甘德利亚·马哈代瓦庙（湿婆神庙）。它是柯纠拉豪最大的一个庙宇。庙墙上有各种浮雕。入口处是个拱门，门内有敲锣、打鼓和吹奏的人物雕像，有凶暴的鳄鱼，有男女飞天，还有表现各种爱情动作的雕像。庙宇屋顶的雕刻都十分精细。庙中的大柱上，雕着满面春风的美女，她们体态丰润，线条清晰。进庙后，再往里走，呈现在面前的是骑在鳄鱼身上的恒河女神像、骑在大龟身上的朱木拿河女神像和湿婆林伽。

甘德利亚·马哈代瓦庙内外，有 872 尊 0.6 米高的石像。庙的外表呈尖塔形，象征着湿婆的住地盖拉斯山峰。庙的北边，是迦格登巴女神，原先它是一座毗湿奴庙，后来人们错误地把它当成迦利女神庙了。庙北是笈陀罗古布塔庙，又叫婆罗多庙，人们称为太阳神祈祷的地方。庙里有美丽的太阳神塑像，高达 1.5 米，太阳神驾着 7 匹天马拉的车，在天空飞驰，象征着太阳神的无比力量。庙外墙上，雕有狩猎出巡的场面，以及舞女和发狂的大象。

太阳神庙前边不远是威西瓦那特庙和南迪庙，两座庙相向而立，有南北两道石阶，北边石阶两旁，有两尊石狮；南边石阶两旁，有两只石象。雪山神女庙、罗奇曼庙、孟格代希瓦尔庙和瓦拉赫庙都在这里，踩在瓦拉赫脚下的长蛇的残部至今还在。

东群有两座主要的印度教庙：一座是梵天神庙，庙内有梵天神像；另一座是瓦孟庙，庙内有瓦孟（毗湿奴的化身）像。再往前有三座耆那教庙，即肯德依庙、巴尔希瓦那特庙和阿迪那特庙。其中巴尔希瓦那特庙是柯纠拉豪最大而又最漂亮的耆那教庙，庙里有一尊在 1860 年雕塑的巴尔希瓦那特神像。

南群有杜拉哈代瓦庙和贾杜尔普吉庙，这两座庙是湿婆神和毗湿奴的象征。

（8）“佛塔之城”——桑奇

桑奇，距中央邦首府博帕尔仅 45 公里，从孔雀王朝起，这里就是中部印度的佛教中心。桑奇被誉为“佛塔之城”，自古远近驰名，世界各地来这里参观的人终年络绎不绝。1989 年被列入《世界遗产名录》。

据说，桑奇城是由阿育王修建的。根据史书记载，阿育王在经过了一场战争大屠杀之后皈依了佛教，走上了非暴力的道路。事情是这样的：孔雀王朝的皇帝宾头沙罗在位 25 年后，于公元前 268 年死去，其子阿育王即位。阿育王即位以前，曾是印度西北部叉始罗的副王。他即位后，曾率军远征羯陵伽，杀敌十万，虏十五万而归。这次远征中，他目睹了战争的残酷，产生了忏悔之心。他在一份诏谕中说："朕为征服羯凌伽人深觉自责，盖前从未被征服之国之征服，不得不使人民陷于诛戮、死亡与被俘。此为朕所深切忧愁与悔恨之大事……在所有当时被杀致死或被俘之羯陵伽人民中，即使其百分之一或千分之一遭受同一命运，朕仍将为此而追悔。"从此，阿育王开始崇信佛教，皈依三宝。他亲自到印度各地巡视，颁布一系列诰文，禁止杀生，废除肉食，宣传佛教。阿育王皈依佛教之后便大力宣传佛教，这种宣传佛教的活动是由他的儿子莫亨德拉从桑奇首先开始的，所以桑奇就成了佛教中心。后来阿育王又派使节到中国、缅甸、锡兰、泰国去传教。

桑奇像是一座地上乐园，四周是小山，山上建有 3 座著名的佛塔。最大的佛塔直径 31 米，高 16 米，阿育王时期开始兴建，阿育王死后才竣工，时间大约在公元前 2 世纪。佛塔的周围有围墙，围墙有四道门，门上雕有释迦牟尼生平事迹的画面和阿育王生平有关的事件的画面。东门上的浮雕是释迦牟尼出家时的场面，西面的佛塔里放着佛牙和佛骨。

桑奇建筑群中有一些寺院是佛教建筑中最古老、最精致的典型。在支提寺、寺院和僧房的框缘上及石柱的下楣上，都刻有关于佛陀前生不同化身的所谓"本生故事"和他的生平事迹。成组的形象构成动人的系列故事。以上可以看出，整个地区曾经是宣传佛教的重要基地。

(9) 佛教圣地——加雅

加雅是印度历史上著名的圣地之一。据佛教文献记载，释迦牟尼看破红尘，出家修行，寻求大道，有五个伙伴随同，先后向三位有名的学者学道。但他觉得那些学者都没有真正的解脱办法，便离开了他们。为了寻求解脱之法，他和五个伙伴来到加雅附近的尼连禅河（今利莱安河）畔的树林中修行。他坚持不懈地苦修了六年，毫无结果。他感到苦行也不是求得解脱的办法，便到尼连禅河里沐浴，随后又接受了一个牧女供养的牛奶粥，恢复了体力。这时，释迦牟尼的五个伙伴以为他灰心了，便离开了他，到贝拿勒斯的鹿野苑去继续进行自己的苦行。释迦牟尼则来到一棵毕钵罗树下，立下宏愿大志，若不成正道，决不离开此地。他铺上吉祥草，盘腿面东而坐，苦思冥想，终于在一天夜里战胜了各种烦恼魔障，获得正觉而成佛。

据说，给释迦牟尼送牛奶粥的牧女叫苏贾达。她原是加雅附近的居民。她曾在一棵大树下许愿，说她如果能生一个男孩，便用牛奶粥给大树上供。后来她果然生了一个男孩。一天，她和女伴到大树下去送牛奶粥，看见大树下坐着一个人，她以为是大树显灵化身人形来接受她的供品，便恭恭敬敬地奉献上牛奶粥。那人正是释迦牟尼。

释迦牟尼成佛处距今加雅城 11.26 千米，叫作佛陀加雅。那里有一座大菩提寺，2002 年被列入《世界遗产名录》。相传它有 1800 多年的历史，也有人说那是阿育王所建的。由于年深日久，大菩提寺的大半截已没入土中，后来又被掘出，从新修缮，才成今天的样子。大菩提寺的主体部分为方台形，从寺基到上端渐次缩小，上建圆锥形尖顶，通高 51.8 米，十分雄伟峻拔。寺前拱门上，有狮、鹿、牛、象等动物图案的雕刻，生动逼真。寺中靠西墙的祭台上有镀金的释迦牟尼像。佛像面朝东，背靠毕钵罗树。大菩提寺外的庭院中，有历代供养人修建的许多小塔，还有许多僧人的舍利塔。

佛陀加雅的毕钵罗树是世界闻名的，历史上很难找到第二棵如此闻名和受崇敬的树。今天佛陀加雅的毕钵罗树已经不是当年释迦牟尼正觉时所靠的那棵树了。玄奘法师在那烂陀学习的时候，曾到过这里，他所见到的那棵毕钵罗树已经“屡经残伐”。玄奘以后，这里的毕钵罗树又曾受到砍伐、焚烧，1870 年还曾被大风刮倒过。据说，现在的这棵毕钵罗树是当年佛陀成道时那棵树的“曾孙”。

加雅还有著名的毗湿奴庙、湿婆庙等古老的印度教寺庙和一些耆那教石窟等。从这些建筑物中，可以看出加雅古代发达的文化。加雅西北大约 8.04 千米的薄利得皮拉山上有座印度教古庙，庙里有一座阎王雕像。每年过皮特得里帕刹节（祭祖节）时，总有成千上万来自各地的印度教徒到这里祭祖。薄利得皮拉山下有一个水潭，据说，罗摩曾在这里沐浴过，所以起名叫“罗摩潭”。

（10）佛教中心——那烂陀

那烂陀是古代印度著名的佛教寺院，其遗址位于比哈尔邦首府巴特那的东南 55 公里处，西距王舍城 7 公里。它是古代印度的佛教中心。

那烂陀寺院规模宏大，建筑讲究。据中国文献《大慈恩寺三藏法师传》中记载，该寺院“庭序别开，中分八院，宝台星列，琼楼岳峙，观竦烟中，殿飞霞上，……壮丽崇高，此为其极”。这里是古代印度佛教最重要的教学及研究中心，并对印度的哲学、历史学及医学、艺术等也都有深入研究，因此闻名于世。

最初，该地原是一个芒果园。据耆那教文献记载，耆那教第 24 位教祖大雄曾在这里生活过 14 年。据佛教传说，释迦牟尼曾多次巡游至此，并在此说法。他的主要弟子之一萨利布德的出生和逝世地就在那烂陀附近的一个名叫那拉格的村庄。那里还有佛教徒为纪念他而建造的一座寺庙，附近还有一个以他名字为而命名的萨利布德村。据历史记载，阿育王在此建了那烂陀寺院，后来戒日王又借助此地众多的殿堂和寺庙促成了成千上万学者在此进行研修。经过几个世纪的发展，其影响巨大，名声远扬。从公元 5 世纪到公元 12 世纪，这里一直是印度佛教中心，来此求学者不少来自中国、日本、朝鲜、印度尼西亚、马来西亚、尼泊尔、斯里兰卡等国。公元 7 世纪时，中国的高僧玄奘曾来到这里学习、研究多年。

那烂陀寺院的主持人，是德高望重的学者，在某些方面造诣很深。寺院的管理严格，对新生入学严格把关，有健全的“入学考试”制度。入学考试严格，应试的学者中十之七八被淘汰。有些人不甘失败，再三应试，直到被录取为止。起决定作用的是考生的素质，封建大臣无权干涉和左右，皇室成员也不例外，不合格者，照样被拒之门外，尽管经费由皇家批准，取自地方收入。例如，新生入学，首先由守大门的人向来者提问。待回答满意、考试合格后，方可被带进寺院内。若一次通过，能进入寺院者，则被认为是出类拔萃的。

寺院的教授方法，由导师引导讨论，听取讨论就是受教。讨论可持续整天，夜以继日，而那烂陀的学者乐此不疲。从生到死，所有的题目皆可讨论。按中国唐代高僧义净的说法：每天他们安排上百个讲座，学生们完全可以出席。导师检查学生品德，告诫学生不要违犯戒律，一旦发现学生犯错，则让学生设法补救和悔悟。学生要给导师按摩身体、整理衣物，被视为给导师服务，师徒关系犹如父子。娱乐活动有摔跤、拳击和捉迷藏等游戏。

公元 7 世纪，当玄奘 33—37 岁时，即公元 632—636 年，在那烂陀寺学习，从戒贤学习《瑜伽师地论》《顺正理论》《集量论》和因明学、声明学及婆罗门教的经典。公元 640 年玄奘奉戒贤命为众僧讲《摄大乘论》《唯识抉择论》。后来应戒日王之邀请，与小乘正量部大师般若多展开学术辩论，又在那烂陀寺折服顺世外道，著《制恶见论》。

那烂陀寺院，人才荟萃，远近闻名，在当时的印度，的确少有。但可惜的是，12 世纪末该寺毁于土耳其人之手，以后湮没无闻。用了几个世纪建成的“知识之城”，毁于一旦。据传说，当时一些僧侣曾跪在入侵者脚下，恳求手下留情，勿毁闻名于世的图书馆，但狠心的入侵者，还是将图书馆及所有珍贵书籍付之一炬。幸存者四方逃散。那烂陀留下的只是一片荒凉的废墟。

这里的发掘工作始于公元 1915 年。当时，印度考古学家根据玄奘《大唐西域记》的记载，确定并发掘了那烂陀的遗址，发掘持续了 20 多年，现发掘的遗址面积达 1200 多亩，分布着 11 个僧房和 5 个寺院的遗址，中央是一座 7 层的砖石建筑的大殿遗址，那烂陀文物分布很广。在那烂陀考古发掘的文物中，发掘到笈多时期的铜制品和金币，还发掘了一些佛陀的雕像。

除那烂陀寺院遗址外，这里还有一博物馆，馆内陈列有从遗址挖掘出土的许多精美的佛像、印章，各种陶器、铜器和货币等。

在那烂陀遗址附近，还有一座中国式的建筑，即为纪念中国高僧玄奘而修建的玄奘纪念堂，由中国政府于 1957 年捐款 30 万元人民币修建的。它象征着中印人民的友谊。

(11)“地上天堂”——克什米尔

克什米尔是印、巴两国之间长期以来所争执的地区。全称查谟·克什米尔，面积 19 万平方公里，位于巴基斯坦、印度、阿富汗和中国之间，具有重要的战略地位。该地区风景秀丽，气候宜人，多山多谷多湖，高山上白雪皑皑，终年不化，山谷地带碧绿如茵，河流纵横，湖泊密布，冬暖夏凉，春华秋实，素有“花雪丽国”和“地上天堂”之称。

关于克什米尔名字的来历，有不同的说法。一种说法是根据《诸王流派》（或称《王河》）一书所记载的传说故事。故事中说，在古代，克什米尔地区是一个大湖，名叫萨蒂斯尔湖，湖里住了许多妖魔，魔王叫贾洛德帕瓦，他们都是些吃人的魔怪。为了消灭这些妖魔，迦西耶布仙人修行了整整一千年。后来雪山神女下凡来帮助他，拿起一块石头，向贾洛德帕瓦投去，打死了魔王。投出的石头变成了一座山，就是现在斯利那加附近那座有名的哈里巴拉瓦德山。魔王死后，大小妖魔鬼怪都逃亡他乡。迦西耶布把湖水从巴拉木拉排出去，让人们住了进来。从此以后，这个地区便命名为迦西耶布·迈鲁，即迦西耶布山。迦西耶布·迈鲁一词，后来化为迦西耶布·迈尔、迦西耶·米尔、迦西米尔（即汉译克什米尔）。

另一种说法认为，古时候这个地区居住过名叫格西或迦西的民族，因而得名。

克什米尔自然条件良好，有丰富的资源。盛产大米、黄麻、小麦、高粱、烟草、茶叶、苹果、胡桃和梨。当地人大量栽种玫瑰、茉莉、水仙花和番红花。尤其番红花不仅鲜艳迷人，而且能入药，是当地许多居民的主要生活来源。克什米尔有很好的工艺品，当地的丝绸、地毯、毛衣、披肩等手工艺品，不仅闻名全印，而且驰名世界。至于那里的优质木材和珍禽异兽及江河湖中鱼、虾、龟、蟹也是远近闻名的。

克什米尔有不少地方值得游览，因此，参观游览者终年络绎不绝，现简介几处如下。

斯利那加斯利那加位于杰卢姆河两岸，是查谟·克什米尔首府，该城乃克什米尔国王普拉沃尔·辛哈二世所建，至今已有一千三百多年历史。此城原名为普拉沃尔普尔，因附近有阿育王建的一座城，名叫斯利那加利，所以人们把普拉沃普尔也叫成斯利那加。

杰卢姆河又叫比德斯达河，从斯利那加城中经过，河中有各种船只行驰，大船叫冬迦，小船叫西迦拉，货船叫巴哈德萨，还有一种船叫篷船或楼船，起旅店作用，可供游客住宿。

斯利那加城里有一座小山，名叫哈利山，是古代当地印度教徒心目中的神山。上面有一座城堡，围墙长达5公里，为阿克巴大帝所建，当时有200多名印度工匠参加。当时山下有兵营、女神庙、清真寺和花园等，但现在已成废墟。

斯利那加的东南部有德尔湖，是斯利那加有名的风景区，湖水清澈，碧波荡漾，岸边有高山、园林和奇花异草，湖光山色，分外妖娆，是人们游玩度假的好地方。曼纳斯波尔湖在宋波尔村附近，距斯利那加不远，四面高山环绕，湖平如镜，水清见底，群山竞秀，宛如世外桃源。夜幕降临，皓月当空，曼纳斯波尔湖像一位酣睡的美女，安详妩媚。

商竭罗庙著名的商竭罗庙建在商竭罗山上，据说据今一千三百年前，山上修了一座湿婆庙，名叫杰西台希瓦尔，后来旧庙被毁，重建新庙，改名商竭罗庙。现在庙里供有一尊巨大的湿婆林伽，庙顶安了电灯，夜里灯火辉煌。白天站在庙上可以清楚看到蜿蜒流淌的比德斯达河、河面的船只以及德尔湖景。每年五六月逢月圆时，人们成群结队到庙里朝拜湿婆神。

马尔登德马尔登德又简称马登，那里有一座古老的太阳神庙，庙旁是个大泉，泉水形成一条河，名叫贾卡河，从附近村中流过，它是印度教徒的圣河，平时河边是火葬场，过节时人山人海，争沐圣水，热闹非凡。

马登是克什米尔印度教徒的重要圣地，那里住有许多和尚，专靠香客施舍为生。村旁有座小山，山上有座马尔登德庙，建于公元7世纪，虽已成废墟，但庭院、石柱尚存，台级仍在，仍可以看出当年之宏伟壮观。站在山头，举目远望，四面八方，郁郁葱葱，山泉村社，尽收眼底。

古尔马尔格被称为群山女皇，海拔2000米，有潺潺溪流、参天松林，也有野草山花、高楼木舍，有印度教和锡克教的庙宇，也有清真寺。冬天大雪纷飞，吸引着滑雪健儿，夏季碧草如茵，百花争艳，且风云多变，忽阴忽晴，忽云忽雨，戏弄着远方来客。

喀尔·帕瓦妮克什米尔有许多印度教教徒和穆斯林共同朝拜的庙宇，喀尔·帕瓦妮就是其中之一。该庙坐落在距斯里那加城不太远的一个农村。村边有一条河，河岸有一块场地，设有大祭坛，坛中央有座小庙，供奉着代维女神巨像，祭坛四周有围墙，信徒站在围墙上朝拜女神。这座庙香火非常兴旺，平日不少人骑车前往朝拜，节日时，汇成人海，他们向女神供奉牛奶稀粥、果品、鲜花等，唱颂神曲。每当傍晚，钟声阵阵，回荡山谷。

据《诸王流派》中记载，从前，克什米尔原是一片海洋，在3657.6米的高山上，现在还可以找到海生动物的化石。

在吠陀（约公元前1500—前600年）时期，克什米尔包括在萨布特·信度（七河）的地域之内。佛陀时期，克什米尔叫犍陀罗国。但是克什米尔的可靠历史，一般是从阿育王公元前250年征服该地区时算起的。据记载，阿育王修建了斯利那加城，立佛教为国教，而且把孔雀王朝的富豪迁移到克什米尔定居。阿育王之后，克什米尔独立，公元前200年这里的国王是贾拉德，辛格贾拉尔耶山上的古庙就是那时修建的。当时该地区不断遭到塞种人从西北方面的入侵，直到被完全征服。迦色腻迦征服北印度时，克什米尔也被并吞，并成了佛教的主要中心，兴建了许多名城和佛寺。笈多王朝（约320—550年）时期，克什米尔由番王统治，佛教依然兴盛。6世纪时，克什米尔遭到匈奴人入侵，并被占领。有一个名叫米赫尔古尔的匈奴王，原在中印度，公元528年来到克什米尔。他是一个暴君，喜欢把人从皮尔潘贾尔山上推下万丈深渊取乐。在他统治时期，克什米尔的佛寺庙宇全被摧毁，和尚逃往拉达克和西藏。

6 世纪后期，克什米尔又成了印度教王国，国王名叫普拉沃尔森。公元 8—9 世纪，仍为印度教王国，这个王朝修建了许多寺庙、道路、沟渠，采取了保卫和治安的措施。拉利达迪叠是一位威震四海的国王，他率领军队打到了摩羯陀，占领了北印度，威胁到中亚地区。

公元 10—14 世纪，北印度被穆斯林统治，但克什米尔仍为印度教国王的天下，这些国王中迪达女王（公元 10—11 世纪左右）最著名，她曾两次打败了马茂德对克什米尔的入侵，但在她以后的国王便无能力抵挡鞑靼人的侵犯了。1322 年，萨哈代沃执政，鞑靼人打进克什米尔，烧杀掳掠，无所不为，但他们最后带着大量财物和 5 万婆罗门回国时，途中遇到大雪封山，全部丧命。萨哈代沃之后由王后古达拉妮执政，她是克什米尔历史上 12 位有名的印度教徒女英雄之一。在她称王时期，曾数次挫败外来侵略者，但后来夏哈米尔用阴谋手段篡夺了她的王位，并强行同她结婚，古达拉妮自尽身亡。

夏哈米尔称王后，改名夏姆邬丁皇帝，这个王朝先后出了几个穆斯林皇帝，其中一个叫斯甘德尔皇帝，同印度教势不两立，他毁坏庙宇，强迫百姓改信伊斯兰教，在他统治后期，克什米尔只剩下 11 户婆罗门，其余全部成了伊斯兰教教徒。

但是他的继承人杰卢拉布丁采取了相反的政策，他修复了被毁坏的庙宇，保护了残留的几家婆罗门，逃往他乡的印度教教徒也返回家园，他还从中国等请来熟练工人，让他们定居在克什米尔，传授种桑养蚕、抽丝织锦、雕刻、种花等技术。这个时期，不但学术上有所发展，而且疏通达尔湖水的工程也很出色。克什米尔的人民至今还称杰卢拉布丁为伟大的皇帝。

杰卢拉布丁之后，克什米尔被北部的贾克人占领，有一个名叫迦吉罕的贾克统治者又采取了斯甘德尔的政策，靠武力扩大了伊斯兰教。最后一个贾克统治者叫亚古布罕被莫卧儿帝国阿克巴的军队于 1587 年消灭，克什米尔从此归入莫卧儿帝国版图。

莫卧儿帝王对克什米尔的风光很感兴趣，他们都来过这里，并称这里是“地上天堂”，大修公园，广建房舍，以供享受。

奥朗则布之后，莫卧儿帝国开始衰败，阿富汗国王阿哈默德夏哈·杜尔拉尼攻陷克什米尔。阿富汗人十分残暴，他们把活人装入麻袋，扔进德尔湖取乐。他们的烧杀抢掠，在克什米尔造成了一片恐怖气氛。

1819 年，锡克军向克什米尔发动进攻，一举歼灭了阿富汗省长穆罕默德·阿兹姆罕，收复了克什米尔。

但是，锡克人统治并不比阿富汗人的统治好多少，克什米尔人照样生活在水深火热之中，克什米尔人中至今流传一句成语“锡克面孔”（凶神恶煞）便是起源于锡克人统治时期。锡可人统治时期，查谟国王叫古拉布·辛哈，他的一个将领纠拉沃尔·辛哈于 1842 年入侵西藏，占领拉达克。

英国人进入印度后，与锡克人打仗时，古拉布辛哈一直保持中立，最后于 1846 年古拉布辛哈同英国人签订了阿姆利则条约，给英国人 700 万卢比，换得统治克什米尔的权利，成为英国的附庸。从那时起，克什米尔一直为多格拉王朝的天下，直到印度独立。印度独立后，克什米尔的归属问题仍没有解决。

克什米尔问题，是英国殖民主义者一手造成的。几十年来，关于克什米尔的归属问题印、巴两国一直争执不下，摩擦不断，甚至几次交战，对印、巴两国人民的生命、财产造成了巨大损失。

克什米尔问题发端于 1947 年印、巴分治。英国撤离次大陆前，1947 年 6 月英国驻印度末代总督蒙巴顿抛出了“分治”方案，将印度次大陆一分为三，即印度和巴基斯坦两个自治领及土邦，同时规定，土邦有权自行决定加入任何一个自治领。这样，克什米尔问题悬而未决，为印、巴争端留下了难题。克什米尔争执的发生至今已有 55 个年头，在这期间，印、巴两国一直为此争论不休，甚至大动干戈，大的战争就发生过三次，但问题仍未得到妥善解决。

第一次战争，1947 年 10 月开始，1949 年 1 月在联合国的干预下停火，战争进行了一年多。同年 7 月，划定了停火线，规定印度暂时占领克什米尔五分之三的地区、四分之三的人口，将来进行公民投票，决定克什米尔的归属问题。1953 年，印、巴两国政府达成协议，声明克什米尔争端通过公民投票来解决。自 1953 年以后，巴基斯坦一直坚持克什米尔问题通过公民投票解决，印度则坚持克什米尔是印度不可分割的一部分，反对公民投票自决。以后双方举行过多次谈判，均未获任何进展。

1965 年 9 月 6 日，印、巴之间再次发生交战。战争发生后，联合国出面进行了干涉，促使印、巴宣布停火。

1971 年 11 月 21 日，印、巴之间又爆发第三次战争，1972 年 7 月 3 日，印、巴两国总理签署了“西姆拉协定”，双方同意逐渐恢复两国关系和使两国关系正常化，双方军队“应撤回到国际边界线的各自一方”。协议签订后，印度一直坚持 1949 年的停火线就是国际边界，克什米尔是印度联邦不可分割的一部分，反对实行公民投票自决，主张两国分歧靠两国谈判，不应诉诸第三方，也不应再提到联合国；巴基斯坦则认为，根据 1948 年 8 月的联合国通过的决议，在克什米尔地区进行公民投票，尊重当地人民的权利，由克什米尔人民自决。双方分歧很大，争执不下。

国际上好心的人为解决印、巴分歧也曾试图做过善意的调解，也毫无效果。例如 1994 年 8 月 23 日，伊朗的最高决策机构国家安全委员会秘书长哈桑·劳哈尼博士曾在新德里建议印度、巴基斯坦和查谟克什米尔人民的代表坐在一起解决克什米尔问题，但他的建议遭到印度的拒绝。联合国秘书长加利博士于 1994 年 9 月访问印度和巴基斯坦时也做过类似的努力，其调解的建议也遭到印度拒绝。因此，克什米尔问题至今仍悬而未决。

克什米尔气候良好，土地富饶，资源丰富。但因其归属问题长期以来未得到解决，致使印、巴在克什米尔地区的摩擦时有发生，甚至大动干戈，战火纷飞，硝烟弥漫，人民生活很不安宁。化干戈为玉帛，结束战乱之苦，克什米尔人民能自由沐浴明媚的阳光，呼吸新鲜的空气，充分利用“地上天堂”的自然条件，真正过上“地上天堂”的生活，是克什米尔人民多年的愿望。

（12）东西文化荟萃之地——果阿

果阿位于印度南部的西海岸，属于印度的一个邦，那里山清水秀，阳光明媚，有一望无际的白色沙滩海岸、迷人的日落景色、数不清的教堂、风格不同的建筑、各种美丽的服饰、精美的菜肴和富有东西方结合的文化风情。因此，果阿是个很诱人的好地方。当地“东西文化交融”的特点，与葡萄牙人对该地长期殖民统治不无关系。果阿于 1986 年被列入《世界遗产名录》。

果阿，在葡萄牙的殖民统治下走过了大约 450 年，一直延续到印度独立后 15 年（即果阿于 1961 年才被印度政府收复，直到 1974 年，葡萄牙才正式承认印度对果阿的主权，成为印度的一部分）。果阿同印度的其他邦一样，也有着盛衰多变的历史。这历史可以追溯到公元前 3 世纪。那时候，果阿为孔雀王朝的一部分。当基督纪元开始时，萨陀伐诃那王朝统治着这里。后来传递到卡鲁可亚（Khalukyas）王朝的巴达米统治者手中，他们从公元580年到公元750年一直统治着这里。在以后的几个世纪里，果阿先后被湿哈拉（Shilhala）王朝、卡达姆巴（Kadambas）王朝和卡鲁克亚（Khalukyas）王朝的卡勒亚尼（Kalyani）所统治。穆斯林第一次统治果阿是在1312年，但60年以后，它被邻近的维查耶纳伽尔王朝的统治者占领，他们控制这里近1个世纪。1469年果阿又被巴曼尼苏丹（Bahmani Sultans）所征服。

1510年，葡萄牙人来到果阿，他们是要保护他们通往东方的贸易通道和传播基督教，一方面他们要抵挡印度统治者，另一方面还要设法击退其他的殖民主义者，如荷兰人、法国人和英国人。1510年葡萄牙人达尔布克基领导的军队打败了果阿的伊斯兰统治者，征服了果阿。与此同时，欧洲他国的殖民者也纷纷而来，彼此间展开了血与火的较量。先是荷兰人打败了葡萄牙人，接着英国人又把荷兰人打败，到后来葡萄牙人获胜，成了当地的统治者。葡萄牙人征服果阿后，其统治方法与英国不同，即在进行商品贸易的同时，还从事大量的文化渗透。在当地修建了大量天主教堂和神学院，进行传教活动，还开办学校，推广学习葡萄牙的语言及其文化，雇佣当地人从政任职，甚至鼓励葡萄牙人与当地人通婚。这样，许多当地人皈依了天主教。于是，在16、17世纪，果阿成了欧洲人东方的统治中心，这里天主教的权力远及中国澳门、日本、莫桑比克等地。

葡萄牙在果阿450年的统治，深深打上了葡萄牙的烙印。在街道两旁，欧式建筑林立，教堂的数量，难以计数，而且教堂还分门别类，既有宏伟庄严的高大建筑，又有微型别致的小楼，但它们有个共同特点，即都充满着异国情调，又反映着印度文化。无怪外国人来到这里，似乎感到“是在印度，又好像在葡萄牙一样”。

游览果阿，可从帕纳吉开始，它是印度最小邦的首府，美丽漂亮，它那弯曲狭窄的街道，有着突出悬垂阳台的老房舍，红色砖瓦顶和白色粉墙的教堂，都保存完好。这个小城市里，还有坐落在一座山顶上的圣母教堂，和一座吉祥天女庙。然而更吸引人的还是老果阿。

在老果阿的众多教堂中，以耶稣大教堂最为古老和最为著名，宏伟壮观。它建于公元1604年，有着非凡的巴洛克式的镀金祭坛。对面，还有庄重的圣·凯瑟琳教堂，也是17世纪早期的建筑，被认为是亚洲最大的教堂。旁边是另一座教堂，方济各·阿西西教堂于公元 1661 年建成，它内部有着镀金的精美的雕刻木制品和壁画，这座教堂是一座古代文物博物馆，里面陈列着葡萄牙总督的画像，以及在这一地区发现的古代印度雕刻和艺术品。

比拉（Pilar）距帕纳吉不远，它是一个小镇，为基督教传教团的一个重要活动中心。在小山丘上同样建有教堂、神学院和学校等。

在果阿，尽管信奉天主教的人数，相当可观，但印度教教徒、天主教教徒和伊斯兰教教徒之间，却能和睦相处，各自欢庆自己的节日，甚至在有的节日庆祝时，大家共同欢庆。因此，那里的天主教堂、印度教寺庙和伊斯兰教清真寺，在和平的气氛中并存。至于那里的美味佳肴和少见的美酒，以及庆祝“狂欢节”的热烈场面，也会给人留下难忘的印象。

(13) 高科技城——班加罗尔

班加罗尔是卡纳塔克邦的首府，它既是一个文明古城，又是一个现代化城市，还是印度的硅谷，同时也是购物者的天堂。因此，它远近闻名。

班加罗尔海拔 1000 米，气候凉爽宜人，有“空调城市”之称。至今，英国殖民时代生活方式的痕迹到处可见，诸如欧式建筑物及市场和街道名称，还有赛马俱乐部、高尔夫球场等。

班加罗尔始建于公元 16 世纪初期的康姆巴·高达王朝，到 18 世纪在海德尔·阿里和他的儿子迪布苏丹统治德干地区的时代，它才演变为一座重要的城堡。从那时开始，这座城市日趋发展，并在这个地区起着重要作用。

在那里，有许多建筑引人注意，宪法宫是其中之一，系采用花岗岩砌成，具有达罗毗荼式风格。

古邦公园非常诱人，它占地 120 公顷，绿树成荫，花卉铺地，系有陆军中将马克·古邦先生于 1864 年设计修建的。

有“花园之都”称号的拉尔巴克植物园也很引人入胜，它占地 96 公顷，是 18 世纪的海德尔·阿里设计并由他的儿子迪布苏丹扩展而成，园内古树参天，湖泊纵横，荷池泛绿，花圃鱼池、鹿苑点缀其间，各色热带植物应有尽有，令人赏心悦目。

本市最古老的寺庙是“金牛庙”。它是一座达罗毗荼式的建筑，庙内有一座由一块巨石雕制而成的巨大神牛，艺术精湛，观者赞不绝口。

今天，班加罗尔被看作印度的硅谷和神经中枢，是一座科技高度发达的大都会。这里有著名的计算机、软件业公司，机床和飞机制造厂，同时也是啤酒酿制和丝绸业的中心。

十二 欧洲人的入侵与西方文化的影响

（一）欧洲人的到来与英国殖民统治的建立

15世纪之前欧洲人对世界了解得并不多，由于没有指南针不能到远海航行。中国发明了指南针到15世纪传入欧洲，这样促进了欧洲人到海中远航。

欧洲与亚洲之间自古就有贸易往来，主要经过红海，另一条道路经过波斯湾港口到亚洲的港口，以前这些道路为阿拉伯人所把持。阿拉伯人知道商业贸易的重要，但是15世纪土耳其人成了这些地区的主人。因此，亚欧之间的贸易停滞下来，1453年当土耳其威杰达·摩哈摩德二世打败迦斯戴迪瑙帕尔，这时欧洲利用旧道通商则变得非常困难。

欧洲人要同亚洲人进行贸易需要寻找新的途径，葡萄牙人和西班牙人表现积极，也显出了他们的特殊才干，1498年5月17日葡萄牙人瓦斯·达·伽马和他的水手们到达印度海岸，在加利库特登陆。发现一条直接通往印度的海路，这在当时是件大事。葡萄牙商人为占领东方市场开始建立一些公司，这些公司在印度等亚洲国家的港口建立了自己的贸易客栈、批发店，努力最大限度地扩大自己的影响。

16世纪和17世纪的印度由强大的莫卧儿王朝统治。因此，这个时期欧洲人只满足于自己的贸易。葡萄牙人的贸易中心主要在印度西海岸的果阿小城，当时该城处在莫卧儿王朝的统治之外，遥远的南方当时还没有任何一个强大的印度国王统治过，葡萄牙人利用了这一有利形势，不只满足于贸易活动，而且开始着手控制果阿及其附近的地区。荷兰人、法国人、英国人的商人也不示弱，紧步葡萄牙商人的后尘，不只满足于在印度从事经商。奥朗则布之后，莫卧儿帝国开始衰落，印度国内许多大小王国纷纷独立。这时这些欧洲商人利用了印度混乱的政治形势，在经商的同时，也开始建立自己的政权。英、法也几次交战，最后英国获胜。19世纪中叶，英国几乎控制了整个印度，剩下的那些土邦王国也都接受了英国的统治。不过，印度人民对这些外国统治者很不满意，英国统治者把自己的统治视为英国发展经济的手段，他们对印度的古老传统和宗教信仰根本就不放在眼里，结果，在印度各地，反对英国统治的浪潮此起彼伏，1857 年产生了规模宏大的人民大起义，起义受到镇压，遭到失败。英国在印度的统治进一步加强。

（二）印度的殖民地化与民族解放运动

印度是殖民地的典型。最早来到印度的欧洲殖民者是葡萄牙人。公元 6 世纪初葡萄牙殖民者占领了果阿、达曼和第乌等据点，独占了印度与西方的海上贸易。17 世纪初期，荷兰、英国和法国相继东来，在印度展开了争夺殖民地优势的斗争。1600 年创立的英国东印度公司，1602 年创立的荷兰东印度公司，1664 年创立的法国东印度公司，它们都是殖民主义国家侵略印度的重要工具。

到 18 世纪中期，英、法在印度的争夺更趋激烈，英国大胜，法国在印度的势力一蹶不振。1757 年印度开始沦为英国殖民地，1849 年全境被英国占领。英国殖民统治印度期间，从印度掠夺大量财富，源源不断地流入英国。据统计，在占领孟加拉以后的 58 年间（1757—1815）英国从印度榨取 10 亿英镑的财富。这一大笔财富促进了英国的工业革命，使它迅速成为世界上第一个资本主义工业强国。但是，使印度变成了一个相当贫穷的国家，英国殖民者强化统治瓦解了印度的农村公社，破坏了农业和手工业密切结合的封建自然经济，摧毁了传统的手工业，使印度遭受深重的苦难，人民陷入水深火热之中。民族起义连连发生。英国人在印度站稳脚跟之后，便以印度为基地，向周遍国家扩展。从 19 世纪初开始，先征服了荷兰，后又把马尔代夫、尼泊尔、不丹、锡金置于自己的控制之下，印度、锡金成了它的殖民地，马尔代夫、尼泊尔、不丹成了保护国。到 19 世纪后半期，东南亚地区都在英国的独霸之下。

印度是受西方殖民统治、剥削最重的国家。由于英国的剥削与压榨，导致了 1857 年印度士兵起义。随着印度资产阶级民族意识的不断提高，1885 年成立了全国性的政治组织——国大党。随着国大党成分的变化，及其领导觉悟的不断提高，对英国的斗争日益尖锐。第一次世界大战爆发后，印度被英国帝国主义拖入战争的深渊。英国从印度征调 150 多万人为战争服务，同时从印度运走 370 万吨装备和物资及 500 万吨粮食，还搜刮 1 亿英镑的战争费用，给印度人民带来灾难。

第一次世界大战结束时，印度仍是个农业国。在英国殖民统治下，大多数农民仍受着封建王公和地主的剥削。1918 年由于普遍的饥荒和流行病，印度约有 1200 万人被夺去生命。所有这些，使印度人民与英国帝国主义和封建主义的矛盾日益尖锐。于是爆发了第一次非暴力不合作运动，掀起了反英斗争的高潮。

当印度人民的反英斗争迅速兴起时，印度民族解放运动的领导权一直掌握在资产阶级政党——国大党及其领袖甘地手里。

第一次世界大战结束时，甘地作为印度民族独立运动的领袖登上政治舞台。在群众运动的影响和推动下，国大党根据甘地的提议，决定 1919 年 4 月 6 日举行总罢工。但各界群众于 3 月底就提前自发行动起来，许多城市都发生了罢工、示威游行和暴动。在斗争中，不同宗教信仰的各族人民空前团结。向英国殖民者进行了坚决斗争。1920 年 12 月，国大党在把格普尔召开大会，会议通过了甘地拟订的“非暴力不合作计划”，宣布其目的是以和平的和合作的手段取得“自治”。为了扩大影响，国大党进行了改组，从而使国大党发展壮大。在甘地的号召下，国大党成员还深入农村，广泛开展宣传活动。

甘地和国大党领导的不合作运动得到了印度各阶层人民的积极响应，运动蓬勃发展，学生罢课、工人罢工、拒购英货，甚至公开烧毁英货，并掀起了手工纺织的热潮。后来，甘地领导的非暴力不合作运动与印度工人运动交织在一起，掀起了轰轰烈烈的民族运动高潮。1921 年在联合省、孟加拉省和旁遮普等地，农民的斗争冲破了甘地的非暴力的限制，经常发生武装起义。

面对蓬勃发展的印度民族解放运动，英国殖民者采取了镇压政策，于是宣布国大党为非法，对国大党和哈里发委员会的领导人大肆逮捕。为抗议英国殖民者的暴行，国大党在甘地的提议下发动群众坐牢。一时间，成千上万的印度人自愿走进监狱，使监狱很快人满为患，英国殖民当局狼狈不堪。有的地方，群众的示威抗议运动还转化为军警的流血冲突。1922 年 2 月 12 日，国大党接受甘地的提议，在巴多利会议上做出了停止非暴力不合作运动的决议，向英国殖民者妥协，印度第一次非暴力不合作运动就此终止。

甘地领导的非暴力不合作运动适应了当时印度的社会情况，用“不合作”的策略广泛动员了人民群众加入反英斗争的行列，对印度民族解放运动的发展起了推动作用。

在1929年开始的世界资本主义经济危机的打击下，印度的经济状况日益恶化，迫使许多企业破产，大批工人失业。而在这期间，英国殖民者却加强了对印度的压榨和掠夺。一方面加强对在业工人的剥削，降低工人的工资，加大工人的劳动强度；另一方面英国把过剩产品倾销到印度，促使印度的民族工业破产，而英国从中获得高额利润。这样一来，加剧了双方的矛盾，印度人民同英国殖民者的矛盾日益加深，因此，20世纪30年代印度出现了反英斗争的高潮。

这一时期，印度民族运动的特点是以工人运动为先导，例如，1929年1—3月，印度举行了声势浩大的群众集会和抗议示威游行，同年3月孟买的纺织工人举行罢工。1930年印度举行的各种罢工多达141次，参加罢工的人数多达53万之多。

在工农运动的推动和影响下，国大党内要求“独立”的呼声越来越高。1929年12月，国大党在拉合尔召开大会，提出争取印度完全独立的任务，大会宣布1月26日为印度独立日。1930年月1月26日，印度全国各地人民群众高呼“反帝、独立”的口号，举行了盛大集会和示威游行。尤其到1930年3月12日，甘地为抵制“食盐专卖法”，发动了向食盐进军，从而开始了第二次非暴力不合作运动。这一天，甘地率领78名信徒从艾哈迈达巴德出发，步行24天，于4月5日到达丹地海岸。甘地带头自制食盐，以示反对殖民当局食盐专卖法。消息传开后，全国城乡纷纷效法，自制食盐，各地形成了大规模的抗英运动。4月9日，发出指示，规定不合作运动的范围限于：自制食盐、监视酒店、鸦片馆和洋布店；自纺自织棉纱棉布，抵制英货，不进英国学校等。但群众的斗争冲破了上述框框，许多地方组成了武装，在白沙瓦和加尔各答等地还爆发了武装起义。对此英国殖民当局大为恼火，进行了残酷镇压，还逮捕了国大党领袖圣雄甘地和尼赫鲁等人。与此同时，英国殖民当局宣布国大党非法，禁止群众举行大会和示威游行。后来斗争又有反复。到1933年7月，国大党决定停止群众的非暴力不合作运动，代之以个别的暴力抵抗。1934年4月，甘地宣布完全停止不合作运动。5月国大党在巴特那召开会议，批准了甘地关于无条件停止不合作运动的声明，于是，第二次不合作运动就此终止。

第二次世界大战给印度人民带来了巨大灾难。1939年9月3日，印度被拖入了战争，战争期间有2500万人被征，拉上前线。战争结束后，英国又把战争负担转嫁到印度人头上，人们生活更加悲惨。因此，1945年印度先后发生罢工800多次，参加者近80万人。到1946年罢工次数达到1600次，参加人数多达196万。后来又发生农民起义，所以这些都给英国殖民当局以沉重打击。

反英斗争风起云涌，此起彼伏，英国殖民当局为了自身的利益，改变了统治印度的方法，制造了所谓的《印度独立法案》即《蒙巴顿方案》，它是一个对印度采取"分而治之"的方案，即按宗教信仰的不同而分为印度斯坦和巴基斯坦两个国家。1947年7月，英国议会通过了《印度独立法案》，于同年8月1日生效，8月14日巴基斯坦宣布独立，8月15日印度宣布独立。从而结束了英国对印度的统治，这是印度人民长期反英斗争的结果，是被压迫民族争取自由和独立的重大胜利。

（三）英国殖民统治对印度社会与文化的影响

18世纪后期，世界历史进入了新的时期，这个新时期从欧洲开始。首先出现了工业革命，然后是政治革命。18世纪前半期，英国、法国、德国等欧洲国家的农民仍用木犁耕地，用镰刀收割，技术工人用手工纺纱织布，交通工具主要靠木轮车，航海靠帆船，或用桨划行。当时欧洲的经济和商业生活与印度、中国相差无几。

18世纪中期和后期开始发生变化，由于许多新的科技发明，使欧洲的经济生活开始改变，历史上称之为"工业革命"。这场革命的开始并非突然，它经过了缓慢的发展过程，但它使人类生活发生了根本性变化，一个新的文明开始了。工业革命首先在英国开始，波及欧洲，然后传播到整个世界。那些科技发明在欧洲引发了工业革命。它可分为：（1）节省人力的新机器的发明。（2）水、煤、蒸汽和电子机械力量的运用。18世纪的工业革命使人类社会和经济生活发生了重大变化。

18世纪末期（1789年）法国发生了国家革命，这场革命之前，几乎欧洲所有的国家都是专制统治，其统治形式大体上与印度的莫卧儿王朝相同。但后来出现了合法的国家政权，从17世纪中期到18世纪，直到19世纪初期欧洲一些国家专制统治才结束。

工业革命使欧洲的经济生活发生了革命性的变化。同样法国的革命也使欧洲的政治生活开始了一个新的时代，法国革命产生的那种新潮流具有民主主义和民族主义性质，这在世界史上有它的积极意义。

工业革命和国家革命在欧洲历史上开创了一个新时代，但是思想和科技发明从来就不限制在一个国家或地球的某一地区，古代印度在数学、天文、医学等领域里的那些发明后来逐渐传播到阿拉伯和欧洲；中国发明的印刷术、造纸、指南针和火药等也逐渐为世界各国所采用。同样，18 世纪的工业革命和国家革命所开创的新潮流也不只限于欧洲，也逐渐传播到世界各国。

英国对印度的殖民统治使印度历史发生了重大变化，促使印度开始了一个新的历史时期，当然英国统治者并非有意作这促使工作。英国的经济政策是想把印度变成丰富的经济来源。东印度公司曾企图破坏孟加拉的棉纺业，以便大量销售英国工厂所生产的布品，直到 20 世纪初期，英国人还不希望印度发展工厂，企图把印度变成进口廉价原料供应地，然后再把英国的商品大量地高价销售给印度，从中获取高额利润。但这一切，也促使印度人民觉醒。

在英国统治时期，全印度实现了统一。在奥朗则布以后，随着莫卧儿王朝的衰落，印度出现了许多大小独立王国，它们各霸一方。英国人在印度建立统一政府，使印度出现了大约一个世纪和平而有秩序的局面，好像自孔雀王朝之后还未出现过这样的局面。

英国统治时期，没有发生外国侵略的事件。在 20 世纪的两次世界大战中，印度未受到外国军队的侵略，这是因为通过英国组织的印度军队和英国的海上力量客观上对国家的安全起到了保卫作用。

英国统治的建立，使英语传入印度。英国人把英语作为官方语言，在英国政府部门工作的印度人不得不学习英语，以适应工作的需要。随着英国人的入侵，西方的科学思想也传入印度，这样一来不仅促进了印度的科学和工业的发展，而且也使民族意识、民主平等等新的思想在印度得以传播。由于英国的统治和英语的推广，印度也同世界上不少国家建立起密切联系。

英国靠军事力量在印度建立了统治，但是在偌大的国土上要维持它的安定和秩序，防止外国入侵只靠英国的军队是不够的。因此，英国统治建立以后，英国人在自己的军队中吸收了大量印度士兵入伍，逐步训练了一支装备齐全的现代化军队，英国人企图麻痹士兵的思想，让这个军队对爱国主义和民族性丧失兴趣。在一个时期内他们的阴谋虽然得逞，但是在广大印度人民民族觉悟提高的同时，军队中的爱国主义思想也日益提高。到第二次世界大战时，英国人难于依靠印度军队在印度建立牢固的统治。

英国的统治很快使印度同世界上一些科学文化较发达国家和民主政治较先进的国家建立了联系。因此在学术复兴和宗教改革之前印度交通工具开始发展，印度独立以前，英国殖民统治者为了掠夺印度的资源和财富，从政治上全面控制印度，在印度修建了庞大的铁路网。独立后，印度政府把铁路逐渐收归国有，并进一步投资和发展，使铁路交通成为最大的国营机构。通过修建大量新型公路、挖渠、灌溉，大大提高了农业生产。铁路、邮电事业的发展也使印度经济生活发生变化。后来，棉纺、铁矿、煤矿、黄麻等工厂的建立促进了印度的工业发展。

英国的教育传入印度，使印度人认识到，在科学领域里印度落后于西方国家。这种认识出现了两种倾向：有些思想家认为，西方国家通过实验所发现的东西，古代印度人民早已掌握，如太阳是恒星，地球绕着太阳转等，这些知识在古代印度文献《吠陀》中就有记载。因此，学习欧洲新知识并非什么新鲜事。因此，应该对被遗忘的或忽略的真理重新关注。另外一些思想家则认为，我们应该把自己的全部力量用来了解西方科学，用一生全部精力背诵旧经文和对旧经文进行研究毫无意义，无任何好处。两种思想产生了同一个结果，在印度出现了学习新科学的倾向，印度各宗教各教派也出现了改革的热潮，梵社、雅利安社等组织都是这场宗教运动的产物，其目的是对宗教进行改革。由于宗教运动的开展，印度旧的社会传统和风俗习惯受到了冲击，对旧的理论开始以适应新时代的要求进行解释。印度人民是伟大的民族，“它应该有自己的国家，这个国家应该按民主进行管理”，这些思想在这个时期得到发展，并成了为结束英国的统治和建立自己的国家而斗争的思想基础。在圣雄甘地等人的领导下，印度广大人民群众开展了争取国家独立的运动，使英国人难以继续在印度统治。1947 年印度终于从英国的统治下获得了独立，建立了自己的国家。

在历史长河中印度屡遭异族入侵，尤其是英国的殖民统治，使印度人民遭受了深重灾难，但从另一方面看，即使在殖民统治时期，印度人民也吸收并修改了所有与其相接触的文明，取其精华，以满足自身需要。印度人民所反对的并不是英国人及其文明，也不是西方文明，而是帝国统治制度。印度在独立后，选择了继续保留英联邦制度，还采用了英国议会民主制度，保留英国建立的司法、行政管理、国防和教育机构和研究机构。

第二章　行政区划分与政治结构

一　行政区划分

印度是一个由二十几个邦和几个中央直辖区组成的联邦。德里是国家首都直辖区。各邦名称是：安得拉邦、阿萨姆邦、比哈尔邦、查提斯加尔邦、果阿邦、古吉拉特邦、哈里亚纳邦、喜马偕尔邦、查谟和克什米尔地区、贾坎德邦、卡纳塔克邦、喀拉拉邦、中央邦、马哈拉施特拉邦、曼尼普尔邦、梅加拉亚邦、米佐拉姆邦、那加兰邦、奥里萨邦、旁遮普邦、拉贾斯坦邦、锡金邦、泰米尔邦、特里普拉邦、乌塔兰查尔邦、北方邦和西孟加拉邦。

中央直辖区为：安达曼和尼科巴群岛、昌迪加尔、德里（国家首都直辖区）、达曼和第乌、达德拉和纳加尔·哈维利、拉克沙德维普群岛以及本地治理。

二　政治体制

（一）宪法

印度于 1947 年 8 月 5 日摆脱了英国的统治。获得自由不到 3 年的时间里，完成了制定宪法的工作。印度共和国宪法于 1950 年 1 月 26 日生效，宣布为共和国，实行议会民主制政体。印度为联邦制国家，中央政府高度集权。宪法规定，总统为国家元首，拥有广泛的权利，而实际权力掌握在政府总理手中。宪法也具有足够的灵活性，以适应由于民主框架内社会和经济出现变化而提出的各种要求。宪法赋予全国每个人以同样的公民权。任何一个人只要他是印度公民并且年满 18 岁，都有权参加选举。印度每隔 5 年举行一次大选，由在人民院中获多数席位的政党组织政府。印度实行立法、行政和司法“三权分立”的政治制度，其权力分别由议会、内阁和法院行使，相互制约。

（二）基本权利

每个印度公民都拥有的基本权利，包括言论、表达、信仰、集会和结社、迁移，以及选择职业和行业的自由。这些权利还保护每个印度人，使其避免由于种族、宗教、信仰、性别等原因而受歧视。在法院这些权利是要强制施行的。

（三）国家机构

印度宪法规定，总统为国家元首，是国家权力的最高执掌者和国家在对外关系中的最高代表及印度武装部队的最高统帅。宪法授予总统的权力广泛，诸如行政权、立法权、司法权、宣布紧急状态权。

行政权：宪法第 53 条规定，联邦的行政权属总统。总统可以直接或通过其所属官员行使这些权利。总统的行政权包括处理联邦政府一切内政、外交事务的权力以及广泛的任免权，如任免总理和各部长、分配部长职务；任命检察长、高等法院法官等。

立法权：宪法第 39 条规定，国会由总统和两院组成。两院通过的任何议案必须送交总统批准。总统可以随时召集两院会议或宣布休会、闭会，总统还拥有解散人民院的权利。

司法权：根据宪法第 72 条，总统还拥有一定的司法权。对一切由军事法庭判决的案件，一切违反联邦法律而被判刑的案件，一切死刑案件总统都有权作出赦免、减刑或缓刑的决定。

宣布紧急状态权：根据宪法第 18 条，总统在下列任何一种情况下有权在全国或部分邦宣布实行紧急状态，如总统认为发生战争、内部骚乱或外来侵略，对印度或其部分领土的安全构成威胁时，或总统认为某邦政府已不能按宪法规定进行工作时等，总统可宣布实行紧急状态。

印度总统是国家的最高统治者。总统虽有这些权力，但必须按照以总理为首的部长会议的建议才能行使，国家的实际权力完全掌握在以总理为首的内阁手中。但在政府发生危机的情况下，总统的决定具有重大意义。

宪法规定，在总统违反宪法的情况下，国会有权对他提出弹劾并将其罢免。按宪法规定，若总统因死亡、遭弹劾罢免、辞职或丧失工作能力而造成职位空缺时，由副总统接替总统职位并行使其全部职权。任期不能超过6个月，6个月内必须让位于新当选的总统。

总理和部长会议：宪法第74条规定，“联邦设立以总理为首的部长会议，协助总统行使职权并向其提供建议”。总理在部长会议中居最重要地位，政府的活动均由总理负责。总理是部长会议的首脑，因此是印度政治生活的中心人物。宪法授予总统的权力实际上都是由总理通过内阁行使的。部长会议由总理和全体部长组成，其人数由总理根据政府的工作需要而随时决定。但宪法规定，部长必须为国会议员。

（四）国家司法机构

印度司法机构独立于行政机构。它是宪法的保卫者和解释者。最高法院是最高的司法权力机关。民法和刑法皆有同一的法规适用于全国。各邦都设高等法院，在高等法院之下又设县法院和其他从属法院。除行政管理权外，最高法院监督和控制着整个司法机构。

最高法院：最高法院是印度的最高司法机关，其主权主要有：（1）解释宪法、法律；（2）对联邦与各邦及各邦之间的纠纷进行裁决；（3）对刑事和民事上诉案件作出最终裁决；（4）作为总统的法律顾问，就总统咨询的法律问题提供意见；（5）审查立法机关和行政机关颁布的法律命令。

最高法院由首席法官1人和法官17人组成。首席法官由总统任命，按惯例，总统一般任命最高法院中资格最老的法官担任。宪法规定，只有连续在高等法院任职五年以上的法官、十年以上的检察官或总统认为卓越的法学家，才有资格担任最高法院的法官。按照惯例，总统在任命法官前，应与首席法官商量。

最高法院法官的退休年龄为65岁，若因行为失检或力不胜任，国会有权将其罢免，但需经两院出席并投票议员的三分之二多数通过决议，方可由总统发布免职令。

联邦还设有总统任命的检察长一人。检察长负责对总统指定的法律事务提供意见并执行总统交办的法律性工作。检察长有权指出国会立法是否违宪或侵犯了邦议会的立法权限；还享有在一切法院的听审权。

高等法院：大多数邦都设有高等法院，每个高等法院由一名首席法官和若干名法官组成。法官人数无明确规定，由总统随时决定。总统在任命高等法院首席法官前，应征求最高法院首席法官和邦长的意见，在任命其他法官前，要征求高等法院首席法官和邦长的意见。在印度，任司法职务或检察官十年以上的印度公民，才有资格被任命为高等法院法官。高等法院法官的退休年龄为62岁，其罢免方式与最高法院法官相同。

县法院和从属法院：在高等法院之下设县法院和其他从属法院。县法院法官的任命、调动和提升等，由邦长与高等法院协商决定。县法官以下的司法人员的调动和提升等则由高等法院决定。

在全国，各县法院和其他从属法院的组织形式和职能大体一致。这些法院在行政和司法职能上都要服从和接受高等法院的管理和监督。

立法机构：印度的政体形式是建立在全体成年人选举权基础之上的议会制。行政机构就议会的决议和通过的法案向由选举产生的议员负责。主权最终在人民。

联邦院：联邦院的成员不超过250人，其中12人由总统指定，除此之外则由选举产生。联邦院为常设机构，该院不得被提前解散，联邦院议员每两年改选三分之一。

联邦院的议员不是直接选举产生的。按比例代表制原则，各邦分配的议席采用单一可转选票的投票方式，由该邦立法议会议员选出。指定代表都是在文学、科学、艺术和社会服务方面具有专门学识或实践经验的人士。联邦院由印度共和国副总统主持。

三　国家体制

在圣雄甘地的领导下，经过了长期的斗争，印度于1947年8月15日摆脱了英国的殖民统治，在获得独立后不到3年的时间里，印度完成了制定宪法的工作，并于1950年1月26日宣布为共和国，实行议会民主制政体，印度为联邦制国家，中央政府高度集权。宪法规定，总统为国家元首，拥有广泛的权利，但实际权利掌握在政府总理手里。印度每5年举行一次大选，由在人民院中获得多数席位的政党组织政府。印度实行立法、行政和司法“三权分立”的政治制度，其权利分别由议会、内阁和法院行使，相互制约。

人民院：人民院目前有成员545位，其中530位由各邦直接选举产生，13 位由各中央直辖区选出，另外两位由总统指定，代表英裔印度人。每届人民院任期 5 年，期满全部改选，但总统有权提前解散人民院。在国家宣布紧急状态的情况下，国会可通过法律自行延长任期，但一次不得超过一年，紧急状态取消后，延长的任期不得超过半年。人民院有自己选出的主持事务的官员，即议长。

行政机构：按照印度宪法规定，总统为国家元首及武装部队的最高统帅，是国家权力的最高执掌者和国家对外关系中的最高代表。宪法授予总统的权力极为广泛，包括行政权、立法权、司法权、宣布紧急状态权。总统由一个选举团选举产生，其成员来自议会两院（联邦院和人民院）和各邦的立法机构。总统任期 5 年，但可连选连任。通常并不以自提议案方式行使宪法权力。宪法权力归总理领导的部长会议。部长会议对民选的议会负责。

副总统由议会两院议员联合选举产生。总统任命在人民院享有多数支持的人士为总理。他也在总理的建议下任命各部部长。总理只有在议会获得多数支持的情况下才能保持其现有地位。

司法机构：印度司法机构独立于行政机构，它是宪法的保卫者和解释者。最高法院是最高的司法机关。其主要职权有：（1）解释宪法与法律；（2）裁决联邦与各邦及各邦之间的纠纷；（3）最后裁决刑事和民事的上诉案件；（4）作为总统的法律顾问，对总统咨询的法律问题提供意见；（5）审查立法机关和行政机关颁布的法律、命令。每个邦都设有高等法院。民法和刑法皆有同一的法规适用于全国。

根据宪法第 72 条，总统还享有一定的司法权，对一切由军事法庭判决的案件，一切违反联邦法律而被判刑的案件，一切死刑案件，总统都有权作出赦免、减刑或缓刑的决定。

印度各邦：印度各邦政府都有自己的立法议会，立法议会的所有成员都是由本邦全体成年选举人选出的。各邦设有的内阁，由首席部长领导，并对民选的邦立法机构负责。各邦元首称作邦长，邦长由总统任命，任期 5 年，但总统有权随时将其免职。

根据宪法规定，邦长的主要职权有：（1）行使本邦的行政权；（2）任命邦部长会议的首席部长；（3）任命本邦的检察官；（4）有权任命一名英裔印度人为立法院议员；（5）有权随时召集邦议会，解散邦立法院，邦议会通过的议案须交邦长批准；（6）拥有一定的赦免权和减刑权。邦长虽为一邦之首，但他必须在以首席部长为首的邦部长会议的建议下行使职权。

四　选举制度

选举制度：印度是世界上最大的民主国家，它拥有以宪法为基础的民主体系，采取议会制的行政体系。该体系的核心是举行经常性的、自由的和公开的选举。通过选举来组成政府、议会两院的成员、邦和联邦的立法体系，以及总统和副总统。根据印度宪法、选举法和相关规定，印度定期进行自由和公正选举。

选举法与相关规定：印度的选举是根据宪法中有关条款和议会制定的修正案进行的。其中最重要的是《人民代表法 1950》和《人民代表法 1951》，它们分别规定了选举名单的准备和修改，以及如何进行选举和选举后期的辩论。在选举过程中，若出现的新情况不在法律的规定范围之内，根据法律规定，选举委员会有权采取适当的措施。

选举体系：全国分为不同的选区，每个选民可以投每个候选人一票，得票最多的选民即算获胜。

议会：联议会由总统、下院人民院和上院联邦院组成。总统为国家元首，由总统指定总理，总理领导政府。总理虽为政府首脑，但内阁是政府的中央决策机构。政府可由来自不同党派的人构成。虽然组阁的党派可以是下院人民院中的少数党，但其必须获得多数下院议员的信任，否则必须下台。

竞选活动：竞选活动是指各政党推举本政党的候选人并向人民游说，希望人们为本政党和候选人投票。候选人被提名后，巡回官要对候选人进行审查，若发现候选人不符合要求，可在听证会后予以否决。正式的竞选活动至少持续两周。

在竞选活动期间，各政党和参选的候选人必须遵守《竞选行为规范》中的规定，避免各政党及其支持者之间发生冲突。

一旦选举被召集，各政党会发布自己的声明，陈述当选后各自的主张，利用竞选口号进行宣传，散发小册子或海报。候选人会对公众进行劝说，以获得支持，并贬低他们的竞争者。

政党与选举：印度的选举在很大程度上依赖于政党的行为，尽管印度选举的很多候选人是独立选人，但是下院人民院和立法会选举的当选者通常是政党成员，民意测验证明，人们更倾向于投票给一个政党，而不是独立的候选人。

监督选举：选举委员会指定为数众多的观察员，以保证选举工作公平公正地进行，确保公民自由选择和投票，观察员对每个候选人和每个政党在选举方面的支出费用进行跟踪记录。

选举委员会：选举机构集中于中央的一个依法设立的独立机关，称选举委员会。该委员会负责监督、指导和控制所有的全国议会选举和邦立法议会选举的选民造册工作，并安排实施选举事宜。

投票人资格：印度的民主体系建立在全体成年公民都具有选举权的原则上，任何年满 18 岁的公民都有选举权，均可在选举中投票，所有阶级、不同信仰或性别的人都享有投票权。但那些智力不全或犯有某些罪行的人无权投票。

在竞选活动期间，各政党和参选的候选人必须遵守《竞选行为规范》中的规定，避免各政党及其支持者之间发生冲突。

一旦选举被召集，各政党会发布自己的声明，陈述当选后各自的主张，利用竞选口号进行宣传，散发小册子或海报。候选人会对公众进行劝说，以获得支持，并贬低他们的竞争者。

第三章　种族与语言

一　复杂的人种

印度在历史上屡遭异族的入侵和占领，因而人种繁多，血统混杂，语言纷乱，素有“人种博物馆”之称。如果单从外貌和体形来看，有些印度人像欧洲的白种人，有些似非洲的黑种人，有些则是棕褐色的亚洲黄种人。他们有的头发乌黑，有的呈金黄色；有的身材高大，有的个子矮小；有的高鼻梁，有的塌鼻子。许多世纪以来，不仅各色人种迁入印度，而且各种宗教和文化一直不断传入印度，因此印度文化吸收了多种民族的不同传统，从而变得多姿多彩。

据考古发现，印度最早的居民是旧石器时代的人。以后在漫长的岁月里，不断有许多民族先后从西北部、东北部等地进入南亚次大陆。这就形成了许多不同的混合人种。印度到底有哪些人种，各指哪些人，至今说法不一。近百年来，许多人种学家从肤色、身材、眼色、头、鼻、发质和血型等角度进行了各种分类研究，但仍未取得一致意见。

据地质学家研究，从前，印度、澳大利亚、太平洋诸岛和非洲曾连成一片，当时可能已有了人类居住，而且是同一种人。后来，由于地震的发生，或其他原因，而分成了若干地块，中间出现了海洋。当然，这里的居民也就被分离，并开始逐渐形成不同的社会和宗教。在南印度发现的人类最古的遗迹，在非洲、澳大利亚和爪哇、苏门答腊等太平洋的岛屿上也有同样发现。由此证明了上述看法。

数千年以后，在某些地方由于气候变得干燥，土地变得贫瘠，人口逐渐增多，人们为了改善生活而到处迁徙，于是出现了人种的分离和融合现象。在印度也有同样情况。

在印度辽阔的国土上，曾发现大约50万年以前的人类遗迹。数千年来，又有不同人种不断进入印度，而且不断彼此融合。所以在印度的居民中可以看到不同人种的特征，因此印度有“人种博物馆”之称。

多数学者认为，印度有以下人种：

（1）尼格利陀人。其特征是身材矮小，皮肤为深褐色，头发乌黑，鼻宽唇厚，肩窄腿短，胡须和体毛不多，臂长。据有关学者认为，这部分人是印度最早的居民。今天的安达曼人、印度沿海地区的卡达尔人和巴拉因人等，以及比哈尔邦山区的一些土著人均为他们的后代。

（2）原始澳大利亚人，又称维达类型人。澳大利亚的土著人和原始澳大利亚人身材特征非常相似，由此而得名。有学者认为，这种人早于达罗毗荼人进入印度，所以也称他们为“前达罗毗荼人”。原始澳大利亚人的特征是：长发型、身材矮小，头发乌黑而卷曲，鼻宽唇厚，肤色为褐色，中印度大多数土著部落民属于这类，南印度也有分布。如比尔人、杰纠人、孟达人、奥朗人、霍人、贡德人、孔德人等。印度之外，斯里兰卡的维达人为典型代表。

（3）达罗毗荼人，或叫地中海高加索人种。这一人种从西班牙和摩洛哥到印度都有分布。据有关人类学家研究，它分几支，早于雅利安人，从不同时期进入印度。这种人的特征是：长脸形，中等身材，卷发呈浅褐色，薄唇，皮肤为浅褐色。操达罗毗荼系语言，使用形象文字，是这一人种创造了印度河流域文明。

达罗毗荼人占印度总人口的21.6%，主要分布在南印度。关于达罗毗荼人是否属印度的原始土著人，对此有不同说法。一般认为，古时雅利安人进入印度后，才把达罗毗荼人从印度西部和北部赶到印度南方，于是达罗毗荼人就成了南印度的原始居民。因此有些学者说，达罗毗荼人是印度的土著人。而又有学者从印度古籍中找出了达罗毗荼人更早的人种名称，叫作尼沙达。还有一种说法，印度最早的土著人与原始的澳洲人属同一血统。这种原始的澳洲人原住亚洲，后来有一支人成了澳洲人。有的西方学者认为，在赤道以南，从前有个大国，东到爪哇，西连非洲，这个国家称为“莱茂里亚”，是达罗毗荼人最早居住的地方，但后来由于地壳发生变化，它的大部分被水淹没。这种说法在泰米尔语的文献中也有记载。泰米尔语的五大史诗之一《希尔薄提迦尔摩》和《马杜拉斯特拉·布拉朗》中有南马杜赖被洪水淹没的记载。

至于“达罗毗荼”一词的形成，学术界也有不同看法。不少学者认为，现在的泰米尔纳德、安得拉、卡纳塔克和喀拉拉的居民是达罗毗荼人的后裔，他们的语言属达罗毗荼语系。古时候整个南印度被称为达罗毗荼地区，但后来安得拉、卡纳塔克和喀拉拉分别独立，“达罗毗荼”一词则演变成了“泰米尔”。

根据文献记载，泰米尔纳德的很大一部分已被大海吞没，因此它的文化不免遭到破坏，根据已有文物考证，可以了解到达罗毗荼人的文化及文明情况。从语言上看，俾路支的布拉灰语和泰米尔语很相似。同样，地中海沿岸的居民与达罗毗荼人的体形、肤色也一样。从泰米尔纳德和巴格达挖掘发现的文物证明，这两个民族的丧葬仪式也相同。当然，也有印度学者认为，达罗毗荼人并非从外地迁来，他们是这里最早的居民。不管怎样，是达罗毗荼人在印度西北部发展了莫亨殊达罗与哈拉巴文化，所谓印度河文明，实际上指的就是达罗毗荼人的文明，他们对印度文化做出过相当大的贡献。这一人种也有分化，形成了不少分支，还有许多混血人种。他们的特征是：皮肤黑，长头型，上臂长，鼻子扁平，个子矮小。现在西孟加拉邦的桑塔尔人便是血统较纯的达罗毗荼人。

（4）印度的雅利安人。他们原与欧洲的雅利安人属于同种，为与欧洲的雅利安人相区别，所以叫印度雅利安人。在公元前2500年左右，雅利安人一度乘世界人种移动的风潮，分东、西两个方向移动，一支由中亚进入欧洲，成为今天欧洲人的祖先；另一支则由中亚向东，越过兴都库什和喀喇昆仑两高原，居留在伊朗高原与印度，成了伊朗人和印度人的祖先。雅利安人是好战的游牧民族，进入印度后，同在此居住的达罗毗荼人时常发生激烈斗争，后来逐渐征服他们。达罗毗荼人大部分被赶往南方，一部分则沦为奴隶。雅利安人便开始占据印度西北部印度河上游的旁遮普一带。后来，渐次向东发展，直至恒河上游地区。他们发现此处土地肥沃，资源丰富，因此迁入者日益增多，构成了印度的雅利安人种。雅利安人原为白种人，其长相明显具有欧洲人特征，身材高大，长头型，胡须多，鼻梁细高，额头宽及皮肤白皙等。今天不少印度人属于他们的后裔，或为他们的混血种，血统较纯的人现在亦可见到，如拉其普特人、查特人等就是，主要分布在旁遮普和拉贾斯坦等地。也有人说，现在印度教中的僧侣可能是血统较纯的雅利安人。印度古文献《吠陀》和《史诗》中提到过一种信奉火神的雅利安人。但长期以来，并未引起人们的重视，印度人对此也缺乏研究，直到18世纪，欧洲从事印度古代文化研究的学者发现梵文跟西方语言非常相似。1786年英国人威廉·姜斯指出，古希腊语、拉丁语、哥特语和西尔特语跟梵语同出一源，从此便出现了研究印欧语系的学说。到19世纪中叶，德国浪漫派代表人物麦克斯·穆勒提出了雅利安人的学说，并指出雅利安人在古代遍布欧洲、西亚和印度。从此以后，人们就把那些在语言上属于梵语系统的印度人称为雅利安人，或叫印度雅利安人。过去人种学家认为，雅利安人是在三四千年前从俄罗斯大草原迁徙到印度的。现在，剑桥大学考古学家又提出了新见解，认为雅利安人是在8500年前从今土耳其中部迁徙而来的。这种人起先分布在印度河和朱木拿河流域，后来分布到全印度。像旁遮普和拉贾斯坦邦的早期居民大多数属于雅利安人。后来又有蒙古人种的人进入印度，于是出现了不同种族的通婚，形成了混血人种。因此，有的人脸型像欧洲人，但肤色较黑，其中当然也受到自然气候的影响，如南印度的雅利安人就比北印度的雅利安人黑。

（5）蒙古人种。印度北部和东北部与亚洲内陆相连，因地理和历史上的种种原因，亚洲的蒙古人在不同时期从北部和东北部进入南亚次大陆，构成了蒙古人种成分。由于文化落后，在印度古代史中作用不大。其肤色为黄色或褐色，脸扁平，突颧骨，鼻小，唇厚，肩宽，胡须和体毛少。蒙古人分长头型和宽头型两种。长头型的分布在阿萨姆和边疆地区的土著民族；宽头型分布在杰德岗等地。

二　众多的民族

印度的民族也很复杂，几个语系的民族都有。印度有几千年的文明史，在漫长的历史发展中，印度民族对东方乃至世界文化的发展和繁荣起过重大作用，对人类文明有着伟大的贡献。

印度也像有些国家和地区一样，从国家来说，历史上王国林立，相互争战，不断有外来移民进入；从民族来说，则有许多种族、民族和不同种族成分与民族成分重新组合而成的民族，并且还有许多土著部落。历史证明，印度的统一和独立是各民族共同完成的，不仅人口众多的印度斯坦族等十几个大民族在统一大业中起了重要作用，就是广大少数民族如桑塔尔人等也做出了重大贡献。

印度人种复杂，由几支组成。澳亚人是其中之一，他们从西方进入印度，以后分布开来，蒙达人、奥朗人、霍人、贡德人、孔德人和卡西人等就是他们的后代。他们的祖先对印度古代文明贡献很大，主要表现在从旧石器文化发展为新石器文化，陶器、耒耜的发明，水稻和一些果树的培植，以及用棉花织布等方面。达罗毗荼人也是古老的民族，现在主要分布在印度南部，但在古代这一民族曾分布在印度中部、北部和西部广大地区。在北印度，达罗毗荼人与澳亚人一度并存，不过，可能最初是前者居于统治地位，后来才发生种族和文化的混合。考古证明，达罗毗荼人的文化比较发达，从泰米尔人早期的语言看，在雅利安人之前他们已经知道锡、铅、锌及各种普通金属，还能制造精美的陶器。在农业上，他们已会用犁耕田，有船和独木舟作运输工具，能纺织染色，也有了文字，在印度河流域发掘出来的古代文物，一般认为是达罗毗荼人创造的。当时已属于金、石并用时期，有了陶器、青铜器及有轮制彩陶等；农业上有稻、麦等农作物的种植。最突出的是城市建筑，那时候能设计复杂的街道、水沟和浴池等。印度伊朗人，即古代的雅利安人，他们进入印度的时间晚于上述两民族，大约在公元前 2400 年至公元前 1500 年间。从《吠陀》文献得知，雅利安人从西北进入印度。初入印度时，一般称“梨俱吠陀时期”（公元前 1000 年），其所占领的地区包括后来的阿富汗斯坦、旁遮普、信德和拉其普塔纳的一部分及克什米尔等地。到“梨俱吠陀后期”（公元前 600 年至公元前 1000 年）雅利安人占领了北印度的大部分。当时雅利安人分为许多部落，属于游牧民族，他们的社会经济发展水平落后于当地的土著，但他们的武力强大，因此才征服了土著，并与之混合。当时雅利安人的主要财富是牲畜，后来学会了农业种植，犁田耕种，种植大麦和小麦等，但种植水稻是后来与澳亚语系民族接触后才学会的。雅利安人会木匠、铁匠等技术。另外，还有蒙古人，他们大约在公元前 1000 年的中期进入印度，在《吠陀》中称为喀拉特人，由于他们文化落后，在印度古代历史上作用不大。因此，有关他的记载很少。除上以外，还有尼格利陀人，他们皮肤较黑，个子矮小，头发浓密，鼻子扁平，手长脚长。他们早在旧石器时期已到达印度，为印度最早的居民之一，但目前人数已很少。南印度的格达尔人、伊鲁拉人、巴尼亚人和安达曼群岛上的安达罗人等是他们的后代。

印度对民族问题并未形成一致意见，如“民族”的定义是什么，划分的标准是什么，应如何区分等一系列问题并未真正取得一致，关于“多数民族”与“少数民族”也有不同划分方法。有些人主张，凡信印度教的为多数民族，其他宗教信仰者均为少数民族，甚至把锡克教徒也归为多数民族之中，因为锡克教是印度教的分支。当然有人对此持不同看法。但是对“部落”的划分从上到下意见是一致的。但对他们有不同称呼，有的称他们为原始民族，有的称他们为山区部落，有的称他们为森林部落，有的称他们为万物有灵部落，有的称他们为落后部落，有的称他们为落后的印度教徒等。所有这些叫法都有一定道理，都是从不同角度而得出的结论。但是，从他们的形成和发展历史来看，这些民族虽然在其所生活的地理环境、生活状况和宗教信仰方面有不少共同特点，大多称他们原始部落。不管如何称呼，他们其实是少数民族，现在还比较落后，处在落后的社会发展阶段，其社会风俗千奇百怪，在不同程度上还保持着原始文明。这对了解和研究人类社会发展史提供了条件。因此，自 18 世纪中叶以来，印度的部落民一直引起印度国内外人类学家的重视。印度的主要民族简介如下。

（一）孟加拉人

印度的孟加拉人主要分别在孟加拉邦。在远古的时候，孟加拉地区的居民属于澳亚人种。他们操澳亚语，这种语言现在还在，可以在土著人中找到痕迹。这些土著民族中的高尔人、布林德人、崩德拉人、尼夏德人等，在《往世书》里都有记载，这证明他们是很古老的。

后来，蒙古人由东北进入这个地区，他们的语言带有缅藏语的特点。学者们认为北孟加拉的包隆人和东孟加拉的姜塔尔人就是操缅藏语的蒙古人后裔。

当蒙古人进入孟加拉并在这里定居下来的时候，雅利安人开始由印度西部进入比哈尔地区，并且在整个北印度建立了许多强大的小王国，摩羯陀国就是其中最富强的一个。孟加拉的雅利安人正是从摩羯陀进来的。因此，历史上习惯称他们为温格摩羯提人。他们是同比哈尔和北印度的达罗毗荼人混血的雅利安人。

孟加拉人中也流行种姓制度，但不像其他地方那样明显和严格，而且由于民族混杂，很难从宗教文化或风俗习惯上把他们区分开来，只能大体上把他们归入婆罗门、维迪耶、迦耶斯特和首陀罗四个种姓。

婆罗门主要有五个姓，按地区看，又可以把他们划为拉蒂婆罗门（住在拉特地区）和瓦兰德拉婆罗门（住在瓦兰德拉地区）。拉蒂婆罗门中主要是被称为坎尼亚古巴吉（曲女城婆罗门）的五个大家族。据说他们的祖先是巴拉尔森那国王从曲女城请来的，并赐给他们“邬巴蒂亚耶”和“阿贾尔耶”（大师）的称号。这支婆罗门的后裔现在都喜欢按英语习惯把自己的姓写成穆克吉、查特吉等。

关于维迪耶种姓，则意见不一，众说纷纭。有的人说，雅利安人进入孟加拉的时候，维迪耶是一个专管祭祀的种姓，婆罗门后来和他们通婚。有人说，他们实际上是行医的。有人说，他们是婆罗门同首陀罗妇女结合生的后代。也有人说，他们本来属于吠舍种姓。不管怎样，今天孟加拉维迪耶种姓的地位仅次于婆罗门，居第二位。

孟加拉的迦耶斯特历来是一个文明和进步的种姓。他们在社会地位、行政职务和其他领域里总是身居高位，许多社会活动家、宗教领袖和文化机构的负责人都出身于迦耶斯特。按孟加拉的种姓制度，迦耶斯特属于首陀罗种姓，但是婆罗门无法歧视他们。因为他们有权势有钱，因为婆罗门要靠他们生活。现在很多迦耶斯特人戴上了只有婆罗门才能佩戴的圣线。此外，在孟加拉还有一些属于迦耶斯特的副种姓，他们的姓已经和正统的迦耶斯特人的姓不一样了，很可能形成一支新的种姓。

首陀罗是社会地位最低的种姓。工人、农民、手艺人、仆役等都属于这个种姓。其中以盖沃尔德人最多，他们在古代是孟加拉的居民，占有土地。今天，他们在孟加拉人中占绝大多数。现在人们称农民为哈里盖沃尔德，把渔民叫奇盖尔沃德。由于现代化教育、商业和工业的发展，他们中有些人已经成了学者或富翁。

孟加拉人也有吠舍和刹帝利种姓，但是他们人数不多，影响不大。吠舍种姓在孟加拉叫拜奈，他们在社会上没有什么地位和声望，有些地方甚至把他们算作首陀罗。他们当中从来没有做过生意的人，喜欢把自己说成是维迪耶种姓。

孟加拉人本来不存在刹帝利种姓，现在那些自称是刹帝利种姓的人，实际上是莫卧儿帝国统治时期随曼·辛哈一起来到这里的拉吉普特封建王公的后代，他们一般都在自己名字后边加“辛哈”一词。在莫卧儿王朝和英国统治时期，他们是贵族，即使在今天，他们也还算“上流人”。

孟加拉人的主食是大米，喜欢吃鱼。大米除做米饭外，还用水浸泡后磨成浆，同椰子、红糖掺在一起，做各种甜食。鱼的种类也多，做法和吃法也五花八门。他们虽然很讲究饮食的味道和花样，但是除了鱼以外，其余的营养价值都不高。他们喝牛奶很少，吃酸牛奶也不多。所有蔬菜几乎都是用菜籽油炒，基本上不用黄油。由于过分讲究花样，所以花钱多，妇女烹饪任务也很重。孟加拉有名的甜食是拉斯古拉（一种带甜汁的元宵）和生代西（一种奶酪糖）。加尔各答的拉斯古拉不仅驰名全印，而且畅销世界许多国家。

孟加拉人的穿着很简单。在农村，男的只缠绕一条齐膝长的围裤，肩上搭一条擦汗巾。在城里，人们一般都是下身缠围裤，上身穿一件衬衣。也有穿西服上衣的，孟加拉人不需要毛料衣服和棉被，但离不开雨伞。

孟加拉上流人缠围裤的方法与众不同。他们喜欢把围裤的一头留出一段，放在前面，称之为衮佳。年轻人则喜欢把衮佳别在后腰，以便干活利落。从前爱玩棍棒球的人和士兵都是这样缠围裤。

孟加拉人特殊服装是宽袖无领长衫，一般是丝绸做的。穿这种衣服时，一定要披一件丝绸布单或绒线薄毯，这是一种体面排场的打扮。在正式场合，印度教教徒和穆斯林都喜欢穿这种衣服。

孟加拉妇女从前不能穿鞋，甚至连拖鞋也不许穿，但必须戴面纱。现在思想守旧的妇女喜欢把纱丽围在身上，不缠紧，以免看出她苗条的体形。但受过教育的妇女不论这些。

孟加拉人和印度其他地区的人一样笃信宗教。但由于历史的原因，他们又具有自己的特点。雅利安人未到孟加拉之前，孟加拉人是大自然的崇拜者；雅利安人进入孟加拉后，尽管孟加拉人也敬奉雅利安人的神，但是他们对自己原先的地神、村神、家神等更为虔诚，而且往往把他们自己的神同雅利安人的神混合在一起。例如，他们所敬的地神、湿婆神、迦利女神及非雅利安人的女财神等，尤其是迦利女神，是他们原先的神与雅利安人的神糅合在一起的典型。

孟加拉人在宗教上的另一大特点是不狭隘保守，善于融合。符咒派的观点、婆罗门的观点和佛教的观点，都兼而有之。特别是佛教观点对孟加拉的印度教影响更大。印度教吸收其他教派观点补充自己的这种现象，在印度其他地方也是少有的。从杰旦尼耶到辩喜，所有孟加拉的宗教领袖都高举一切宗教融合论的旗帜，所以在孟加拉地区始终没有宗教和教派纠纷。

孟加拉人喜欢过各种节日，一年到头节日很多，如杜尔迦节、罗其密节、湿婆节、克里希钠节、斯尔斯瓦蒂节等。

（二）安得拉人

安得拉人有5000多万（1991年），占全国人口的8.5%，主要分布在安得拉邦等地。关于安得拉人的来历有种种不同的说法，有些学者认为，他们属于雅利安人，另一些学者不同意这种说法。在《摩诃婆罗多》和《罗摩衍那》两大史诗中，称他们为达罗毗荼人。在阿育王石柱铭文里，凡提到安得拉人的地方，也提到了“普林达人”，但没有肯定他们是哪个王国的人。在《梨俱吠陀》的《爱达罗梵书》里说，安得拉人是众友仙人的后代。据说他受到父亲的诅咒后，迁居到温蒂亚山（文底耶）南部，在那里，同当地的达西安族妇女结了婚，他们的子孙后代便是安得拉人，这就是说，安得拉人是雅利安人和达罗毗荼人的混血种。看来，最早的安得拉人要么是一些脱离了雅利安族或者不得不放弃雅利安族而加入达罗毗荼族的原雅利安人；要么就是一些跟雅利安人混合后脱离了其他达罗毗荼族的达罗毗荼人。泰米尔语《往世书》中称他们是达罗毗荼以外的人。

今天的安得拉人中，除了一些土著人仍保留着原来的纯血统外，其余都是混血种。他们的另一个特点是，外貌既不明显的像北方人，也不明显的像南方人，似乎既有雅利安、达罗毗荼人的特点，也有蒙古人种的特点。一般身材高大，臂膀粗壮，肤色多样，深黑色、棕色或浅灰色等都有。

安得拉人还保持着种姓差别，分为婆罗门、刹帝利、吠舍和首陀罗四个种姓。同一个种姓又分为数以百计的副种姓。虽然种姓之间彼此不能通婚，从前就连饮食也不统一，然而安得拉邦的婆罗门和非婆罗门，在社会地位上差别甚小，知识界尤其如此。因此，这个邦企图在政治上建立宗教、教派和种姓的派别的可能性很小。

安得拉人大都信仰印度教，其次是伊斯兰教和基督教。从前，安得拉是佛教和耆那教的中心，现在信仰这两种教的人已大为减少。这个邦的印度教是湿婆和毗湿奴教的综合体，凡有婆罗门庙的地方也都有毗湿奴祭棚。

印度教教徒特别注重婚事，认为结婚是生活中的一件大事。结婚一般限于同种姓内进行，同外种姓结婚的寥寥无几。有些种姓禁止家族内通婚，特别是婆罗门种姓更是如此。以前盛行童婚，现已改变了这一陋习，童婚被认为非法了。在安得拉邦的历史上，曾多次掀起过争取寡妇改嫁权利的运动，但运动过后，寡妇的处境却依然如故。

在安得拉人中，至今允许同舅舅和姑姑的儿女结婚，这种风俗从表面上看，违背了印度教的古代法典，而且对北印度的印度教徒来说，简直是不可思议的。可是，它却为大多数安得拉婆罗门称之为老祖宗的阿波斯登布仙人所允许，结果就形成了流行于当地的一种风俗。

安得拉人喜欢吃辣椒，吃辣椒是人们的一种嗜好，在他们看来，如果没有辣椒，任何食物都是索然无味的。安得拉也盛产蔬菜，但很多人却喜欢吃咸菜。咸菜里要放大量辣椒和油。他们还喜欢在菜里放大量罗望子等调料。有时为了减少调料的刺激性，要吃很多酥油。在安得拉邦，奶酪是各种姓和各地区的人必不可少的食品。一顿饭结束时，一定要吃奶酪和奶浆。主食和副食都按一定的顺序分道上席。先上豆饭之类的主食，再上调料，最后上菜，但在吃饭时，将菜、调料同米饭等主食拌在一起，用手抓着吃。

安得拉人不大习惯吃糖，却很喜欢喝茶。旦巴古（即烟草）也是安得拉人生活中不可少的。

（三）旁遮普人

大约在公元前两千多年，雅利安人从开波尔西北部山口进入印度，他们首先征服了旁遮普地区，并在那里定居下来，然后又从西北沿着恒河向东南移，到了北方的波罗奈城（现在的贝拿勒斯）等地。当时的雅利安人分许多部落，每一个部落都有酋长或罗阇（即国王）。各个部落之间经常发生战争，同时各部落也联合起来反对当地的非雅利安民族。这些当地民族可能就是达罗毗荼人。后来雅利安人完全征服当地的非雅利安人，成了主人。

历史学家认为，公元前5世纪左右，旁遮普地区可能曾属于伊朗帝国的一部分属地。不过，旁遮普所发生的第一件历史事件是公元前326年亚历山大的入侵，印度系统的历史也是从这时开始的。当时旁遮普有许多小土邦，他们你争我夺，互相不和，亚历山大利用呾叉始罗（即现在巴基斯坦的塔克西拉）的土邦王阿米和切拉姆鸠那布地区的土邦王普鲁之间的仇恨，打败了普鲁。但是亚历山大遇到过土邦王的抵抗，波罗斯的土邦王曾公开和亚历山大宣战。最后，波罗斯战败被俘，亚历山大乘胜前进。但由于沿途不断同雅利安人交战，他的军队已疲惫不堪，再加上士兵们常年在外，普遍思家，希望尽快返乡，所以士气低落，甚至拒绝继续前进。亚历山大无奈，只好从比哈斯河岸撤退，经谟尔坦、信度和俾路支斯坦（现属巴基斯坦）返回本国。回国途中，亚历山大在伊拉克的巴布尔地区暴死身亡。亚历山大死后，普鲁等土邦王再次崛起，并将希腊人从旁遮普中部驱逐出去。

当时被摩羯陀国王难陀驱逐出摩羯陀国的前军事首领旃陀罗·笈多趁亚历山大撤离旁遮普之机，控制了旁遮普，并以旁遮普为基地打败了摩羯陀帝国，于公元前 322 年称帝，阇那伽被封为宰相。

时过 16 年后，被阿富汗的希腊统治者塞留古（他是亚历山大的军事首领，亚历山大把在印度占领的土地交他治理，并封他为副王）为了收复失地，向旃陀罗·笈多兴兵讨伐，但被旃陀罗·笈多打败。双方达成协议，塞留古还把女儿海伦嫁给了旃陀罗·笈多。

从此以后，直到旃陀罗·笈多的儿子宾头沙罗和孙子阿育王统治时期，旁遮普地区一直比较平静，无外族入侵。

阿育王死后，北阿富汗的希腊人又开始向旁遮普入侵，并占领了旁遮普，建立了自己的王国。希腊人在旁遮普统治了整整一百年。这些希腊人在著名的佛教学者龙树的影响下，先后皈依了佛教，被印度完全同化。

公元前 100 年左右，北伊朗的西蒂安人入侵印度，他们和希腊人一样，属于雅利安人。西蒂安人的塞种族的一个酋长莫加在旁遮普的西北部建立了王国。现在东旁遮普的莫加城名可能就和当时塞种王朝有关。

公元 1 世纪时，贵霜人从中亚来到旁遮普，他们灭了塞种王朝，把所有外来族都赶出了旁遮普。贵霜族也属于塞种人的一个王族。

贵霜王朝的一个国王中迦腻色迦最有名，影响最大，他的都城是布路沙布罗（即今日白沙瓦，现属巴基斯坦）。从中亚到印度的迦尸（今贝那勒斯）地区，都是他的疆土，整个旁遮普、信度河流域和克什米尔地区，都是他的王国的领域。

贵霜王朝统治了将近 300 年，后来逐渐和当地人融为一体，不复独立存在。

公元 4 世纪末，旃陀罗·笈多·维格拉马迪特耶征服旁遮普，笈多帝国的末代帝王塞键陀·笈多统治时期（公元 5 世纪），匈奴人入侵旁遮普，并从旁遮普向印度其他地区进攻，匈奴人是游牧民族，善骑射，挥戈自如。他们入侵旁遮普之后，大肆掠夺，任意屠杀，使旁遮普受到浩劫。

匈奴人最后在夏迦尔（现在的锡亚尔科特）建立了京城，并在旁遮普统治了七十多年。后来，匈奴人也被同化，成了印度人。

11、12 世纪，穆斯林开始大规模地入侵。先是葛兹尼的土耳其统治者苏布戈特甘，随后又是他的儿子马茂德多次入侵旁遮普和印度其他地方。尤其是马茂德，他像秋风扫落叶一样，把旁遮普几个印度教国王全部赶走。马茂德王朝的国王在旁遮普统治了将近百年。

在此期间，阿富汗境内的高利王朝已经兴起。12 世纪末，高利族国王穆罕默德·高利把信度河流域和旁遮普的穆斯林领地一个个征服了，1186 年又从马茂德王族的国王库斯洛马立克手中夺取了拉合尔（现属巴基斯坦），这样旁遮普又开始了高利王朝的统治。穆罕默德·高利于 1206 年被一个科克尔人暗杀丧命。

1398 年，帖木儿·楞格听说旁遮普非常富庶，便率领数万军队，从撒马尔罕长驱直入旁遮普。帖木儿·楞格打败了突格卢王朝的国王，一路烧杀抢掠，直抵德里。

1526 年，巴卑尔发动了侵略，并在印度建立了莫卧儿王朝，这个王朝后来出了胡马雍、阿克巴、贾抗格尔、沙贾汉、奥朗则布等历史上有名的帝王。

穆斯林在旁遮普失败以后，锡克人统治了旁遮普。后来旁遮普又被英国占领。英国人在旁遮普统治了大约百年，英国人离开印度时，把旁遮普分为东西两个部分，东部归印度，西部归巴基斯坦。

现在的旁遮普人可以说是印度雅利安人种的典型代表。但旁遮普人并非全部是纯粹的雅利安人。由于旁遮普在历史上屡遭外族入侵，成千上万的外族人在旁遮普先后定居下来，如希腊人、伊朗人、塞种人、匈奴人、蒙古人、阿拉伯人等，他们不仅在这里定居下来，而且随着时间的流逝，逐渐都同原来的旁遮普人融为一体，成了旁遮普人。所以现在的旁遮普人，实际上是各个民族长期融合的结果。

从人种的角度看，旁遮普人可以分为四类。第一类是由古代的雅利安人其中部分是有后来进入旁遮普的希腊人和塞种人等繁衍而来的，这些人组成了今天旁遮普的印度教社会。他们中根据印度教的经典也分为四个种姓，即婆罗门、刹帝利、吠舍和首陀罗。在这四个种姓中又有许多副种姓。不过，旁遮普的种姓制度没有某些邦那么严格。旁遮普古代的刹帝利现在叫柯帝利，这个叫法不仅是“刹帝利”一词的变音，而且还标志着他们职业性质的变化，因为柯帝利种姓中有相当数量的人是行商的，他们的人数在商界占绝大多数，他们在做生意和放高利贷方面比吠舍种姓的商人还高一筹，他们在职业上已经和吠舍种姓没有什么特殊的不同，所以他们基本上已经算作吠舍种姓了。

旁遮普的柯帝利种姓中，绝大多数人姓阿罗拉或阿罗莱。据说他们的祖先原来是从印度河流域的一个叫罗利的地区过来的，所以姓阿罗拉，意即“从罗利来的人”。在旁遮普农村，几乎所有的柯帝利种姓都姓阿罗莱。

旁遮普原先的吠舍种姓都姓阿格拉瓦尔，据说他们可能从操印地语的地区迁到旁遮普去的，后来慢慢变成了旁遮普人。

第二类人中，查特族的人最多，印巴分治以前，他们在旁遮普的3500万人中占600万之多。从信仰的角度来看，他们中绝大部分信仰伊斯兰教，而且留发。目前在东旁遮普讲旁遮普语的查特人，几乎全是锡克教教徒，称为印度教徒的旁遮普人很少。

第三类人是拉吉普特人，他们是从前移居到旁遮普来的拉贾斯坦人的后裔。印巴分治前，他们有300万，其中绝大部分人信仰伊斯兰教。现在的旁遮普邦的拉吉普特人中大约有三分之二是印度教教徒，三分之一是锡克教教徒。但是旁遮普和其他地方一样，许多信仰印度教教徒的首陀罗种姓都称自己是拉吉普特人。

第四类是古贾尔人，这个族的人分布在从克什米尔到古吉拉特地区。古吉拉特邦的名字就是由这个族的名字来的。现属巴基斯坦的西旁遮普的古吉拉特、古贾尔汗、古贾朗瓦拉等城市的名字也是用这个族的名字命名的。古贾尔人一般以畜牧为业，但同时也像查特人和拉吉普特人一样，善于务农。印度教徒喜欢把古贾尔人中的上层算作刹帝利。

除了以上所说的四类人而外，还有各种不同的山地民族，他们是拉吉普特人、古贾人、西藏人等人种的混合民族，他们有自己的语言和文化。

旁遮普的哈里真人大部分信仰基督教。他们中有的是古代雅利安人的奴隶的后裔，有的是后来从东北地区胁迫来的人的子孙。

典型的旁遮普人一般身材魁梧，胸部宽阔，肤色比印度其他地方的人稍白略带褐色。旁遮普农民生活比较富裕，每家都有较好的家具、被褥、毯子、铜器、马车、收音机、电视机等。有些人家还有摩托车、汽车等。旁遮普人的生活水平在印度是最高的。旁遮普人主要吃面食、黄油。平原地区的人很少吃大米，但山区人主要吃大米，很少吃面食。旁遮普人不大习惯吃辣椒和其他调料，但大量食用黄油，喝牛奶和酸牛奶。从前旁遮普人不知道喝茶，只知道喝用酸牛奶做的饮料，现在普遍习惯于喝茶了。

在旁遮普人中，除师尊家族的雅利安人及外来的一些吠舍人和耆那教教徒而外，其他的绝大多数人，包括婆罗门在内都吃肉。不过除锡克人以外，其他人并不天天吃肉。

（四）奥里萨人

奥里萨人为印度主要民族之一，有3250万，占全国人口的5.1%，主要分布在奥里萨邦，属原始达罗毗荼人与雅利安人的混合种。

雅利安人大约在公元前1000年到公元前800年左右进入奥里萨地区，建立了第一个雅利安王国。公元前5世纪左右，雅利安人才从北印度大批涌进奥里萨，结果雅利安和达罗毗荼两个民族和文化逐渐融为一体。

雅利安人未进入奥里萨之前，奥里萨的本地居民是奥特拉人，古代梵文著作中对奥特拉人中的夏瓦尔、孔德、甘特、盖瓦尔德等族姓都有记载，不过往往把他们说成令人憎恶的半人半兽类，对他们使用了魔、妖、怪、精、夜叉、食人者等恶意敌对的字眼，《毗湿奴往世书》里说："夏瓦尔人是矮小、塌鼻、墨黑、红眼妖怪。"《爱达罗梵书》里说他们"大肚皮、两耳下垂、面如魔鬼"。有的梵文古籍中说他们是"住在国境边区的民族"，这说明奥里萨的原始居民曾坚决抗击过雅利安人的入侵，同雅利安人进行过长期的战争，所以雅利安人憎恨他们，使用了充满敌意的词汇。还说明当时奥里萨是处于雅利安人的势力范围之外，雅利安人不能随便进入他们的地区。

在远古时，有位名叫格岭伽的人在奥里萨地区建立了格岭伽（羯凌伽）王国，今天的格岭伽巴特纳姆就是当时的京城。据历史记载，公元前262年左右，摩羯陀帝国的阿育王向格岭伽国发动侵略，并灭亡了格岭伽。公元前150年左右，格岭伽王国又重获独立。公元初，它又成了其他王国的附属国，到公元4世纪，它被笈多王朝吞并。公元640年又被甘诺吉王国占领。后来格岭伽分成几部分，乌特伽尔是当时的一个王国，比较强大，大约在公元795年乌特伽尔国王还曾派宗教使臣到了中国。

11—12 世纪，奥里萨由盖斯利王朝统治。12 世纪，从西部过来的焦拉甘伽人在奥里萨建立了焦拉甘伽王国。在焦拉甘伽王朝的后期，北印度的穆斯林国王开始向奥里萨进攻，1434 年奥里萨又成为一个独立的王国后又发生了内战，1580 年被莫卧儿王朝征服，到 1803 年以后奥里萨又落入英国殖民者之手，一直到印度独立为止。在漫长的历史岁月里，奥里萨人受尽了各种苦难，这是奥里萨地区发展较慢和人民贫困的根本原因。

奥里萨人一般都是印度教徒，也有种姓制度，但种姓区别不很严格，这一点同其邻邦不同。从他们所从事的职业来看，也很难区别他们种姓的高低，低级种姓可以升为高级种姓，高级种姓也可以降为低级种姓，其决定因素是经济条件。

按印度教习惯，最高的种姓是婆罗门。奥里萨的婆罗门有外来的，也有土生土长的，外来的婆罗门是距今 1000 年前一个国王为了复兴婆罗门教从曲女城请来的，这部分婆罗门中被称为夏瓦尼（即国王恩宠者）的婆罗门地位最高。姓高善必和瓦林德尔的婆罗门也是从北孟加拉的外来户。最先到奥里萨地区来拓荒安家的婆罗门姓阿拉腊耶格（拓荒者）。当地的婆罗门有姓罗库那蒂亚的，有姓拉摩金德利玛的，有姓乌特伽尔的，也有姓其他姓的。姓乌特伽尔的婆罗门地位最高。婆罗门中，既有受人尊敬的潘迪特、祭司、学者和宗教经典的权威，也有家庭佣人和厨师。

奥里萨人一般直率诚实，勤劳本分，笃信宗教，热爱和平，待人接物彬彬有礼，素有天真无邪之称。奥里萨人多为印度教徒，信奉属于毗湿奴教派的扎格纳特神，但土著人则多为基督教徒。奥里萨人在生活习惯和穿着打扮上，颇似孟加拉人，衣着比较简单，通常只穿一件圆领长衫，缠一条围裤，或者只缠一条围裤，然后在头上披一块布单，土著妇女不少都袒露上身。农村妇女喜欢戴首饰，城市妇女多戴耳环。

他们的主食是米饭，副食有鱼虾、豆制品和各种蔬菜，香蕉、椰子常作为早餐。

奥里萨的节日和斋日很多，除了全国性的灯节、洒红节、敬难近母节、敬斯尔斯瓦蒂节、克里希那降生节、罗摩降生节而外，还有一些特殊节日，例如雨季节、游神车节、八月十五节、巴厘岛旅行节、青年节、秋千节、敬罗其密节等。

（五）泰米尔人

根据印度梵文文献记载，泰米尔人是指达罗毗荼人。今天整个南印度包括泰米尔纳德邦的泰米尔人，都是雅利安人来到印度之后，从北印度和西印度被赶到南印度去的原始居民达罗毗荼人的后裔。达罗毗荼人的文明在雅利安人未进入印度之前就已经相当发达。

据神话传说，最先到南印度去的雅利安人是阿格斯迭仙人。根据《罗摩衍那》一书记载，雅利安人是武装入侵到南印度去的，一些学者认为，罗摩和十首王之战，实际上是雅利安人和达罗毗荼人之间的最后一次决战，雅利安人战胜达罗毗荼人，征服了南印度。后来，经过漫长的岁月，雅利安人又和达罗毗荼人融为一体了。

> 有关达罗毗荼人和雅利安人之间的战争，在泰米尔语文献中也有记载，这些文献资料，一般都保存在寺庙的祭司手里。根据大诗史《摩诃婆罗多》和《罗摩衍那》里的记载，古代泰米尔纳德及其周围地区有三个主要王国，即杰尔（旧译罗其国）、焦尔（旧译朱罗国）和邦迪耶（旧译潘地亚国）。传说杰尔、焦尔和邦迪耶是兄弟三人，系泰米尔人，原先他们团结和睦，关系融洽，共理朝政，京城在达摩尔波尼河岸的高尔盖。后来兄弟三关系破裂，各建王国，分霸一方。杰尔王国在西部沿海地区，即今日的喀拉拉地区；焦尔王国在北部和东部，京城是提鲁契腊帕里；邦迪耶王国在南部，京城是马杜赖，三个王国为扩大各自的版图，经常发生战争。①

据古代史诗记载，邦迪耶国的统治时间从公元前500年直到公元300年。邦迪耶王国文化发达，经济繁荣，但到公元3世纪后，由于内外原因，国力衰竭，濒于灭亡。公元6世纪末，邦迪耶王国又突然崛起，该王国有很大发展。公元10世纪初叶，邦迪耶王国再度衰落。公元12世纪时，国王杰达·瓦尔曼·古尔谢克尔·邦迪耶宣布独立，并摧毁了岗吉布拉摩城和坦焦尔城。这个王国后来又征服了焦尔和杰尔两个王国，把王国

---

① 王树英：《走进印度》，中国社会出版社2010年版，第44页。

的疆域扩展到南至锡兰，西至迈索尔，北至代鲁尔等地。

后来由于内部斗争和德里穆斯林王国对马杜赖的入侵，邦迪耶王国受到极大削弱，接着杰尔王国又乘机进犯，结果邦迪耶王国一蹶不振，日益衰败，到公元16世纪时，终于覆亡。

关于杰尔王国的详细历史，至今仍不得而知，据说杰尔王国的国王杰勒尔·阿丁曾被焦尔国王葛利迦尔打败。该王国的第二个国王叫邬代衍·查兰是一位酷爱艺术的人，第三个有名的国王叫奈东·杰勒尔，他英勇善战，曾入侵过南部和东部的几个王国，立过战功。

关于焦尔王国的古代历史，在《往世书》中有所记载，该王国的第一个国王名叫葛利迦尔，他的执政时期大约在公元1世纪末到2世纪初，京城是提鲁契腊帕里。葛利迦尔是位学者，英勇善战，他打败过杰尔王朝和邦迪耶王国，征服过巴拉沃王国，把疆域扩大到了安得拉的大门口，甚至远征到了喜马拉雅山麓。

1303年，北印度的穆斯林开始向南印度大举进攻，他们像秋风扫落叶一样，席卷邦迪耶、杰尔、豪耶斯尔、朗巴蒂等王国。但是不久穆斯林统治者和地方封建领主之间又发生了战争。在混乱的局面中，维查耶纳伽尔王国应运而生，定都于东格帕德拉河南岸，维查耶纳伽王国的缔造者是哈利哈尔（诃里诃罗）和布迦兄弟两人。在他们统治时期，维查耶纳伽尔王国的版图东起孟加拉湾，西到阿拉伯海，抵克里希纳河，南至坎尼亚库马里。当时在克里希那河北还有一个巴哈曼尼王国和维查耶纳伽尔王国并存，两个王国之间战争连年不断，1565年维查耶纳伽尔王国灭亡。它的灭亡为穆斯林征服南印度打开了通道。维查耶纳伽尔王国在泰米尔纳德统治了250年。

从公元17世纪末到19世纪初，欧洲势力在西海岸站住脚跟。葡萄牙人很早就已入侵。荷兰、法国和英国也接踵而来。从那时起，南印度的历史变成欧洲人势力相互争夺的历史。

英国人首先于1311年在安得拉的马苏巴顿和尼贾摩巴顿建立了贸易公司。1639年他们从维查耶纳伽尔王国的一位继承人手里买了马德拉斯的马特那摩地区的一个村庄，并建立了一座叫圣乔治的大城堡。这是英国在印度修建的第一座城堡。以后，英国人从这里逐渐向整个印度扩张。1674年法国人也在邦迪吉里建立了殖民区。到公元17世纪末，泰米尔纳德沿海的许多地区都变成了欧洲人的基地。

公元18世纪英法战争之后，签订了1763年的巴黎协定，从此法国在印度的势力宣告结束。

泰米尔人分布的泰米尔纳德和印度的其他地方一样，被英国人统治了两百多年。

> 古代的泰米尔人敬奉树木和蛇，祭牲。开始迷信鬼神，后来敬奉天神，再后来则信奉湿婆神。在泰米尔语最古老的诗歌中曾提到马约、夏约等神的名字。①

现在的泰米尔人一般都信奉湿婆神。除了湿婆神外，还敬奉太阳神、水牛、大象、乌鸦、伐楼拿、土地神、光神和雨神等。

泰米尔人的村民有不少忌讳，他们认为第一、三、五胎生女孩最好，如果第四胎是女孩，认为会倾家荡产。第五胎生女孩会家财万贯。第五胎若生男孩，便会家破人亡。如果生双胞胎，那么最好都是男孩。如果都是女孩或一男一女，则被认为是不祥之兆。

泰米尔人认为，出门时遇到以下情况则被认为不吉祥，应立即回家休息片刻，然后再出门。（1）出门遇到蛇、猫、寡妇、行乞僧、独身婆罗门、理发师、油贩；（2）听到喷嚏声或其他难听的声音；（3）出门时滑了一跤；（4）听到不认识的人说“别去”等。

泰米尔人实行族内通婚。印度独立后，虽然异族异教之间可以通婚，但这种婚姻在社会上仍受歧视。

（六）马拉提人

马拉提人亦称马拉塔人，有5100万，占全国人口的8%，主要分布在马哈拉施特拉邦，在古吉拉特邦和中央邦也有分布。马拉提人是雅利安人、达罗毗荼人和希腊人的混合种，他们来自中亚地区。到这里后，有的皈依了印度教，有的改信佛教。

现在的马拉提人中，还混杂着很多拉吉普特、古吉尔和阿黑尔这样一些后来的种族。其中可分为三部分，即真正的马拉提族、贡毕族和岗格利族人。马拉提人不超过20%，他们自称属于刹帝利族系，要比其他两个

① 王树英：《中印文化交流》，中国社会出版社2013年版，第140页。

民族“低级”。“高级”的马拉提人是马哈拉施特拉传统的地主、封建领主和统治者；“低级”的马拉提人主要指一般的农民、牧民、仆役和士兵等。“高、低级”的马拉提人之间一般不能通婚，但只要有钱，有名誉和地位，也可以不受等级的限制。有了金钱、名誉和地位，“下等”的马拉提人也可以称自己是刹帝利人。当然，今天在知识界这种歧视已经没有什么特别意义了。

马拉哈塔族曾有几个王朝。在马哈拉施特拉除古代马拉哈塔、孔雀、塞德尔格和西德沃等几个王朝外，还有卡纳塔克地区的格登薄和豪耶斯尔王朝，高拉合布尔地区的西尔哈尔王朝，瓦楞格地区的迦格迪耶王朝，以及萨格尔地区的沃拉勒王朝等。目前的马哈拉施特拉人中有 96 个不同民族，其中有些同古代王朝有关，有些同中世纪的拉吉普特人有关，几乎所有马哈拉施特拉的拉吉普特人都取马拉哈塔为名，而且成了马拉哈塔人的首领，这些人至今还称自己是拉吉普特血统的马拉哈塔人。在宗教信仰和生活习惯上，他们属于马哈拉施特拉的刹帝利阶层。无疑，在高阶层的马拉哈塔人中混有许多拉吉普特人。但是，实际上马拉哈塔人是一个单独的民族。一般马拉哈塔人的脸型、肤色和体型同拉吉普特人很少有相似之处。一般马拉哈塔人呈黄褐色，身材矮小，鼻子小，眼睛圆大，嘴唇肥厚，身体结实。而拉吉普特人不是这样。

按照印度教的等级制度，马拉提人的社会地位为中等，他们一方面在社会上属于高级的婆罗门，另一方面又属于广大的被压迫的下层阶级。在马哈拉施特拉邦，所谓被压迫阶级的人数达 30% 以上。其中包括许多属于表列种姓的印度教民族。皮尔人和土著人以及一些其他落后阶层。

马拉塔帝国灭亡后，马拉提人一般都从事农业。英国统治时期，当兵是马拉提人的一种谋生手段。现在的印度军队中，马拉提人大大减少。今天他们主要从事农业和其他一些体力劳动，也有从事脑力劳动的。但经商的人很少。

据古代文献记载，马哈拉施特拉古代居民的文化同属于住在北印度的雅利安人文化。他们的生活方式和经济制度同雅利安人是一样的。他们的艺术、风习和节日也同样受北印度的雅利安人影响。

公元 7 世纪时，玄奘在《大唐西域记》一书中提到马拉提人时说，他们纯朴、精干而自信，“其性傲逸，有恩必报，有怨必复，人或凌辱，殉命以仇，窘色投分，忘身以济”。人知好学，高僧、圣人、学者甚众。

马拉提人的这些特点，至今犹存。

马拉提人喜欢摔跤，印度的大力士以马拉提人居多，他们还善于打板球、曲棍球和羽毛球。

马拉提人的服装一般穿围裤和圆领上衣。农民喜欢包肥大的头巾；城市人一般戴圆帽。

马拉提的妇女的服装别具一格，身上缠一块 2.6 米多长的纱丽，下身不再穿任何衣服。一般来说，马拉提妇女能吃苦耐劳，她们把纱丽缠得很紧，目的是为了干活利落。今天还可以看到成千上万马哈拉施特拉妇女这样缠着纱丽在沿海从事盐业和渔业劳动，或在田间、工厂同丈夫一起劳动的场面。

马拉提人的饮食没有什么特别，米饭、面饼、奶、奶油、酥油和蔬菜，这些在北印度常吃的食物，在这里也同样流行。一般人认为马拉提人喜欢素食，其实并非如此，只不过有些保守的婆罗门和信仰毗湿奴教的马拉塔人才不吃鱼和肉。

马拉塔人的节日繁多，内容丰富多彩，最大的节日是耿乃希节。

（七）古吉拉特人

古吉拉特人（旧译瞿折罗人），印度主要民族之一，人口约 3980 万，主要分布于古吉拉特邦，在其邻邦也有少量分布。

关于“古吉拉特”一词的来历，说法不一，一种认为，“古吉拉特”是由梵语“古贾尔”（瞿折罗）的变音“古贾尔”发展而来。另一种观点认为，“古贾尔”很可能是 5 世纪时随匈奴人一起入侵印度的一个名为“古贾尔”的民族，他们分布在克什米尔和现在的古吉拉特一带，而其主要定居区是拉贾斯坦。他们出入印度时，是处于游动状态，所到之处都有一部分人留下来，并把他们的居住区命名为“古贾尔”。现在的古吉拉特、古贾朗瓦拉、古贾尔康及西旁遮普一些城市名称的来历都同这个民族有关。据说现在北方邦的萨哈兰普尔城 18 世纪时也叫“古吉拉特”。公元 7 世纪玄奘在印度时，西拉贾斯坦还叫“瞿折罗”（古贾尔）。9 世纪时，拉贾斯坦的北部和中部叫“古尔贾尔特尔”。11 世纪初，拉贾斯坦的部分地区仍叫“古贾尔”。由此推断，古代的古贾尔比今天的古吉拉特邦面积要大。

古吉拉特人操古吉拉特语，古吉拉特语属印度雅利安语系的晓尔塞尼·阿布婆朗希语的范畴，即纳格尔语的两个分支，阿盘底语和高尔杰尔语中的高尔杰语的演变形式。采用的书写体是梵文的书写体。

大约在公元1000年以前，雅利安人开始进入这个地区。在摩诃婆罗多时期，北部的俱卢邦加尔王国和马杜赖的晓尔塞尼王国以及索拉施特拉的亚德沃人（亚度）王国之间关系甚密。

公元前2世纪到公元4世纪的600年间，印度历史上为塞种人统治时期。塞种人原先统治西印度，称西霸王，大约公元40年，他们征服了古吉拉特。大约在公元150年塞种人国王鲁陀罗达曼统治了从信德到乌贾因的整个地区。

笈多王朝时，超日王于公元35年左右入侵古吉拉特，同索拉施特拉的塞种国王作战二十余年，终于获胜，将古吉拉特并入笈多帝国。

公元8世纪信德的阿拉伯人入侵古吉拉特，并于公元770年灭掉法拉彼王国。但是古吉拉特人和古贾尔人奋起抵抗，给入侵者以坚决回击，使他们未能在古吉拉特站住脚。以后的200年间，伊斯兰势力再也未敢向印度进犯。

在索楞喀王朝即遮楼其人统治时期，古吉拉特曾数度遭到外族入侵，但入侵者屡遭失败。1025年穆尔拉吉的孙子毗摩一世在恩哈尔瓦尔执政时，马茂德·格兹那威入侵失败，并被追至印度河一带。此后百余年，穆斯林未敢轻举妄动。1176年和1178年，穆罕默德·高利经穆尔坦向恩哈尔瓦尔进军，被王后那耶格·代维打得片甲不留。后来王后的儿子毗摩二世在阿布河岸再次打败高利。1194年，高利的部将古杜布丁·艾贝格也在古吉拉特被打得落荒而逃。此后又有近百年的时间，穆斯林未敢来犯。这样，索楞喀王朝在古吉拉特统治了两百多年。索楞喀王朝时，古吉拉特地区修建了许多耆那教庙和湿婆庙。古吉拉特的非暴力思想影响和毗湿奴教颂神曲就是在这个时期产生的。

1407年由于帖木儿·楞格德入侵和突格卢克王朝的衰败，古吉拉特的省长扎法尔·汗（伽法尔）宣布独立。这个特殊的穆斯林王国在古吉拉特统治达165年之久。这个王朝最后一个国王叫穆扎法·沙，于1572年被阿克巴尔打败。自此古吉拉特归入莫卧儿帝国的版图。

奥朗则布死后，马拉塔人的势力大增，并于1758年控制了古吉拉特。在马拉塔人的统治时代，古吉拉特人的经济遭到极大破坏，所以他们对马拉塔人非常仇视。1761年马拉塔人被阿布达里打败，许多地区宣布独立。

1618年以后，英国人在古吉拉特的苏拉特地区建立了商栈，并开始插手古吉拉特的事务。他们于1775年同古吉拉特的迦耶格瓦尔结盟，取得了一些地区的控制权，然后分别同迦蒂亚瓦尔地区200多个小王国和封建采邑结盟，继而彻底结束了古吉拉特原来的一统天下。

在英国统治时代，阿穆达巴德成了一个重要的工业城市。古吉拉特商人和知识分子遍布全印度和世界许多地区。这一时代古吉拉特出了不少伟人，如圣雄甘地、雅利安社奠基人德亚南德、印度制宪会议第一届印度主席维德尔·帕依·巴特尔，以及被誉为印度铁人的萨尔达尔·瓦拉帕·帕依·巴特尔等。

古吉拉特人成分复杂，有拉吉普特人、古贾尔人、巴拉斯人、鲍哈拉人和科杰人等。

古吉拉特人主要从事农业，农作物有水稻、小麦、玉米、花生、烟草、棉花、甘蔗等。大多古吉拉特人食素，爱用辣椒等调料，对奶油、豆粉、甜食颇感兴趣。

一般的古吉拉特人，男子多缠围裤，穿阿吉根（一种长上衣），妇女多穿纱丽。纱丽样式不一，缠法各异。最流行的是彩色头巾。妇女也穿宽裙和短上衣，上衣和裙子各式各样，都有绣花，镶有无数闪光镜片，鲜艳夺目。

古吉拉特邦的节日很多，主要有九夜节、灯节和洒红节。但是，古吉拉特最大的节日还是灯节。灯节是他们欢迎财神的光明节，目的是招财进宝，请吉求安。过节时，万家灯火，一片辉煌。

洒红节也是一个重要节日，青年男女尤其喜欢这个节日，他们成群结队，走街串巷，洒红泼水，嬉戏玩耍，尽兴方罢。

（八）印度斯坦人

印度斯坦人为印度人口最多的民族，约有2亿866万人，主要分布于印度的北方邦、中央邦、拉贾斯坦邦、哈里亚纳邦及比哈尔邦的西部地区。属于混血人种。

公元前2000多年，雅利安人从次大陆西北部进入印度。雅利安人进入恒河和朱木拿河流域后，建立了王国，开始了后来的印度历史。

早在史诗时期，也就是《摩诃婆罗多》和《罗摩衍那》时期，在北方邦邻近的一些地区成了俱卢族和般度族的大战场，罗摩一生的事迹和

《摩诃婆罗多》里的伦理观念成了后来印度人的生活和道德准则。

印度斯坦人混有达罗毗荼人血统，他们大体上可分为雅利安人和达罗毗荼人两大类。雅利安人主要包括阿黑尔人、查特人、洛蒂人、马利人、卡迪贡比人、拉吉普特人、查尔达尔人等。达罗毗荼人的后裔也有许多分支，主要有邦多人、科尔巴人、白伽人、莫特拉人、恰布阿人、沙特利埃人和高尔人等。高尔人又有不少支派，主要有帕特拉人、摩利亚人、高亚人、波里坦人等。

从民族角度看，印度斯坦人是雅利安人和达罗毗荼人的混血种。学者们认为，印度教徒中前3个种姓是雅利安人，而首陀罗是原来当地的土著人，或混血儿。但实际上，今天的印度教徒中不可能这样分，据人类学家研究，这一地区的人几乎四分之三为雅利安人，四分之一为混有达罗毗荼血统的人，南部和东部地区达罗毗荼成分占主要的。北部和西部以雅利安成分为主。蒙古成分（有雅利安人血统成分的）主要分布在东北山区，但是，实际上各地区都有混血种，从这个角度看，在整个印度，血统最复杂的是印度斯坦人。他们中有最白的人，也有最黑的人，像旁遮普人那样身材魁梧、白皮肤雅利安人样子的也很多，从深褐色（深棕色）到深黑色的都有，像孟加拉人那样棕色的在城市阶层里到处可见，像蒙古人种那样的黄皮肤在山区非常普遍。总之，在整个印度有多少种体型、肤色和外貌的人，在印度斯坦人中都可以找到。因此，印度斯坦人为印度提供了全印度的民族缩影。

大部分印度斯坦人操印地语，少数人说乌尔都语，均为印欧语系印度语族。绝大多数人信印度教，少数人信伊斯兰教、佛教、基督教和耆那教等。

印度斯坦人主要从事农业，主要种植小麦、玉米、水稻、棉花和豆类等，一部分人在工厂、矿山做工。手工业纺织较为发达，以棉纺、刺绣、金属等精巧手工业著名。

印度斯坦人分布的地区，有悠久的历史和文化传统。公元前15世纪编订而成的最古文献《吠陀》和公元前4世纪至公元4世纪左右成书的大史诗《摩诃婆罗多》和《罗摩衍那》的内容都涉及印度斯坦人分布的地区。印度斯坦人能歌善舞，民歌、民间舞蹈享有盛名。

（九）拉贾斯坦人

拉贾斯坦人为印度主要民族之一，有1730万人，主要分布于拉贾斯坦邦，其相邻各邦也有少量分布。属欧罗巴人种印度地中海型。民族成分复杂，历史文化悠久。操拉贾斯坦语，该语言包括7大支，50多种方言。7大支是：马尔瓦里语、中部和东部拉贾斯坦语、东北部拉贾斯坦语、马尔维语、西部拉贾斯坦语、皮利拉贾斯坦语和东旁遮普拉贾斯坦语。

从拉卡·普拉利山冈（拉贾斯坦苏尔德格附近）的出土文物得知，这一地区同哈拉巴和莫亨殊达罗一样，在公元前几千年就具有了人类的高度文明。

斋普尔的百拉特（维拉特）发现了阿育王的两个石柱。由此证明，公元前3世纪孔雀王朝的疆域曾扩大到这里。公元前2世纪，希腊人曾入侵拉贾斯坦地区，在乌代普尔发现的希腊钱币就是一个例证。从公元前2世纪到公元4世纪，拉贾斯坦的南部和西南部是由塞种人统治。公元4世纪，摩羯陀的笈多王朝统治过拉贾斯坦。公元734年，西索迪亚王朝的皇帝巴巴·拉瓦尔统治了吉多尔（契沱尔），并把穆罕默德·宾·卡赛姆赶出了拉贾斯坦。公元10—12世纪末期即穆斯林入侵初期，整个北印度几乎都归拉吉普特王朝统治。当时在拉贾斯坦及其附近有5个著名的国家，即阿季米尔、迈瓦尔、马尔华、德里和卡瑙季，当时在拉吉普特人内部相互断杀，纷争不已，各霸一方。这给穆斯林的入侵提供了机会。

后来，拉吉普特人虽然撤离了德里、卡瑙季和季米尔等地，但依然统治着拉贾斯坦西部和南部部分地区。14世纪，喀尔吉·苏尔坦·阿拉邬丁对西索迪亚的首府吉多尔大肆进行破坏。在整个15世纪，拉贾斯坦的拉吉普特王朝同古吉拉特和马尔华的穆斯林王国之间的战争不断。16世纪初期，迈瓦尔的国王拉那·僧格拉姆·辛哈乘德里的帕坦帝国衰败和古吉拉特与马尔华混战之机，几乎占领了整个拉贾斯坦。因此他被称为拉贾斯坦的第一个王公。但不久他就被莫卧儿人巴卑尔所灭。在1527年的喀那瓦哈战役中，拉那·僧格拉姆·辛哈战败身亡，建立统治的拉贾斯坦和独立印度的理想化为泡影。后来阿克巴的政策在拉贾斯坦获得胜利。他通过对拉吉普特人的联姻，除西索迪亚王朝外，把所有的拉吉普特王国都联合起来。1568年阿克巴攻陷吉多尔。佐德普尔和比卡内尔等拉吉普特王国不久就归顺了莫卧儿帝国。

18 世纪初，奥朗则布死后，莫卧儿王朝开始衰落，德里由于王位之争而陷入一片混乱。此时，佐德普尔国王再一次统治了阿季米尔，成了当时拉贾斯坦最大的王国。到 1803 年几乎整个拉贾斯坦都由马拉塔人统治。但马拉塔人对拉贾斯坦的统治如同他们对其他地方的统治一样，只是收税而已，并未建立任何行政制度。英国人利用这一情况，取得了马拉塔人的势力，把拉贾斯坦诸王国置于自己的统治之下。1857 年大起义时，拉吉普特军队对英国人进行了英勇反抗，但很快就被镇压下去。在整个英国人统治时期，拉贾斯坦处于四分五裂状况，直到印度独立后，这种现象才告结束。

拉贾斯坦的民族成分复杂，宗教和教派很多。主要有印度教徒、穆斯林和土著人三种。印度教徒又分不同种姓，主要有刹帝利、婆罗门、查特、吠舍、马利和古杰尔等。穆斯林也分几种，有迈得人、摩尔伽德和伽耶姆卡尼人。土著人也分若干支，主要有皮尔人、迈沃人、米那人、迈尔人、格拉西亚人、桑锡人、耿耶尔人和巴沃利人等。

人数最多的是拉吉普特人。他们在拉贾斯坦的重要性不仅由于数量上的优势，更主要的是在于他们政治上的作用。在若干世纪中，拉贾斯坦的统治者都是拉吉普特人。特别在穆斯林入侵的年代里，他们充当了印度教信仰、文化和传统的保卫者。

拉贾斯坦的吠舍大多信耆那教，也有一些信奉毗湿奴教的。吠舍的副种姓主要有奥斯瓦尔、阿格尔瓦尔、包尔瓦、斯拉沃根、马海歇利和歇利马尔等。

饮食方面受宗教影响，婆罗门、吠舍和耆那教徒大都吃素，拉吉普特人和穆斯林则喜欢吃肉。富人多吃大米、酥油等富有营养的食物，村民大都以粗粮为主食。

拉贾斯坦人的服装很有特色，名门贵族一般穿高级质料的华丽衣服，平民百姓一般穿质料粗劣的简单衣衫。妇女的服装一般艳丽，主要有裙子、纱丽和紧身上衣等。拉贾斯坦的妇女喜欢穿随着季节的变化而更换不同颜色的衣服。夏天的衣服颜色较淡，如浅黄色、浅绿色等；冬装多为红色，如浅红色等；雨季服装多为浅绿色。

拉贾斯坦妇女很喜欢装饰品，每逢节日庆祝活动，妇女们一个个打扮得花枝招展，美丽动人。男子注重留胡须，他们认为胡须是光荣的象征。

拉贾斯坦的节日很多，除了印度全国性的节日，如胜利节、灯节和洒红节外，还有一些地方性节日，如迪吉节、格朗高尔节等。

（十）那加人

那加人是印度的主要民族之一，大多分布在那加兰邦、阿萨姆邦和梅加拉雅邦的长斯山区，人口有100多万。

那加人居住的地区，多为高原和山地，山高谷深，景色壮丽。他们以农业和狩猎为生，农作物主要有水稻和玉米等。

那加人属于蒙古人种，来印度后又形成不少分支。如格恰利人、拉帕人、迈吉人、米利人、腊龙格人、迦罗人、库格人、阿奥那加人、恩迦米人、加坑桑人、姜人、坑蒙人、高尼耶格人、洛塔人、佛穆人、金格炯格尔人、杰里扬人等。此外，还有不少混合种人。

那加人的语言很不统一，一是因为他们大多居住在山区，与世隔绝，相互来往甚少；二是那加族中不断产生新的分支，这些分支之间，即使路途相遇，也互不讲话；三是那加人从来没有自己的文字，也从未感到有使用文字的必要。他们相互交往，就打手势。他们至今还没有书面文学，只有些口头流传的民歌和民间故事。

那加人历史悠久，在古代文献中早有记载。尽管他们没有系统的历史，但从历史上，一些断简残篇足以说明那加人是个古老的民族。据说，湿婆神同自己的妻子吴玛一道去找般度的儿子阿周那的时候，把自己打扮得像喀拉特人，这在大史诗《摩诃婆罗多》中也曾提到。由此可见，喀拉特人在摩诃婆罗多时期就已经有了，喀拉特人就是我们今天所说的那加族人。湿婆神之所以装扮成他们的模样，据说是因为喀拉特人容貌美丽迷人的缘故。

那加人属于蒙古人种，远古时从中国的西藏和缅甸去了一部分蒙古人，这部分蒙古人大都定居在那加兰邦、阿萨姆邦和梅加拉雅邦的卡斯山区和東迪雅山区。据记载，有一次中国发生了严重的自然灾害，他们来到了缅甸。后来，缅甸又出现了饥荒，于是他们越过边境，来到现在的住区。那些从缅甸或经过缅甸从中国而去的民族，定居在不同地区，便以山名或地名命名。例如，住在格恰尔山的则叫格恰尔族人，就是其中一例。至今，他们唱的一首民歌里还说：我的第一个祖国是中国，我的真正家乡是喜马拉雅山区。

现在他们有些村庄还和中国的名字一样，如毕亚德、梯亚阁、葛亚本、德尔公等。

16 世纪初，格恰尔人统治上阿萨姆时，丁撒族就是格恰尔族的一个分支。这个民族自称是黑丁巴的后裔。格恰尔人统治被阿萨姆时，同时也统治着那加山区。当时格恰尔人已经会使用砖瓦盖房，在迪马普尔的城门上，用各种砖修建的窗户、这种图案，至今遗迹尚存。

原先，格恰尔人并不信仰印度教，据说后来一个婆罗门祭司当时的国王皈依了，并且给国王取名为克里希纳钱达尔。这里流传着一个国王和他的兄弟皈依印度教的有趣故事。

祭司让人铸了一个大铜牛，举行了祭祀，然后选了个吉日良辰，让国王和他的弟弟钻进铜牛肚里。在念咒的时候，让他们从母牛的肚子里生下来，祭司宣布，国王和他的弟弟，将来要成为摩诃婆罗多的英雄皮摩和他的妻子黑丁巴的后裔。在第二次世界大战时期和这以后，有些那加人开始发生变化。那些住在城市附近又同英国人和基督教传教士有往来的人，开始以某种形式与外界联系，他们愿意和其他人那样过城市生活，穿新式服装，收听广播，看电影、坐汽车等。那加青年开始冲破陈旧的传统习惯，谋求现代化生活。有些西方的舞蹈取代了他们的民间舞蹈。有些英国的电影歌曲取代了他们的民歌。啤酒代替了米酒，巴黎和伦敦的新式服装、超短裙及女式西服在一些城市的大街上出现了。

那加人淳朴、厚道、勤劳、勇敢，在反对英国统治和日本的侵略中，起过重大作用。独立以后，他们的文化有一定的普及和提高，在经济发展、工业建设、管理能力等方面也不断提高。

那加人居住的地区大都是山区，交通不便，尽是小路。村庄稀落，而且大部分村庄是在一些高山顶上，在村里就能看到周围情况，对进村来的每一个朋友或敌人能及时做出反应。他们之所以喜欢住在高处，重要原因之一是为躲避吃人猛兽的伤害。

他们对外来的生人，不管是本族的或外邦的，起初总是尽量保持一定距离。但是，一旦他们确认，来的人不会伤害他们的时候，他们就欢迎他，相信他，亲近他。只有这时，那加人的真正热情才会迸发出来。他们请客人喝他们喜欢的“苏摩酒”或“米酒”。根据客人身份高低贵贱，屠杀牛、猪、羊或鸡等来款待，并且举行歌舞会。你看到那加人说话诙谐，能歌善舞，你会感到欣快；他们那健壮的身体，使你感到他们充满着生活活力。你看到他们砍伐森林，用草木灰作为肥料，用镐头和弯刀劈山造梯田的忘我劳动，会为他们的辛劳精神而感动。

那加人采用“火耕”的耕作方法。今年在这块地里播种收割，明年这块地就放弃不用，转到另一新处，重新砍伐森林，焚木作肥，下种收割。现在政府正引导他们采用固定的耕作方法，在国家农业站和农场里，推广新的耕作技术，给各地请来的农民介绍固定耕作的好处。

那加人造田也像盖房一样尽心尽力。他们挖3—9米宽的大洼，用镐头松土，捡出里面的石子，再沿着梯坡砌道石墙，用泥土抹好。田造好以后，勤劳的青年，再从山顶上或附近把泉水或小溪引到田地。这是一项极其艰苦的工作。有时为了引水灌田，不得不修一条三四千米长的水渠。有时他们在山涧修一道拦水坝，安装竹筒作引水渠道，把水引来浇地。

那加人不仅勤劳、智慧，而且非常勇敢。他们喜欢打猎，经常把捕获水牛作为检验青年人气力和勇敢的一种方式。他们把一头力气很大的公牛拴在木桩上，手持木棍猛打牛背，打得牛乱蹦乱叫，待牛性大发时，站在牛旁的人则把牛绳松开，参加比赛的青年则赤手空拳随在牛后，边喊边赶。跑在最前面的青年，在靠近牛头时，凭着他灵活的动作和有力的双手，紧紧抓着牛的两角，把牛头狠狠地按在地上，直到牛双膝跪地，这位青年再用一只脚踩住牛的气管，等牛半死，这位青年就算获胜。获胜者不仅得不到任何奖赏，他还要款待其他青年。从此以后，这位青年就成了全村青年的首领。

那加人的村里设有长老会，它是经选举产生的村里的议事机构，负责处理村民纠纷。如果一个人控告另一个人做了坏事，而被控告者又不承认，可由长老会出面裁决。裁决的方式是让原告和被告同时发誓，通过观察他们发誓的表情，判断他们之中的哪一个做了坏事。进行这样的裁决要举行一个仪式：在一个早晨，长老会的成员，不吃饭就来到村里的一个公共场地，四周坐满人，一声不响，场地中间生一堆火，并排放一块大土块、一颗稻粒、一根玫痒草（又名蝎子草）、一个兰靛筐、一颗老虎牙。之后原告和被告就开始发誓，轮着指着地上的东西大声说：“我要是说谎，出门就挨天刀剐；如同黄土和泥巴，大雨一淋就化；如同播种一颗籽、入土不见再发芽；如同缠了蝎子草，满身发痒无办法；如同全身中了毒，紫青如靛人人骂；老虎把我撕成块，永远不能回老家。”

长老们认为：一个人若是干了坏事，见了上述东西，就会产生恐惧感，说话就不自然或是踌躇不安，这样就可以断定他做了坏事。

那加青年有这样一种风俗：如果一个姑娘还没有爱上谁，她总是把头发梳得很短，如果她把头发留起来，并且让人在胳膊上刺青，那就表明她已选好了对象。同样，一个男青年如果腰间没有系三串小贝壳，那就说明他还没有选好女朋友，一旦有了女朋友，他就立即在腰间系上三串小贝壳。小伙子们也和姑娘一样，注意打扮自己。他们耳系红绿花，头戴树叶圈，圈上插有羽毛、猪獠牙、水牛角和嫩香蕉叶。在腰间、胳膊、脖子和小腿上要戴红藤、小贝壳、蜗牛和线串。

那加人很注重刺青。刺青也很讲究，有各种图案和花纹，在胸部、胳膊和腿上刺青均可。从刺青上可以看出一个人的身份和地位。从前，谁要是在战场上杀死一个敌人，则把敌人的首级带回来，那么他就有权让人在他的胸膛上刺一个特殊的铜青，然后再把那颗人头挂在自己的门前，以光耀门庭，赢得别人的敬佩。现在情况虽已不同，但是对刺青仍然重视。有的地方把刺青看成宗教和装饰的需要，甚至一个姑娘若没有刺青到了结婚年龄就找不到对象。

三　印度民族的主要特点

印度民族是伟大的、有智慧的民族，其文化源远流长，在漫长的历史长河中曾不断对人类社会的发展做出了重要贡献，在世界文化史上占有极重要的位置。

任何一个国家的民族文化，都是一个民族在历史的劳动和生活中长期实践逐渐积累综合形成的。它是哲学、政治、经济、教育、文艺、伦理、宗教、法律、心理、语言文字，乃至风俗习惯等多层次的外化，而每一个历史阶段，又各有其时代的特征。

世界上有四大文明古国，中印合起来占了其中一半。人类总共创出了四大文化体系，而中印各居其一，可以说也占了人类文化宝库的一半。中印两大文化体系都各自形成了自己的文化圈，对人类做出了积极的贡献。这两大文化体系在世界上有其独特的地位和崇高的价值，它们有着丰富的内涵和夺目的光辉，起源之早，延续时间之长，覆盖面之广，生命力之强，门类之多，影响之大，可谓世上所罕见。两大文化圈之间，既相互学习和影响，又促进了彼此文化的发展。这就是历史，也是现实。我们甚至可以这样说：如果中、印两国之间没有相互学习和交流，两国文化的发展就不可能是今天这个样子，在世界民族之林中，像中印两大民族文化这样密切，在世界上是举世无双的。

我们认为，中、印两国要发展，要强盛。在学习世界上一些发达国家先进技术的同时，两国之间相互学习也很有必要。因为两国的国情大体相同：过去都有过不幸的共同遭遇，都受到过帝国主义的侵略与掠夺；今天，两国都属于发展中国家；两国都有丰富的资源和勤劳的人民；两国面临的任务也是相同的：都想建设好自己的国家，再加上又是近邻。因此，两国相互学习和彼此交流是非常必要的。

历史早已证明：以汉文为中心的东亚及东北亚文化圈和以梵文为中心的南亚文化圈，这两大文化圈像光芒四射的灯塔，照耀了整个世界，给世界文化以重大影响。中印也是所谓“东方世界”的广大地区，从历史上看，“东方”文化发达于“西方”文化，这是众所周知的历史事实，有学者认为，东方文化至少要比西方文化早两三千年，何况早期的西方文化还是在东方文化的影响下逐渐发展起来的，只是到了后来，西方在科学技术上超过了东方。这种说法不无道理。

印度民族是一个复杂的综合体。印度是一块辽阔的大地，在这块辽阔的大地上，生活着众多的民族。这些民族，无论在人口数量、种族特征、语言系属和宗教信仰上，还是在社会发展、经济活动、文化传统以及生活习惯上，都千差万别，各具特色，归纳起来，主要有以下几个特点：

（1）民族数量大，人口多。印度民族的数量很大，有几百个之多，人口有10亿多，这在世界上也是不多见的。所有各民族，人口数量不等，既有上亿人的大民族，如印度斯坦人、孟加拉人等，也有不足千人的小部落，如安达曼人等。印度民族人口的分布有其共同点：一般人口众多的民族分布在江河流域，平原地区和沿海一带。城市人口所占比重较大，经济文化也比较发达。而人口较少的民族一般分布在森林、高原、山区、孤岛或沙漠一带。那里大多交通不便，经济文化也比较落后。

（2）人种复杂。印度在历史上屡遭异族入侵和占领，因而人种多，血统混杂，语言纷乱，素有“人种博物馆”之称。如果单从外貌和体型上看，有些印度人像欧洲的白种人，有些印度人又似非洲的黑人，有些人则是棕褐色的亚洲黄种人。他们有的头发乌黑，有的呈金黄色；有的身材高大，有的个子矮小；有的高鼻梁，有的塌鼻子。多数学者认为，印度有以下几大人种：①尼格利陀人（Negrito）；②原始澳大利亚人（Proto Austaloid)，又称维达类型人；③达罗毗荼人，或叫地中海高加索人种（Mediterranean）；④印度雅利安人；⑤蒙古人种（Mongoloid）等。许多世纪以来，不仅各色人种迁入印度，而且各种宗教和文化一直不断地传入印度，因此印度文化吸收了多种民族的不同传统，从而变得多姿多彩。

（3）语言系属多。印度的语言分属几大语系，即印欧语系、达罗毗荼语系、汉藏语系、澳亚语系等。印欧语系（又叫雅利安语系，或北印度语系）起源于雅利安人的梵语，北印度几乎所有的语言属于雅利安语系，例如印地语、梵语、旁遮普语、帕坦语、克什米尔语、古吉拉特语、阿萨密语、孟加拉语、马拉蒂语、信德语、比哈尔语、拉贾斯坦语、奥里雅语、乌尔都语等，都属于雅利安语系。除上述语言外，古印度还有一种语言叫巴利语（Pali），它是公元前6世纪由吠陀语发展而来的，它是一种书面语言，见于佛教经典。属于印欧语系的民族，主要有印度斯坦人、旁遮普人、信德人、孟加拉人、古吉拉特人、阿萨姆人等；达罗毗荼语系主要指南印度的语言，有25%的人使用这种语言，其中包括泰卢固语、泰米尔语、坚那达语和马拉雅兰语等。属于达罗毗荼语系的民族主要有泰米尔人、马拉雅兰人、泰卢固人、坎纳达人等；汉藏语系的语言主要包括那加语、米佐语、曼尼普尔语、博多语、普提亚语。该语系的语言也受雅利安语系的影响，其中有许多雅利安语系的词汇。属于汉藏语系的民族主要有那加人、米佐人、曼尼普尔人等。他们分布在印度的东北地区，即印度的喜马拉雅山区和东北地区；澳亚语系的语言主要有桑塔尔语、蒙达语、霍语、卡里亚语等，分别是桑塔尔人、蒙达人、霍人、贡德人、皮尔人等讲的语言，他们分布在印度中部地区，即文迪亚山脉和萨特普拉山脉之间的广大地区。

（4）宗教信仰复杂。印度是一个宗教成分相当复杂的地区。西方国家主要信仰基督教，而印度则不然，主要信仰印度教，其次是伊斯兰教，另外则是基督教、锡克教、佛教、耆那教、拜火教等。尤其印度教和伊斯兰教的影响很大。印度的多数居民为印度教徒，占82%以上，其人数超过6.8亿。除印度教外，其他宗教人数分别为：伊斯兰教徒1亿160万，基督教徒人数为1960万，锡克教徒人数为1630万，佛教徒人数为640万，耆那教徒人数为340万等。宗教关系不仅影响到国家关系，还与社会、经济和文化有着密切联系，它深入人们生活的各个方面。

印度各民族的社会发展和生产力水平很不平衡，从氏族部落、原始公社到社会主义，各种社会形态都有。因此，印度是了解社会发展史的好地方。从原始的弓箭、石斧，到现代化的计算机、导弹，各种技术同时并存，显示出人类智慧演进的不同阶段。印度地域辽阔，资源丰富，地形复杂，既有高山与丘陵，又有平原与沙漠，河流纵横，森林、草原、湖泊星罗棋布，气候多样，从而为印度各族人民的经济活动和生活方式提供了各种条件，形成了与自然环境相适应的丰富多彩的文化。

根据其社会形态和从事的主要经济活动及其生产力水平，印度民族可分为6种不同经济文化类型，即采集和渔猎型、游牧型、刀耕火种农业型、固定耕作农业型、耕锄灌溉型和现代农业型。

（1）采集、渔猎型。它是最原始的一种，人们靠采集、捕鱼和打猎作为谋生手段，至今还靠天然资源维持生活。他们分成若干群体，住在山林或海滨河畔。居住在山林者，除采集野果、野菜、块茎和鸟蛋外，还猎获野猪、猴类及其他一些小动物。住在海滨或河流湖畔者，主要靠捕捉鱼、虾、龟、蟹等为生。他们所使用的工具大都简单，一般使用棍棒、标枪和弓箭等，捕鱼用渔网、鱼笼和弓箭、标枪等。这类人分布在印度南北各地，例如安得拉邦的雅纳迪人，喀拉拉邦的卡达尔人、北方邦的拉吉人、比哈尔邦的罗尔人、奥里萨邦的邦德人等。

（2）游牧和畜牧类型。从事这种类型的主要是一些部落，随着社会的发展，这部分人越来越少，但是，至今还有，分布在印度的山区或森林地带，靠游牧为生。像印度的多达人、古贾尔人（拉贾斯坦邦和古吉拉特邦的）、拉巴里人、（南印度的）高拉人、库龙巴人等，有的则以放牧为主，有的是把放牧作为生活的辅助手段，还有的是农牧结合。

（3）刀耕火种农业型。原始农业发展初期的一种经济文化型。即伐木造田，耕地经常变动，不固定在一个地方，属于迁徙性农业，在雨季到来之前，将树木砍倒，晒干后放火烧掉，然后撒种或点种。有些地方，一块地种一茬或两茬庄稼之后就休耕；有些地方是连种三茬庄稼之后休耕。这些种过的土地直到再长出树木，形成森林以后，再去伐木造田，进行耕种。这种方法，在人类历史上起过积极作用，但在今天，当森林面积以大大减少的情况下，刀耕火种，伐木造田，砍树烧山则成了一种破坏生态平衡的行为。印度个别地区至今还有这种“烧山种地”现象。不少从事刀耕火种的人们，往往辅之以食物采集。

（4）固定耕作农业型。目前有些民族已放弃了刀耕火种的方式，采取了固定的耕作方法。虽然还有刀耕火种现象，但主要是耕种固定土地。固定的耕作方法的采用和农业生产的确立，保证了父权制的稳定和发展，从而形成了村落，过定居生活。人们在一定的地域范围内从事农业生产，以农业生产为主，同时还兼搞狩猎与畜牧业或其他一些副业，以增加收入，补充生活上的需要。这种民族的生活有了一定的保障，如印度的沙奥拉人、霍人、奥朗人等，这种经济文化型目前在亚洲较普遍存在，但绝大多数是各国的少数民族。

（5）畜耕灌溉农业型。它是一种比较发达的农耕型，有了较先进的劳动工具，使用牛、犁、耙、锄等犁田耕地，也利用水渠和水堰浇水灌溉，农业生产力已发展到相当高的水平，因粮食有了富裕，因此，有些人从事各种手工业、畜业和科学活动，从而为人类跨入文明时代奠定了基础。印度各民族对农业都较重视，这是印度民族特点之一。直到近代以前，印度民族的文明所以一直走在世界的前列，与其经济文化和科学技术一直发达不无关系，其基础由于有发达的农业。

（6）现代农业型。随着工业的发展，科学、技术也进入了农业生产之中，使农业走向机械化和科学化，国家对此也很重视。农业机械化的使用和科学种田的结果，不仅节省了劳力，提高了劳动生产效率，而且大大提高单位面积产量。印度粮食的产量，不仅达到了自给自足，而且成了粮食出口国之一，与此不无关系。目前，许多民族农民重视农业现代化，尽管现代化的程度还不高，但在这方面有了很大发展和变化。

当然，上述几种类型，并非为印度一个国家或一个民族所特有。同一个国家或民族，由于地区的不同，自然条件的差异，而具有不同的特点，既有相同的，也有不同的，甚至相互交错，共同存在。

印度民族文化具有多种特点，而且有着悠久的历史和辉煌的成就。在世界古文化群中，它有其独特的地位和崇高的价值，为世界文化宝库做出了重要的贡献。21世纪已经到来，世界正在发生突飞猛进的变化，世界各国人民为了建设好各自的国家，在世界范围内正进行着频繁接触和广泛交流，彼此学习，相互借鉴，从而使各国的政治、经济、文化等不断发生日新月异的变化。越来越多的人认识到，具有悠久历史文化的中、印各族人民，将会发扬以往的光荣传统，充当重要的角色，成为历史发展的强大动力，发挥更大的作用。让我们更加努力，相互学习，取长补短，创造更光辉的未来！

四 印度语言的分类与分布

印度的语言同人种和民族一样，非常复杂。这同印度的历史有关。在历史上不同人种和民族陆续进入印度，他们都带来了各自的语言，并与当地的语言发生了混合，有些外来语与印度的语言混合后则成了印度语言的一部分。这些语言彼此之间影响和混合的结果，又丰富了印度的语言。

据有关资料统计，印度共有 1652 种语言及方言。其中使用人类超过百万的达 33 种之多。印度语言主要包括四大语系，即印欧语系、达罗毗荼语系、汉藏语系和澳亚语系。印度 76.4% 的人口使用印欧语系的语言，25% 的人口使用达罗毗荼语系的语言，0.75% 的人口使用汉藏语系的语言。

印欧语系（又叫雅利安语系，或北印度语系）起源于雅利安人的梵语。印度居民中雅利安人占多数，从语言来说，北印度几乎所有的语言属雅利安语系，如印地语、梵语、旁遮普语、帕坦语、克什米尔语、古吉拉特语、阿萨姆语、孟加拉语、马拉提语、信德语、比哈尔语、拉贾斯坦语、奥里雅语、乌尔都语等都属雅利安语系。印度的雅利安语系中，印地语是最主要的。操这种语言者有三亿多。雅利安语系的语言，有些是采用天成体书写，如印地语、马拉蒂语等，其他语言的书写与天成体有些不同，不过它们的一系列的字母与天成体类似。只有帕坦语、信德语、乌尔都语受伊斯兰教的影响，使用阿拉伯字母和书写方法。值得注意的是，讲雅利安语的人不一定都是雅利安人，因为有很多人是混血种，例如，孟加拉邦、阿萨姆邦等东印度的一些居民中有大量混血的雅利安人。同样，在文迪亚山区的居民中尽管讲雅利安语，但从人种来说，他们并非是纯雅利安人。很多也是混血种。今天在印度，凡讲雅利安语系语言的人，古代那些地区都流行雅利安语系语言。梵文、巴利文和它的俗语在不同时代，不同地区都流行。实际上，印度现代的雅利安语系是从古代雅利安语系发展而来的。今天不讲雅利安语系的地区，其各种语言均受到古代雅利安语文化的影响，它们中有大量的梵文词。

梵语是印度古代通用的语言，属印欧语系印度雅利安语族，主要流行于公元前 6 世纪至公元 14 世纪。梵语中包括早期的吠陀语和后来规范化了的梵语。梵语有丰富的文学作品，诸如，吠陀文学、《摩诃婆罗多》和

《罗摩衍那》史诗，以及一些其他诗歌、戏剧和散文等。它最初使用的字母是婆罗迷。“梵语”是一种“雅语”。与它相对应的一种语言叫“俗语”（Prakrit），又称婆罗克利特语，是各地方语言的总称。它与梵语不同，具有明显的地方特征。俗语也有大量文学作品，如诗歌、戏剧之类。

除上述语言外，古印度还有一种语言叫巴利语（Pali），它是从公元前6世纪由吠陀语发展而来的，也属印欧语系印度雅利安语族。它是一种书面语言，见于佛教经典，后来随着佛教的传播而流传到缅甸、泰国、斯里兰卡等国。公元6—12世纪时北印度流行一种语言叫阿婆布朗希语（Apabhrans），是一种交际和文学语言，到公元10世纪时发展成整个北印度的语言。

达罗毗荼语系主要指南印度的语言，有25%的人口使用这种语言。其中包括泰卢固、泰米尔、坚那勒和马拉雅兰语等。这些语言中，以达罗毗荼语汇为主，但是这些语言的文字也受到雅利安人的梵语的很大影响。

澳亚语系的语言主要有桑塔尔语、蒙达语、霍语、卡里亚语、卡西语和尼科巴语等，分别是桑塔尔人、蒙达人、贡德人、皮尔人等讲的语言。他们分布在印度中部地区，即文迪亚山脉和萨特普拉山脉之间的广大地区。

汉藏语系的语言主要包括那加语、米佐语、曼尼普尔语、博多语、菩提亚语等。分布在印度的东北地区，即印度的喜马拉雅山区和东北地区的一些少数民族中。此语系也受雅利安语系的影响，其中有许多雅利安语系的词汇。

除上述外，还有尼格利陀语系的安达曼语，主要流行于安达曼群岛。

五　印度国语的确定及主要通用语言

（一）印度国语的确定

印度于1950年在宪法中规定，用天城体字母写的印地语为联邦正式用语。由于印度受过英国长期的殖民统治，所以英语在印度很有影响，基于这种情况，1950年的宪法中还规定英语为行政和司法用语。15年以后，即1965年将以印地语代替，但到1965年4月26日印度人民院又通过正式语言法案，即规定1965年以后，除印地语外，英语仍为印度官方用语。因此，印地语和英语同为官方用语。

值得注意的是，印度流行的英语中，有不少印地语词（当然，印地语中也有不少英语词）混合使用，错综复杂。甚至有些名词用两种语言构成，例如，大家熟悉的印度“人民党”，“人民”取于印地词，“党”字取于英语词。像这种例子很多很多。因此，要想很好地了解和学习印度，仅懂印地语固然不成，但只懂英语也很不方便。

根据按语言建邦的原则，印度承认其他 14 种主要地区语言为有关邦的官方语言。这 14 种主要地区语言是旁遮普语、阿萨姆语、克什米尔语、乌尔都语、梵语、信德语、孟加拉语、古吉拉特语、马拉提语、奥里萨语、泰米尔语、泰卢固语、马拉雅兰语、坎纳尔语（坚那勒语）。这 14 种语言中，除克什米尔语、梵语和信德语外，其余均为有关各邦的正式语言。旁遮普邦的官方用语是旁遮普语；阿萨姆邦的官方用语是阿萨姆语；西孟加拉邦的官方用语是孟加拉语；古吉拉特邦的官方用语是古吉拉特语；马哈拉斯特邦的官方用语是马拉提语；奥里萨邦是奥里萨语；泰米尔纳杜邦是泰米尔语；安得拉邦是泰卢固语；喀拉拉邦是马拉雅兰语；卡纳塔克邦是坎纳尔语；印控查谟—克什米尔地区是乌尔都语；北方邦、中央邦、哈里亚纳邦、比哈尔邦、拉贾斯坦邦、喜马偕尔邦等都使用印地语。另外还有一些局部地区的语言，如迈提利语（比哈尔邦达尔班加地区）、道格里语（喜马偕尔邦和印控克什米尔地区）、贡格尼语（果阿地区）、曼尼布尔语（印度北部地区拉几贾斯坦邦）等。全印度各民族、部落的语言，再加上方言超过 150 种以上，如果再仔细区分，则多达 1600 种。

（二）印度主要通用语言

印地语（Hindi），属印欧语系印度雅利安语族，为印度国语，使用人口 3.4 亿（1991 年），但主要分布在印度北部和中部地区，如拉贾斯邦、中央邦、比哈尔邦、北方邦、哈里亚纳邦、喜马偕尔邦和德里地区。印地语分为东部印地语和西部印地语两大地区方言。东部印地语包括阿沃提语、巴凯利语和恰蒂斯加利语、西部印地语包括克利波利语、邦格鲁语、波罗吉语、格瑙吉语和崩代里语。这些方言约于公元 10 世纪前后由流行在恒河流域的晓尔赛尼和摩羯提等俗语发展而来。这一时期各种地方语也先后兴起，如马拉提语、孟加拉语等。后来穆斯林进入北印度，使这些印地语系所包括的各方言，如克利波利语、波罗吉语、阿沃提语等及其文学发生了影响。到了公元16世纪，各方言，尤其是波罗吉语和阿沃提语已相当发达，直到19世纪，所谓印地语文学就是用波罗吉语创作的。19世纪时，德里—亚格拉地区的克利波利语取代波罗吉语成为印地语的基础方言。早在13—14世纪北印度的穆斯林进入南印度时，克利波利语成为他们共同的交际语言，并以此语言从事文学创作，形成了德干印地语。但德干印地语用的是波斯字体，有大量的阿拉伯语和波斯语词汇。德干印地语后又流传北印度，于是促进了北印度印地语的发展。在当代，当克利波语采用天城体和使用以梵语为主的语汇时，便是印地语；当采用阿拉伯语——波斯语字体和使用以阿拉伯语——波斯语为主的语汇时则是乌尔都语。印地语的固有词汇大多源于梵语和俗语，但吸收了不少阿拉伯语、波斯语、土耳其语、英语、法语以及葡萄牙语的词汇，用天城体书写，这种字体是由古代婆罗迷字体演变而来，于公元10世纪定型。印地语文学开始于公元11世纪中叶。印地语共有11个元音，33个辅音，词尾a不发音。名词有阴阳性之分和单复数之别。动词有性、数、时、体的形式，分及物动词和不及物动词两大类别，用及物动词表示完成体时，主语需加后置词。形容词随被修饰的名词或代词有性和数的变化。句子成分的排列顺序为主语、宾语、谓语。

泰卢固语（Telugu）属达罗毗荼语系，印度安得拉邦的官方语言，使用人口为6601万（1991年），继印地语之后，它为第二大语言。泰卢固语有亚洲的意大利语之称。发音柔和动听，是印度音乐作品中经常使用的语言，它被认为是一种优美悦耳的语言，受梵语影响很大，梵文词几乎占泰卢固语全部词汇的80%以上。梵语长期作为安得拉邦的官方语言，受到学者们的重视和官方的提倡。到公元7世纪时，泰卢固语已经成熟并逐渐代替了梵语，于公元11世纪发展成为文学语言。

孟加拉语（Bengali）属印欧语系印度雅利安语族，为印度西孟加拉邦的官方语言，在阿萨姆邦南部、比哈尔邦东部一些地区也流行这种语言，又是孟加拉国的官方语言，它由摩羯陀俗语演变而来。在印度其使用人口为6959万（1991年）。

孟加拉语用梵语的天城体书写，此语言是一种相当发达，丰富而富于表现力的语言，有大量文学作品。它吸收了大量原形梵文词，孟加拉语中有80%的词来自梵语，以至文言孟加拉几乎同梵文没有区别。孟加拉语的语音特别，一般把短元音发成长元音，听起来柔和悦耳。动词无性的变化。

马拉提语（Marathi）属印欧语系，为印度马哈拉施特拉邦的官方语言，使用人口为6248万（1991年），为印度第四大语言，主要分布于马哈拉施特拉邦、中央邦、古吉拉特邦等地。关于马拉提语产生的年代说法不一，有的说它产生于公元7—8世纪，有的说它产生于公元9—11世纪，总之，它已有一千年以上的历史了。马拉提语采用天城体的写法。在马拉塔时代，官方用语使用的是一种天城体的变形，称作“毛利”，用这种字体书写方便，可以像英语一样连写。马拉提语词汇的95%来自梵语和俗语，其余分别来自达罗毗荼语系的语言、英语、葡萄牙语等。名词分阴性、阳性和中性。动词无人称变化。

泰米尔语（Tamil）系达罗毗荼语中最古老和最基本的语言，也是世界上古老语言之一。目前操泰米尔语的人达5300万（1991年），除泰米尔纳德邦外，在印度各地也有分布，甚至在其他国家也有。如马来西亚、新加坡、缅甸和锡兰北部也有不少人讲泰米尔语。

泰米尔语发音独特，字母形状为圆形体，同印度其他语言的字母形状截然不同。它共有31个字母，其中元音12个，辅音19个。古时，在棕榈树叶上或石板上书写泰米尔文字，有一些现在仍保存在坦焦尔的“斯尔斯瓦蒂之宫”图书馆和一些古庙的墙壁上。

泰米尔语文学艺术有两三千年的历史。泰米尔语的古典文学作品除一部分史诗外，其他的都已失传。据说泰米尔纳德的格瓦德布拉摩南面的马杜赖和库马里河以南的广大地区，古代曾被海水淹没，因此文学作品全部被毁，仅在一些庙宇、寺院和学者个人家里保存了一些作品，但这些作品大部分后来也被白蚁咬坏。

乌尔都语（Urdu）属印欧语系印度雅利安语族。为印控克什米尔地区的官方语言。在北印度各邦以及南印度部分地区都有流行。使用人口为4340万（1991年）。乌尔都语和印地语起源相同，书写方法不同，乌尔都语采用的是阿拉伯语—波斯语字体。但穆斯林作家喜欢使用波斯词、阿拉伯语词，婆罗门学者喜欢用梵文词。古代时，宫廷语言是梵语，中世纪穆斯林统治时，宫廷语言是波斯语。在多格拉王朝统治时，乌尔都语取代了波斯语，至今仍是克什米尔的官方语言。“乌尔都”一词源于土耳其语，其意为“军营”。乌尔都语最初形成于12世纪左右，在公元14世纪时为莫卧儿王朝的宫廷用语。因莫卧儿皇帝多在军营内处理公务，因此，所使用的语言称作“皇家军营之语”，即乌尔都语。后随莫卧儿王朝军队远征，因此在印度南方也得到传播和发展，后又回到印度北方正式成为莫卧儿王朝的官方语言。公元 16 世纪时出现了乌尔都语文学繁荣的局面。今天的乌尔都语中除有源于梵语的变形词外，还有大量的阿拉伯语、土耳其语、旁遮普语和波斯语词汇。

古吉拉提语（Gujarati）属印欧语系印度雅利安语族，为印度古吉拉特邦的官方语言。使用人口为 4067 万（1991 年），主要分布于印度古吉拉特邦。古吉拉提语起源于折罗俗语（Gurjara），与拉贾斯坦语为同一语言，公元 15 世纪时才形成独立语言，17 世纪时才发展成文学语言。因地区不同，口头讲的古吉拉提语互有差异，如格奇地区讲的语言，混杂不少信德语；巴拉斯人和穆斯林说的古吉拉提语中使用了大量波斯词和阿拉伯词；科杰族人讲的类似乌尔都语；纯古吉拉提语中梵文的原形词很少，但高深的文学作品中梵文词占 40%。古吉拉提语现在采用的书写体是天城体，所不同的是字母较少，字上没有横线，因此对操印地语的人来说，理解古吉拉提语并不特别困难。

克什米尔语（Kashmiri）属印欧语系印度雅利安语族，使用人口为 320 万（1981 年），分布在克什米尔山谷地区。克什米尔语从未作过官方语言，古代时，宫廷语言是梵语，中世纪穆斯林统治时，共同语言是波斯语，多格拉王朝时，乌尔都语取代了波斯语，乌尔都语至今仍是克什米尔地区的官方语言和教育工具，所以克什米尔各地区间的交流主要靠乌尔都语。多数学者认为，克什米尔语在公元 13、14 世纪已发展成熟，其历史则可上溯到更早。公元 10 世纪的一块石碑曾发现用夏尔达字体镌刻的克什米尔语的词句。克什米尔语源于拜夏基俗语，和印度雅利安语族的成分相融合而成。在莫卧儿王朝时期受波斯语影响，而后受旁遮普语影响，近代又受英语和乌尔都语影响。因此，在克什米尔语中，除了有大量梵语词汇外，还有大量波斯语、阿拉伯语、土耳其语、旁遮普语和英语词汇等。克什米尔语的主要方言有邦贾瓦利语、波古利语、拉姆巴尼语和格希德瓦里语等。从穆斯林统治时期开始，克什米尔语一直使用波斯语字母的书写体，但婆罗门学者一直坚持使用夏尔达书写体，现在仍有人使用天城体书写。克什米尔语是印控克什米尔地区的第二官方语言。

马拉雅兰语（Malayalam）属达罗毗荼语系，印度喀拉拉邦的官方语言，使用人口为 3037 万（1991 年），主要分布在喀拉拉邦。“马拉雅兰”

一词原为“山地之国”的意思，后来成为当地语言的名字。此语言形成于公元10世纪。在马拉雅兰语中，除有大量的梵文、巴利文、俗语词汇外，还吸收了不少泰米尔语、英语、阿拉伯语、葡萄牙语、荷兰语、法语等外来语的词汇。关于马拉雅兰语的产生，至今众说纷纭。有人认为，它是从梵语发展而来的；有人认为它是从泰米尔语发展来的；还有人认为，它同泰米尔语是姐妹语言。不过，大多数人认为，马拉雅兰语起初只是泰米尔地区的一种方言，后来由于接近梵文，才逐渐发展成为一种正式语言。值得注意的是，喀拉拉人和泰米尔人在历史上曾一度使用同一种语言，直到公元3—4世纪以前，两种语言使用的书写字母还是一样的。《多尔迦比耶姆》是泰米尔语最古老的语法书，书中不少词汇如今在泰米尔语里已不使用，可是，在马拉雅兰语中反而可以见到。人们认为，泰米尔语中两部有名的语言学著作就是马拉雅兰人写的。另外，泰米尔语的文学著作中，也有不少地方是关于古代喀拉拉人的生活片段。因此，泰米尔语和马拉雅兰语很可能是由同一种古代南方语发展而来的。这个古代南方语到底是怎样一种语言，怎样产生的，人们仍不得而知，于是就借助神话来加以解释。据说湿婆和他的妻子在喜马拉雅山上举行婚礼的时候，许多人从南方来向他们祝贺。由于客人太多，地球失去了平衡。于是老年人纷纷向湿婆建议，请他派一位德高望重的男神仙到南方去，以便把一些人吸引到南方去。湿婆派仙人阿格斯叠担任这个任务。阿格斯叠到南方去讲什么语言呢？无法解决。于是湿婆神把阿格斯叠和语法家波你尼叫到跟前，用两手敲起鼓来。阿格斯叠按照鼓的左半部发出声音创造了南方语言，波你尼按照右半部发出的声音创造了北方语言，即梵语。

公元9世纪，开始出现了马拉雅兰语的文学作品。后来由于地区不同，形成了四种不同类型的文学。马拉雅兰语原来的字母是原形的，写在贝叶上，后来受到梵语的影响，才改写成现在的样子，但有些字母仍是它特有的，所以马拉雅兰语的字母比梵语用的天城体字母多。现在对马拉雅兰语字母进行了改革，其字母数量比过去有所减少。

坚那勒（Kannada）属南印度的达罗毗荼语系，为印度卡纳塔克邦的官方语言，使用人口为3275万（1991年），除卡纳塔克邦外，相邻各邦如安得拉邦、马哈拉施特拉邦、喀拉拉邦和泰米尔纳杜邦也有部分人使用。坚那勒语历史悠久，最早见于公元5世纪的石刻铭文。公元9—10世纪甘伽国王统治时期，出现了宗教文学作品，坚那勒语受到梵语的影响，它有多种方言，主要有哥德古语、多德语、哥德语和巴德格语。其采用的字体由婆罗迷字体南方分支演变而来。

奥里萨语（又名奥里雅语）（Oriya）属印欧语系印度雅利安语族，印度奥里萨邦的官方语言，使用人口为2806万（1991年），分布在奥里萨邦。奥里萨语是一种由摩羯提语的变体发展而来的，从词汇、语法、句子结构来看，同孟加拉语极为相似。奥里萨语受了泰卢固语的某些影响，它虽然采用了孟加拉语似的天城体书写形式，但字母却像泰卢固语字母一样是原形的，所以有些学者说奥里萨语的书写体是古达罗毗荼语字母的翻版。奥里萨语中吸收了大量的梵语词，尤其在文学作品中特别明显。

旁遮普语（Panjabi）属印欧语系雅利安语族，印度旁遮普的官方语言，使用人口为2337万（1991年），主要分布在旁遮普邦和巴基斯坦的旁遮普省。该语言由古代晓尔赛尼俗语发展而来，到19世纪才成为文学语言。旁遮普语字母是师城体，是梵文用的天城体的一种变形，因为是锡克师尊创造和提倡的，所以叫师城体。师城体字母能将语音准确地书写出来，比较科学。讲旁遮普语的人，在印度、巴基斯坦都有。所以，旁遮普语中有三种不同宗教信仰的人的作品。写法也有三种，穆斯林用阿拉伯语字母写，印度教徒用天城体写，锡克教徒用师城体写。

阿萨姆语（Assamese）属印欧语系，是印度阿萨姆邦的官方语言，使用人口为1307万（1991年），主要分布于印度东北地区，“阿萨姆”一词源于蒙古语，意为“不可战胜的”。阿萨姆语最早见于公元7世纪时佛教经典，但成为独立语言则是13世纪的事情。它是从梵语、俗语、阿布婆朗希语和摩羯提语演变而来的。后来又受到几种亚洲语言的影响，如那加山地区、曼尼普尔、格恰尔和鲁夏伊山区的居民、阿萨姆河套地带及北格恰尔山的保罗人、雅利安人讲的语言，主要受缅甸语和藏语的影响；康摩蒂人、杜隆格人、发喀亚尔人和多拉人讲的语言，主要受泰语和汉语的影响。阿萨姆语采用与孟加拉相同的变形天城体字体，只是个别字母略有不同。阿萨姆语中约60%的词汇来自梵语，另外还有不少澳亚语系和汉藏语系的词汇。由于种种历史原因，阿萨姆语文学的发展受到了影响，从其著作及特点来看，阿萨姆语文学的发展大体分三个时期：即18世纪以前是以翻译作品为主；19世纪，西方文化进入该地区，阿萨姆语的地位有所提高；到20世纪，新的作家大量涌现，作品的体裁和题材多种多样起来。

拉贾斯坦语（Rajasthani）属印欧语系印度雅利安语族，为拉贾斯坦邦的地方语，其使用人口为1430万（1981年），但该语言有多种方言，主要有七大分支，50多种方言。七大分支是：马尔瓦里语、中部和东部拉贾斯坦语、东北部拉贾斯坦语、马尔维语、西部拉贾斯坦语、皮利拉贾斯坦语和旁遮普拉贾斯坦语。上述几十种方言，在语音及语法上均有差别，各有特点，但它们彼此之间互有影响，因此有许多共同点。拉贾斯坦语采用天城体字母，文学作品丰富。

印度的语言一直是个复杂而严重的问题，对这一点外国人感到麻烦，本国人感到头疼。有的印度朋友开玩笑说："我们印度有多少人，就有多少种语言。"这当然是个笑话，但至少也说明一个问题，即印度语言繁杂，在一张卢比的纸币上可以看到15种语言的文字并列一起，实为奇观。就是同一种语言有时两村之间也有区别。凡是到过印度农村的人，对此都有感受。虽然印度政府都曾把印地语作为国语推广，但在非印地语地区的南方仍有一定阻力，地方语和英语至今仍占主要地位。不过那里很多人所讲的英语与欧美人讲的英语有点异样，听起来有点困难，若不习惯，有时也会闹出笑话。目前还有一种现象，即印度流行的英语中，有不少印地语词。当然，印地语中也有不少英语词混合使用，错综复杂。甚至有些名词用两种语言构成，例如，大家熟知的印度"人民党"，这种例子很多。因此，要想很好地了解和学习印度，仅懂印地语固然不成，但只懂英语也很不方便。

由于印度民族众多，语言复杂，所以在不同地区，尤其南、北两地通话也有一定的困难，文化交流也受到影响，这对整个印度的团结、统一和经济发展不可避免地要带来一些影响。

六　印度民族与宗教问题

印度自独立以来，有关民族与教派冲突时有发生，几乎未曾中断，有的再加上种姓矛盾，造成社会动荡，不少人死于非命。因此，印度的民族与宗教问题一直是人们关注的问题之一。

印度是南亚最大的国家。它除了宗教复杂，语言纷乱的特点外，还有民族众多等特点。前面提到，全国较大民族有十几个，少数民族有数百个以上。该国的民族特点，既不同于中国，也不同于南亚其他国家。从全国来讲，它没有主体民族，但各个邦都有自己的主体民族，有自己的主要语言。尽管如此，也有各种复杂问题。例如，印度斯坦人，它虽然是个较大的民族，主要分布在印度北方，约占全国人口的46%。但这个民族在各地的文化差别较大，教派之间也存有矛盾，而且种姓区别比较明显，所以各类纠纷屡有发生。

印度突出的一个民族问题是地方民族主义。早在20世纪50年代初，印度政府对地方民族主义采取抑制态度，有些地方要求按语言重新划分邦界，包括尼赫鲁总理在内，当时并不同意这种要求，于是遭到一些地方人们的反对，当时安得拉人、马拉提人等曾上街游行，甚至造成流血冲突。后来，中央政府同意了各地民族的要求，于1956年重新划分了邦界。这一措施虽然满足了各地民族的要求，但并未解决所有问题。地方要求独立的事情从未间断。例如20世纪50年代和60年代泰米尔纳德的一些人公然打出独立的旗帜，20世纪80年代旁遮普锡克族极端分子要求建立卡利斯坦，桑塔尔人等也有类似要求。尽管情况复杂，斗争激烈，但是印度政府控制了局势。其原因有三：第一，印度有个强有力的中央政府，其领导层是通过一定选举程序和组织机制产生的，由各民族的人物组成。第二，各民族在宗教、语言、文化风俗等方面虽然千差万别，但都遭受过英帝国主义的殖民统治，为获得独立而进行过长期不懈的斗争，在历史文化与思想感情上有着不可分割的联系。第三，每个民族作为印度民族的组成部分，体现着大家共同的根本利益。虽然有各种形式的斗争，但总体上看，都是地方民族要求更多的民族自治权。当然，一些地方民族主义的分裂倾向对政局的稳定和经济的发展起了很大的破坏作用，不得不引起政府的关注。

民族冲突和宗教矛盾，不仅影响着本国的稳定和威胁着国家的统一，而且也影响着与南亚各国间的关系的正常发展和整个南亚局势的稳定。处于大国地位的印度，在同南亚其他诸国关系的处理中，有着举足轻重的作用。

印度和巴基斯坦自1947年分治和独立以来，两国关系一直紧张，而且彼此曾几次交战，至今克什米尔争端未能解决。两个国家的人民就多数而言信仰不同，印度人主要信仰印度教。巴基斯坦人主要信仰伊斯兰教。由于宗教信仰不同，尤其是两个国家长期以来，彼此心理上有对立情绪，再加上1971年印度出兵巴基斯坦，这一举动大伤巴基斯坦的民族感情，又埋下了仇恨的种子，一旦印度的印度教徒与穆斯林之间发生冲突，巴基斯坦的穆斯林很快做出反应，对印度进行指责。印度也同样，即使没有类似借口，却用“外国插手”来影射巴基斯坦，或直接指责巴基斯坦支持印度的种族冲突或教派骚乱，或鼓动巴基斯坦的信德族反对巴基斯坦中央政府，以给巴施加压力。1983 年 8 月，巴基斯坦信德省发生反政府动乱时，英·甘地在议会中公开表示支持就是例证。双方感情的对立和彼此的猜疑，影响了两国关系的正常发展。

印度与斯里兰卡之间也存在一些问题，斯里兰卡的僧伽罗人与泰米尔人之间的矛盾，长期得不到解决，其重要原因之一就是“外界插手”。1983 年 7 月，斯里兰卡发生空前的僧、泰民族冲突时，当时的印度总理英·甘地虽然拒绝对斯里兰卡的民族冲突进行直接干预，并一再保证尊重斯里兰卡的领土完整，但印度却允许斯里兰卡泰米尔武装分子利用印度领土作为反对斯里兰卡政府的后方和训练基地。任他们在印度收集武器运往贾夫纳，并利用印度为其进行宣传。

到 1985 年拉·甘地对斯里兰卡采取了新的姿态，关闭了泰米尔人在印度的活动基地，限制了泰米尔武装分子在印度的活动，然后充当调停人劝说斯里兰卡政府、泰米尔联合解放阵线和泰米尔武装分子进行谈判，促成了他们双方多次谈判，但谈判以失败告终。1987 年 5 月，斯里兰卡政府出动军队向北方地区泰米尔武装分子发动了大规模进攻，印度持反对态度，对这一军事行动进行干预并要求斯里兰卡政府停止军事进攻，还警告说，若不停止进攻，印度将采取行动。6 月初，印度不顾斯里兰卡政府的强烈反对，公然出动空军，在战斗机的掩护下，向斯北方空投了救济物资，在强大空军面前，斯里兰卡感到束手无策，无能为力。1987 年 7 月 29 日，斯、印两国领导人签订和平协议。根据协议，30 日，印度向斯里兰卡派驻 5 万—7 万人维持和平部队，到 1990 年 3 月底才撤出。尽管如此，泰米尔武装分子并未因此而放下武器，僧、泰的民族冲突问题并未解决，倒使印军死亡 200 多人。1991 年 5 月 11 日当时印度总理拉·甘地遭到暗杀，这事与印度的插手不无关系。印度先是支持斯里兰卡泰米尔人的斗争，后来于 1987 年 7 月又改为反对，并派兵镇压，这就使僧、泰两民族的冲突复杂化，也影响了印、斯关系的顺利发展。

印度与尼泊尔之间，影响两国关系的主要原因是印度的移民问题。早在 1950 年两国签订了和平友好条约，双方边界实行开放。长期以来，不断有移民进入对方国家。目前两国在对方国家有移民600万人左右，虽然两国的移民数量不相上下，但两国的国土不等，人口构成和经济实力相差悬殊，对大国印度来说不在话下，而对小国尼泊尔来说却感到压力很大。本来尼泊尔经济困难，国家建设经费和行政机构的运转，每年都靠外债和外援，大量物品靠外国进口。在这种情况下，每年有几十万印度移民流入，使尼泊尔如牛负重，感到无力承受。而且来尼泊尔的印度人不同于去印度的尼泊尔人，这些人多为企业家、商人或有一技之长，因此，他们夺去了当地很多尼泊尔人的就业机会，而且，来自印度的移民政治上还有自治要求，有离心倾向，这对尼泊尔构成潜在危险。为此，尼泊尔政府采取了措施，以控制印度移民流入。如对入境者进行登记，发放入境证、护照、工作证、公民证等，以保证尼泊尔首都的安定和尼泊尔人就业不受影响。这些举措对一个主权国家无可非议。事实上，这些措施也难以执行。尽管如此，这些措施还是激怒了印度，1989年3月，印度对尼泊尔突然采取全面禁运和封锁措施，使尼泊尔陷入困境。后来，在外界的干涉和推动下，才打破了僵局，两国关系有所好转，但移民的问题并未解决，依然构成对尼泊尔的威胁。

印度和孟加拉国之间，同样存在民族问题。问题之一是孟加拉国方面的移民，即从孟加拉国进入印度阿萨姆邦的移民。这个问题一直存在，早在分治前后就有，但到20世纪50年代和60年代这一问题变得严重起来。孟加拉国于1971年成立后，这一趋势仍在继续，目前在印度的阿萨姆邦，有孟加拉移民几十万乃至上百万人。在一定程度上控制了阿萨姆的经济命脉，直接影响到阿萨姆人的就业谋生问题，也影响到阿萨姆当地文化和阿萨姆人在本地所处的优势。阿萨姆人对此大为不满，于是在1979年年底阿萨姆掀起了驱赶“外籍移民”的运动。运动规模之大，时间持续之长，在历史上前所未有。但孟加拉国对大量移民的流入却持否定态度，认为移民并非来自孟加拉国，而是主要来自印度的西孟加拉邦。印度对孟加拉国的说法当然不能接受，于是印度于1984年在印、孟边界修筑了铁丝网。1985年，拉·甘地出面，与阿萨姆不满分子达成协议，才使印、孟之间的冲突结束，但移民问题并未解决。如此众多的移民，一旦再遭驱赶，必然会引起大的动乱，直接影响印、孟关系。

长期以来，印度民族矛盾此起彼伏，其原因很多，有政治的、经济的、宗教的和历史的等。

（1）政治上，存在如何平等对待各民族和恰当处理民族要求的问题。印度属于多民族国家。一个民族总有各种要求，而且不同时期要求也会不同。若处理不当，矛盾非但不能解决，而且还会使矛盾激化，引起动乱。例如，印度在1956年按语言划分邦界时，对一些较小民族的要求未充分重视，所以造成后来一些矛盾的发生。之后随着民族意识的觉醒，有些较小民族自治要求日益强烈，除那加族、米佐族外，桑塔尔族也强烈要求自治，旁遮普的锡克人表现得尤为突出。英·甘地执政时曾极力加强中央权力，但同时也对东北地区小民族做出了让步，同意他们单独建立邦，不过对锡克人的要求采取了强硬措施，当一些锡克极端分子鼓吹建立“卡利斯坦共和国”时，英·甘地派兵攻占了金庙，死伤数百人之多。这样，形势进一步恶化，引起了锡克人更大不满。实际上，正是这种对抗的不断发展，导致了英·甘地1984年被跟她20余年的警卫刺杀。事后引起印、锡两教之间更大冲突，使印度损失惨重。

（2）宗教方面的原因。印度各地的民族矛盾与教派斗争密切相关。两者互为因果，又互为表现形式。所以在印度，教派斗争表现得十分激烈。早在印、巴分治时，印度教徒与穆斯林之间发生了世界上最残忍的流血冲突，造成了彼此对立情绪。印、巴独立之后，又先后几次交战，这使印度教教徒与穆斯林的关系恶化，加剧了两者之间的矛盾。近几年来，印巴关系时好时坏，并未正常化。

一个国家的教派斗争还会影响到其他国家。如1992年12月，印度发生拆毁巴布里清真寺的暴乱就是一例。1992年12月发生的“寺庙之争”，不仅导致了印度人民党主席阿德瓦尼的被捕、中央政府的下台，而且在印度的北方邦、比哈尔邦、拉贾斯坦邦、安得拉邦造成2000人死亡，还影响了同其他伊斯兰教国家之间的关系。据统计，在印度由于民族和宗教冲突每年都有几百人丧生，有时更多。据统计，1980年因此丧生的多达1000人，1990年多达3000人。

（3）经济上，印度各地、各民族经济发展不平衡，贫富悬殊，两极分化，人民贫困，失业人数增加是民族矛盾激化、社会动荡不安的原因之一，印度，即使在大城市，其贫困程度也达到了危险的边缘。拿孟买来说，有200万人居住在简陋的贫民窟里，许多地方无水无电，不少人生活无着，找不到工作，铤而走险进入黑道，为非作歹。有些人受宗教思想影响，希望“今世行善，来世享福”，才使社会上有些人的“胡作非为”受到一定限制，否则，社会问题会更加严重。

印度的农村发展缓慢也是矛盾产生一个原因，那里，不仅农业发展缓慢，而且30%以上的人无地。因此，有些人只能背井离乡，到城市谋生。农村大批劳动力流入城市，加重了城市负担，扩大了城市贫民的队伍，况且印度人口又多，据有关统计，印度现有人口8.5亿，一年生“一个澳大利亚”，十年生“一个日本”。“印度政府认识到这个问题的严重性，对农业非常重视，但优惠政策的受益者是小地主，落不到普通农民头上。”贫困、失业是造成民族矛盾激化、产生社会动乱的一个重要原因。据印度学者调查，锡克极端分子中的年轻人大多数是由于失业走投无路才铤而走险的。其他国家或民族中也有类似情况，给社会带来不安定因素。

（4）历史原因。这是英国人种下的祸根。英国殖民主义者1947年撤离前，采用分而治之的政策，挑起印度教教徒与穆斯林的仇恨，挑动锡克人独立，印度、巴基斯坦至今仍深受其害。这祸根造成了今天的宗教矛盾，从寺庙之争到孟买的骚乱和爆炸都可以看到这种阴影。

第四章　印度主要民族宗教

一　印度人的宗教观念

印度社会一直是个忠于宗教的社会，并以此闻名于世。宗教传统，是印度社会的古老传统，从吠陀前期一直流传至今。宗教是印度人生活的最高理想，印度人认为，人的一切活动，最终目的是宗教职责的积累。他们认为，印度的社会与西方不同，在印度人看来，西方社会注重经济和物质幸福，在一切活动中把物质幸福放在首位，而印度人则不然，印度社会注重宗教精神，生活中的每件大小事情都是以宗教、道德、宗教职责为基础而安排的。

宗教的基础是对一种力量的信仰，而这种力量肯定胜过人的力量。但是只有信仰并不是宗教的全部内容，还有来源于这种信仰的精神，例如，对那种力量的恐惧或惩罚的惧怕，以及对那种力量的虔信、尊敬或喜欢，也是宗教的必要组成部分。为了得益于那种力量，或避免那种力量的伤害而要经常进行祈祷，举办各种祈祷活动或仪式。在这些活动或仪式中，包括不同社会中的不同宗教祭祀、宗教象征、咒语和神话故事等在内。被信仰的那种力量的形式和性质在不同时期也不尽相同，有时崇拜无形体的力量，有时崇拜那种力量的有形实体。总之，对有关这种力量的所有信仰、产生的精神和各种活动就称之为宗教。

二　宗教与人民生活

印度是世界宗教发祥地之一。世界三大宗教中有两大宗教产生于印度。直到现在，印度绝大多数人笃信宗教。宗教与印度社会、政治、经济和文化有着密切的联系，它深入到印度绝大多数人生活的各个方面。

在印度，可以说处处有神庙，村村有神池。在一些地区，街上的行人路过一座神庙，便会停下来，转身跨进庙门，举手击几下吊着的小铜钟，然后在一个容器里放一些钱，接着双手合十，闭上眼睛，祈祷片刻。之后，再继续朝前赶路。前面若再遇到一座庙，又会重复一番。白天，在大街十字路口的庙内或路旁的庙中，总有不少信徒赤脚盘腿席地而坐，全神贯注地听祭司向他们讲述各种神话故事。

印度的宗教和教派很多，除了印度教、伊斯兰教、基督教和锡克教外，还有耆那教、犹太教、佛教等。信徒最多的是前面四种。据 2001 年的统计数据，印度教教徒有 8.3 亿，伊斯兰教教徒有 1 亿 3800 万，基督教教徒有 2400 万，锡克教教徒 2000 万，佛教教徒有 800 万，耆那教教徒有 422 万。

印度人信奉的神也很多，主要有湿婆、毗湿奴、克里希纳、耿乃希、罗摩、因陀罗、雪山神女、杜尔迦女神、罗其密女神等。除此以外，各地还有许多种神。

由于印度是个宗教盛行的国家，所以宗教在人民生活中占有十分重要的地位。在印度人看来，没有宗教就没有生活，而保护宗教的人将受到宗教的保护。这种思想体现在人们生活的各个方面。因此，人们信仰宗教，按宗教教义行事。绝大多数人从早到晚，从生到死，一举一动，无不与宗教联系起来，照宗教办事，行善修好，以便死后解脱，占印度人口 82% 的印度教教徒更是如此，具体表现在以下几个方面：

（1）宗教与世界。根据印度教教徒的看法，这个世界的创造者只有一个，那就是梵天，最高的神。开始创造世界之前，世界上一片黑暗，最高的神对这种情况无法忍受，他运用自己的威力，使这个世界变得光明。这样，所有的生物和活生生的世界都是万能的神的显现。据摩奴的意见，这个世界不是幻觉和无内容的，而是人类的职责和活动的范围。在这个世界上，根据自己的职责，通过自己的行为，向生活的最高目标或叫最高真理前进。

（2）宗教与节日。节日是社会生活的重要组成部分，无论是印度教、伊斯兰教，还是锡克教、佛教等，他们的节日都与宗教有关。印度的节日中都有敬神活动，例如，灯节时敬罗其密（财神）、耿乃希（智神），德喜合拉节时敬女神难近母，这都是节日的内容。同样，伊斯兰教的节日时，尔德节、宰牲节等都要祷告。锡克教节日时，要诵《戈兰特·萨哈布》。显然，印度人在欢乐的时刻，尤其在节日庆祝时，都没有高兴得忘记自己所信仰的神。对印度人来说，生活的最大快乐到那时才有意义，即最快乐和最大吉祥永远和他们在一起，不只是在痛苦时才想到神，幸福时也同样想到神。

（3）宗教与职责。印度人生活中有许多职责是以宗教为基础的，根据印度教的人生哲学：经典规定的行为（实践、工作）就是宗教。真理、不杀生、不偷窃、禁欲苦修、牺牲（舍弃）等，是最高职责，而它们的基础是宗教。生活的主要职责是以祭祀为主，没有祭祀的生活是无意义的。没有祭祀的“好品行”实质上不是“好品行”，是不道德的。祭祀的基础是宗教，只有举行了祭祀，目的才会达到，人最后才能升天。摩奴法论规定了5大祭祀：梵祭、祖祭、神祭、鬼祭和人祭。

所谓梵祭，就是学习和研究吠陀；祖祭，即祭祖先；神祭，即给神举行祭典、上供；鬼祭，即给死者灵魂上供；人祭，即招待客人。

穆斯林也有类似情况，根据《古兰经》规定，好品质不能只是做祷告，要相信真主、相信最后的一天、相信神的使者、相信《古兰经》、相信真主的使者才算是品行好。一方面坚信上述这些，另一方面为了取悦于真主，要把自己的钱财向自己的兄弟、同胞、孤儿、穷人、行人、乞丐进行施舍。

（4）宗教与礼仪。为使一个人身体健康、思想纯洁而进行的活动是仪式。通过仪式，一个人才能成为整个社会发展中的一员，但这些仪式要么以宗教为基础，要么以某种形式同宗教有关，为使一个人生活变得纯洁与圣洁，从生到死，一生要举办许多仪式。例如，婴儿出生后第10天第或第12天为小孩举行起名仪式，所起的名字大多同神有关，如印度教教徒给小孩起名为“罗摩恩惠”或“迦利足下”等，而穆斯林起名为“真主保佑”或“真主恩赐”等。印度教教徒给小孩举办仪式时，还有敬神、祭祀等活动；穆斯林则做祷告，求真主保佑。这些都是仪式的组成部分。

（5）宗教与教育。一个人的生活要成功，教育是必不可少的条件。在印度，儿童开始学知识，也是以宗教为基础的，印度教教徒举行一种拜石板仪式，穆斯林举行一种“比斯米拉”，即开始仪式。这些仪式都与宗教信仰有关。举行拜石板仪式时，小孩先拜石板，然后大人拿着小孩的手在石板上写吉祥符号或神名；所谓比斯米拉，即有阿訇让小孩读“比斯米拉”的音，然后拿着小孩的手在石板上书写这几个字。过去，小孩必须去老师家学习宗教经典，今天不同了。一些农村人学习的目的只是想能读《罗摩衍那》《摩诃婆罗多》之类的宗教书籍。由此可见，在学习的问题上，宗教成分是很重的。

（6）宗教与家庭生活。在印度，一个家庭的建立也是与宗教有关的。要组织一个家庭必须结婚，各国如此。而在印度所不同的是对结婚的看法。例如，在印度教教徒看来，“结婚”本身就是一种与宗教有关的仪式。举行仪式时，以神为证，女方把姑娘交给男方。男方则接受其为妻，还向火神祈祷，并要举行一系列与神有关的仪式。印度教教徒的这种观念由来已久，而且一直受到重视。结婚的首要目的是履行宗教职责，这些宗教职责也称为“祭祀”，没有妻子的男子无资格举行祭祀。印度教教徒结婚的第二个目的是“得到儿子”。《摩诃婆罗多》中明确提到：没有儿子的男子是没有尽到责任的，生男孩是最大的天职，通过儿子这只帆船，能够渡过苦海；要升天和脱离地狱，儿子是必不可少的条件。“得子”还是一种还债，不偿还这个债务，得不到儿子，父亲要下地狱。可见，家庭生活与宗教的密切关系是显而易见的。

（7）宗教与经济生活。在印度人的经济生活中，也有大量宗教思想的体现，与人们的生产活动密切相关。印度教徒把罗其密看成女财神，并且坚信，穷富全靠这位女神。城市商人、老板等在营业之前先要敬罗其密女神。一年一度的灯节也敬她，每年的胜利节也敬她，在更换新账本时也要敬她。手工业者要拜自己的生产工具，农民则拜自己的犁、牛和耕地。这些都说明，印度人的经济生活至今还受到宗教思想的影响。

（8）宗教与政治生活。古代印度，政治生活也是以宗教为基础的。每个王宫里都有太师或王公祭祀，就连国王都得听他们的意见，在政务活动中，国王要与自己的太师商量。从国王的职责也可看出，据《毗湿奴往世书》记载，国王的主要职责是：为了大多数人的幸福、和平与富裕而奋斗，惩处坏蛋，保护宗教。在当代，政治生活的宗教基础大大削弱。尽管如此，在印度，政治与宗教并未完全脱离。如印度教大会、阿卡利党、穆斯林联盟等一些政党的基础还是宗教。

印度人认为，一个人在世时，其生活与宗教有关，即使其生命垂危或死后，也与宗教有关。一个人临终前，家人、亲朋好友要向神祈祷，或念神名，或念“罗摩衍那”等宗教经典的名字；断气后，往死者嘴里灌恒河圣水；在抬死者尸体去火葬场的路上，人们口中不停地说："罗摩是真理。"其尸体焚化后，要撒进恒河或其他圣河让水冲走，以便死后升天。死后第 13 天，举办祭祀等活动。

三 如何认识印度的宗教

印度历史悠久，宗教复杂，有学者称："全世界各国莫超过印度。"宗教在印度历史上发挥过不同的作用，对印度的社会与文化有着深远的影响。印度本地产生的历史长久的宗教有印度教、佛教、耆那教。外来的有拜火教、犹太教、伊斯兰教、基督教。后来又产生了锡克教。佛教是印度古老的宗教之一，它在中国和世界上都有相当的影响。关于佛教的说法很多，这里不一一引用。但季羡林先生说过："我感觉到，我们过去对佛教在中国所产生的影响的评价多少有点简单化、片面化的倾向。个别著名史学家几乎是用谩骂的口吻来谈佛教，这不是一个好的作风。谩骂不等于战斗，也不等于革命性强，这个真理早为大家所承认，可惜并不为这个史学家所接受。平心而论，佛教既然是一个宗教，宗教的消极方面必然会有，这一点是不能否认的。如果我们说佛教浑身是宝，完美无缺，那也不是实事求是的态度。"①

在宗教方面，印度是产生宗教的地方。佛教在印度繁荣昌盛了一千五百多年。它早就传出了印度，传到了中亚、南亚、东南亚、东亚、北亚各国，影响了这些地方的宗教发展。对这些地方的文学艺术、哲学思想、语言、历史等都有广泛、持久而深入的影响，这是尽人皆知的事实。连基本上停留在印度本土的印度教，也在小范围内传出了印度，传到了南亚和东南亚一些国家，并且有了信徒。

佛教作为一个外来的宗教，传入中国后，抛开消极面不讲，积极方面是无论如何也否定不了的。它几乎影响了中华文化的各个方面，给它增添了新的活力，促其发展，助其成长。随着佛教的传播，印度的文化、艺术等也不断传入中国。

因此，季羡林先生说："佛教传入中国，是东方文化史上，甚至世界文化史上的一件大事，其意义无论怎样评价，也是不会过高的。佛教不但

---

① 《文史知识》编辑部编：《文史专家谈治学》，中华书局 1994 年版，第 344 页。

影响了中国文化的发展，而且由中国传入朝鲜和日本，也影响了那里的文化发展以及社会风俗习惯。佛教至今还是东方千百万人所崇信的宗教。如果没有佛教的输入，东方以及东南亚、南亚国家今天的文化是什么样子，社会风俗习惯是什么样子，简直无法想象。”①

季羡林先生认为：“佛教从印度传入中国后，在近两千年的岁月中，印度文化源源不断地涌入中国。在各种不同的学术领域中，都可以发现印度的影响。佛教在中国人民中风行起来，一言以蔽之，中印之间的文化交流有十分悠久的历史，而这种交流促进了我们两国的社会进步，加强了我们的友谊，并给两国带来了福祉。在人类历史上，这是一个在任何别的地方都不曾发现的绝无仅有的例证。”② 但是“我们过去在评价佛教方面，不是没有问题的。一些史学家、哲学家等等，除了谩骂以外，评价也往往失之偏颇，不够全面。他们说，佛教是唯心主义，同唯心主义作斗争的过程，就是中国唯物主义发展的过程。用一个通俗的说法就是，佛教只是一个‘反面教员’。我们过去习惯于这一套貌似辩证的说法，今天我们谁也不满足于这样的认识了。我们必须对佛教重新估价。一百年以前，恩格斯已经指出来过，佛教有辩证思想。我们过去有一些论者，言必称马恩，其实往往是仅取所需的狭隘的实用主义。任何社会现象都是极其复杂的，佛教这个上层建筑更是如此。优点和缺点有时纠缠在一起，很难立即做出定性分析。我们一定摒除一切成见，细致地、客观地、平心静气地对佛教对中国文化的影响进行分析，然后再做出结论。只有这样的结论才真有说服力，因为它符合客观实际。”③

“如果一提宗教，就一声：‘鸦片烟！’想一棍子打死，那是把极端复杂的问题过分简单化了。只要人民需要还在，一棍子打不死，几百几千棍子也是打不死的。宗教不是时时事事都是鸦片烟。它有阻碍科学文化发展的一面，例如欧洲中世纪的天主教，疯狂迫害进步的科学家。但是像印度佛教传入中国，除了麻醉作用之外，也不能否认，还有促进中国哲学思想发展的一面。如果世界上从来也没有一个什么佛教，则一部中国思想史将

---

① 季羡林：《中印文化交流史》，新华出版社 1993 年版，第 23—29 页。

② 季羡林著，王树英选编：《季羡林论中印文化交流》，新世界出版社 2006 年版，第 5—6 页。

③ 季羡林：《我和佛教研究》，《文史知识》1986 年第 10 期。

会是另外一个样子。这件事情昭如日月，想否定它，那不是实事求是的态度。”①

大家都承认，佛教对中国文化有影响，若不研究佛教对中国文化的影响，就无法写出真正的中国文化史、中国哲学史，甚至中国通史。佛教传入中国以后，经历了试探、适应、发展、改变、渗透、融合许许多多的阶段，最终成为中国文化、中国思想的一部分。

宗教会不会成为社会发展、生产力发展的障碍？会的，但并不是决定性的。但有不少这种情况：宗教会适应社会的发展、生产力的发展而随时改造自己，改变自己。例如印度教的发展、锡克教的出现和发展，都是这样。在日本，佛教很流行，和尚能结婚，能成家立业，就是例证，生产力不可谓不发达。

总之，佛教在印度和世界上不少国家都有影响，在中国更是如此，因此，季羡林先生曾强调：“应认真研究，否则，我们无法写出中国哲学史、中国思想史、中国文化史，再细分起来，更无法写中国绘画史、中国语言史、中国音韵史、中国建筑史、中国音乐史、中国舞蹈史，等等。弄不清印度文化、印度佛教，就弄不清我们自己的家底。”这话很有道理。

四　宗教在印度社会中的地位

人们一提到印度，往往想起佛教，的确，佛教是发源于印度的一种宗教，它在历史上对包括中国在内的不少国家的社会文化影响很大，但佛教并非印度的唯一宗教，更不是当今印度的主要宗教。现在印度，除了佛教以外，印度还有伊斯兰教、基督教、耆那教、锡克教、拜火教、印度教等，而人数最多、影响最大的还是印度教，信仰印度教的人数占印度全国人口的82%以上，而且它在欧美、亚非等几十个国家和地区都有流传。

宗教是人类文化现象之一，历史久远，分布普遍，影响深广。宗教与人类生活密切联系。人类文明的各个部门，人类活动的各个方面，从哲学思想到文学艺术，从政治经济到文化教育，从伦理道德到风俗习惯，从科学理论到音乐美术、建筑及舞蹈等，无论是社会的价值取向，还是人们的生活方式，都同宗教有着密切的关系。

---

① 季羡林著，王树英编：《季羡林序跋集》，新世界出版社2008年版，第345—346页。

大千世界非常复杂，要理解这个世界，首先要理解人，要理解人，就必须考察其一切活动，而在一切活动中，宗教起着直接影响，有时甚至是核心作用，尤其像印度这样的国家更是如此。当我们了解印度社会和各民族或各地区的文明或文化的时候，不能不注意它们与宗教的错综复杂的关系，无论是在历史上，还是在今天。

印度人对本国的宗教众说纷纭。的确，要给它下一个确切的定义是很困难的。印度学者认为它（dharm）不等于英文的 Religion，认为两者是有所区别的。此说不无道理。宗教是历史的产物，至于它在历史上起过什么样的作用，暂且不谈，但它带来的一些文化，不少是有用的。宗教有自己的功能和特性，具有很大的包容性，尤其像在印度这样的国家里，这点恐怕是公认的。印度的宗教有非理性和消极的成分，这是事实。除此以外，还有科学的和可取的一面，这也是事实。恩格斯早在一百年以前就指出过，佛教有辩证思想。其他宗教也有类似情况。“宗教也和科学、哲学、艺术一样，不是一时冲动或则愚昧无知的产物，而是人类有了问题并作了思考的产物。”① 印度的宗教正是如此，我们对宗教也必须作如是观。

一个宗教的教义和训诫，在信徒看来是至高无上的，信徒们必须遵从，视为一个人的必备品质和修身养性的重要条件，如若违抗，轻则受到谴责，重则受到惩处，印度教在这方面的表现尤为突出。这样，教义与训诫成了一种强化形态的宗教道德，成为约束人们思想行为的准则和规范，所以宗教是一种道德；宗教力图以神的观念解释世界，解释人与自然、人与人、人与神之间的关系，因此，宗教又是一种宗教哲学；宗教的礼仪繁多，不同宗教在不同发展阶段其礼仪也有所区别，不尽相同，但都对人们的日常生活或人生的不同阶段有较多的规定，起约束作用，有的涉及人的出生、入学、结婚、丧葬等，有的涉及起居饮食、男女私事、社会交往等。因此，宗教也是一种礼仪。宗教为政治起鼓吹作用，政治为宗教起推动和支持作用，两者互相利用，这在历史上不乏其例，即使在今天，印度还有大量宗教性政党和政治组织存在。显然，宗教又是一种政治团体，即宗教政治。从原始宗教的法律到后来具有典章形式的宗教法典及各种刑法，都存在一种宗教法律，所以宗教包含“法”的观念和制度。印度的《摩奴法论》便是一个典型例证。它产生于公元前 2 世纪至公元后 2 世

① 金克木：《文化的解说》，生活·读书·新知三联书店 1988 年版，第 82 页。

纪，是宗教与法律合为一体的典范。《法论》（即《摩奴法论》的省称，下同）中分门别类地规定了民法、刑法、婚姻法的条例，规定了社会各种族包括国王在内的义务，还规定了社会成员日常生活的准则。《法论》中明文规定了直系亲属六代以内不准通婚，以及反对买卖性质的婚姻等条款。据统计，在《法论》中纯粹讲法律的地方约占全书的四分之一，其余都与宗教伦理有关，讲的是人们在社会中的行为规范。此书非常重要，正如季羡林先生所说，“《法论》给我们提供了不少有价值的有关古代印度历史、宗教、哲学、政治、经济和社会习俗的资料”，对研究印度古代与现代有很重要的参考价值。所以《法论》在印度国内外产生了巨大影响。在国内，当英国殖民统治者给印度人民制定法律时即参考此书。在国外，泰国的律书与它有关，在印度尼西亚的爪哇岛上至今还有它的影响，在佛教流行的缅甸又何尝不是如此呢。

印度禁忌很多，不可胜数。这些禁忌都与人们的社会生活有直接关系，诸如婚姻禁忌、饮食禁忌等，人们的信仰不同，生活习俗有别，所以人们在选择配偶和结婚时往往有种种考虑。为了所谓的婚事吉祥、家庭和睦或生活方便而流行着一些禁忌，但是由于过分强调某些禁忌而不顾及其他，也给青年男女的择偶、结婚带来困难或不便，甚至造成悲剧，不同种姓的人结婚困难就是一例。还有一些禁忌如膳食等，有的相同，有的相反。如有的专食牛肉，有的则视牛如神，绝对禁食。另外还分什么“生食”“熟食”或“顺食”“逆食”等，不可乱食，有的则不论这些，如此等等，五花八门，非常复杂。而且有些宗教禁忌与法律相似，甚至是不成文的法律，属于一种强制性的规范，对社会和群体稳定起维护作用。当法律尚未形成时，人们不得不依靠宗教的禁忌为自身划定不可逾越的界限。印度有些法律直接取于宗教禁忌，自古如此，上面提到的《摩奴法论》就是一例，这说明禁忌与宗教信仰有密切的关系。

一个民族的生存与发展，离不开与其有关的自然环境和生活条件，同时也构成了宗教的内容及其特点。印度广大地区气候较热，植物茂盛，动物繁多。不少动植物与人们生活有直接利害关系，于是成了被崇拜的对象，蛇是其中之一，那里自古有拜蛇的习俗。一些人想要发财致富，就要拜蛇，有些人若有某种疾病或生理缺陷，诸如患皮肤病、不育症或儿女智力欠佳等也要拜蛇。

不仅拜蛇，更要拜牛。牛在印度备受青睐。它在印度教中被视为最神圣的动物，享有优越的地位，每个湿婆庙里都有牛的塑像，牛是繁殖的象征，又是人们维持生存的基本来源。牛有各种用途，母牛提供牛奶，公牛可以拉车，“用牛粪烧饭，香甜可口”，“用牛粪焚烧尸体，其灵魂圣洁，可以升天”。因此，牛受到保护，在古代的《摩奴法论》中明文规定：偷牛者受到严惩，杀牛者判罪，连偷牛粪者都被罚款。由此可见，宗教与人们生存的手段是紧密相连的。

考古学家认为，史前人在一些洞穴中作画，实际是进行一种宗教艺术创作。因此，可以认为，宗教意识的发生要比艺术更早，或者是同期。不管怎样，艺术同宗教有着密切关系。

早在公元前3000年，印度西北部已出现了高水平的艺术成就。在莫罕殊达罗和哈拉巴发现了带动植物图案和原始文字的印章，发现了铜制舞女、石刻人像，以及绘有几何图案的陶器和宝石制的装饰品等。因此，可以推知，印度在史前期已有很悠久的创造历程。这种艺术是雅利安人进入印度以前的作品，是达罗毗荼文明的标志。以后又有婆罗门教、佛教和耆那教兴起，这几种宗教对印度的建筑、雕刻和绘画艺术的发展都起了很大作用。仅以公元前3世纪的阿育王时代为例，当时曾建有大量石塔，据统计共有8.4万多座。塔外有栏杆围绕，雕刻着美丽的浮雕。至今保存最完好的有两座，一座是北印度的桑奇大塔，另一座是佛陀加雅大塔。桑奇大塔分为三座，最大的佛塔直径为36.576米，高16.4592米，佛塔的周围有围墙，围墙有四道门，门上刻有佛本生的故事及动植物等，都栩栩如生、形象逼真。佛陀加雅大塔的主体部分为方台形。从塔基到上端渐次缩小，上建圆锥形尖顶，通高为51.816米，十分雄伟峻拔。塔前拱门上有狮、鹿、牛、象等动物图案的雕刻，都很生动逼真。这些宗教建筑反映出浓厚的宗教思想，同时又是精美的艺术品。它们虽已年深日久，但并不影响其艺术光彩，它们是印度人民也是世界人民的瑰宝。

在南印度也有很好的宗教建筑，并另有特点。印度教寺塔建筑有圆锥形的，也有长方形的。这些石料建筑，其内部与外部的雕刻装饰都很丰富、精巧，尤其是南印悉当布朗的湿婆神庙的雕刻，将舞者的122个优美舞姿遍刻于殿的外壁上，给人以壮丽雄伟之感，可称为宗教与艺术的结合。

伊斯兰教建筑另有特点，无论其建筑风格，还是装饰图案都别具一格，对印度文化有很大影响。亚格拉城的泰姬陵被视为伊斯兰教建筑的优秀代表，其建筑材料是大理石、红沙石和各种宝石与黄金。陵墓建在一个很高的四方平台上，用白色大理石砌成，光滑洁白，庄严美观。陵墓的上部是个硕大的白色圆顶，平台的四角各有一座白色高塔，尖尖地刺入天空；四个尖尖的高塔衬托着中间泰姬陵的圆顶，相映生辉，给人一种奇特的美感。

在绘画艺术方面，阿旃陀石窟壁画首屈一指。该石窟群建成的时间早晚不一，其壁画各具特色。大量壁画以宣扬佛教为主要内容，虽然是为宗教服务的，但其内容都以当时现实生活为基础，是当时社会生活的真实写照。在表现技巧上，构图和谐紧凑，线条舒展，笔调洗练，色泽鲜艳，达到了很高的艺术水平，至今为各国艺术家们所推崇，不愧为印度艺术的宝库，世界人类文化的奇迹。

以上所举实例说明，印度的建筑、雕刻和绘画等艺术多以宗教内容为题材，并附丽于寺庙、陵墓、石窟等建筑上。印度的音乐和舞蹈艺术同样多以宗教内容为题材，活跃于庙宇中或各种宗教活动的庆祝上。

印度的音乐和舞蹈不仅历史悠久，而且也同宗教有密切联系。早在上古文献《吠陀》中对音乐和舞蹈就有了记载。印度教的三大神之一的湿婆又名“舞王”，人们在祭神或过宗教性节日时都举办歌舞等集会，这已成为印度人们生活的重要组成部分，在现实生活中，流传至今的古代颂神曲、祭神舞很多，可以说印度的音乐和舞蹈是以古代祭仪为基础，大多在庙宇里发展起来的。因此，印度人认为，“音乐和舞蹈的起源是神圣的”，其最终目的是帮助人们信神，所以在3000多年的音乐、舞蹈发展中，音乐和舞蹈往往以精神为主导，而艺术处于从属地位。随着宗教的发展、变化与传播，随着社会的不断发展，音乐和舞蹈也得到不断丰富和提高。载歌载舞，而且往往歌舞并举，这是印度音乐、舞蹈的特点之一。

总之，可以说从古代的壁画、神像，到当代宗教题材的绘画，从祭台到陵墓和各种宗教建筑，从原始简单的祈神、拜神舞蹈，到后来复杂优美的舞姿，如此等等，无不包含艺术的表现形式，因此，宗教也是一种艺术。不仅如此，宗教还涉及星相学、天文学、数学、化学、医学等，如印度教、佛教等不同宗教中有大批精通上述学科的学者，他们对印度文化乃至世界文化做出了重要贡献。如此说来，宗教涉及一切文化，从某种程度上说，宗教创造了自己的文化形式，而这种文化既是一种特殊形态，又是世界文化的组成部分，从而丰富了世界文化。

五　印度主要宗教及其社会影响

（一）印度教

印度是个古老的国家，它有5000年的悠久历史。在雅利安人进入印度以前，这里的原始土著达罗毗荼人就创造了先进的文化，有了崇拜自然的原始信仰。在公元前2000年左右，一支雅利安人开始由中亚进入印度西北地区，逐渐征服当地土著人。到公元前五六世纪，雅利安人由印度河发展到恒河流域。这时，他们逐渐放弃了原来的游牧生活，开始定居下来，改事耕作，遂出现了原始村落社会。随着雅利安人和达罗毗荼人的接触，相互影响不断加深，不仅使雅利安人接受了达罗毗荼人的宗教，连他们的思想、行为，以至风俗习惯也受到影响。例如，崇拜湿婆、湿婆林加和偶像，以及在日常生活中对于与生死、结婚等有关的宗教仪式活动也重视了。几个世纪后，雅利安人的宗教仪式、祈祷方式和崇拜火神等习俗，以及语言也使当地的达罗毗荼人受到影响。这就形成由印度河流域的土著人宗教和中亚移入的雅利安人游牧部落的宗教混合而成的吠陀教，其特点为对种种神化了的自然力量和祖先的崇拜。此后在印度最初的奴隶制国家逐步形成的过程中，吠陀教被加入了新内容而发展成为婆罗门教。正如有的学者所说："婆罗门教主张吠陀天启、祭祀万能和婆罗门（祭司）至上。"并在种姓制度的基础上建立起一整套烦琐的玄学体系和祭祀仪式。到了孔雀王朝时期，由于阿育王（公元前273—前232）大力推广佛教，使佛教得到很大发展。相比之下，婆罗门教有所削弱。直到公元3世纪笈多王朝兴起为止，婆罗门教一直处于衰落状态。但到公元4世纪贵霜王朝灭亡后，笈多王朝的十几个皇帝都信仰婆罗门教，给婆罗门教以大力扶持，并把它定为国教。这样，婆罗门教得以复兴和发展。到了公元6世纪，随着笈多王朝的灭亡，婆罗门教的黄金时代结束，反对婆罗门教及其种姓歧视的浪潮此起彼伏。到了后来，又有伊斯兰教进入印度，婆罗门教为了同佛教和伊斯兰教进行抗衡，以求得生存和发展，婆罗门教进行了必要的改革，其影响最大的人物是商羯罗。公元8世纪，商羯罗吸收了佛教和耆那教的某些教义，经过改革形成了印度教。商羯罗的改革对于印度教的发展具有十分重要的作用。到后来，即从12世纪开始又掀起了新的改革运动，即虔诚运动：反对偶像崇拜，反对歧视妇女，反对种姓制度及烦琐的礼仪等。运动的代表人物有罗摩奴阇、格比尔等。通过改革，使印度教有了生气，因此得以发展壮大。

印度教综合了多种信仰，它非常复杂，正如马克思曾经指出的那样："这个宗教既是纵欲享乐的宗教，又是自我折磨的禁欲主义的宗教；既是林加崇拜的宗教，又是札格纳特的宗教；既是和尚的宗教，又是舞女的宗教。"①

印度教虽然没有单一的信条，但是有一条几乎是虔诚的印度教教徒所共同信奉的，即多神教的主神论。多数印度教教徒是多神论者，他们相信众多神灵，但他们只向一个天神进行礼拜。

印度教不仅是一种宗教，而且是一种哲学和生活方式。该教认为，人类灵魂永存，并主张通过三个主要途径，即智慧、信仰和行动来实现个体灵魂和无所不在的精神的最终统一。

印度教宣传因果报应和人生轮回，即所谓灵魂的转世。认为生命不是以生为始，以死告终，而是无穷无尽一系列生命之中的一个环节，每一段生命都是由前世的行为（业力）所限制和决定。动物、人类和神的存在，都是这链子中的环节。一个人的善良行为能使他升天，邪恶行为则能令其堕为畜类。一切生命，即使在天上，死后必有终了之期，所以不能在天上或人间求得快乐。虔诚的印度教教徒的愿望是获得解脱，即脱离生死轮回，在一种永恒的状态之中获得安息，这种状态叫作与梵合而为一。

印度教还主张非暴力，不杀生。认为任何形式的暴力都是罪恶，即使踩死一只蚂蚁也被视为不仁。

印度教有种姓制度，是它的又一大特点。按照这一制度，人被分为四个等级，有高低贵贱之分，而且生来即定，世代相传，就连他们的职业一般也是固定的，不得轻易更改。各种姓间界限分明，有严格规定，一般互不通婚。这样，一个人的种姓出身决定了他的宗教信仰、社会地位、经济状况及家庭生活。这四个种姓即婆罗门、刹帝利、吠舍和首陀罗。有关种姓制度后文将专门讨论，此处不再赘述。

印度教有丰富的典籍和大量的节日。主要经典有《吠陀》《梵书》《森林书》《奥义书》《摩诃婆罗多》《罗摩衍那》《往世书》《摩奴法典》等。它们的内容前文已经介绍，这里不作赘述。

---

① 马克思：《不列颠在印度的统治》，载《马克思恩格斯选集》第2卷，第62—63页。

印度教的节日很多。印度由于历史悠久、宗教复杂，所以自古以来形成了很多格调各异、绚丽多彩的宗教节日。这些节日是民族文化财富的重要组成部分，是印度古代文化史上不可缺少的篇章，也是民族特点的主要内容与表现形式。

每个宗教节日的出现都不是偶然的，是该宗教在一定历史时期内的产物，有它产生的历史根源和社会条件。早在人类社会的原始时期它就产生了，以后随着宗教的发展、历史的前进、生产力的提高，以及人们能力、智力等发展，这种传统文化越来越丰富多彩。它不仅满足了宗教信仰者的宗教要求，反映了他们的生活，也推进和巩固了社会秩序，它具有一种文化功能。

宗教节日作为民族风俗习惯的主要组成部分，属于文化范畴，它在一定程度上反映各族人民的经济、政治、宗教、思想和生活状况，并影响着人们的思想和生活，因此对宗教节日的作用不可低估。但是，随着时代的变迁和社会的发展，宗教节日这种传统文化不免显出它们的局限性，甚至落后性。所以有些节日被淘汰，或节日的内容与庆祝方式有所改变，同时也有新的节日出现。

印度的宗教性节日很多，各种宗教都有自己的节日，其中以印度教的节日最多，大的节日就有 140 多个，再加上小的节日，共有多少，难以确言。若再加上其他宗教的节日就更多了，无怪有人戏言，在印度感到天天有节日庆祝。

宗教节日庆祝的时间长短不一，少则一天、几天、十几天，多则长达一月以上。庆祝的规模有大有小，小的一家一户举行，大的多达几十万人、上百万人参加，有关印度的节日后文再进行详细介绍。

（二）伊斯兰教

伊斯兰教发源于阿拉伯，后来传入印度，成为印度的主要宗教之一。大约在公元 8 世纪初，阿拉伯人的势力发展到了顶点。穆罕默德于公元 712 年征服了信德（第巴尔），然后向北推进，于 713 年征服巴鲁（即海德拉巴以南，现在的查拉克附近），之后，他又挥师北上，信德的婆罗门国王达赫尔在拉瓦集结了一支强大军队，双方激战的结果是达赫尔战死，他那支军队虽经过一番英勇战斗，最后仍然战败。在这一过程中，伊斯兰教随之传入。公元 1190 年，阿富汗廓尔王朝入侵德里，统治北印度。到

1290 年，突厥人的卡尔基王朝征服了南印度。到 14 世纪初，除少数地区外，穆斯林统治者几乎统治了整个印度。15 世纪至 18 世纪时又为莫卧儿帝国所统治，伊斯兰教在印度得到迅速发展，成为国教，作为封建统治阶级的精神支柱，统治印度长达几个世纪。

印度穆斯林既有逊尼派和什叶派，也有资产阶级改良派和封建主义复古派等。当然其中以传统的逊尼派穆斯林人数最多，占穆斯林人口的 80% 左右。

由于印度教种姓歧视严重，引起一些人特别是低级种姓的人的不满，所以首陀罗和吠舍这些低级种姓的人改信伊斯兰教的也不少。这些人一旦皈依伊斯兰教，教友之间一概平等，对“生死轮回”不太重视。

伊斯兰教传入印度后，不少人改变了信仰，这对印度的宗教、社会、风俗和文化艺术等都产生了巨大影响。与此同时，阿拉伯人由于和印度文明接触，在很大程度上也受到了它的影响。例如印度的文学、音乐、绘画、医学和哲学等，使阿拉伯人受益匪浅。同时，伊斯兰教在这里也有所变化，染上了印度的特色，如种姓制度对其影响就是明显例证。不少教徒组成种姓集团，还遵守种姓的种种规定，甚至还举行印度教的祭祀，这就带上了“印度色彩”。

伊斯兰教传入印度后，一方面助长了印度教童婚的流行；另一方面，印度教的童婚又影响了伊斯兰教。这样一来，穆斯林中出现了童婚现象，与此同时，嫁妆习俗随之蔓延开来。

印度穆斯林不仅与别国的穆斯林有所不同，就是在印度国内不同地区也不完全一样。不同地域、不同文化、不同语言和不同教派的穆斯林之间各有差异。例如，克什米尔地区的穆斯林和喀拉拉邦的穆斯林就有许多不同之处。克什米尔地区的穆斯林和孟加拉邦的穆斯林有的方面也不同，尽管在宗教上同属一教，但在文化和语言方面，他们之间的关系较之于他们各自与当地印度教和其他组织之间的那种同声相应、同气相求的关系就大为逊色，这是不容否认的事实。

前面提到，印度教种姓的影响，即在穆斯林内部也有了种姓之分，尽管这为伊斯兰教教义所不容，但是问题毕竟存在。不过，不像印度教内部那么森严就是了。例如北方邦的穆斯林中，阿什拉夫人属于高级种姓，而阿尔扎尔人就被视为低级种姓，受到歧视，他们中的绝大多数人只能从事繁重的体力劳动。据调查，穆斯林的种姓集团在印度全部城市无产阶级和半无产阶级中，约占20%，在城市商业资产阶级及其附庸中占19%，在城市知识分子、官吏等人中占11%，在农村地主和富农中占5%，在贫农和中农中占5%，在雇农中占7%。

当然，总体来说，穆斯林的经济情况并不很好。有些材料表明，从克什米尔地区到坎尼亚库马里，绝大多数穆斯林属于贫困阶层。印度80%以上的人口分布在农村，穆斯林的农村人口占全国穆斯林总数的73%。在农村，现在的穆斯林大多数属于雇工和贫农，中农和富农较少。城市的穆斯林多半从事编织业、卷烟业、屠宰业、制鞋业和脚镯生产等手工业，或是从事苦力、车夫等体力劳动。他们大多生活贫困，处于城市生活的底层。

由于大多数穆斯林所处的地位较低，所以现代教育对他们中不少人来说好像吸引力不大，似乎在他们看来，作为一个艺人或雇农，与其把自己的子女送进学校受教育，还不如叫子女干些活儿，以增加收入更现实和实惠。

随着时代的变化，穆斯林的情况也在发生变化，穆斯林妇女戴面纱的越来越少，女子上学受到教育的和参加工作的人在逐渐增多。按伊斯兰教的教义规定，一个男子可以同时娶四个妻子，但是现在更多人只娶一妻。总之，印度的穆斯林在变化中。

伊斯兰教对印度社会与文化的影响很大。从中世纪开始，伊斯兰教成为印度的主要宗教之一。伊斯兰教传入印度后，对印度的文化和人民的生活产生了重大影响。这种影响是印度教和伊斯兰教相互矛盾和融合的结果。因为印度教和伊斯兰教的教义不同、追求的不同，所以两个宗教之间的关系一度紧张。当穆斯林统治者利用其统治的优势地位强迫印度教教徒改信伊斯兰教时，印度教教徒把这种做法看成是对本教的侵犯和社会压迫，并因此展开了斗争。这样，在印度教社会中，“守旧性”和“狭隘性”也就严重起来。婆罗门对本种姓的规定更加严格了，为保持所谓血统纯洁和神圣，对婚姻等规定更严格起来，限制女子的活动，“不接触”的思想更加重了，另一方面妇女的社会地位进一步下降。由于种姓的发展和“狭隘性”加重，使低级种姓的人越来越多地改信伊斯兰教。但是，这种狭隘性产生了另一个作用：促使格比尔、那纳格等人对宗教和社会进行了改革，以缓和印度教和伊斯兰教之间的紧张气氛。后来印度教和伊斯兰教之间的气氛有所缓和，在宗教、家庭和其他领域里都呈现出“和睦”

“合作”“宽容”精神。伊斯兰教传入印度后所带来的影响，主要表现在以下几个方面。

1. 对宗教生活的影响

在伊斯兰教进入印度之前，印度教强调种姓区别，注重崇拜成千上万的神。而伊斯兰教与此不同，它既没有种姓区别，也没有多神论思想。伊斯兰教传入印度后，自然使印度教受到伊斯兰教的影响。印度教的一些改革者强调宗教平等和神的统一性，谴责种姓歧视和种种不合理的社会现象。

在伊斯兰教一神论、宗教平等和积极进取等思想的冲击下，大批下层印度教教徒改信了伊斯兰教。这推动了印度改革运动——虔诚派的兴起和发展，出现了像罗摩奴阇、罗摩难陀、格比尔、那纳格等一些著名的宗教改革家。虔诚运动的目的在于保护印度教和克服社会弊病。这个运动起源于南方，后逐渐遍及全印度，并对中世纪时代的精神和社会生活产生了有力的影响。罗摩奴阇对此起了重大作用，他死于公元 1137 年。罗摩难陀为罗摩奴阇学派的信徒，大约生活在 14 世纪的最后 25 年和 15 世纪的上半期。他把“虔诚运动”从南方传到北方，“宗教仪式的简化，以及传统的种姓条规的自由主义化是罗摩难陀对当代宗教问题的解决所做的最重要的贡献”。有人认为，这些新奇的东西至少在某种程度上应归功于伊斯兰教的影响。格比尔是中世纪著名的改革家，他生活在 15 世纪。有人说：“格比尔写下了一切教派都能接受的著作，而且如果阅读时不怀偏见，它是有利于全人类解放的。”在宗教领域内，他为印度教教徒和穆斯林的团结作了不懈努力。那纳格是锡克教的创始人，也是位改革家，有人说他并不企图摧毁旧秩序，而只是想改革它，使它适合当时的需要。他得出了“没有印度教徒和伊斯兰教徒”的论断。

印度虔诚运动的出现绝非偶然，在穆斯林统治时期，统治者不只是想统治这个国家，而且还想宣传自己所信仰的宗教，同时还反对偶像崇拜，这些当然也影响了虔诚运动。

2. 对种姓制度的影响

印度教教徒为了防止受到伊斯兰教的影响，对本教和种姓制度作了更严格的规定。这样一来，种姓组织更加严格起来，婆罗门为了提高自己的地位更是不遗余力，但其努力并未完全成功，因为当时受到强烈的反对。而有些种姓，尤其是迦耶斯特、柯帝利及刹帝利却受到穆斯林统治者的保护。因此，这些种姓的社会地位比以前有了很大提高。其地位仅次于婆罗门。有些刹帝利种姓的人还在穆斯林统治机构中做事、当官，甚至与穆斯林通婚。这样，有些拉其普特人与穆斯林王朝建立了联系。结果，其社会威望仅次于统治阶级。这些重大变化使婆罗门的地位和威望受到很大冲击，他们不得不采取一些保护措施。因此，种姓规定更加严格。婆罗门对伊斯兰教力量的壮大感到担忧，为了保持种姓制度和各种仪式的完整性，他们努力限制同穆斯林发生联系。不过，这些做法，除对婆罗门和吠舍种姓的人起作用外，对其他种姓作用不大。婆罗门的严格规定使低级种姓的人深受其害。结果，他们为了摆脱困境而改信伊斯兰教。因此，低级种姓的数量有所减少，使印度教种姓结构发生了重大变化。

3. 对婚姻的影响

印度教徒为了保护自己的宗教，对种姓的规定比以前更加严格，在婚姻方面尤其如此。当时的穆斯林统治者想要印度教姑娘为妻，甚至想同印度教寡妇结婚，这遭到印度教教徒的强烈反对。于是，印度教教徒为了保护自己，想出四种办法。

（1）实行童婚。降低女孩的结婚年龄，婚龄下降到8—9岁。不仅如此，“指腹为婚”也应运而生，甚至流行起来。（2）在高级和中级种姓中女性戴面纱的习俗流行起来，以便不让人看到自己的面孔，避免同穆斯林发生联系，这样就杜绝了与穆斯林结婚的可能性。这种习俗的流行使得除富人家庭外，印度教女子的教育受到了影响。（3）对寡妇再婚作了严格规定。为使规定更加有效，在规定中还附加了一些宗教和道德色彩。结果，限制寡妇再婚的规定对高级种姓的人起到一些作用，但对低级种姓的人效果不大，他们不理那些规定。（4）大力宣传寡妇为夫殉葬，并把这种做法视为最大的贞节和最高的美德，这种做法一度蔓延开来。

4. 对建筑艺术的影响

当伊斯兰教从公元初传入印度这块国土时，那里已存在婆罗门教、佛教和耆那教的艺术风格，随着伊斯兰教在印度的不断传播，印度艺术和伊斯兰教艺术的相互影响不断加深。在一些庞大建筑工程中，地方色彩的建筑形式和方法经过创造性的改良，同伊斯兰教的建筑风格结合起来。穹隆室、圆屋顶、拱门、几何图案和题铭，都为印度建筑所广泛采用。于是，出现了许多新的建筑形式，例如，带有高塔的清真寺、圆形屋顶的陵墓等。这些新颖建筑与印度原有的雕造华丽的建筑完全不同，它的优点在于外形有精确的几何图形，内部开阔明亮，完美的对称形式和各种颜色巧妙配合。

我们知道，一般所称的伊斯兰教艺术并不是指单一的艺术风格，伊斯兰教的信奉者，如阿拉伯人、波斯人或突厥人等，吸收了西亚和中亚、北非和西南欧各地的艺术。这些艺术根据宗教的需要和个人的喜好，同古印度艺术不同地区的风格结合在一起，形成了一些新的“印度式”的建筑风格，这些风格在各邦，如绍纳福儿、孟加拉、比贾普尔、古吉拉特等地又迥然不同。在德里，由于穆斯林人数较多，所以伊斯兰艺术的影响也大，而在绍纳福儿和德干却是当地的风格占优势；在孟加拉，征服者接受了用砖砌造建筑物的方法，而且在建筑物上饰以凿状和线条状的装饰，这些显然是受到印度教艺术的影响。在印度西北部也有类似的情况。他们的建筑物既有圆顶、高塔、拱形门等，也有几乎原封不动地照搬优美的古吉拉特风格的地方，这才建成了一些印度中世纪历史上最出色的建筑物。

这种外国和本地建筑风格的结合，绝非偶然，其重要原因是：(1) 穆斯林进行建筑时雇用了印度工匠和雕刻匠，这些人在工作中自然受到本国传统艺术的影响。(2) 在穆斯林入侵的初期，清真寺是用印度教和耆那教寺庙的材料建成的，有时仅仅是将这些寺庙做某些修改，以适应征服者的需要。(3) 虽然印度和伊斯兰风格在某些方面具有明显的区别，但两者之间也有相似之处，使它们容易融为一体。许多印度教寺庙和穆斯林清真寺都有个共同特点，即有由房间或者柱廊围成的露天庭院，所以这样设计建造的寺庙自然便于改造成清真寺，征服者也确实是这样做的。(4) 无论是伊斯兰教艺术，还是印度教艺术，本来都是装潢艺术，装饰对二者都同样重要，这是两种风格之间共同的特点，两者本身的存在都依赖于这点。

在突厥—阿富汗时期，印度教和伊斯兰教文化相互影响，在社会、文化和艺术等领域内形成了和谐一致和相互了解。这种“和谐一致”在莫卧儿阿克巴统治时期发展到了前所未有的程度，甚至到他的继承者和后期莫卧儿统治者的时候也未完全消失。

在建筑方面，莫卧儿时期不完全是一个创新和复兴的时代，而是在突厥—阿富汗后期已经开始并继续向前发展并达到登峰造极的时代。“是印度封建制度末期的艺术最后高潮”，事实上，1526 年以后一个时期的建筑和前一个时期一样，是伊斯兰教和印度教的艺术传统的巧妙结合。

印度莫卧儿统治者大多是伟大的建筑师。尽管巴卑尔在印度的统治时间很短，但是他还是抽出时间在其《回忆录》中批评印度斯坦的建筑，并想建造大型建筑物。据说他曾从君士坦丁堡邀请著名的阿尔巴尼亚建筑师锡南的徒弟来印度修建清真寺和其他纪念物。巴卑尔也曾雇佣印度的石匠建造他的建筑。他在《回忆录》中说："每天有 680 人在亚格拉建造他的建筑物，每天差不多雇佣 1500 人在西克里、比亚纳、多普尔、瓜利奥尔和丘尔建造寺庙。"巴卑尔建造的大型建筑物大都已荡然无存，至今仅留下三座小的建筑物，一座是位于帕尼特的卡布利·巴格的纪念性的清真寺（1526 年）；第二座是位于罗希尔坎德的桑巴尔大清真寺（1526 年）；第三座是位于亚格拉的洛迪古堡内的清真寺。胡马雍统治时期的建筑，一座是位于亚格拉的清真寺；另一座是在旁遮普的希萨尔县的清真寺，这座清真寺大约建于公元 1540 年，由波斯风格的加釉砖瓦装饰。后来建于 1545 年的德里城内的清真寺，以其鲜明的建筑特点在北印度的建筑中享有盛名。舍尔沙陵建在比哈尔邦沙哈巴德县的萨萨兰的一个湖中间，其设计之宏伟，显示了印度教和伊斯兰教建筑思想的巧妙结合。这一伟大建筑在政治、文化和艺术上扩大了莫卧儿大帝阿克巴的影响。

阿克巴统治时期（1556—1605）的建筑有了显著的发展。这位皇帝以其一贯的一丝不苟的作风，认真研究并掌握了这种艺术；他思想开明而且善于综合各派艺术，能以来源不同的各种艺术思想充实自己，主持进行了大规模的建筑工程。他那个时代最著名的纪念物是在德里的胡马雍陵墓、亚格拉和拉合尔的城堡宫殿以及法特普尔·西克里的建筑物。他母亲出生于一个波斯的谢赫家庭，虽然他仍坚持从母亲那里继承来的波斯思想，但是他对印度教教徒的宽容，对其文化的认同及争取他们拥护他的事业的政策，使他在主持的许多建筑工程中采用了印度教的风格，这一点在法特普尔·西克里的许多建筑物中和在拉合尔城堡中都可得到证明，甚至在通常人们认为显示波斯艺术影响的著名的胡马雍陵（公元 1569 年初建成于旧德里）中，其底层平面图也是印度风格的。这座大型建筑物的外表大量使用白色大理石，而没有用波斯建筑师所惯用的彩色砖装饰，也显示了印度的建筑风格。

锡坎达拉的阿克巴陵墓这座庞大的建筑在阿克巴在世时设计的，于公元 1605 年至 1613 年间用白色大理石建成。它由五层逐渐缩小的平台构成，最高一层上有一个拱形的屋顶。这一结构图样显然是受到印度教寺院的影响。

查罕杰皇帝爱好艺术，其建筑风格具有高度的美学风味。查罕杰在位期间建成的建筑物不多，与其父亲的建筑记录无法相比；但是有两座建筑物特别重要，一座是阿克巴陵墓，另一座是亚格拉的伊蒂马德—乌德—道拉墓，后者完全用白色大理石建成并饰以次等宝石的镶嵌工艺品。在乌代普尔的戈尔·曼达尔寺中也发现有公元1600年以后的这种工艺品。这是拉吉普特的一种风格，很可能是印度一种较古老的风格。

沙·贾汉是个多产的建筑家。他虽对绘画艺术兴趣不浓，但他的全部注意力却集中在建筑上。因此，他的建筑物以“优雅美丽”而著称。他的建筑艺术加强了装饰技巧和追求豪华奢侈的倾向。经过金饰玉镶的白色大理石已成为最惯用的材料。在亚格拉、德里、拉哈尔、喀布尔、克什米尔、坎大哈、阿季米尔、阿默达巴德、穆赫利普尔等地所存的许多庄严而美丽的大厦、宫殿、城堡、花园和清真寺都要归功于他。他花在这些建筑物上的开支无法给出确切的估计，达数亿卢比则是无疑的。沙·贾汉的建筑在宏伟与新颖方面虽不及阿克巴的建筑，但在炫耀豪华和丰富巧妙地装饰方面则更胜一筹。他在德里修建的建筑物，如勤政殿和枢密殿尤其证明了这一点。在他统治时期的另一座值得注意的建筑是泰姬陵。建于1632—1648年，陵基连同台基和尖顶的高度共有22米多。陵基的两侧是两座用红沙石修成的建筑物，正面是花园，构成了建筑物的整体协调。沙·贾汉花了五百万卢比在他宠爱的王后泰姬的墓穴上修建了这座金碧辉煌的陵墓，由于它的美丽和宏伟，被人们视为“艺术之花”，是世界奇观之一，具有极高的艺术价值。关于设计和建造这座陵墓的建筑师到底是谁，对此历来众说纷纭、意见不一。一位探讨印度艺术的学者在研究这座陵墓时有如下看法：第一，泰姬陵的平面图和主要特点不完全是新的，因为“从舍尔的陵墓、胡马雍的墓和贾普尔的纪念物上都可很容易看出其风格上的师承关系”，甚至“大理石和其他石头的花边，以及大理石上的宝石镶嵌工艺品”在西印度和拉吉普特的艺术中也已存在；第二，“白色大理石和具有印度特点的某些装饰的大量使用”，使我们觉得没有理由像通常那样过分强调波斯的影响在沙·贾汉的建筑物中的支配作用；第三，考虑到莫卧儿时期印度与西方世界，特别是与地中海地区的往来，相信西方世界艺术的某些因素在16世纪和17世纪对印度艺术有影响，并且在当时印度的各个地区有一些欧洲建筑师，这也是符合历史逻辑的。

奥朗则布统治时期建筑已开始走下坡路，他不像前辈那样鼓励建筑。他在位期间修建的几座建筑物只是对较古老的样板的不高明模仿，其中最重要的是公元 1647 年建成的拉合尔清真寺。

5. 对绘画艺术的影响

印度的绘画艺术也受土耳其、伊朗的影响，这是同古代印度艺术风格结合的产物。穆斯林国王自己就喜欢艺术，巴卑尔本人不仅有很好的文学修养，而且还是个画家。像他帖木儿人的祖先一样，他对绘画艺术给予了大力赞助。在他的《回忆录》波斯文译本的阿尔瓦尔手稿中的图画也许代表了他那个时代发展起来的风格。胡马雍（莫卧儿王朝的一位著名皇帝）也爱好艺术，喜欢画画儿，他在流亡波斯期间还对中国和波斯的音乐、诗歌和绘画进行了大量研究。他注意向波斯艺术家学习。公元 1550 年他从伊朗请过两位画家，一个是米尔·赛依德·阿里·德巴里吉，另一个是夸瓦加·阿巴杜斯莫德·希拉吉。胡马雍及其儿子阿克巴曾跟他们学习绘画。后来这两位艺术家与印度的一些艺术家一道工作，形成一派，成了莫卧儿画派的核心。阿克巴大帝也喜欢绘画艺术，并且不顾伊斯兰教关于禁止描绘生物外形的禁令，而赋予绘画艺术以一种宗教色彩，他认为，“似乎画家有认识真主的十分特殊手段”。阿克巴曾把绘画作为一种建筑装饰而广泛使用。莫卧儿时期的绘画一般都是壁画。在阿克巴大帝时期（1556—1505）开办了一百多个与皇宫有关的大绘画馆。在阿克巴的宫廷中有 17 位著名的画家，其中还有米尔·阿里、阿巴杜斯莫德、佛鲁柯外格、杰姆歇德等著名的伊朗画家。印度教画家有德斯温德、巴萨温、桑沃勒达斯、达拉金德尔、穆耿德、何里温希和杰耿纳特等。这些艺术家擅长人物画、动物画和图书连环画。阿克巴曾下令让这些画家为《金改杰·纳玛》《杰佛尔纳玛》《罗摩衍那》《摩诃婆罗多》等重要作品绘制插图。在阿克巴的鼓励下，出色的印度绘画艺术复兴了，并接受了新的方向。“一个新学派开始繁荣起来，这是一个属于肖像画和插画的学派，他们喜爱生气勃勃、人物众多的有戏剧意味的场景。这种气氛与其说使人想到伟大的罗棱斯时代的佛罗伦萨，不如说使人想到帝国时代的罗马。阿克巴的奖励如果没有为印度本地各艺术流派的复兴提供榜样和机会，那这种奖励的结果不会有这样的价值。”“在阿克巴大帝时期，可以看到印度教艺术和中国—伊朗艺术成分的结合，后来这种外来成分逐渐减少，发展成为以印度的成分为主了。”

到查罕杰（1605—1627）时期，莫卧儿绘画艺术达到了高峰。查罕杰是个“艺术涉猎者”，他对绘画训练有素，也是个小型绘画的爱好者，他的朝代以驰名的莫卧儿花园的设计而令人瞩目，这些花园有台地形式的广场，有人造池塘和许多喷泉。莫卧儿艺术风格，除了具有高度的美学风味外，还标志了由阿克巴和查罕杰时代的简单的沙石建筑向沙·贾汗时代的白色大理石结构转变。阿布勒哈森、门苏尔、摩诃德·纳迪尔、威欣达斯、高沃尔顿和莫瑙合尔是查罕杰王宫里著名的绘画家。查罕杰的艺术家使得阿克巴时期的绘画艺术又有了很大提高，威欣达斯擅长人物画，门苏尔和莫瑙合尔擅长鸟兽花卉画。在查罕杰时期，在宗教画中，有关伊斯兰教的很少，有关《罗摩衍那》《摩诃婆罗多》等印度教文献的图画很多，当时的人物画、飞鸟走兽画及植物花草画都很形象逼真，代替了宗教男女神像画，这个时期的绘画艺术很注重画的形象美，这也是当时绘画的特点之一。另一个特点是色彩的巧妙搭配，对红色、金黄色、蓝色、绿色和银色等的恰当运用，使画面非常生动。查罕杰之后，莫卧儿艺术开始衰落。沙·贾汗对绘画艺术不感兴趣，他的全部注意力集中在建筑上，对建筑艺术有浓厚的兴趣。不过，在这个时期，绘画艺术的传统还是一直保持。到奥朗则布统治时期，绘画艺术明显衰落下去，这种情况的出现与皇帝的不支持有关。

6. 对音乐的影响

从传统上看，伊斯兰教不注重音乐，但到后来，当穆斯林同波斯的苏菲派发生联系和一些穆斯林音乐爱好者与印度教教徒建立联系以后，使他们的思想发生了变化。印度教教徒在庆祝宗教节日时，往往举行音乐会，音乐吸引了一些人，所以在德里苏丹王朝时出现了一些音乐家，其中以诗人阿米尔·库斯洛最为著名。据说他创造了一些“拉格”，诸如斯尔巴尔达、吉勒夫、康根利等拉格。除此之外，他还将波斯的马卡姆与印度的兴都尔拉格加以结合，形成了新的拉格，即耶曼拉格，流传至今。所谓“拉格”，用中国专门研究印度音乐的陈自明先生的话说：“拉格是一种旋律的框架，它有很多种，每种拉格都有自己特有的音阶、音程以及特定的旋律片段，并且表达某一种特定的情绪。拉格好像是一种表达特定情感的固定旋律内结构，或者可以说与我国戏曲音乐中的曲牌相似，但也有不同。”在拉格的发展方面库斯洛做出了杰出贡献。另外，在乐器方面，他发明了七弦琴和手鼓等，还创造了名为贾尔达勒、苏勒发格和阿腊等节拍。阿拉乌丁统治者本人就是一位音乐爱好者，他征服南印度之后，把一些音乐家亲自带来。由于穆斯林统治者的努力，使古代印度的音乐和伊朗的音乐相结合，从而产生了一种新的形式。诗人劳金的《拉格·德冷吉尼》即是这一时期的代表作品。

在阿克巴大帝统治时期，印度的音乐又有迅速发展。他统治时期，“拉格”受到外国的影响，结果使北印度的音乐发生了变化。阿克巴大帝自己就酷爱音乐。因此，他为音乐家们提供了很多方便和种种保护。据《阿伊挨·俄格巴里》中记载，阿克巴的宫廷里有36位著名的音乐大师，如纳耶格·白纠、高巴尔、瑙巴得·康、丹·德冷格·康、莫锡德·康等。汤森也是阿克巴大帝宫廷的宫宝之一。他为印度音乐开辟了新的道路，人们形容他的歌声有“呼风唤雨的神力”。瓜廖尔的国王曼辛哈也是当时音乐的主要保护者之一。以上种种说明，穆斯林和印度教教徒的共同努力，使音乐有了很大程度的丰富和发展，而且其传统流传至今。

（三）基督教

基督教在世界各地传播很广，影响很大，人们对它多有了解，它虽然不是印度的产物，但它在印度也有相当的影响。

基督教很早就传入印度，目前全印度基督教教徒有1960多万。据有关记载，公元1世纪时耶稣的十二个门徒之一圣托马斯就曾来到印度南方喀拉拉邦传播基督教，他的遗体至今还保存在蒙格拉布拉摩的教堂里。

到公元4世纪时，基督教徒从巴格达、耶路撒冷等地来到南印度喀拉拉邦，使基督教在喀拉拉邦不断发展，后来又有葡萄牙的传教士也来到印度进行传教活动。尤其自15世纪以来，基督教教会一直得到当地政府的大力支持，这对基督教在印度的传播起到很大推动作用。1541年葡萄牙的传教士在果阿成立耶稣会。从1580至1595年间，耶稣会曾先后派3个布道团进驻当时的莫卧儿帝国阿克巴王朝。后来又有英国圣公会的传教士随着东印度公司也来到印度，他们先后在苏拉特、马德拉斯和孟买成立宣教会，不断宣传教义，修建教堂，接纳教徒。进入18世纪，丹麦、德国路德教派传教士将新教传入印度南部，但受到当时东印度公司的禁止，使基督教的发展受到影响。直到1813年东印度公司的禁令取消后，欧美国家大批新教传教士才纷纷来到印度，宣传新教，并于1914年在那格浦尔成立“全国基督教委员会”，还出版了40多种有关刊物。到1931年全印基督教教徒多达几百万。基督教的传播也受到葡萄牙、荷兰、英国商人和士兵及各国政府的影响。由于印度存在森严的种姓制度，低级种姓备受歧视，社会地位极其低下，这就迫使不少印度教教徒皈依了基督教。今天，从全国来看，喀拉拉邦的基督教教徒比印度任何一个邦都多。基督教在喀拉拉邦开办了许多教会中学和教会学院，组织了青年基督教联盟及青年妇女基督教联盟组织，为男女青年基督教教徒服务。

印度独立以后，南印度的公理教会、联合教会和马德拉斯、特拉凡哥尔、廷内韦利、多纳卡尔四个圣公会主教管区教会正式联合成立南印度教会，统一领导南印度天主教与新教各组织的活动。

基督教在印度有几个分支，如叙利亚分支、伦敦教会、丘奇教会、妇女教会及兄弟教会等。其中兄弟教会的教规与众不同，它的教徒从不进教堂做礼拜，而是聚在一家，通宵击鼓，集体祈祷。

基督教传入印度后，对印度社会和文化产生了不小影响。基督教的《圣经》在印度被译成了多种印度语言文字，如印地语、孟加拉语、泰米尔语、马拉雅兰语和坚那达语等。与此同时，还出版了与此有关的多种刊物。这样不仅促进了印度语言的发展，而且通过对基督教的宣传，还促进了英语在印度的推广，使人们的思想观念也受到影响。大约百年来，基督教传教士和有关宗教组织开办了一些“福利事业”和“服务性行业”，为低级种姓和一些部落民的文化提高做了大量工作，“不可接触者”种姓受到基督教影响以后，冲击了一些陈旧的传统观念，他们的社会地位和经济状况也得到一定改善。由于受到西方影响，使印度教的教规和宗教祭祀受到了冲击，削弱了一些人对印度教的虔诚程度，甚至不少人改信了基督教。由于基督教的影响，一些宗教和社会改革者出于克服印度教弱点的目的，发展了新的宗教团体，拉贾·拉姆·摩罕拉艾在孟加拉邦建立的梵社就是受基督教的影响之后建立起来的。“上帝只有一个，所有人一律平等，彼此都是兄弟”，就是这个组织的主要原则。他反对种姓制度和偶像崇拜，并且主张吸收所有宗教的优点。在孟买于1867年建立的祈请社的领导者为拉纳戴和朋达格尔，其目的也是改革印度教，消除种姓歧视，在平等原则的基础上克服社会上的陋习。梵社和祈请社的成员公开宣布妇女应该受教育，寡妇应该再婚，不同种姓可以彼此通婚。在基督教的影响下，印度出现的一些重大改革运动，在社会上产生了一定影响，起到积极作用。

基督教的影响不只是表现在较先进地区，在落后的部落民地区也有重大影响，其影响主要是通过基督教传教士而实现的。他们为了宣传宗教和开展自己的事业而修路架桥，发展交通。这样，促进了各地的联系，传播了宗教。传教士在部落民地区还开办了不少学校、医院、孤儿院等，但他们在学校对学生进行文化教育的同时，也对部落民儿童进行了基督教的宣传，使儿童从小就受到基督教的教育；在医院里，给患者治病的同时，还往往施加某种压力，以使患者改信基督教，如此等等。

基督教传教士在部落民地区开展了种种工作，最重要的是在部落民中传播了基督教，使部落民的社会文化受到影响。宗教的影响不只限于宗教的本身，而且还影响到宗教思想、习俗、传统及生活方式，其结果使人们脱离了自己的传统文化体系，如那些接受基督教的贡达人、皮尔人等，他们把自己同本部落民的其他人区别开来，甚至在同一家庭中，基督教教徒与非基督教教徒开始彼此歧视。传教士的活动使部落民从一个无货币的经济制度进入货币经济制度中。在货币流通的情况下，活跃了经济，促进了交流，但在部落民社会中，剥削阶级、高利贷者出现了。有些人在金钱的引诱下，不道德的事情也出现了。总之，随着基督教的传入与流传，使部落民的社会、文化等方面都受到影响。

（四）锡克教

锡克教是印度的宗教之一，“锡克”一词来源于梵文，意为“学生”“弟子”“信徒”等，锡克教于15世纪末由那纳格创立，它原属于印度教的一支，由于印度教虔诚派运动的开展，后来发展成为一个独立的宗教。现在锡克教徒人数约1700万，其中大部分生活在旁遮普邦，其余散居在德里地区、哈里亚纳邦、泰米尔纳杜邦和孟买等地。在国外，如英国、美国、泰国和加拿大等也有分布。

锡克教教徒强调尊重本教的首领和祖师，尊称为“古鲁”。从第一师尊那纳格（1469—1539）算起，到高温德·辛哈（1666—1708）为止，先后共有十位师尊。之后，虽然还有其他人继任领导，但都不再称为师尊。按照规定，凡承认锡克教义、十位师尊和锡克教的著名经典《戈兰特·萨哈布》者，皆可成为锡克教徒。

锡克教提倡平等、友爱，强调实干，既反对印度教森严的种姓制度，也不赞成伊斯兰教排斥异教的种种做法。该教的创始者那纳格曾公开宣称："我的宗教既不是印度教，也不是伊斯兰教。"它是一种试图把印度教和伊斯兰教融为一体的新宗教。锡克教的出现不是偶然的，有它的时代背景和历史根源。

印度教森严的种姓制度和烦琐的教规，引起了贱民和一般教徒的不满。公元8世纪初，伊斯兰教传入印度，强迫人们改信伊斯兰教，使矛盾进一步加剧和复杂化。面对这些尖锐而复杂的种姓问题和宗教矛盾，一些人提出了宗教改革的主张，出现了改革热潮，开展了"虔诚运动"，斗争声势浩大，影响很广。

师尊那纳格主张讲实际，反对朝圣和宗教上的伪善。有一次，他云游到哈里杜瓦尔时，看见人们站在恒河里，面向东方，朝太阳浇水，他也站在河里，面朝西方浇起水来。有人认为他是个疯子，也有人上前和他辩论，问他："你朝西给谁浇水？"那纳格听后反问一句："那么，你朝东面给谁浇水？""给太阳呀！""太阳有多远？""说不清。可你为什么朝西面浇水？""在迦尔达尔普尔有我的田地，都干了，我在给地浇水。"那纳格说。一个学者听了讥笑说："可是，你浇的水连河岸都到不了，怎么能到迦尔达尔普尔呢？"那纳格立刻反驳道："如果我浇的水到不了迦尔达尔普尔，那么你浇的水怎么能到太阳那里呢？"他们被那纳格驳得哑口无言。

那纳格反对男尊女卑。当时，社会上妇女受歧视，在一些信仰印度教的种姓中，流行着一种杀女婴的陋俗，女孩一生下来就被杀死。师尊那纳格坚决反对这种野蛮行为，并指出了妇女应有的地位。他认为，在生活中，男子离不开女子，否则没法过日子。他还说，妇女既然能生出帝王、仙人和英雄，她们在男人面前为什么就一钱不值呢？怎么能说她们低贱、微不足道呢？

那纳格活了77岁，他一生以一个普通人的身份传播他的教义，影响很大。他死后，他所创建的锡克教，迅速传播到整个旁遮普和印度河流域。

"锡克"的真正含义是"进了学的人"，或"受过教育的人"，锡克教教徒受的教育不是一般的教育，而是有关英雄精神和为维护尊严而献身的教育。这种教育从第一师尊那纳格时就已开始，锡克教开始发展为武装组织，经常与政府军及印度教教徒、伊斯兰教教徒发生武装冲突，锡克教的经典《戈兰特·萨哈布》，是其第五代师尊阿尔琼组织编写的，成为锡克教的唯一崇拜物。由于阿尔琼从事政治、宗教活动，引起了当时国王的猜忌，从而被处以死刑。从此，锡克教结束了和平发展的道路。从第六代师尊哈尔·哥宾德开始，锡克教发展为半武装的宗教组织，注重了武装组织和训练，经常与政府军和异教徒发生冲突。到第十师尊高温德·辛哈时，对锡克教又进行了改革，废除了师尊制度，根据形势的需要，完成了锡克教军事化的任务，组成了一支强大的锡克军，并率领这支军队同莫卧儿军队展开了长期斗争。高温德·辛哈为教徒举行过献身仪式，要教徒蓄长发、带发梳、戴钢镯、穿短裤、佩短剑，以区别于其他教团，并随时提醒教徒对本教坚定不移。到 1699 年，高温德·辛哈在旁遮普的阿南德普尔·萨哈布召开了八千人的大会，会上宣布成立卡尔萨党，以便用武力对付各种灾难，保卫锡克教。同时，还给男性锡克教徒取了一个共同称号，叫“辛哈”（雄狮），沿用至今。

但高温德·辛哈还没有完成推翻莫卧儿王朝的事业，便遇刺身死，死时年仅 42 岁。后来锡克军的斗争没有停止。锡克人给人以勇敢无畏的印象，这同他们的教育有关。

1919 年 4 月 13 日，在阿姆利则，有 400 余锡克人遭到当地英国人的屠杀，致使许多锡克教教徒纷纷脱离英国人的控制，参加到圣雄甘地所领导的自由运动中去，各种形式的斗争此起彼伏。在印度独立的斗争中，锡克人起过重要的作用，为印度的独立做出了贡献。

（五）佛教

佛教的创始人是乔达摩·悉达多（约生于公元前 563 年，死于公元前 483 年），他属于释迦族，为刹帝利种姓，他诞生在迦毗罗卫（今尼泊尔南部提罗拉科特附近），父亲净饭王是释迦族的酋长。他母亲摩耶在产他时死去，后由其姨母，也是他的继母普罗阇帕蒂·乔达米将他抚养成人。悉达多 16 岁时与一位名叫耶输陀罗的女子结婚。他 29 岁时生有一子，起名罗侯罗。据记载，悉达多自幼生活在奢侈的环境中，后曾先后外出，看见躺在地上生命垂危的病人、手持拐杖的老翁、被抬去火化的尸体和一个平静的出家人，尤其看了前三者后，悉达多深感人生的痛苦和不幸。而他看到出家人后则很高兴，他为那清心寡欲的出家人的恬静无为所吸引，并决心出家为僧。

一天深夜，悉达多离妻别子，告别家庭，出去寻找摆脱人生痛苦的道路，当时他已 29 岁。一段时期他在王舍城两位高僧的指导下研究哲理，后来又游历王舍城和加雅附近的苦行林及许多地方，仿效苦修者实行最严厉的苦修。大约 7 年已过，他获得解脱的愿望没有达成，于是他放弃苦修，来到尼连禅河附近加雅的一棵菩提树下参禅七天七夜，冥思苦想，坐着一动不动。最后，他终于悟道成佛（觉者），时年 35 岁。从此以后，他以释迦牟尼即释迦族的圣人著称于世。“佛陀加雅”这一城名的由来也与佛陀有关。

他获“道”以后，开始了他的传道生活。由加雅出发，先去贝拿勒斯附近的鹿野苑初转法轮，遇到 5 位苦行者，以前他们曾在吴鲁外拉见过面，当这 5 位苦行者从远处看见佛陀时，他们想：这不就是那位悉达多吗？苦行中断的那位，他失败了又来到这里，我们不欢迎他。但当佛陀走近时，看到他精神焕发，满面红光，这 5 位苦行者惊呆了，马上站起来向他行礼致敬。佛陀对他们进行了教诲。将在加雅菩提树下经过冥思苦想所获得的智慧和觉悟告诉了这 5 位，他们成了佛陀的弟子。在佛教史上，鹿野苑的这次教诲很重要，因此，佛教界继佛陀加雅之后，鹿野苑则是另一处重要圣地。佛陀在那里获得了 5 位弟子。在以后的 45 年中，他云游各处。他在奥德、比哈尔及其邻近地区宣传教义，广收弟子。他反对种姓歧视，广泛接触各界人士，上至统治者，下至低级种姓。他不主张一味耽于逸乐，也不提倡过分自我克制，而应避免极端，主张走中间道路。因此，受到各界人士，特别是低级种姓人们的欢迎。佛教信徒的日益增多，组织了教团，定出了戒律。后来也吸收妇女参加。

佛陀后来又从鹿野苑来到吴鲁外拉，有上千的婆罗门住在那里，他们燃着圣火念咒祭祀，听了佛陀的教诲后也成了佛陀的追随者，迦希耶伯是他们几个人的头子，后来他成了佛陀的主要弟子之一。迦希耶伯加入之后，佛陀的声誉大震，他从吴鲁外拉与弟子们一道去王舍城，他们在城外一个小丛林中安营扎寨，当时正值摩揭陀国王比频萨尔在位，他及其同僚接见了佛陀，并亲耳听了佛陀的说教。在王舍城佛陀又接收 2 名重要弟子，一位叫萨尔布德，另一位叫高戈兰，这两位都是有影响的婆罗门王子。一次当他们坐在路边谈论某一问题时，一位佛教徒路过，这两位婆罗门王子立刻把目光投到他的身上，他们见了此人的举止风度和面部表情之后对他很感兴趣，想了解有关他的事情。佛陀接待了他们，也收他们为弟子，两人十分高兴。后来，这两人成了著名的人物，为宣传佛教做出了重大贡献。

佛陀的主要工作基地在摩揭陀，他多次带着许多弟子到过这里，进行传教活动。当他 80 岁时，他从王舍城开始长途跋涉到古欣那迦尔，旅途中他因身体不适歇息几天，体力有所恢复，但是体质有所下降，从外夏里到古欣那迦尔时他又病倒。在身体欠佳的情况下抵达古欣那迦尔，在黑朗优沃德河边搭棚住下，他的健康状况进一步恶化。当佛陀身体不佳的消息传开后，很多僧人从四面八方赶来探望，表示非常担心和不安。佛陀见此情景，对他们说："你们可能在想，你们的师父要同你们分别了，不要这样想。我告诉你们的那些理论和教诲，那就是你们的师父，将永远存在。但是我仍然告诉所有弟子，孩子们，你们听着，我对你们说：有来就有去，有生就有死，不要有不切实际的想法。"这是佛陀的最后遗言，然后他就闭目与世长辞了，享年 80 岁。

佛陀死后不久，其主要弟子在王舍城举行过一次大结集，就佛陀的教义作了一次完整的编辑，但佛教的经典文献在一二百年之后才形成。文献的总名为"三藏"。第一部为律藏，记载佛教僧侣的戒律及佛寺的一般清规。第二部分为经藏，记载的是佛陀的说教。第三部分为论藏，包括佛教哲学原理的解说。

佛陀死后一百年左右，在吠舍离举行过第二次佛教徒大结集，这次集结谴责了某些流行的异教，修订了佛教经文。第三次大结集由阿育王主持，在华氏城举行。会上又一次谴责了某些异教，并对佛经进行了最后定型。第四次大结集也是最后一次，是由迦腻色伽王主持召开的。在克什米尔或查兰达（东旁遮普）举行的，这次结集为佛教经典作了权威性的注释和评论。

佛教的基本教义是四圣谛、十二因缘、八正道及因果报应、生死轮回等。

四圣谛，指出了众生的苦难和解决苦难的办法，所谓四谛，即苦、集、灭、道。意思是说，世界上充满着痛苦，如生、老、病、死等，这就是所谓的苦谛；产生"苦"的原因是贪求肉体和精神快乐的欲望，这就是"集谛"；消除世界上诸苦的方法，达到解脱或称"涅槃"的境界，这就是"灭谛"；为摆脱苦难，必须"正道"，这就是"道谛"。佛教所说的正道有八条，即所谓八正道，这是佛教的核心，即正见、正思维、正语、正业、正命、正精进、正念、正定。八正道中第一步是正见：这个世界充满了由人类失控的贪欲和自私产生的悲苦，消除这种欲望正是所有人达到涅槃境界的途径；八正道就是实现这一目的的途径，是第一步，曰正见。第二步是正思维：不牺牲他人的利益增加自己的财富和权力，不沉湎于感官享受和追求奢侈；泛爱众生，造福他人，正思维又称为正志。第三步是正语：谎言、谤语、辱骂、闲聊及类似语言误用会败坏社会组织，争吵由此发生，有可能引起暴力和凶杀；所以，正确的语言必须是真诚的，能够增进友谊的，令人喜悦的，有节制的。第四步是正业：杀生、偷盗、私通及肉体的其他此类行为会导致社会的巨大灾难，所以有必要戒杀、戒盗、戒奸淫；而要学会给他人造福的正事。第五步是正命：任何人都不应以诸如销售烈酒、买卖供人屠宰的动物等危害社会的手段谋生，只应采用纯洁诚实的方法。第六步为正精进：不让恶念进入心中，驱除心中已有恶念，让心中积极产生善念，使心中已有的善念臻于圆满；这种积极的精神自律乃八正道之第六步。第七步为正念：要永远意识到肉体系由不洁之物构成，要持续不断地检查肉体的苦乐之感，要扪心自问，要沉思源于肉体羁绊和心灵痴迷的邪恶，并要沉思清除这些邪恶的方法。第八步为正定：此乃精心制定出来的禅定训练，简而言之，它对佛教的作用，犹如“体操”之于希腊人的肉体。

佛教认为，任何有生命的东西在未获得解脱之前，都会受某些因果关系的束缚而不停轮回，这些因果关系就是“十二因缘说”。十二因缘分析了造成痛苦的原因。佛教把人生化为彼此互为条件或互为因果联系的十二环节，这就是无明、行、识、六处、触、受、爱、取、有、生、老、死。十二因缘说认为：由于人的无知（无明），才引起人们的意志（行），由意志引起精神统一体的“识”，由识引起构成身体的精神（名）和肉体（色），有了精神和肉体，就有了眼、耳、鼻、舌、身、意（心）六种感觉器官（六处），有了感觉器官也就引起了对外界事物的接触（触），由触引起感受（爱），由感受引起贪爱，有了贪爱就有了对外界事物的追求（取），由取引起了生存的环境（有），有了生存的环境就有了生（生），有了生就必然有老、死。佛教认为，人们要解脱人生的痛苦，首先应从去贪爱着手，在佛教看来，贪爱总是得不到满足的，而人却又总是无限地追求，这就必然要产生痛苦。

佛教提倡非暴力，主张泛爱众生，宣传众生平等，反对种姓制度和婆罗门特权等都有进步意义。但是，鼓励人们看破红尘出家，逃避社会上一切现实斗争，把希望寄托于来世，到虚幻的彼岸世界去寻找人生的最后归宿，这是不科学的。

佛教对印度社会与文化产生了重大影响。佛教源于古印度，后来广泛流传于亚洲很多国家和地区，近代又传至欧美等国。今天，虽然印度信仰佛教的人数不是很多，但佛教在历史上起过重要作用，对印度乃至世界文化都有很大影响。这里只想谈谈它对印度文化的贡献。可以说，佛教对印度的政治、社会、宗教和文化等方面都产生了广泛而重大的影响。

佛教，在印度历史上一度作为国教而备受重视，孔雀王朝的阿育王、贵霜王朝的迦腻色伽等帝王也皈依了佛教，并把佛教当作国教加以宣传。佛教认为，政府应当以一切可能的手段，提高人民的福利，宗教应当成为国民生活的基础。"道德"尤其应受到重视，佛教团应受到供养。阿育王是实现佛教这一理想的光辉典范，后来的统治者在不同程度上也进行效法。不仅如此，他们还根据佛教的理论从政，终止恶政。佛教的最大贡献之一，就是它使印度的国王和王子们在心理上产生了憎恶战争的情绪，阿育王受佛教的影响后，放弃了帝国的战争政策，决心削减军队，不再打仗。印度自孔雀王朝、贵霜王朝直到笈多王朝，基本上是统一的。因此，佛教的非暴力理论十分有用。佛教统治者"服务于社会，造福于人类"，以及有关"和平"的说教，在世界各地仍有影响。人们认为，佛教提倡的非暴力政策有利于世界和平与人类的幸福事业。

佛教深刻地影响了社会。佛教反对种姓歧视，主张人人平等，不分高低贵贱。佛陀不承认世袭的种姓制度，他主张一个人的社会地位并不由其出身、血缘决定，而是由其价值、行为、性格决定的。他还建立了民主制度，对消除种姓差别起到积极作用。他主张的"宽容""忍耐"在社会上产生了重大影响。佛教强调的人们的行为纯洁、品行端正、尊老爱幼、自我克制、讲真话、不杀生等高尚思想，影响了社会和人们的道德。佛教认为，一个人现世的一切是取决于他过去的所作所为，"行善者成善，行恶者得恶"，至今在世界上仍有它积极的一面。尤其是佛教的"不杀生"的说教，影响了婆罗门教，使婆罗门教开始怜悯所有禽兽，认为杀生致祭有罪，从而减少了杀生祭祀活动。

佛教鼓励信仰自由。婆罗门把"吠陀"看成唯一的"真知"，把吠陀说成是神谕，对它不能有任何形式的反对，而且只有婆罗门才有资格解释吠陀。但是佛陀（Buddha，释迦牟尼）不赞成这种对宗教研究的限制。

佛陀自己曾说过，我的话和说教，若证明是对的，可以接受，否则，可不接受。佛陀虽大力宣传自己的理论，但他并没有对任何宗教进行过谴责。相反，在反对意见和敌对行为乃至个人安危面前，他总是认真对待、镇定自若，面带平静而仁慈的微笑。在辩论中，虽不乏讽刺，但他却温文尔雅、彬彬有礼，总是成功说服对手。总之，他是彻底的唯理论者，不搞迷信，注重推理，强调实践。因此，佛陀在解除印度不良的社会传统、风俗习惯和迷信等的束缚方面起到积极作用，他鼓励人们独立思考、认真研究。

佛教建立了僧团制度。僧团制度的建立是佛教对印度宗教的一大贡献。佛教产生之前，印度社会上没有任何关于修道士、圣人的团体。吠陀时期的贤士、仙人、修道士和宗教创始人住在自己的茅庵里，在那里静坐修行，给弟子讲经说法，宣传教理。正是佛陀首先组建了僧人团体，叫僧徒居住在佛教寺院。僧人也外出宣传宗教，过苦修自律的生活，这给广大民众树立了良好的行为道德榜样。这样，佛教僧团推动了宗教的宣传，对道德水平的提高也起了积极作用。佛教寺院成了很大的教育中心，如那烂陀、威格姆希拉等佛教中心，成了外国人来印学习的集中地。目前那些宗教寺院都是仿照佛教僧团的建筑而修建的。

佛教发展了艺术。学者认为，印度的偶像崇拜始于佛教。佛教教徒建立了大量的佛像和佛神像，进行崇拜。寺院、神庙等建筑也是从佛教开始的。佛教之前，吠陀教不讲偶像崇拜，雅利安人只是保存吠陀经典和祭祀场地。到了后来，婆罗门后来教教徒受到佛教的影响，也塑造了男女神像，进行崇拜，而且也开始兴建庙宇。由于佛教的影响，偶像崇拜在印度广泛地传播开来。为了雕刻佛陀的说教，建造了不少佛柱；为了纪念佛陀和佛神，还用石头建造了佛塔；在一些石窟中，不仅有精美的塑像，还有美丽的壁画，这些都是很好的艺术品。这样，佛教大大地促进了建筑艺术和绘画艺术的发展，桑奇庙群、鹿野苑石塔、阿旃陀石窟等都是佛教艺术的光辉典范。

佛教繁荣了学术。梵文语法家波你尼的《波你尼经》又称《八章书》，用“经体”写成，它在文学史上占有重要地位。佛僧阿莫尔辛哈编纂的《阿莫尔字典》是部著名的梵语字典。古代印度医学名著《生命吠陀》中的化学部分，阿贾利耶·那迦尔炯做出了重要贡献。大诗人马鸣写出了《佛所行赞》和《美难陀传》长诗和《金利佛传》等长剧，开创了梵文长诗的先河。在此基础上，后来迦梨陀娑和跋婆浦提对长诗又有很大发展。戒日王写了梵文剧《龙喜记》，介绍了佛僧的生活和他们的高贵品质。印地语文学的开创，也归功于佛教学者。佛陀和佛教学者为了宣传自己的思想而一直使用大众的语言，以便群众容易理解和接受。小乘佛教发展到后来，其宗教首领运用当时群众的语言俗语进行传教活动。后来，这种语言逐渐发展成印地语形式，斯尔哈巴·西特有“印地语最早诗人”之称。

佛陀在世时，用巴利文这种民间口语宣传宗教。他去世后，佛教传教师也运用巴利文进行传教活动，并且对佛教经典进行了整理。为了宣传宗教，出现了大量用巴利文写的佛教文学，受到群众的欢迎。佛教寺院成了佛教教育和学术研究的中心，促进了文学的发展。

佛教传播了印度文明与文化。印度文明与文化在世界上产生了重大影响，在很大程度上也归功于佛教。国王、传教师、僧人都积极热情地在中亚、中国、日本、朝鲜、苏门答腊、爪哇、柬埔寨、缅甸、锡兰等国宣传宗教，进行了大量的传教活动。通过一系列的传教活动，使印度与这些国家建立了密切的关系，彼此间不仅进行了文化交流，而且还有贸易往来。所有这些，促进了印度与这些国家友好关系的发展，使这些国家在不同程度上受到印度文明与文化的影响。

（六）耆那教

印度的耆那教历史悠久，它产生于公元前6—5世纪。耆那教的第24祖筏陀摩那（Vardhamana）被尊为该教真正的创建者。“耆那”（jain）是由“jin”变音而来，其意为胜利者，是他的称号之一，此教便由此而得名。其弟子们尊称他为摩诃毗罗，即伟大的英雄，简称大雄。

实际上，正统耆那教只把大雄当作一系列创始人中的最后一个，在耆那教的创立过程中，有23位已先于他。大雄于公元前599年诞生在古印度距吠舍离（Vesali）45公里的贡得村，其父母属刹帝利种姓，父亲是贝那勒斯一个小王国的君主。他家庭富裕，生活奢华。大雄婚后生有一女，但他并不感到幸福。父亲死后，他大约30岁时便立志出家苦行，寻找解脱不幸的宗教途径。第一年他游历了许多地方，如库马罗等地；第二年来到那烂陀，途中艰难跋涉，衣服破烂不堪，从此裸体行乞。在那烂陀他偶遇蒙克利·高夏勒，两人结伴同行。在与高夏勒共同生活的5年中，他们曾多次被当作密探、盗贼而受到诬陷，后因两人意见分歧而分道扬镳，大雄独自来到罗啥。他每年除四个月的雨季需要居住在一个地方外，其余时间都是到各地漫游。在极端困难的条件下，他苦行修炼长达12年之久。当他苦行到第13个年头时，终于在吠耶婆达东北建皮耶村的一棵沙罗树下觉悟成道，时年42岁。大雄成道后，先后组织教团，宣传教义，进行宗教改革活动，长达30多年，他于公元前527年死于巴瓦，终年72岁。他的主要活动地区是今天印度的比哈尔邦、西孟加拉邦的西北部、北方邦的东部和奥里萨邦等地区。

耆那教的兴起几乎与佛教处于同一时代。耆那教否定当地婆罗门教主张的吠陀天启、祭祀万能、婆罗门至上，针锋相对地提出吠陀并非真知，祭祀杀生只会增加罪恶，婆罗门是不学无术的祭司，宣传种姓平等，反对种姓制度和婆罗门教的神灵崇拜，崇信耆那教经典，以对抗《吠陀》经，强调苦行和戒杀，以对抗祭祀万能。主张灵魂解脱、业报轮回和非暴力等。并且认为，一切生物都有灵魂，都是神圣的，人的灵魂在未解脱前为业所束缚并无限轮回。人们只能通过修炼，使灵魂摆脱"业"的桎梏，才能获得最后解脱。主张五戒：不杀生、不妄言、不偷盗、不奸淫、戒私财。耆那教认为，只有严格实行戒律，经过苦行修炼，才能清除旧业的束缚，就可以达到"寂静"，灭其情欲，获得"解脱"。

这些思想反映了公元前6—前5世纪印度下层人民的要求，对打破婆罗门一统天下的局面起到积极作用，从而吸引了广大群众。但耆那教固守灵魂转世、因果报应和轮回解脱，认为"业"可决定人的过去和未来，将禁欲和苦行视为解脱的最佳途径。

耆那教最初的活动中心是恒河流域，公元前3世纪，由于摩揭陀地区12年来连续发生灾难，于是耆那教开始南移，转移到南印度德干高原和西印度地区。公元1世纪左右，它分裂为天衣派和白衣派，后来两派又相继分裂。白衣派主张男女一样能获得拯救，各种姓一律平等，否认裸体的必要性，主张僧侣穿白袍。允许出家人占有一定的生活必需品，允许男女结婚生育等。这一派主要的活动区域是印度的拉贾斯坦邦、古吉拉特邦等地。天衣派较为保守，注重苦行，歧视妇女，禁止妇女进入寺庙和庙宇，对白衣派的主张均持反对态度，要求僧侣基本上裸体，只有最伟大的圣人才能全裸。这一派活动在南印度的卡纳塔克邦及北方邦。

从公元8—12世纪，耆那教在印度部分地区由于受到当地统治者的重视与支持而得到发展，如在卡纳塔克、古吉拉特等地分别修建了不少耆那教寺庙，使非暴力思想广泛传播。到 12 世纪后，随着当时阿富汗军事力量的入侵和伊斯兰教的传入，耆那教教徒大批被杀，不少寺庙被焚，致使耆那教遭到很大破坏。13 世纪时耆那教处于衰微状态，但在南印度的泰米尔纳杜和卡纳塔克等地耆那教仍有些秘密活动。从 15 世纪中叶至 18 世纪，耆那教在历史上出现了多次改革运动。最初由古吉拉特的白衣派所发动，其领导人为郎迦·辛哈（lonka sinsh），故称郎迦派运动。此运动以反对偶像崇拜和烦琐的祭祀仪式为宗旨，起了一定作用。后来于 1652 年又出现了以罗瓦吉（lavaji）为领导的斯特纳格瓦西（sthanakavasi）派运动，继续从事宗教改革。与此同时，耆那教的裸体派也出现了改革运动，如北印度的裸体派分支毗娑盘提（Bisapanthi）派，提出建筑富丽堂皇的寺庙和供奉更多神明的主张。其主张遭到以特罗般槃提（Terapanthi）派的强烈反对，明确反对偶像崇拜和烦琐的祭祀活动，对耆那教的巩固与发展起了积极作用。

由于宗教信仰的原因，耆那教教徒一般不从事杀生的职业，诸如当兵、屠夫、皮匠等，甚至也不从事农业生产。在他们看来，农夫犁地也会伤害虫类等生物，所以耆那教徒从事商业、贸易或工业的较多。由于他们讲究诚实和道德，他们成了印度优秀的商人或建立了著名财团。著名的瓦尔昌德、达尔米亚和贾恩三个财团家族都是耆那教教徒。

耆那教虽然不讲究信神，但却重视崇拜 24 祖。因此，在印度建立有关 24 祖的寺庙 4 万多个。耆那教信徒除了在庙宇中崇拜这些祖先外，在家中也进行许多崇拜仪式，诸如念诵耆那，给偶像沐浴和献花，诵唱耆那的赞美诗，教徒进行沉思和受戒等。每年每月都有例行斋月和节日活动，如大雄诞生纪念日、赎罪节等。

目前耆那教在印度有一定的社会影响，教徒有 340 多万（1991 年统计数据）有关组织不下几十个，如耆那教青年大会、全印耆那教大会、世界耆那教传教会等。另外，有关的研究单位和中小学校也很多，如孟买大雄耆那教学院就很有名，在新德里有百余所中小学和几所大学及研究单位。

耆那教与印度教很接近，因此，在印度信耆那教的人，也被算作印度教的第三种姓，他们与印度教教徒可以通婚。

耆那教与佛教几乎同时代产生，但两者发展状况大不相同，佛教的发展大起大落，今天在印度信佛教的人已寥寥无几，而耆那教却不断稳步发展。到了近代，耆那教不断向外传播，今天在斯里兰卡、波斯、阿富汗、阿拉伯等地均有一定影响。

耆那教最主要的经典是十二支，即安伽（anga）。在公元 3 世纪初，在华氏城举行了一次耆那教结集，把大雄的教义整理成十二部分，但第十二部分后来散失。其余十一部分于公元 5 世纪在伐拉彼举行的第二次耆那教结集上又加以整理，编辑成册。其内容是以故事、比喻和寓言的形式宣讲耆那教的教义、戒律，并记录了大雄的生平事迹。白衣派和天衣派对它有不同的态度，白衣派认为，现存的十一支是大雄及其祖师的遗教，是重要的宗教文献。而天衣派却认为，古代确实曾有过十二支，但早已散失，现存的十一支均属后人伪造，因此不承认其正确性。但两派各有自己所信奉的耆那教学者撰写的经典。白衣派的宗教经典除上述之外，还有《仪轨经》、师子贤的《六派哲学概述》、金月的《史诗》等。而天衣派则信奉公元 3 世纪由库达库达（kunda kunda）指定的经典，其内容由四部分组成，即关于大雄的传说、宇宙结构论、戒律和仪式及著名学者的哲学著作。白衣派和天衣派也有共同信奉的经典，如耆那教著名学者乌玛斯瓦底（umasvati）著的《入谛义经》及其注释，他们是研究耆那教思想的重要著作。

耆那教在古代未传播到印度之外，但它在几个世纪中曾经是南印度和西印度最盛行的宗教之一。耆那教的传播范围虽然有限，但它在印度的影响也不容小觑。耆那教在印度的影响是多方面的，如崇拜偶像、兴建寺庙、给穷人分发食物及其他必需品、不杀生等，都是耆那教社会的显著特征，在印度社会上产生了不小的影响，为印度其他宗教团体所效法。尤其耆那教的“不杀生”思想影响更大，耆那教教徒在生活中为了体现对万物的友善，他们以身示范，还云游各地，赢得了非耆那教农民和王公对“不杀生说”的赞同。作为一个教团，耆那教教徒都是严格的素食者，他们无论出现在那里，都会给周围以影响。虽然其他宗教也宣传不杀生，但是除了耆那教外，没有任何一个宗教能如此系统地制定出贯穿整个道德法规的这一基本信念。在文学方面，耆那教贡献更大。耆那教教徒写了大量非经典文学，一部分用俗语写成，一部分用梵语。在耆那教作家中，最著名的有婆陀罗拜呼、西达森那、狄瓦卡拉、阿利波多罗、西达和金月等。他们也创作了值得注意的史诗、小说、戏剧和圣歌。耆那教文学作品包括神话、民间故事、童话、模范行为规范及道德告诫等，所有这些文学作品都一致谴责对生物的虐待，阻止一切杀生祭祀活动。耆那教作家甚至不赞成用纸糊成的牲畜，或用其他牲畜模型做祭品，因为这种做法含有杀生的意图。他们对哲学也有很大贡献，耆那教教徒在反对佛教教徒的“空论”教义中使“可能论”的教义更加完善。与此同时，印度的哲学、逻辑学、文法学、辞书编纂学、诗学、算学、天文学、占星学和政治学都由于耆那教教徒的贡献而大大丰富起来。耆那教学者在不同的历史时期，用民间语言进行了大量创作，大多耆那文学是用印度古代俗语写的。因此，发展了印度的古代俗语。在拉吉普特时期，不少耆那教学者用印度古代俗语和印度中古的俗语著书立说，在南印度耆那教学者也用坚那勒语等从事写作的。因此促进了一些地方语的发展，如泰米尔语、泰鲁古语、坚那勒语、古吉拉特语和印地语等。在艺术方面，它丰富和发展了印度艺术。耆那教虽不敬神，但崇拜 24 祖，为了崇拜这些偶像，他们在印度建了 4 万个寺庙。这些寺庙大多以它们的美丽而著称于世。在拉贾斯坦邦的阿布山上建的耆那教庙宇则是印度建筑艺术的典范之一。另外，在手写耆那经典中，有很多精美的图画，也被认为是耆那教的艺术精品。总之，耆那教在印度社会和文化史上占有重要的地位。

六 宗教在文化传承过程中的作用

在文化传承过程中宗教所起的作用，也是人们所关注的。宗教在文化传承过程中的作用有大有小，历史有长有短，有积极的，也有消极的。它主要促进了各种艺术的发展，保留了艺术，发展了艺术，丰富了艺术，传播了艺术，丰富了文化的内容。当然也有不好的作用，如伊斯兰教传入印度后，对印度教建筑有破坏作用，这是事实，但伊斯兰教文化在印度也有积极的影响，著名的泰姬陵就是一个典型代表。对社会的影响也是如此，如印度教的种姓制度遭到穆斯林的反对，但后来对印度穆斯林也产生了影响。宗教在文化传承过程中的作用到底如何，下面略谈一二。

（一）宗教与音乐

印度音乐历史悠久，非同一般。早在印度的上古文献《吠陀》中对音乐就有了记载。《梨俱吠陀》赞歌的吟咏，需要有音乐知识。著名《娑摩吠陀本集》更是以歌唱为目的而形成的一部颂神曲。“娑摩”指的就是祭祀用的歌曲，因此可以说，印度音乐是以古代祭仪为基础而发展起来的。

印度教的三大神之一“湿婆”又称“舞王”，人们在祭神或过宗教性节日时都举办歌舞集会，这已成为印度人民生活的重要组成部分。

印度人认为，“音乐与舞蹈的起源是神圣的”，其最终目的是帮助人们信神，所以在大约三千多年的音乐、舞蹈发展史中，音乐与舞蹈往往以精神为主导，而艺术则处于从属地位。随着宗教的发展与传播，随着社会的不断发展，音乐和舞蹈也不断丰富和提高。载歌载舞，而且往往是歌舞并举，这就是印度音乐、舞蹈的特点之一。

据文献记载，早在吠陀时代，除唱歌外，已有不少“维拉”之类的弦乐器，以及横笛之类的管乐器。今天流行的不少乐器就是从古代流传或发展而来的。它们都同宗教信仰、宗教活动有密切关系。在古代两大史诗时期，音乐得到不断发展，在两大史诗中所提到的乐器有 20 种以上。到了这一时期，印度已有了七声音阶，有了七个基本调式，形成了一套相当完美的转调体系。音乐理论方面的著作应该以婆罗多仙人写的《舞论》为代表，对于它的成书年代说法不一，有的认为它产生于公元 2 世纪，有人认为它是公元初的作品。不管怎样，说明其历史悠久。

前面提到，印度音乐的出现与宗教信仰有关。音乐为宗教服务，祈祷、祭祀等都离不开奏乐和唱歌，而这类活动又反过来使音乐由简到繁，不断丰富和发展。今天，时代前进了，社会发展了，印度人仍普遍信仰宗教，对神非常虔诚，宗教与音乐的关系仍很密切。以占印度人口 82% 以上的印度教教徒来说，出于宗教信仰，一个人从生到死要参加名目繁多的仪式。印度多数人认为参加宗教活动非常重要：能使人生活纯洁、神圣，死后使灵魂得到解脱。因此，一个人从生到死要参加不少宗教仪式。而宗教仪式都有唱歌，有音乐伴奏。婴儿降生前就开始给他举行各种仪式，诸如授胎礼、生男礼等，待婴儿出生后仪式更多，诸如初食礼、剃胎发礼、出门礼、再生礼等，一直到结婚。结婚时，起码要举行 17—18 种仪式。因为印度教教徒把结婚视为一种重要的宗教仪式，只有完成了一系列的仪式后才算结婚。

在举办结婚仪式时，自始至终有音乐、唱歌，有的长达数十天、一个月，甚至还有时间更长的。有的还很有意思，结婚仪式在女方家举行，在这个过程中，女方家的人可以唱歌大骂男方家的人，骂得非常难听，但男方家的人只能低头倾听，不可生气，更不能还口对骂，因为对方是客人。值得一提的是，仪式中的骂人也是唱歌，有音乐伴奏，不能离开音乐。印度教自古以来就有这个风俗。

据印度的经典规定，人出世以后，通过各种仪式使人战胜今世；人死以后，再通过各种仪式，战胜来世，使死者的灵魂在阴曹地府获得安息。因此，人死以后，在抬尸的路上或焚烧尸体时，以及将骨灰撒进河里时都有不同的仪式，也都离不开音乐。

在庙里一切活动都有音乐，就是念经也富于乐感，并有音乐伴奏。

节日期间更是如此，印度节日很多，多为宗教性节日，几乎天天有节日活动，节日庆祝都离不开唱歌、音乐。例如，霍利节时不仅跳舞，而且唱歌，就是当时唱的霍利歌中也离不开宗教神话，而且歌词优美，音乐动听。

总之，印度的宗教活动与音乐的关系、密不可分，敬神祈祷都离不开音乐，音乐在宗教活动中不断丰富和发展，这就是印度音乐的特点，从古至今一直如此。

中国音乐有悠久的历史，很早就创造了自己的音乐艺术，随着佛教的传入，中国的音乐也受到印度的影响。根据史书记载，在汉代以后这种影响更加明显。公元 3 世纪，中国就有梵乐流行。南朝梁武帝崇信佛教，他极力提倡佛教乐曲，因此，乐舞活动非常普遍，并具有一定的规模。据《隋书》中记载，印度乐队来中国始于公元 4 世纪中，宫廷中设的乐队中有“天竺伎”，即印度乐舞。中国唐代音乐舞蹈繁盛，其中就有外国舞。据《新唐书》和《旧唐书》记载，唐朝曾有印度的乐舞杂技团来中国。到唐玄宗时（公元 8 世纪），宫廷里的各种乐队中还有印度歌舞。据《唐书·乐志》记载，当时最流行的音乐中就有龟兹乐和天竺乐等。在《新唐书》《旧唐书》中都有印度乐舞、印度歌舞的记载。与此同时，印度音乐中的各种鼓和弦乐器在当时也很流行。唐代僧人讲经时，一面有人讲经，一面有人吟唱解说经文的诗，以后这些解经诗就成了文学作品，独立开来，成为“变文”，发展成后来的小说、戏曲、弹词等。当然这些歌唱的调子发展成为后来的新曲调。

印度乐曲、乐器传入中国，在很大程度上是借助了宗教的力量。始于秦汉，盛于隋唐，衰于元明。但大都并非直接传入，而是以西域作为媒介。在汉译《妙法莲华经》中有箫、笛、琴、箜篌、琵琶、铜铙钹等乐器。这些在敦煌壁画和云冈石窟中都可以看到。这些外来乐器在汉代加入了中国的乐队，使中国传统的歌舞曲调起了很大变化。如琵琶，专家对此多有研究，史书上也有不少记载，原系“马上弹奏的乐器，最初写作批把，后又写作枇杷，晋代以后才改成琵琶”。琵琶这类乐器为印度和波斯所共有，古梵语中的“拨弦”（Bharbhu）的音译和琵琶相近。又如箜篌（vina），为印度梨俱吠陀时代乐器的代表，也是在汉代传入中国，盛行一时。汉时作曲家曾为此创作了《箜篌引》。北魏云冈石窟数见伎乐人抱有此器，千佛洞 249 号北魏洞窟就有箜篌演奏图。值得注意的是，在印度的佛教圣地之一的佛陀加雅出土的石刻中（属于 4 世纪中叶至 5 世纪初）也有弹奏箜篌的画面。两者相同并非偶然，必然有文化联系。后汉时，又从新疆传入竖箜篌，又称“胡箜篌”。可以看出，印度音乐很早就传入并流行于中国。

印度的乐舞传到中国后，并非生硬的吞食，而是经过融合吸收，具有中国化面目，最有名的《霓裳羽衣》曲便是一例，它也来自印度。据《唐会要》载：“天宝十三载（公元 754 年）改《婆罗门》曲为《霓裳羽衣》。”在杜佑《理道要诀》中也有类似记载。《霓裳羽衣》诞生在宫廷里，但并不局限于宫廷和庙堂，它征服了广大士大夫阶层。

《霓裳羽衣》是典型乐舞，白居易的《长恨歌》里两处写到“霓裳羽衣”。唐代是宫廷乐舞发展的高峰，就艺术成就而言，《霓裳羽衣》堪称盛唐乐舞的巅峰。白居易对这部乐舞的赞赏，达到无以复加的地步，“千歌万舞不可数，就中最爱霓裳舞”。

在隋唐时期，外来乐舞最盛，隋九部乐、唐十部乐、天竺乐等都居于最重要的地位，龟兹乐、高昌乐等也都是天竺乐的化身。

（二）宗教与舞蹈

舞蹈是一种气度雍容的艺术，其有高尚的风格，有综合性，非有相当程度的练习，不易精通。印度舞蹈更是如此。印度人跳舞历史悠久，早在印度河文明时期，据考古学家断定，大约为公元前 2500 至前 1750 年，印度先民就很喜欢跳舞。在哈拉巴和莫亨焦·达罗出土的文物中，有青铜舞女雕像和男舞者石雕像。这些都是当时流行舞蹈的佐证。

到了吠陀时期，印度舞蹈有了明显的发展，而且有了文字记载。公元前1500年的《梨俱吠陀》中就记有舞女的事情："男子戴金首饰，通过舞蹈表演有关战争的场面"，"甚至有了专门以舞蹈、唱歌谋生的种姓"。由此可见，当时舞蹈已经相当发达。

到了公元前4世纪，印度的大文法家波你尼也曾提到过"舞蹈"一词。至于在印度史诗之一《罗摩衍那》中有关舞蹈的记载就更多了，据专家研究，《罗摩衍那》的成书时间大约在公元前3、4世纪至公元后2世纪，但书中记载的是吠陀后期的事情。《罗摩衍那》中写道："在阿逾陀日夜举行舞会和音乐会，供国王享乐。""一位舞者的优美的舞姿使罗婆那为之陶醉。"

但是，有关舞蹈艺术的专著应该以婆罗多的《舞论》为代表，它是印度古代最早的文艺理论著作，一般认为它是公元2世纪的产物，但其内容更早于成书年代，可能在公元以前。它全面论述了戏剧工作的各个方面，从理论到实践无所不包，而主要是为了满足实际工作的需要，起一个戏剧工作手册的作用。它讲到了剧场、演出、舞蹈、内容情调分析、形体表演程式、诗律、语言、戏剧的分类和结构、体裁、风格、化装、表演、角色，最后更为广泛地论及音乐。"这个全面总结一经出现，它对后来的文艺理论产生了很大影响。虽然它基本上是注重实际演出工作的书，但是，它在理论方面仍接触到一些重要问题，对音乐、舞剧等优美艺术的各个部分进行了很好的阐述。"到后来，香格尔戴沃在自己的《格冷特·勒德衲格》一书中对舞蹈进行了详细的研究，提到舞蹈种类。书中讲到当得沃舞（一种湿婆舞），湿婆神是这种舞的始祖，湿婆把这种舞蹈知识传授给自己的学生和婆罗多牟尼。"当得沃舞"是表示有关世界末日的舞蹈，当世界开始毁灭时，在布德杰里和沃亚克拉巴德仙人的请求下，湿婆表演了"阿安德当得沃"舞，当时四副面孔的梵天为他击掌伴奏，毗湿奴为他敲鼓，又有登巴鲁和衲罗陀为他伴唱。

到了迦梨陀娑时期（公元5世纪）印度舞蹈又有重大发展。迦梨陀娑的著作很多，他的剧作使古代印度戏剧创作达到了登峰造极的境地，他不仅以诗驰名于世，而且也是一位有名的剧作家，他的流传至今的剧本《沙恭达罗》《罗摩毗迦与火友王》等都很著名。剧词中散文与诗歌并茂，而且剧中有舞蹈，也有歌曲。迦梨陀娑的著作中也提到了舞蹈和表演之间的密切关系，这些对后来舞蹈的发展起了重要指导作用。

舞蹈艺术同音乐一样，也是一种谋生手段，印度自古以来就有舞女在寺庙跳舞，迦梨陀娑曾经描写当时一些寺庙中舞女的情况。在拜衲的《戒日王本行》中提到了戒日王给儿子过生日时请来跳舞的舞伎。但是据史料记载，当时舞伎的社会地位不高，甚至在婆罗多的时期，音乐舞蹈方面的专业艺人已受到社会歧视，当时，婆罗多曾写了一则长篇故事，描述了舞伎所受到的屈辱，表明了舞伎在社会上的卑贱地位。不过音乐和舞蹈艺术本身是很受重视的，各阶级的男子和妇女都学习这两种艺术。

（三）宗教与雕刻、佛塔、佛寺、绘画等艺术

印度艺术发达，历史悠久。中国的艺术也很发达，并受到印度佛教艺术的影响。据史书记载，古代印度的僧人，不仅带来了佛经，传来了佛教，而且有些人本身就是艺术家，也向中国传播了各种艺术，如建筑、雕刻、绘画、音乐、舞蹈、戏剧等。

1. 雕刻艺术

印度的雕刻艺术的渊源可追溯到印度河文明时期，在印度河流域发现的大量印章底面，就刻有各种动物、舞女像和神祇等，所用的材料是象牙、青铜等，已表现出相当成熟的技巧和工艺水平。到了公元前4世纪孔雀王朝，雕刻艺术得到恢复并有很大发展，开始运用石料进行建筑和雕刻。到阿育王阶段，则是印度雕刻史上的辉煌阶段，这与弘扬佛教有密切关系。阿育王时期，雕刻的主要成就表现在石柱雕刻艺术上，石柱为纪念佛而作，在阿育王统治的41年中（公元前273—前232年），共立过30余根石柱。石柱雕工讲究，刻有多种图案，柱身镌刻诰文或弘扬正法，宣传佛教。例如，在佛陀初转法轮的鹿野苑之四狮子石柱就是其中之一，堪称石柱艺术之佳作，印度独立后它作为国徽的标志，成为印度共和国的象征。孔雀王朝之后的著名建筑是桑奇大塔，该建筑被誉为佛教艺术宝库，它的雕栏和塔门是重要的雕刻作品。塔门的浮雕主要表现佛本生故事和佛传故事等。

不仅如此，阿育王还把佛教定为国教，弘扬佛法，为此还建塔修庙，雕刻石柱。于是佛教艺术也得到发展和推广，佛教和佛教艺术得以传播。

在笈多王朝时期，随着佛教的复兴，印度神像雕刻也蔚然成风。毗湿奴、湿婆、黑天、太阳神、难进母神等神的雕像纷纷问世。爱劳拉石窟中有不少印度教雕刻。另外还有同期开凿的象岛石窟，里面大量印度教神像都具有极高的艺术价值，令人目不暇接，参观的人终年络绎不绝。

到后来，由于伊斯兰教反对偶像崇拜，所以穆斯林进入印度后对佛教和印度教建筑进行了大量破坏，在穆斯林政权统治时期，印度雕刻艺术基本陷于停滞，但有其他艺术得到发展，回头再谈。

中国的雕刻艺术历史也很悠久。早在先秦时代，中国的雕塑技艺已达到很高水平，陕西临潼秦始皇陵发掘的数千件大型兵马俑陶塑，就是很好的例证，它被誉为世界文化史上的一大奇迹。到东汉以后，中国的雕刻艺术才与印度的雕刻艺术有了接触，开始发生变化。东汉以后，随着佛教的不断传入，印度的犍陀罗雕刻艺术才波及中国，使中国的雕刻艺术染上了印度的风格色彩。这种艺术对中国的影响，表现得较突出的是云冈石窟的雕刻。云冈石窟开凿于公元 4 世纪，据文献记载，不仅图样取自印度，而且还有印度僧人参加。该石窟庄严伟大，为东方三大艺术之一。云冈石窟的早期作品多带有犍陀罗雕刻的风格，那是因为印度当时笈多王朝的艺术吸收了犍陀罗艺术的优点。这种艺术传入中国后，更多地表现出了中国人的创造才能和聪明才智，显出中国固有的风格与印度艺术的结合。可以说，印度雕刻艺术在中国土地上得到发扬。三国两晋以后，随着佛教在中国不断发展，佛教艺术在中国也得到传播和发展，使中国的艺术从内容到形式、从理论到实践都发生变化，雕刻、壁画不只见于宫殿和墓室，也扩大到石窟和寺庙等建筑。魏晋南北朝时期，中国的佛教得到很大发展，造像艺术深受重视，而且达到很高的水平。现在发现的一些古代石窟都是古代艺术宝库，龙门石窟、云冈石窟等都是北魏时开凿的，闻名于世。隋唐时期，雕塑艺术更加辉煌，尤其到武则天时期，佛教雕塑艺术达到高潮。由于她提倡佛教造像，所以雕塑精品很多，龙门石窟群中规模最大的是奉先寺大卢舍那像龛，此龛凿成于武则天当政时期。至于四川省乐山市的乐山大佛则更是天下闻名的佛教雕像。它完成于唐代，背山面水，佛身高 71 米，历时 90 年完工，堪称世界第一大佛像。

印度雕刻的巨大佛像多在石窟中，如著名的阿旃陀（Ajanta）石窟、爱劳拉（Alora）石窟等。这种凿窟造像的方法到中国仍然保持着，从北魏到隋、唐，成就了不少伟大工程，如上面提到的大同的云冈石窟、敦煌的千佛洞等，都是这种艺术传播发展的结果。从这些石窟的精美群像中，可以看出中印文化的结合。

2. 建塔、造寺艺术

窣堵波即塔，作为佛教建筑形式之一，发端于阿育王时期。吠陀时期的雅利安人埋葬死者时，为了便于识记，采用坟起土堆的形式。后来，阿育王皈依佛教，弘扬佛法。但原始佛教反对偶像崇拜，信徒在宣扬佛陀时，多以形象化的手法反映佛陀本人，如绘画、雕刻等形式，或用象征性手法处理，例如，用一朵莲花代表佛陀，或用一棵菩提树为其象征。而崇拜佛陀的尸骨（中文译为舍利），始自佛陀涅槃。阿育王把佛陀的舍利置于窣堵波（塔）中，崇拜窣堵波，即象征崇拜佛陀本人。这一形式很快得以推广，佛塔大量建成，据有关记载，阿育王共建塔 8.4 万座，以后不断修建，历代如此。这就是塔的由来，后来又传入中国。

建造寺庙，开凿石窟，是宗教活动和僧人的需要，在平地上建寺，是一种形式。据佛经记载，阿育王共建 1200 座寺，供养着数万名僧人。另一种形式是开凿石窟寺。死去的圣者长眠于塔庙中，活着僧侣则凿空山石，建造寺庙，以便在那里静心修行。印度有很多石窟，石窟形式及其艺术对后来的发展有很大影响。

最著名的阿旃陀石窟是其中之一。该石窟地处印度马哈拉施特拉邦的一座山的山腰，有“艺术宝库”之称。据考证，石窟于公元前 2 世纪开始修建，公元 650 年竣工，前后达数百年之久。这个时期始于印度佛教兴盛之时，终于佛教衰微之日。石窟的建筑艺术水平很高，窟窟都是艺术精品。洞窟的门上有各种图案，庙柱、飞檐和壁龛上有各种雕像，其雕刻工艺之精美，表情之生动，可同我国的敦煌、云岗、龙门石窟媲美。石窟中有大量历史壁画，其造型生动，形态多样，比例匀称，色彩斑斓，其匠心独具，实在令人惊叹，至今散发出世间难得一见的艺术光彩，不愧为印度的艺术宝库，为各国艺术家所推崇。因此，前往参观、考察者不绝于途。

中国塔、寺的建造源于佛教。建塔，造寺，包括相关的建筑、雕像等艺术，随着佛教的传播而进入中国。到公元 4—6 世纪，全国各地涌现出许多壮丽的塔寺建筑，闻名于世的敦煌、云岗、龙门等石窟就是中国雕塑艺术的宝库。

中国的塔是从印度的塔演化而来。印度塔叫窣堵波，为梵文 stupa 的译音。印度最初的窣堵波是专为埋葬尸骨用的，尸体梵文是 sarira，音译舍利。因此每个窣堵波都是舍利窣堵波，又译“舍利塔”。印度的窣堵波呈半圆形，传到中国后，受到中国文化传统的影响，塔的形状发生变化，演变成一种新的建筑类型。印度早期的绘画艺术，主要是指寺庙里的壁画而言，印度画起源于寺庙。

中国早期的塔承袭传统，为木质结构，塔身多为四方形，后来才出现六角形、八角形等，隋唐以后，建塔材料改用砖石取代木质结构，克服了易燃的缺陷。塔内部空心，有楼层可登。辽代以后才出现实心塔。宋代以后建筑更加讲究，出现了花塔，即塔身上半部有各种花饰，或者佛像或动物雕像，这与印度的雕刻艺术传入中国有关。

寺与塔密切相关，也是受印度影响而来的。寺也是教徒崇拜的对象，一般而言，塔位于中央，为寺的主体。后建的佛殿供奉佛像，供信徒膜拜，与塔并重。到了唐代，佛教进一步发展，佛寺的布局多呈院落式，不止一院，有三院的，大寺甚至有十院，富丽堂皇，非常壮观。山西五台山的南弹寺、佛光寺则为唐代一例。到了元、明、清时期，与以前相比，无多大变化。

3．绘画艺术

印度最早的画是岩画，绘制于岩洞之中，故称岩画。在印度的北方邦、中央邦等地均有发现，岩画主要描绘狩猎场面和各种动物，也描绘人类歌舞和丧葬的场面。《猎舞图》可能是最早的作品，画中有手舞足蹈的猎人。后期的岩画有表现骑马、骑象和战争等人类生活的内容，也有表现巫术和生殖崇拜的符号，从画中可以看出，当时的武士已使用刀、剑和盾牌，它们显然是铁器时代的作品，是印度壁画的前身。

当佛陀在世时，佛教寺院中就有佛教绘画，这时的绘画主要是为了宗教宣传，也有装饰作用。到阿育王时期，佛教画有了更大发展。这个时期，传统审美要求与宗教意义相结合，阿旃陀壁画中有名的“持莲花佛”画便是一例。由此可见，宗教艺术与世俗艺术并存，两者交相辉映。在阿育王时期，佛教与绘画艺术取得了很大成就。绘画附于建筑，虽然它不是阿育王的首创，但在阿育王时期，壁画艺术达到了很高水平，对后来的绘画艺术发展影响很大。这一时期的绘画艺术有承前启后的作用，直到莫卧儿王朝以前，壁画一直昌盛不衰，而且占主导地位。

但在印度，佛教初行时，印度人并不为佛画像，也不为它造像。后来在希腊艺术的影响下，印度西北部才出现了有希腊风格的石刻佛像，以后这种艺术在印度传播开来。随着佛教的流行，这种艺术也传到了中国，先到新疆，后到内地。到中国后，不限于佛像，罗汉像、鬼神像也都有了。这种艺术进一步发展，除了石刻外，还有泥塑像。在印度，由于佛教的盛行也开凿山洞，造石窟、石庙，里面除石像外也有壁画。这种绘制壁画的风气也传入中国，洛阳龙门石窟、大同云冈石窟等都是范例。

佛教传入中国后，对中国的绘画也产生了重大影响。中国的宗教人物画与印度有关。根据史书记载，从印度来到中国的僧人有不少也是画家，印度画起源于寺庙，在寺庙开始画画，传到中国时也是这样。在南北朝、隋、唐时代，画家常为佛教庙宇画画，题材多为佛教故事或神鬼传说。佛画艺术主要是壁画，最初见于佛本生故事画，到了唐代，逐渐为经变故事画所代替，即把佛教故事绘制成图，绘画艺术从内容到形式大大丰富起来，佛寺壁画极盛，名画家辈出，像阎立本、吴道子等均以擅长佛画而闻名于世。

尤其到了魏晋南北朝时期，佛教艺术不断提高，从绘画的内容到形式，绘画艺术写实手法有了进一步发展。绘画场所从宫殿、墓室走向石窟、寺庙，绘画内容从表现统治者的生活转向宗教题材，人物画大大增多，并与广大人民生活密切联系起来。中国画家在继承中国传统画的基础上，学习了印度佛教画，于是画师辈出。虽然他们各有所长，但都擅画佛教人物画，主要代表有曹不兴、卫协、顾恺之、陆探微、张僧繇、展子虔等。曹不兴被称作中国佛像画的始祖，他的画在当时被认为是东吴一绝。卫协一改民间豪迈的风格，向巧密精思的技巧发展，他的画被认为有气势有精神。顾恺之博学多才，强调形神的统一，成就突出。陆探微、张僧繇、展子虔均以画佛而知名当世。显然，这些都是受印度的影响。下面介绍几个著名画家的故事。

（1）曹衣出水的故事。北齐时有一位画家名叫曹仲达。据宋代若虚的《图画见闻志》中记载，“曹之笔，其体稠叠，而衣服紧窄”，认为是“曹衣出水”的来源。所谓“曹衣出水”是指画中人的衣服褶皱非常逼真，像刚出水的衣服一样紧贴人身，而且有种透明感。曹仲达画的人物衣服的花纹能充分表现衣服下垂的状态，故对他的画有“曹衣出水”的评价，艺术家认为，这是受了印度佛教犍陀罗艺术风格的影响。犍陀罗为古印度西北部一地名，在希腊艺术的影响下，出现了具有希腊风格的艺术，之后在印度发展起来，并随着佛教传到中国。犍陀罗艺术的特点为“衣服有轻飘之感，线条极为强烈，深刻刚强”，在三国两晋时，对中国佛教画风格影响甚大。这是一种说法。还有一种说法，认为“曹衣出水”是指曹不兴。曹不兴，三国时吴国人，他的画在当时被认为是东吴一绝。据说孙权曾让他画屏风，他误将一滴墨溅到屏风上，于是把墨画成了苍蝇，孙权看屏风时，以为是真苍蝇，用手挥之，但苍蝇不飞。这又是一种说法，但一般认为第一种说法可能性更大。

（2）画圣吴道子。吴道子（685—760）原名道玄，字道子，阳翟（今河南禹县）人，幼年父母双亡，家境贫寒，早年曾作画工，后改学绘画，学习刻苦，不到20岁画已出名。据传，他曾访过某庙的和尚，由于和尚对他傲慢无礼，他便在庙墙上画了一头驴。每到夜里，画驴便从墙上下来，叫个不停，和尚不得安宁。最后和尚只好央求吴道子将画涂掉，和尚才得以安宁。画圣吴道子以寺观壁画而闻名于世。他的壁画仅长安和洛阳就有300余处，壁画形象各异，非常感人。他画画不用尺规，用笔一挥而就。据说在长安景云寺画的地狱变相，奇形异状，阴森可怕，屠夫见了畏罪，纷纷改行，可见功力之深。他画300里嘉陵江的美丽风光，竟能一日而成，玄宗为之惊喜，因此传为佳话，广为流传。他虽以奇观壁画为主，也画过当年帝王、名士的肖像画和历史画，其画风均以豪放、有力为主要特色。平日作画极富情感，冲动起来，“立笔挥扫，势若风旋”，其画更加神采飞扬。

4．杂技与幻术

印度的杂技早就传入中国，据《搜神记》载，晋代有天竺人到江南来表演多种幻术，能割断舌头重新接上，剪断绢布还能复原，烧物而物不伤，能吐火等。有些来自印度的佛教徒，用幻术、杂技宣传佛教，据《隋书·音乐志下》记载，隋文帝初年，遣散了“百戏”人员。《旧唐书·音乐志》记载，“大抵散乐杂戏多幻术，幻术皆出西域，天竺尤甚，汉武帝通西域，始以善幻人至中国。安帝时，天竺献伎，能自断手足，刳剔胃”。高宗恶其惊俗，下令禁“自断手足，刳剔胃”的天竺使入中国。高宗虽然禁止那种残酷骇俗的幻术，但民间仍时有所闻。

中国的幻术历史悠久，内容丰富，但随着佛教的传入，印度的奇特幻术，丰富了中国幻术的内容。中国的幻术早在西汉时期就已出现。佛教传入中国以后，印度“幻术”也随之传入，给中国幻术以影响。关于传入中国的幻术，在东晋《搜神记》中有些记载，如“断舌复续”“剪带还原”“吞刀吐火”“烧物不伤”等中国有关莲花的幻术很多，也受到佛教的影响，尤其是受了高僧佛图澄（232—348）所传的神通故事的影响。高僧佛图澄于公元310年来到洛阳，以高僧身份宣传佛教，据《佛图澄传》记载：后赵石勒召见佛图澄时，佛图澄从钵中变出青莲花。《高僧传》中记载了许多幻术，除钵内生莲之外，还有九莲宝灯、金莲宝座、口吐莲花等。《高僧传》中说：鸠摩罗什曾以五色丝做绳结之，烧为灰末，入水中，须臾灰聚浮出，复为绳。

印度的幻术传入中国后，不仅宣传了佛教，也使中国人大开了眼界。

（四）宗教与节日

印度在长期的历史中形成了许多形态各异、丰富多彩的民族节日。这些节日是民族文化财富的重要组成部分，是印度古代文化史上不可缺少的篇章，也是民族特点的主要内容与表现形式。它全面、集中、典型、形象地反映出一个民族共同的心理素质、性格特征和理想愿望。

民族节日，作为民族风俗的主要组成部分，属于文化范畴，它在一定程度上反映各族人民的经济、政治、宗教、思想和生活状况，并影响人们的思想和生活，因此，节日的作用不可低估。

每个节日的出现都不是偶然的，都是该民族在一定历史时期内的产物，有它产生的历史根源或社会条件。早在人类社会的原始时期它就产生了，随着社会的发展、历史的前进、生产力的提高，以及人们能力、智力的发展，这种传统文化越来越丰富多彩。它不仅满足了人们一定的生活要求，而且也推进和巩固了社会秩序，它起着一种独特的文化功能。

印度节日的数目之多，令人吃惊。较大的节日就有百个以上，如灯节、霍利节、杜尔迦节、胜利节、保护节等。再加上小的节日、各邦的节日，共有多少，很多人都说不清楚。

印度的节日绝大多数是宗教性的，这同印度笃信宗教有关。宗教性节日无非宣传宗教，要人们行善积德。节日庆祝的时间长短不一，短则几天、十几天，有的长达一月之久。庆祝的规模也不同，小的成百数千人，大的多达几十万人参加，而且有的节日庆祝方式全国各地并非完全相同。

随着时代的变迁和社会的发展，传统节日不免显出它的局限性，甚至落后性。所以有些节日也会被淘汰，有些节日则因庆祝方式到节日内容有所改变或增减而被保留下来，同时也有些新节日出现，如锡克教的那纳格诞辰节等并非自古就有，而是 16 世纪那纳格去世后为了纪念他才有的。

以上表明，随着社会的发展、科学的进步，人们文化水平的普及与提高，一些意义不大的节日会被逐渐淘汰，而一些健康有意义的节日，也会不断产生，历史的发展就是如此。

佛教对中国的节日也有影响，浴佛节就是其中一例。相传四月初八是佛祖释迦牟尼的生日，我国佛寺都在这一天取法传说中“龙王以香水洗灌释迦太子”的故事，用名香浸水，洗灌释迦牟尼的诞生像，谓之“浴佛”，以纪念佛的诞辰，这就叫浴佛节。据记载，东汉时已有浴佛节的流行。

第五章　种姓制度与民族团结

印度的种姓制度是一个复杂而又奇怪的问题，印度的人口众多，82%多为印度教教徒，种姓制度又分为不同等级的社会集团，印地语称为贾蒂（旧译名阇褆）。西方人称“卡斯特”（Caste），这个制度不仅在印度教社会中存在，而且在印度其他宗教，诸如伊斯兰教、基督教、锡克教中也有不同表现。同时，在各地表现的程度不一，城乡也有差别。种姓制度又有掩盖阶级矛盾、破坏民族团结的作用。种姓制度在各时代不完全一样，它在封建社会中更加复杂，危害更大。现代印度仍存在种姓制度的残余，它不仅奴役、残害了广大劳动者，剥夺了他们做人的权利，而且对印度的社会、经济、政治、文化及人民的生活等方面仍有很大影响，阻碍社会的进步，是印度社会发展的一大障碍。

一　种姓制度问题

（一）种姓制度的由来及其特点

印度教的种姓制度把人分为四个不同等级：婆罗门、刹帝利、吠舍和首陀罗。这些不同等级有高低之分，每个种姓的地位生来即定。婆罗门即僧侣等，为第一种姓，地位最高，从事文化教育和祭祀；刹帝利即武士等，为第二种姓，仅次于婆罗门，从事行政管理和打仗；吠舍即平民，为第三种姓，经营商业贸易；首陀罗为第四种姓，地位最低，从事农业及各种体力和手工业劳动。随着生产的发展，各种姓又派生出许多副种姓（或称亚种姓、次种姓），各种姓都有自己的道德法规和风俗习惯。印度有多少种姓，难以说清，一般估计约有3000个，再加上其他宗教的种姓会达到3200个，不同种姓有自己的宗教、法律和风俗。

除了婆罗门、刹帝利、吠舍和首陀罗这四个种姓外，还有第五个种姓，被称为“不可接触的贱民”，今天被称作“哈里真”，或表列种姓。据 1981 年统计数据，其人口共有 1047.55 万人，即印度总人口的 14.6% 为表列种姓，他们的社会地位最低，最受歧视，好像被排斥在社会之外，他们的工作是扫地、扫厕所、处理动物的尸体等。住农村只准他们居住村外，或某一指定区域，不能和其他种姓的人使用同一口水井，无权进庙拜神。

种姓由出身决定，代代相传，不易更改。一般实行种姓内部通婚，每个种姓有自己固定职业，种姓之间分高低贵贱。宗教信仰受到限制，各种姓有不同的道德法规，更严格遵守，如若违反，轻则受到惩罚，重则被开除种姓之外，就连种姓彼此间的接触、相互间的交往都受到限制，饮食也有一定之规，甚至影响到经济状况的好坏。

种姓制度的复杂由来已久，有 3000 多年的历史。早在原始社会末期就开始萌芽。最早的宗教典籍《梨俱吠陀》中使用了“瓦尔那”（即颜色、种、品质）和“达萨”（即奴隶）的字眼，用以区别雅利安人和被征服的当地土著，在《梨俱吠陀》中提到婆罗门、刹帝利和吠舍三个等级，他们分别为祭司、武士和平民。后来在阶级分化和奴隶制形成过程中，原始的社会分工形成等级并固定化，逐渐形成了森严的等级制度，使他们的权利、义务，以致生活规范各不相同，都必须遵守，不得逾越。这是雅利安人入侵后阶级矛盾变化的结果，是民族矛盾和阶级矛盾的混合产物。后来，随着社会劳动分工进一步发展，“瓦尔那”又逐渐分裂成许多副种姓。古代统治阶级一向对种姓制度大肆鼓吹，为此还编造出一段神话：说婆罗门是从梵天的口里出生的，刹帝利是从他的双臂出生的，吠舍是从他的双腿出生的，首陀罗是从他的两脚出生的。由于出生的部位不同，所以每个种姓的职业是固定的，因为婆罗门出生于嘴，嘴是说话的，因此婆罗门的工作是研究和教育等，能保护吠陀；双臂是力量的标志，所以刹帝利的工作与力量有关，如运用武器，进行训练，在军队里工作，保护生命和财产，建立合理的国家制度；同样，吠舍的工作是务农、经商等；而从脚部出生的首陀罗的工作是为上述三个种姓服务。

（二）种姓制度的表现

种姓制度的表现是多方面的，而且还在不断发展变化，目前其主要有以下几种表现。

（1）在饮食方面各种姓之间有限制。他们把食物分为三类，即水果及奶制品、熟食和生食。水果及奶制品类食物包括水果、牛奶、奶制品；熟食指用油和酥油炸的食物，如布里、格角里等；生食指开水煮熟的食物，如米饭、豆汤、烙饼、面包等。

每个种姓都有习惯，每个人都注重吃哪种人经手的食物，印度教教徒只能吃本种姓或同级种姓或高于自己种姓的人做的“生食”，也可以吃低于自己种姓人做的“熟食”。高级种姓的人不能从低级种姓的人手里接受任何食物和饮料，包括烟袋、烟斗也要分用。但高级种姓的婆罗门做的“生食”或“熟食”其他种姓的人都可以吃。而首陀罗做的任何食物其他种姓的人都不吃。用水也不例外，种姓之间不能混用一口水井，尤其是首陀罗，必须使用自己的水井，否则会被认为他们玷污了井水，会遭到痛打。

（2）婚姻方面也有严格规定。印度教社会的风俗习惯是，只许在种姓内部通婚，同种姓的各副种姓之间也可以互相通婚，但不能与副种姓以外的人结婚。一般强调“顺婚”，禁止“逆婚”，高级种姓的男子，娶低级种姓的女子，叫“顺婚”；相反，较低种姓的男子取娶较高种姓的女子，叫“逆婚”，一般高级种姓的男子，可以娶低级种姓的女子，但较低种姓的男子不能取娶较高种姓的女子，否则高级种姓者会被开除出种姓之外。

（3）职业限制。一般各种姓都有自己的传统职业，辞而不干被认为不好。各种姓的职业不仅有高低贵贱之分，而且世代相传。凡是同宗教有关的职业都认为是神圣的、高贵的，由婆罗门承担，如祭司之类的工作；凡是同脏东西有关的工作都认为是卑污的，如扫地、洗衣服之类的工作，大多由低级种姓的人承担。与此有关的工作，诸如当护士、理发、织布、染布、当听差、当皮匠、当吹鼓手等，都被认为是低等的，而这些工作也还有三六九等，一般认为扫地和当皮匠的最为下贱。同时，各种姓的职业一般固定不变，高级种姓的人限制和反对本种姓的人改行从事低级种姓的职业。例如，孟加拉邦有位婆罗门种姓的学生，虽已毕业，但因找不到工作，只好开了个理发店。当其他婆罗门得知这一消息后，群起而攻之。这种例子在各地屡见不鲜。在印度还有另一种怪现象，一个家境贫苦的婆罗门，即使被迫当佣人、看孩子、做饭，但绝不给人家打扫厕所，否则被认为降低了自己的身份，不少主人也知道这一点，因此对他们不扫厕所也给予原谅。

（三）种姓制度的危害

种姓制度把印度教社会分成若干集团，集团之间有高低之分、贵贱之别，有的种姓之间彼此仇视、相互诋毁。这种情况，不仅限于印度教内部，对穆斯林、基督教教徒等也有不同程度的影响，因此，种姓的危害很多，主要表现在以下几个方面。

（1）种姓制度不利于印度的团结。种姓制度使印度社会四分五裂，人民的团结受到损害。在历史上，它为异族入侵提供了有利条件，几百年受到外国统治。印度的历史是一部不断被外族征服的历史，其原因与种姓制度造成的整个印度社会人与人之间的隔阂和利己性不无关系。它妨碍了印度形成统一的民族意识，在面临外族入侵时，不能组织起强有力的抵抗力量。独立以后对各项事业同样产生了不良影响。如在国会制宪会、长老会等的选举中矛盾重重，不是以人的才干为条件，而是以某种姓为前提，这样势必影响到选举的顺利进行和选举效果。由于种姓制度人为地把人分成若干等级，人们缺乏团结和平等精神，彼此仇视，各种纠纷此起彼伏，甚至造成不幸的伤亡事故。因此，种姓制度是印度产生矛盾和不团结的重要原因之一。

（2）种姓制度影响经济的发展。种姓制度把社会分成不同的集团，彼此接触受到影响，有些人“种姓主义”思想严重，他们大都考虑本种姓的利益，想问题，办事情，从本种姓的利益出发，只对本种姓忠诚，不顾大局，缺乏民族精神和互助合作精神，不考虑彼此合作、团结、互助、努力发展国家经济，因此使经济的进步特别是生产效益受到影响。不仅如此，以种姓为基础划分出的社会上一大部分不可接触者，被阻止直接或积极投入经济活动，因此使社会也受到巨大的经济损失。每个种姓的职业与出身有关，世世代代，祖祖辈辈，连续不断。这样，人们年轻时就确定了自己的职业。职业关系到人的生活方向，而不需要任何特别努力则有自己传统职业可做。但不都是这样，有些人对本种姓的传统职业不感兴趣，或者没有从事那个工作的能力，虽然有从事其他工作的能力，可是他不得不从事传统职业。所以种姓制度是经济发展的一种障碍。也有这种情况，有一些人害怕被开除在种姓之外而坚持传统的工作，并没有采取新的技术。

因此，一方面新的发明未使用，另一方面利用其他人的发明也不可能。还有一种情况，劳动分工是经济发展的基础，由于种姓制度不能合理地进行划分，这样所有人不团结一致地工作也是经济发展中的障碍。每个人的职业生来即定，代代相传，不易更改，不管一个人对某种职业有无兴趣或特长，工作是否合适，都得被迫去做。这就影响了一些人才能的发挥和工作效果，对经济发展非常不利。

（3）种姓制度是许多社会问题产生的原因。种姓制度内部有严格的规定，种姓制度实行内婚制，于是产生了许多社会问题，诸如名门婚，新郎价婚，童婚盛行，嫁妆泛滥，禁止寡妇再婚，妇女地位下降等。名门婚的主要原因是有些人想把自己的女儿嫁给一个高于自己种姓的家族，以提高声誉。这种潮流蔓延的结果，是所有高级家族努力为自己的女儿办好婚事，结果高级家族儿子的花费很高，或向女方索取更多嫁妆。低级种姓女子的父母都努力把女儿嫁给高级种姓家的男子，结果高级种姓家的男子变少而要求提高。于是出现你争我抢、高价买新郎的现象，女方多出嫁妆以满足对方的要求，这样嫁妆盛行，至今如此。一些贪婪之家，婚后还向女方索取嫁妆，得不到满足，就把儿媳活活烧死或毒死。贫寒之家为了省钱，尽早将女儿嫁出，来个“先下手为强”，于是童婚也便应运而生。童婚一流行，童男幼女早早成家，影响正常发育。因此，不少人多病夭折。据统计，每年有25万年轻女子死于早婚早产。这也是印度人平均寿命较短的原因之一，也是孤儿寡妇较多的一大原因。由于童婚流行，儿童寡妇的数量不断增加，这是个棘手的问题。如果没有种姓制度的规定，或没有内婚制规定限制，上述这些社会问题不会出现，这些问题不仅给人们的心理上和精神上造成负担，而且影响了社会的安定团结，影响社会前进的步伐。

（4）种姓制度是妇女地位低下的原因之一。历史说明，在维护种姓的名义下，妇女的权利一天天丧失，她们受教育的权利被剥夺，不懂何为结婚的女孩就被嫁出，成寡妇后没有再婚的权利。每年生孩子是她们的工作，每天做家务、当仆人，好好侍奉丈夫是她们的工作。甚至还有这种情况：一个女子结婚前若有工作，结婚后就得辞去，不然，她会遭到斥责或挨骂。

高级种姓享有特权，有些人利用特权为非作歹，尤其是一些婆罗门滥用特权，简直成了“包工头”，对首陀罗进行侮辱虐待。甚至打着宗教的幌子，满口仁义道德，却干着令人发指的勾当，所谓戴沃达锡风俗（即神的女奴）就是其中一例。婆罗门祭司等人利用这一传统习惯，名义上把一些青年或少女买进寺庙，为神服务，实为把姑娘买进寺院，供他们蹂躏。有人曾严肃地指出："这些高级种姓的祭司把寺院变成了妓院，这些姑娘的生活实际上比妓女还惨。妓女还能靠此养家糊口，而这些姑娘不但分文不得，反而还得服从任何一个男子与自己同床的要求，哪怕是麻风病患者，或是全身溃烂者。"受害者当然首先是低级种姓的人。据有关调查，作戴沃达锡的人90%以上是低级种姓的。例如，卡纳塔克邦的白勤岗地区地索德迪村上有一座寺院，每年的一月份就有5000多名少女或年轻妇女沦为戴沃达锡，情况严重。除此以外，奥里萨、拉贾斯坦和马哈拉施特拉等邦也都有这种现象。

这种陋习也影响到印度某些穆斯林。不过所采取的形式不同罢了。例如，拉贾斯坦邦的杰斯尔迈地区的穆斯林就是如此。每年阿訇来后，就召集会议表示欢迎。会上先是送各种礼物，然后信徒们向他请求，挑选本村一名少女为他"服务"，于是阿訇从会场上的女青年中选一名带走。

（5）种姓制度使人的身体发育或智力发展受到影响。种姓制度规定，高级种姓不能吃肉、鱼和蛋类等。印度本来不是发达国家，不少人得不到足够的牛奶、黄油、水果、蔬菜等一些富有营养的食品，再不吃肉、鱼、蛋等食物，这样会影响人们的体质和智力的发育。不少印度人体弱多病，其原因固然很多，但其中恐怕也与食物结构有关，受种姓影响的结果。加之实行内婚制，有的婚姻双方血统较近，也使一些儿童智力不佳，甚至发育畸形。

总之，种姓制度危害很大，对国家的发展和个人生活的改善均有影响，人民尤其是低级种姓的人对此强烈不满，不同形式的斗争此起彼伏，一再发生。这种情况不利于社会健康发展。所以政府对此非常重视，制定了有关法律，采取了措施，因此情况在不断变化。

种姓歧视的存在，引起了印度教成员的变化。高级种姓享有特权、专横，低级种姓，尤其是所谓"不可接触种姓"的处境很惨，当他们感到忍无可忍时，便脱离了印度教。因此，有不少印度教教徒放弃了本教而改信了基督教、伊斯兰教等，这对印度教社会也是个不小的冲击。

种姓区别是社会问题产生的根源之一。在种姓制度下，实行种姓内通婚，或顺婚制，即允许"顺婚"，禁止"逆婚"，即高级种姓的男子，可以娶低级种姓的女子，但较低种姓的男子不能娶较高种姓的女子，否则高级种姓者会被开除种姓之外。这样，随之而产生了嫁妆、童婚和寡妇改嫁难等社会问题。由于顺婚的影响，人们都想让自己的女儿嫁个比自己种姓较高的男子，以提高自己的声誉。这种趋势发展的结果，低级种姓女儿的父母都想让女儿嫁个高级种姓的男子，结果“你争我抢”，高级种姓的男子数量显得不足，而结婚时要价提高，索取许多嫁妆，这样就促使嫁妆蔓延。为了避免上述情况发生，遂出现了早婚现象（可少出嫁妆），特别是女孩的父母，这样童婚滋长蔓延。童婚发展的结果，社会上儿童寡妇数量增加。若无种姓区别和种姓歧视，没有内婚规定，上述种种社会问题则不可能发生，或极少出现。同时，它也是其他社会问题产生的根源之一。

总之，种姓制度危害很大，对国家的发展和个人生活的改善均有影响，人民，尤其是低级种姓的人对此强烈不满，不同形式的斗争此起彼伏，一再发生。政府也很重视，制定了有关法律，采取了有关措施，因此情况在不断变化。

（四）政府的努力

圣雄甘地说过：“我想建立一个连穷人也承认是自己的国家，为此我提了不少建议，在这个国家，人们无高低贵贱之分，所有人都可以自由和睦相处。”为了实现这一理想，印度独立之后采取了不少措施，制定了有关法律，为部落民和其他低级种姓制定保护措施，也取得了一些成效。

（1）制定相关法律和规定。印度独立后，政府为了消除种姓歧视做了大量工作，1948 年印度国会通过了一项废除种姓制度的议案。后来，在宪法中又作了保护低级种姓利益的法律规定。1955 年为消除种姓差别在宪法中作了一些规定，各邦政府也制定了相应的法律。根据相关法律规定，低级种姓者有权去公共祈祷场所，有资格去圣河、圣湖沐浴或取水，谁若阻挡或刁难，将依法受到惩处。每个人有权去商店、旅馆或公共场所。谁若阻挡或刁难，将依法受到惩处。每个人都有权在任何村、镇上居住，有权使用装饰品和戴各种首饰，有权去公共医院看病、买药，有权上学读书和在校住宿等。同时，还明文规定，低级种姓的人有权挑选职业，阻拦者将以鼓励种姓歧视论罪，并受 6 个月的监禁或被罚款 500 卢比。

（2）发展教育。为了改善低级种姓的状况，印度政府为落后阶层的教育做了大量工作，投入了大量资金。为改善低种姓的状况，在教育方面采取了许多办法，以便他们健康成长，像国家其他人一样阔步前进。在教育方面采取了一系列措施，例如，为低级种姓的子女提供方便，给予照顾。政府规定，凡在国家公立学校上学的表列种姓和原始种姓的学生，都实行免费教育，对落后阶层的学生提供奖学金或助学金、学杂费、必要的图书等。最近有些地区，学校还给学生提供衣服和午餐。在过去的几十年中，落后阶层的学生识字率大大增加，但比教育的平均水平要低，表列种姓的识字率只有14.7%（全印度为33.8%）。妇女的识字率只有6.44%，（全印度妇女识字率为22.5%），虽然低级种姓的文化水平仍然偏低，但毕竟比以前有了很大进步。

（3）增加就业。宪法规定，对落后种姓按人口比例，在国家立法会议和农村代表会中确保一定的席位。在众议院表列种姓有79席，原始部落民种姓有40席，在国家管理系统，分别占557席和303席。根据宪法，落后阶层的人们可以放弃传统的职业而从事国办职业，为此对他们的年龄段和才干的规格也有所放宽。为低级种姓的人设立高等职业训练机构，通过训练为他们创造就业条件，消除低级种姓的人与其他社会集团间的差距，为他们创造就业条件，尽快使低级种姓与其他种姓之间的差距消失。

（4）进行资助投资。政府为落后阶层做了大量投资，例如，从1951—1980年的30年中，印度政府为表列种姓和表列部落提供了价值203.03亿卢比的物资援助；1980—1985年的第六个五年计划中，为表列种姓和表列部落投资96.03亿卢比，主要目的之一是发展表列种姓和表列部落的经济。实际措施包括土地开发、农业生产、帐篷畜牧业、养鸡业、轻工业。由此证明，政府特别关注表列种姓的经济发展。在发展经济的同时，还注意加强福利待遇，改善其卫生保健设施和居住条件，诸如开办医院、建立婴儿和产妇的福利中心等。

（5）开展消除种姓歧视的宣传。各邦为了尽快解决种姓歧视现象开展了大力宣传，各邦政府为此指示相关官员们，为消灭不可接触种姓的制度而竭尽全力，为完成此项任务和得到人民群众的支持和配合，每年庆祝“哈里真节”和“哈里真周”并举办有关活动。随时公开披露不合理的现象，通过电台、电视、电影和各种报刊宣传反对种姓歧视，政府也为反对种姓歧视而开展舆论宣传，对人民群众进行教育，以便尽快消除种姓歧视。

（五）种姓制度的变化

印度的种姓制度已经并且正在发生变化，这与政府的努力有关，另外还有其他原因。目前，印度随着工业的发展和城市的扩大，出现了一些新情况和新职业。有些新职业不可能再以种姓来划分，一个人的能力和特长显得更加重要起来。这样，低级种姓获得了提高自己地位的机会，对传统的种姓势力就有较大冲击。另外，随着资本主义的发展，今天金钱比种姓更为重要。一个低级种姓的资本家比一个穷婆罗门更有威望，即因为有钱他获得了尊重和威望，有些低级种姓成员不再担心：他们永远在社会上处于不受尊重的地位，他们已知道并且已实际体会到出身不是关键，关键是金钱或个人品质与智慧才干，这是基础。有了这个基础，他们的社会地位随时都能提高。婆罗门的重要与宗教有关，今天信教的人在逐渐减少，如果一个婆罗门没有受过多少教育，他的收入又不多并且没有更大才干，那么人们也不认为他“出生”就是聪明的。

贱民的变化最大，因为是为他们制定了相关法律，他们获得了与其他种姓平等的权利。国家单位和政府企业都为他们准备了一定的工作。

种姓的内婚制也受到了冲击。印度教的历来传统是实行内部通婚，即每个种姓成员与本种姓或副种姓通婚，可是现在这些规定有所变化，由于教育的发展和科学的进步，今天在政治生活、社会生活、经济生活等方面，男女之间可以自由来往、相互接触，再加上法律的保护，这样出现了一些自由恋爱婚或晚婚。这种婚姻往往不注重种姓区别，虽然这种情况并不普遍，但这是个新鲜而又可喜倾向。

职业的规定已经发生了变化，且还在变化。种姓制度有个特点，内部每个成员有一个或几个职业，没有选择种姓外部职业的自由，通过种姓制度确定的职业有的地位高，有的地位低，其主要原因是与宗教有关，但是今天的印度不这样了，至少这方面有些变化，衡量职业的高低不再以宗教思想为基础，而是以金钱、权力等作为标准。有钱有权的职业被视为高贵的，因为金钱、权力等决定一个人的社会地位和威望，所以今天的祭司职务在不少人看来，要比一个政府部门的工作低了，但是一个婆罗门他若放弃祭司而去从事商业活动，赚了许多钱，那么他的社会威望自然就会提高。同样还有另外一种情况，制鞋匠的职业本来是最低的，可是他若开了个很大的鞋厂，赚到很多钱，他也会受人尊重。由此证明，工业发展的同时，社会形势变了，出现了新的价值观。因此衡量职业高低的标准也发展变化了。随着教育的提高和交通的进步，各种姓间来往、接触的机会增多了。这样，饮食方面的限制也有一定程度的变化，即有关饮食的规定比以前放松了。科学知识的普及，人们更注重食物的均衡营养，有些人虽不吃肉，也吃大葱大蒜（按规定不准吃），有人虽不吃肉和鱼，但吃起鸡蛋来（原来不能吃），因为他们知道鸡蛋营养丰富，对健康有利，就连印度电台也宣传吃鸡蛋的好处。

（六）长期的任务

印度的种姓制度虽然发生了一些变化，但问题还存在，不是所有问题已全部解决。在政治、经济和文化等方面，“种姓”仍然起作用。种姓制度要彻底根除，在印度建立一个无种姓的社会道路遥远。的确，今天印度已制定了多个有关法律，大家有选择职业的自由，不可接触者享受平等的权利，鼓励不可接触或承认不可接触是有罪的，等等。但实际情况问题不少，例如，在农村有些农民不同意有关法律，或者法律实际上贯彻不通，所以有“纸上谈兵”的情况，或制定法律是一回事，而实际情况是另一回事，甚至于有些人公开说：法律规定是错误的，因为它不符合历史传统。城市里有些人故意不遵守法律，例如，有些大学教师明知歧视首陀罗的子弟不对，可是偏偏歧视他们，不好好对待他们。有些地方不可接触者和其他低级种姓为了提高自己在种姓中的地位而放弃肉食，改为吃素等。情况可谓复杂，种姓的影响很深，至今它还是印度民族团结和社会发展的一大障碍，因此，这个问题迟早非解决不可，最终何时彻底解决，这是个长期而艰巨的任务。

二　历史上的反陋俗斗争

印度历史上曾经出现过多次运动，这些运动往往是由于严重的社会问题而引起的，早在穆斯林统治时期就已开始。当时穆斯林统治者采取了宗教歧视政策，努力把印度教教徒变为穆斯林，从而施加了种种压力。由于印度教本身存在顽固而又森严的种姓制度，因此，当时的斗争相当激烈。婆罗门为了维护自身的宗教及其种姓制度，在反抗斗争中一马当先。斗争的结果是使印度教的一些规定比原来更加严格，婆罗门出于对自己的保护，对宗教和种姓制度更加讲究，宗教性更强，迷信加重，童婚、寡妇殉葬的陋俗迅速蔓延，比以前更加流行，限制寡妇再嫁更加厉害，“不可接触思想”更加严重。在这种情况下，引起了一些人士的强烈不满，出于改造宗教和改造社会的目的，格比尔、那纳格、拉马安德等人发起了“虔诚运动”，其目的是实现改革宗教的同时也改造印度社会。运动的开展，对社会和宗教有所震动，起了一定的积极作用。

不久，英国占领时期到来。在这期间，殉葬、童婚、限制寡妇改嫁、不可接触思想等恶习陋俗，在社会上仍大为盛行。因此，有必要继续开展改革运动。人民的斗争也随之此起彼伏。当时，一些社会情况和经济形势也有利于改革运动的开展，现代交通出现了，宣传手段进步了，印刷术进步了，西方文化的影响也进来了，等等。这些有利的形势，促进了社会改革运动的发展。当时运动的主要领导人之一是拉姆莫汉·罗易，他被誉为伟人之一，他不仅明确反对“童婚”“殉葬”，“主张寡妇改嫁”，而且还反对其他迷信思想。他于 1828 年创建了“梵社”。不仅如此，他还开展了反对偶像崇拜和其他迷信的斗争。在“梵社”中积极开展工作的还有盖希沃·金德尔·森，他被誉为伟大的社会改革家之一。正是他于 1861 年第一个为妇女出版了《妇女觉醒》杂志，发表了许多文章，反对歧视妇女的种种不合理现象。在他的积极活动和影响下，梵社的影响遍及孟加拉各乡村。拉姆莫汉·罗易于 1815 年还用孟加拉语出版了《吠坛多经》，后来，他把奥义书翻译成孟加拉语和英语出版，他强调一神论。拉姆莫汉·罗易和伊雪尔金德·威德雅萨格尔都很积极努力，于 1860 年通过了第一个限制童婚法，据此女孩结婚年龄不低于 10 岁。

与拉姆莫汉·罗易同时，在孟加拉还有伊雪尔金德·威德雅萨格尔也发动了与寡妇再嫁有关的运动，做了大量的工作，取得了一定的成效。在他的积极领导下，掀起了“寡妇改嫁运动”，帮助寡妇改嫁。由于伊雪尔金德·威德雅萨格尔的努力，1856 年通过了“印度教寡妇改嫁法”，在社会上产生了积极影响。到 1887 年歇希巴德·温尔基先生在加尔各答附近一个城市里开办了“寡妇院”，帮助寡妇解决一些实际困难。两年之后，即 1889 年拉马巴依在孟买市又开办了“寡妇院”。拉马巴依是位基督教教徒。通过他开办的“寡妇院”，把妇女吸收为基督教教徒，这为寡妇改嫁创造了条件。

拉姆莫汉·罗易死后，泰戈尔在管理梵社的同时也开展了社会改革运动，公开宣传吠陀和吠坛多派，为改造印度社会，他反对一夫多妻婚，支持寡妇再婚和妇女享有受教育的权利，他以“梵社”开办者的名义，开展了改革运动。在此以后，斯瓦米·斯尔索迪也是为改革社会上不良现象而做出重要贡献的人物之一，他于1875年成立了“雅利安社”。他同样强调寡妇改嫁问题，反对限制寡妇改嫁的种种规定。运动影响很大，在社会上产生了巨大影响。根据斯瓦米·斯尔索迪的指示精神，印度不少地区在开展反对种姓歧视，主张不同种姓通婚和寡妇再嫁等方面，开展了大量工作，取得了有益效果。

从1870年开始，斯瓦米·拉姆克里希纳及他的学生斯瓦米·威外迦安德都相继在孟加拉全邦开展了社会改革运动。尤其是后者，为把运动推向高潮，更具体和更有效地开展改革运动，他于1897年建立了“拉姆克里希纳教会”，宣传拉姆克里希纳的思想和主张，强调不同教派之间的团结友爱，克服狭隘的教派思想，反对种姓歧视，帮助受苦受难的人们。他也主张天神至上，而且明确表示，天神存在于万物之中。但他认为，宗教既不是书本上的，也不是头脑中幻想出来的，而是存在每个人的身体内部，每个人的体内都有天神，为人民服务就是对天神的最好崇拜。在他看来，以宗教为名而进行的所有争吵，都是一个人愚蠢、自私、傲慢与野蛮的表现。他认为宗教同心灵有关，并非表现在外。他反对宗教迷信，于是号召青年要去掉懒惰，发愤图强。他还明确而又严肃地指出：整天念咒祈祷的时代已经过去，如今是好好工作、艰苦奋斗的时候。他尖锐地抨击了社会上存在的种姓制度、限制寡妇改嫁及童婚等不合理的社会现象。他主张社会平等、宗教平等、人人平等，他号召每一个印度人要把自己投入为人民服务中去，只要国内还有一个穷人，任何人就没有舒舒服服坐着的权利。他认为，同情穷人痛苦的心，才是神圣的，否则是卑鄙的，只要印度人民还处于饥饿和愚昧状态之中，那些吃他们肉、喝他们血的人就是刽子手。他还认为，受苦受难的人中有那罗延（毗湿奴神），他们是印度传统的穷那罗延，为他们着想，为他们服务，就是真正而有用的崇拜，让人挨饿受苦而去崇拜天神的人们是不会真正得到什么功德的，而只会得到罪过。因此他呼吁人们：“去向活着的天神祈祷和上供吧，庙宇里的神一定会给你们恩赐的。”斯瓦米·威外迦安德还说过：“毅力是社会进步和社会改革的基础。”因此，他鼓励人们：“鼓起勇气，增长信心和正确地认识自己。”通过他的努力和拉姆克里希纳教会组织的一系列活动，提高了人们的觉悟，增强了斗争信心，对当时的迷信思想和陈旧观念给予有力冲击，使人们对童婚的流行、限制寡妇改嫁和寡妇殉葬等陋俗有了新的认识，使问题也有不同程度的解决，在社会上产生了重大影响。

孟加拉的社会改革运动对印度其他地方，特别是孟加拉和马哈拉施特拉邦等地影响很大。为了向拉姆克里希纳学习和进一步推动社会改革，于1849 年在孟买成立“博尔姆亨斯·斯帕”组织，其主要目的是消除种姓歧视，斗争达 11 年之久，产生了不可估量的影响。该组织于 1860 年结束后，在此基础上又建立了一个新的社会组织，名为“祈望社”，其目的是按照“梵社”的宗旨，反对偶像崇拜和种姓歧视，主张寡妇再婚，宣传妇女享有受教育的权利等。纳亚蒂希·拉纳戴（1842—1901 年）也是一位社会改革家，他于 1861 年成立了一个“寡妇婚姻协会”，做了大量工作。到后来，他为了社会改革，于 1887 年又建立了一个新的组织，其名称为“印度社会代表大会”，任务是限制童婚，反对嫁妆制度，主张寡妇改嫁，改善婚姻状况，鼓励不同种姓通婚，提高妇女的地位，宣传妇女有受教育的权利，改善不可接触阶层的状况，增强印度教教徒与穆斯林之间的团结等，这个组织在纳亚蒂希·拉纳戴的主持下，工作一直开展得卓有成效。

穆斯林社会改革者斯铁德·阿哈默德·康也努力为社会改革做了大量工作，他于 1875 年成立了一个教育机构，后来以“阿里格特大学”而闻名，1882 年拉马巴依先生在浦那为改造印度教妇女社会而成立了“雅利安妇女社会”。

到了 20 世纪，社会改革运动出现了新的形式，运动进入了一个崭新阶段。拉纳戴去世后，由金德拉沃格尔接任，继续战斗，努力操办此事。为了扩大社会改革事业，使之向广度和深度发展，以适应当时社会的需要，他成立了“中央社会改革联盟”。这个组织在 1904 年吸收全国不同教派代表，召开了一次大会，通过这次大会，把全国的改革联盟团结了起来，印度的宗教或社会团体，诸如锡克教教徒、佛教教徒、穆斯林、雅利安社成员、梵社成员等一起聚会，联合成立了一个全国性的改革联盟，并以此名义召开各种会议，共同商议改革和开展有关活动。1909 年在孟买成立了“印度受压迫阶层社团”组织，主席由金德拉沃格尔担任。在马德拉斯也成立了类似的组织。当时，“慈善社”“婚姻改革联盟”等在全国各地也相继建立。1911 年，在金德拉沃格尔的主持下，“社会服务联盟”宣告成立，这个联盟为孟买市的社会改革开展了工作。

1906—1912 年，全印度各地建立了很多印度教寡妇院，其中有迈苏尔的寡妇院（1907）、加尔各答的手艺院、班加罗尔的寡妇院、马德拉斯的婆罗门寡妇院等。1909 年建立的印度受苦阶层会议，于 1910 年在全国开展了工作，“社会服务会议”于 1917 年召开了第一次会议，同年，两位英国妇女，即爱妮·外三德博士和马尔盖莱德·岗森斯女士在马德拉斯建立了“印度妇女联盟”，不断开展活动，直到 1927 年成立了“全印妇女会议”，通过该组织，实行了与童婚、寡妇再婚、限制一夫多妻、改革嫁妆制度及妇女受教育等有关改革措施，取得了一些成果。

在政治领域里，1920 年圣雄甘地走上了政治舞台，他为改革社会、解放妇女、消除种姓、取消童婚、主张寡妇改嫁等，作了不懈的努力。他成为政治领袖后，于 1920 年宣布，哈里真改革运动是国民运动的一个不可分割的组成部分，后来，先后成立了哈里真服务联盟、新教育联盟等组织，都是圣雄甘地领导的结果。通过《哈里真》杂志，甘地努力大造舆论，以便消除“不可接触”、种姓歧视等不良社会习俗，圣雄甘地直到他生命的最后一天，都一直坚持不懈，努力进行社会改革，特别为改善哈里真的社会地位而努力。他认为，社会改革与独立运动史密不可分。通过他的努力提高了人们的觉悟，他不愧为一位伟大的改革者。

印度独立以后，印度政府通过了一系列的法律，在消除社会上的一些陋俗方面取得了一些成绩，使社会风气有所改变，妇女地位有所提高，促进了社会的发展和进步。但在有些地区，尤其是农村，还存在不少问题，有些人明知故犯，甚至有些旧传统思想严重的人还说：“政府的规定是错误的，因为它违反了历史传统。”所以对政府的法律规定有抵触情绪。当然，总的情况是向好的方面发展，而且发生了重大变化。但要彻底根除陋俗，尤其是在广大农村，仍需要一段时间也是可以理解的。

三 近现代印度种姓制度的变化

在英国人占领时期，由于受到西方教育和西方文明的影响，加之经济的变化、交通运输的发展、城市化的影响及政治运动、宗教运动的不断开展，使印度的种姓制度发生了革命性的变化。起初，英国人不干预种姓制度，但后来就介入了。1850 年英国殖民政府采取了措施，制定了废除种姓歧视法，1872 年又制定了特殊婚姻法，允许不同种姓彼此通婚等，对印度社会的发展起了积极作用。

当年圣雄甘地曾经说过，“我想建立一个连穷人也承认自己国家的国家”，“在这个国家里，人们无高低贵贱之分，所有人都可以自由接触”。为了实行这一理想，他进行了不屈不挠的斗争。尤其印度独立之后，政府采取了不少措施，也取得了一定收效。

（1）制定有关法律规定。印度独立后，政府为克服种姓歧视做了大量工作。1948 年国会曾通过废除项种姓制度的议案。后来在宪法中又作了保护低级种姓利益的法律规定，1955 年通过了消除种姓歧视的宪法条款，各邦也制定了相应的法案。根据法律规定，低级种姓者有权去公共场所祈祷，有资格去圣河，谁若阻挡或刁难，将依法受到惩处。每个人都有权在村、镇上居住和戴各种首饰，有权去公共医院看病、买药，有权上学读书和在校住宿等。同时，还明文规定，他们有权挑选职业，阻拦者将以鼓励种姓歧视论罪，并受 6 个月监禁或被罚款 500 卢比。

（2）发展教育。为了改变低级种姓的状况，在教育方面采取了一些措施。例如为他们的子女入学提供方便，给予照顾。被录取入学后又为学生提供必要的费用，如助学金、学杂费等。因此，在过去的几十年中，他们的识字率为 14. 7%（全印度为 33. 8%），他们中的妇女识字率为 6. 44%，（全印度妇女识字率为 22. 5%）。尽管从总的来说，他们的文化水平仍然偏低，但毕竟有了很大进步。

（3）增加就业。照顾他们的就业，为他们提供方便。如中央和邦政府各部门的工作人员中为低级种姓保留一定比例的名额，并且还为低级种姓的人设立高等职业考核训练机构等，通过训练，为他们创造就业条件。在保留就业绝对数字的同时，还力求提高就业质量，以消除低级种姓的人与其他社会集团间的差距。

（4）实行支援投资。以 1951—1980 年为例，即 30 年中，为表列种姓和表列部落民提供了价值 2030. 3 万卢比的物资援助，第六个五年计划中即 1980—1985 年为表列种姓和表列部落民投资 960. 3 万卢比。第六个五年计划的主要目的之一是消除其贫困。因此，在第六个五年计划中，为发展表列种姓和表列部落的经济，在实际纲领中，强调了土地开发、农业生产和畜牧业、饲养业的发展等问题。

(5) 增加福利待遇、改善生活条件。在强调发展经济的同时，政府还注意到增加福利待遇，改善其卫生保健设施和居住条件，诸如开办医院、解决用水、建立婴儿和产妇的福利中心以及修路、筑桥发展交通等事业。

(6) 开展宣传活动。政府为了解决不合理的种姓现象，利用电台、电视、电影和刊物进行正面宣传；报纸上对存在不良现象时有公开揭露；有些地方还通过举办“哈里真节”“哈里真周”等活动，对人们进行教育，以便尽快消除种姓歧视。

印度的种姓制度已经并且正在发生变化。在印度，随着工业的发展和城市的扩大，出现了一些新情况和新职业。有些新的职业不可能再以种姓来划分，一个人的能力和特长往往显得更加重要。这样，低级种姓获得了提高自己地位的机会，对传统的种姓势力就有所冲击。另一方面，随着资本主义的发展，今天金钱的作用更为重要。在城市里，有些富人，不管他们原来属于那个种姓，这时候他们在某些程度上要比那些贫穷的高级种姓的人更吃得开，受人尊重（在乡村则不然，低级种姓的人再有钱，高级种姓的人还是歧视他们）。婆罗门的重要性同宗教有关。今天信教的人数在日益减少，若无文化，收入不多，能力又差，人们也不认为他天生的聪明能干。

变化最大的要属贱民。因为有关法律规定，对他们不准歧视，与其他种姓享有同等权利。就业方面，在国家机关及公营企业中为贱民保留一定的职位，如此等等，不过，婆罗门的最高贵的职业——祭司，贱民的最下贱的职业——扫地等，至今并无变化。不管哪一家结婚，举办婚礼时，没有看到由贱民作祭司的。前边已提到，也几乎没有看到一个婆罗门当佣人时给人家打扫厕所，即使现代文明的城市也是如此，广大城镇和农村可想而知。

种姓的内婚制也受到了冲击。印度教的历来传统是实行内部通婚。这在城市里有所变化。由于教育的发展和科学的进步，今天在政治生活、经济生活等方面，男女之间可以彼此来往，相互接触，再加上法律的保护。于是，出现了一些自由恋爱或晚婚现象。虽然不多，也是新的可喜现象。这种婚姻有利于消除种姓歧视。例如有的婆罗门女子和刹帝利的男子自由结婚，尽管女方家里坚决反对，最后男女还是结婚成亲了。有的双方种姓不同，虽已结婚，家长并不承认，一年、二年不予理睬，但久而久之，生米已做成熟饭，只好认可同意。这种情况虽不多见，但也说明印度的种姓制度随着文化教育的发展正在变化。当然，这些现象仅是出现在城市，表现在一些有文化的青年身上。在广大农村则是另一回事。

对职业的看法也有所变化。种姓制度把职业分为高低贵贱，主要同宗教有关。今天的印度，衡量职业达到高低不再都是以宗教思想为基础，而是以金钱、权利等作为标准。这个新尺度对当代新职业更加适用。这样一来，一些传统的旧职业的地位大大下降，有钱有权的职业被视为最高贵了，因为它实际上决定一个人的社会地位和威望，所以今天的祭司职务在不少人看来，要比一个政府部门工作的职业底了。一个婆罗门，他若放弃祭司的职业而去从事商业，赚了许多钱，那么他的社会威望自然就会提高。还有另外一种情况，制鞋匠的职业本来是最低下的，可是，他若开了个很大的鞋厂，赚了很多钱，他也会受人尊重。由此可见，工业化发展带来了新情况和新的社会价值观念。这个尺度不是一成不变的，也不是说现在的职业高低的旧观念已经全部解决了，而是说以前认为好的职业现在不一定像以前那样认为重要。更不是说种姓问题不重要了。

饮食上的限制也有变化。随着工业的发展，教育的提高和交通的发达，各种姓间的来往，接触的机会增多了。这样，饮食方面的限制也发生了一定程度的变化。城市里，出现了经济、政治、社会文化等各种团体与组织，其成员有各种姓的。他们为了共同的目的，彼此来往接触，去旅馆、饭店总不能再问彼此是什么种姓的，等等。另外，政府也号召平等相待，反对歧视，使一些人思想渐渐解放。

印度的种姓虽然发生了上述变化，但并不意味着种姓问题已得到了解决。相反，问题还严重存在，在政治、经济和文化等方面，“种姓”仍起作用。政府虽然为消除种姓歧视作了一些法律规定，可是许多地方的事实证明，只是纸上谈兵。农村人并不同意一些法律规定，难以贯彻执行，所以收效不大，形成“法律规定是一回事，实际情况是另一回事”。更有甚者，有些人公开地说：有些法律规定是错误的，因为它违反了历史传统；也有不少农村，还不知道什么是法律规定。在城市里，也有人明知故犯，拒不执行，例如在一些学校里，教师知道不应该歧视首陀罗子弟，但还是看不起他们，对他们态度不好。还有一些低级种姓，例如首陀罗等，为了上升到高级种姓，向一些高级种姓进行机械模仿以求改变自己的地位，如放弃吃荤，改为吃素等。总之五花八门，情况相当复杂，影响很深，束缚着人们的思想，影响了经济、文化的交流与发展，今天仍是影响民族团结和社会发展的一个障碍。这个问题何时能彻底解决，恐怕是个长期而艰巨的任务。

第六章　印度少数民族结构与相关政策

印度历史悠久，民族复杂。在历史上累遭异族入侵和占领，因此最早的土著民族遭灾受难，被迫逃到山区和森林地带。由于那里交通不便，生活条件很差，再加上一直受到各种剥削和压迫，致使他们各方面较为落后，甚至原始。因此对他们有不同称呼，有的称他们为原始居民，有的称他们为山区部落，有的称他们为森林部落，有的称他们为万物有灵部落，有的称他们为落后部落，有的称他们为落后的印度教教徒等。这些叫法都有一定的道理，都是从不同角度而得出的结论。但是，从他们形成和发展的历史来看，这些民族虽然在其所生活的地理环境、生活状况和宗教信仰等方面有不少共同特点，但也有许多不同点，不管如何称呼他们，实际上，他们大多属于印度的古老民族，属少数民族，现在还比较落后，其风俗千奇百怪，在不同程度上还保持着原始的文明状态。这为了解和研究人类社会发展史提供了条件。因此，自 18 世纪中叶以来，一直受到印度学者的关注。

几千年的历史说明，印度的统一和发展是各民族共同完成的。不仅人口众多的印度斯坦等十几个大民族在统一和发展的大业中起了重要作用，就是广大少数民族如桑塔尔族等也做出了重要贡献。印度历史上王国林立，各霸一方，处于割据状态，但他们在局部地区的统一，也都为全国的统一准备了必要的条件。虽然印度不像中国封建专制主义如此严重，但是印度“相互争战”程度之严重，时间之长，比中国有过之而无不及。尽管如此，逐步加强统一是历史发展的趋势。印度独立后，印度的统一加强了各民族的相互联系，促进了各民族社会进步和经济、文化的发展。

一　土著的由来与分布

印度素有“民族博物馆”之称。据统计，仅土著民族就有五百余支。印度学者，对它们有不同的称呼，正如提到：“有的称他们为原始居民，有的称他们为山区部落，有的称他们为森林部落”，等等。所有这些叫法，都有一定的道理，都是从不同角度得出的结论。但是，从他们形成和发展的历史来看，这些民族虽然在生活环境、生活状况和宗教信仰等方面有不少共同特点，但也有许多差异。不管如何称呼他们，实际上，他们大多属于印度的古老民族。后来，由于某些原因，才移居到了山区和森林地带，所以用原始民族作为对他们的总称比较合适。而原始民族的实际含义和我们一向所说的土著的含义相近，因此我们采用了“土著”这个人们习用的名称。他们属少数民族，现在还比较落后，其社会风俗千奇百怪，在不同程度上还保持着原始文明。这对了解和研究人类社会发展史提供了条件。

印度少数民族的人口数量很大，据 1991 年统计，共有 5400 万人，约占全国人口的 7.29%，各少数民族人口数量不等，相差悬殊。人数多的有贡德、桑塔尔、皮尔、吴朗沃、孔德和蒙达等，人口在 200 万以上；人口最少的是安达曼人，只有几百人。少数民族的分布不均，虽几乎遍布全国各地，但其中 9 个邦的少数民族人数较多，人口均超过 100 万，它们分别是：中央邦（824 万人）、奥里萨邦（492 万人）、比哈尔邦（473 万人）、古吉拉特邦（331 万人）、拉贾斯坦邦（306 万人）、安得拉邦（157 万人）。这几个邦的少数民族超过 3293 万人，占印度少数民族总数的 86.66%。此外，那加兰邦和梅加拉亚邦也是以少数民族为主体的小邦，其人数分别占全邦人数的 88.6%（52 万）和 80.48%（101 万）。

印度的少数民族分布很广，大多聚居森林山区或人少的岛屿，从它们分布来看，主要分布在以下 6 个地区。

（1）东北地区：主要分布在阿萨姆、曼尼普尔、梅加拉亚、米佐拉姆、那加兰和特里普拉等地。这一地区主要有那加人（Naga）、米佐人（Mizo）、阿博尔人（Abor）、加罗人（Garo）、卡西人（Khasi）、科基人（Kakp）和密斯米人（Mismi）等，他们大都属于蒙古人种。

（2）喜马拉雅地区：主要分布在喜马拉雅山南麓山区和丘陵地带，包括西孟加拉邦北部、北方邦和喜马阶尔邦等地。这一地区主要有勒普查人（Lepcha）和拉巴人（Rabha）等，大多也属于蒙古人种。

（3）印度中部地区：这一地区包括中印度山区和乔塔纳格浦尔高原，分布在印度半岛和印度河—恒河平原交界线的左右，以及比哈尔邦、西孟加拉邦、奥里萨邦和中央邦等部分地区。主要有桑塔尔人（Santal）、孟达人（Munda）、布米吉（Bhumij）、贡德人（Gond）、豪人（Ho）等，大多属于原始澳大利亚人种。

（4）印度西北地区：这一地区主要包括马尔瓦台地、萨特普拉山区和马哈拉施特拉台地，以及拉贾斯坦、古吉拉特、马哈拉施特拉、果阿等部分地区。主要有皮尔人（Bhil）等，属于原始澳大利亚人种。

（5）印度南部地区：这一地区主要包括安得拉、卡纳塔克、泰米尔纳杜和喀拉拉等邦的部分地区。主要有依鲁拉人（Irula）、成楚人（Chenchu）、卡达尔人（Kadar）、科塔人（Kota）、吉利坚（Girijan）等。有的属于高加索人种，有的属于尼格罗人种，有的属于原始澳大利亚人种，有的属于混血人种.

（6）岛屿地区：包括安达曼和尼科巴群岛等地。主要有翁杰人（Onge）、安得曼人（Andamanese）、森蒂奈尔人（Sentinilese）和贾瓦尔人（Javar）。

二　不同的生产方式、多彩的社会生活

由于印度的少数民族居住的地区和自然条件不同，以及一些其他原因，生产发展很不平衡，生活方式也不尽相同。他们的谋生方式可分为以下6种类型，即采集、渔猎型；游牧型；刀耕火种型；固定农业种植型；手工型；劳工型。

（1）采集、渔猎型。这类少数民族分布在印度各地，其中有柯钦的迦德尔人，泰米尔钠德邦的马拉本特拉摩人、巴里扬人、巴尼扬人、伊普拉人、吉隆巴人、高亚、贡达雷迪人，安得拉邦的金纠人、耶那迪人，马哈拉施特拉邦的克达克利人，中央邦的克马尔人、白伽人、阿布其马利亚人，比哈尔邦的霍尔人、克利亚人、比尔吉亚人、帕拉西亚人和科尔瓦人，北方邦的拉吉人，喀拉拉邦的卡达尔人、马拉潘塔兰人、阿兰丹人、

库龙巴人和安达曼群岛的昂吉人、杰拉瓦人、森蒂奈尔人、尼克里人、尚彭人等。这些民族至今还处在靠天然资源维持生活的阶段，他们中绝大多数不懂农业，或对此不感兴趣。他们分许多群体，多数以家庭为单位，有时狩猎也几家合作进行。住在小山林里的民族靠采集野果、野花、块茎、蜂蜜、野菜、鸡蛋谋生。同时也猎获野猪、猴类和野鸡等飞禽及其他一些小动物。近些年来，商人与他们有了较多联系，他们开始吃大米、穿衣服了，生活也发生了变化。

（2）游牧型。一些少数民族主要靠游牧为生。主要有南印度尼尔吉利地区的多达人、喜马偕尔邦的古贾尔人、北方邦的婆迪亚人等。他们几乎完全以放牧为业，靠牛奶、奶制品、野菜、野果为生，有的也吃各种肉食。他们放牧有固定的范围。夏季，他们全家带着牲畜和家中的财产用具，到高山地区和森林地带放牧；冬季，他们再返回山下的平原地区过冬。现在他们的放牧受到了一定限制，只能在森林局允许的地区放牧。

（3）刀耕火种农业型。印度5400多万少数民族中80%以上从事农业生产。但不同地区不同民族所采取的生产方式不同，有的采用刀耕火种的方式，耕地经常变动；有的采用较先进的耕种方法，使用固定耕地。阿萨姆地区所说的秋摩或纠摩，奥里萨地区所说的拉马、达哈、达里、包都、迦马纳、高孟、古里亚和各加尔杰斯，都是指这种经常更换地点的刀耕火种的方法，在阿萨姆、蒂里普拉和曼尼普尔地区的洛哈尔、安加米那加和古喀人，孟加拉的莫尔巴哈里亚人，比哈尔邦的阿苏尔人，奥里萨的沙奥拉和纠昂格人，北方邦的高拉瓦及中央邦的白伽人和贡德人中特别普遍。

刀耕火种的农业由于多采取伐林造田的办法，已严重危及生态平衡和导致水土流失，所以印度各邦政府开始采取措施，限制这种现象。

（4）固定农业耕作型。印度大部分少数民族已跨过了刀耕火种阶段，采用了固定耕作方法，如比哈尔邦和孟加拉邦的桑塔尔人、奥朗沃人、霍人，北方邦的塔鲁人、高拉瓦人，中央邦的贡德、皮尔人、皮拉拉人，拉贾斯坦邦的皮尔人、奥里萨和泰米尔纳德的沙奥拉人和尼尔吉利的巴达迦人等，这些民族在农业耕作和管理方面已相当进步。他们使用牛、犁、耙、锄犁田耙地，也用水渠和浇水灌溉。因此，生活比较安定，也有了一定的保障。但由于生产水平很低，大多土地贫瘠，交通不便，再加上高利贷商人对他们重利盘剥，所以他们一般较穷。近年来，各邦政府为保护这些少数民族的利益而采取了一些措施，如分给无地人土地，还帮助他们解决耕牛、种子、农具、住房及其他同生产和生活有关的问题。

(5) 劳工型。有些民族之所以从事劳工，其主要原因是他们丧失了土地，生活无着落，或者因他们的住区附近有了工业。一些原来从事农业的民族现在为人打短工，当农业工人或在工业部门当杂工。据统计，约五分之一的工人为农业工人。有的做季节工，有的在林场、牧场、渔场、茶园或果园中工作，不少人在矿山、工厂、铁路、公路和建筑行业中干活。在阿萨姆茶园做工的大多是孟加拉、比哈尔、中央邦和奥里萨等邦的桑塔尔人、奥朗沃人、孟达人、克里亚人、贡德人等。在孟加拉、比哈尔、中央邦、奥里萨、安得拉等邦工作的矿工基本上是少数民族。据调查，桑塔尔人和霍人在比哈尔邦的铁矿和工业企业中占主要地位，比哈尔邦的云母矿工中有上百万工人来自少数民族。中央邦的锰矿业中50%以上的工人是少数民族。

(6) 民间艺人型。有些少数民族专靠卖艺为生，他们以唱歌、跳舞、弹奏、杂耍、耍蛇等为生，生活并不安定。如安得拉邦的帕尔丹人、奥贾人卖唱；多马拉人、比努卢人演杂技；帕卢库姆古拉人、帕丁提高拉人和巴胡鲁帕人变魔术；拉贾斯坦的卡尔拜里亚人耍蛇；北方邦的纳特人、萨陪拉人等以弹唱、跳舞等谋生。

三　土著的行政体制

印度土著的行政体制各地也不相同，这同他们的社会和经济发展不平衡密切相关。

东北印度（包括阿萨姆、梅加拉雅、那伽兰、米佐拉姆、曼尼普尔等地）土著的行政机构为：阿萨姆邦的绝大部分土著居住在森林地区，他们的行政体制基本上属于民主政体。除少数外，一般土地公有，私人占地很少。虽然迦洛人的村落首领有自己的份地，但都有名无实，因为村里或族里的人都有权耕种任何一块土地。他们当中有穷有富，但财富的多寡和职业的高低并非决定于一个人社会地位的因素。卡西人首领虽然是首领或被称为“国王”，但他无权制定政策，无权自作决定。他做任何事情都必须通过参议会，全体一致通过才能生效。这个首领带有世袭性质，尽管是通过选举产生，但只能选首领家的人继承。北部格恰尔山区的各土著首领，有的是选举产生，有的则是世袭。每个村设有村长，村长有民主选举和世袭两种，村长的权力较大，一般大小事情由他处理，不过处理事情时，要征求有关人士的意见。有关妇女的事情，要请村里的老年妇女参加。

中印度（包括比哈尔邦、中央邦、奥里萨邦）地区的土著人数最多，其行政机构基本与上述相同。例如，桑塔尔人的最基层的行政单位是村庄。村长从村里的老人中选举产生。村里还设有村议会，由五人组成。有的村庄，各户家长是当然的村议会成员。村议会的工作是协助村长工作，村长的任务是管理全村的生活，解决民事纠纷，组织节日活动，安排宗教仪式和处理红白喜事等，村长在解决纠纷时，原告和被告只要是输理的一方就要出钱。这种钱都花在全村的娱乐活动或其他福利方面。

村以上还设有村联会，一般由十几个村子组成，设村联会主任，由各村共同选举产生，凡与两个村庄以上有关的事情，要提交村联会主任解决。有关各村的村长和村议会成员要协助村联主任工作，有些重大问题，村长不能解决时，也提交村联会主任处理。在举办各种重大活动时，各村联主任召开联席会议，会上解决各村联主任提出的所有问题，还可以解决全族的社会和宗教原则问题。这种解决全族问题的联会，等于桑塔尔人的最高法院，如果有人认为某个村联主任办事不公平或对他本人有其他意见，可以向村联主任联席会提出上诉。

中央邦的其他地区也有不少土著，他们的行政组织形式大体相同，但也有区别，如村联会成员的组成情况等。

南印度土著的社会和经济发展情况不完全一样，因此在行政机构上彼此也有差别。例如安达曼岛上的安达曼人，他们并没有行政机构，公事全由年长老人处理，年轻者必须遵从。在社会生活中，具有优秀品质或某种特长的人要受到尊重，如果一个人善于狩猎、慷慨大方、仁慈忠厚、谦虚和蔼等，他的威望就会很高，他的意见也会受到尊重。具有这种品德和才干的人大多成为集团的头人，连他的妻子也能指挥集团内其他妇女。安达曼人既没有法律，更没有惩处罪行的法规，若有偷窃、通奸，或无故损坏别人财产的行为，则被视为对个人的侵犯，受害者有权对罪犯进行报复。一个人若对长者不尊，或对人态度粗暴，吵闹、打架甚至好吃懒做等，都被视为反社会行为，是对公众的侵犯。他们虽不受惩处，但也会受到舆论的谴责。安达曼岛上的人进步开化多了，各群体之间也很少发生纠纷。

通过介绍可以看出，印度的确是个民族宝库，不只因为民族复杂、人口众多，而且他们有不同的经济状况和社会形态，风土人情迥异。了解印度的广大土著，不仅有助于发掘和研究印度丰富的民族文化，还有助于了解和揭示民族历史和社会的发展规律，以及他们的历史作用。

四　不同的社会结构、奇特的社会风俗

印度少数民族的社会结构和相应的经济制度相适应，从其内部结构来看，它们大体上可分为三类：一是血缘关系族团；二是姻缘关系族团；三是区域族团。

血缘关系族团。血缘关系族团是以血统联系着族团的成员。血缘关系是构成家庭关系、族团关系的基本因素，它支配着家族和族团关系，并使其呈现出许多复杂现象。本来从血统论考察，子女与父母之间是同父系血统和母系血统共同联系着的，父与母是同等的，兄弟姐妹之间是用共同的血缘联系着。这样，兄弟与姐妹之间也是同等的。但在印度少数民族的实际生活中，一般子女的延续却以父亲血统为依据。同样兄弟姐妹之间，也是多以男性为依据。如在财产的分配与继承上，就有亲疏厚薄之别。父母双亲在对待子女位置的主次与作用的大小上也有不同对待，不仅重男轻女，而且重长轻幼（处于母系阶段的少数民族除外）。这就形成了血缘关系本身存在的矛盾和统一。这种血缘关系组成的族团有大有小，小者数百人，大者上万人，有的甚至多达数十万人。这类族团可以包括家庭、近亲家族、氏族、分支等。具有同一血统的家庭有大有小、情况不一。小者由父母及其子女组成；大者包括近亲、几代或男女双方族系的人在内。

以姻缘关系组成的族团。这个问题在印度比较复杂，印度有些少数民族因为处于不同的社会形态，夫妇所处的地位不同，作用也有所区别。在父系氏族社会里，在父权、夫权支配的家族关系中，姻缘关系只能以血缘关系为转移，形成夫与妻之间在支配共同生活中作用的差别。在家族关系中，往往丈夫居主导地位，妻子处于次要地位，财产按父系继承，血缘按父系计算，婚后妻子从夫居住，放弃本族成员资格，加入男方的族系，成为男方族系的一员。反之，若是处于母系氏族阶段，妻子则处于支配地位，丈夫处于次要地位，或者没有任何地位。母辈死后，每个女儿有权分得一份财产，其中最小的女儿所得的财产最多，血统以母方计算。如印度的迦洛人、卡西人等都属于这类。

以区域组成的族团。如以采集或狩猎为生的民族，以其采集或狩猎的固定地区为界组成族团；以务农或畜牧为生的民族以其耕地或牧场的范围大小为界组成族团。这种族团一般是住在同一地区或同一村庄。这类族团有大有小，大族团如霍族、孟达族、奥朗族、贡德族；小族团如陀达族、迦德尔族、安达曼群岛的民族等。比族团更大的还有联盟，这种联盟是由邻近的村庄或地区的民族组成的。

印度许多少数民族处于氏族部落阶段，但他们又区存不同的情况，有的是以血缘为基础建立的社会组织，有的是以姻缘为基础。

根据印度的少数民族的生产力水平、经济发展状况和与之相适应的社会形态，它们大体有以下几个共同的特点。

有共同的首领。首领的产生有选举和世袭的两种，但大多首领带有世袭性质，有些虽然经过选举产生，但只能选举首领家的人继承。有些部落的首领权力很大，在其他官员的协助下管理全区。每个村设有村长，村长有民主选举的和世袭的两种。大的村长下设助理村长，是任命的。村长的权力很大，如卢夏依人、卡西人的村长有权处理大小事情，甚至有权把犯罪的人驱逐出村。不过，他处理时一般都征求有关组织或有关人士（如五老会）的意见。处理妇女的事情，要请村里的老年妇女参加。当然，也有的村长虽属世袭，但名同虚设，既不发布命令，也不处理事务。如安加米那迦人的村长就是这样。

有些少数民族占有耕地。但就多数而言，土地属于公有，私人占地很少。一些少数民族的首领虽然也有自己的份地，但都有名无实，因为村里或者族里的人都有权耕种任何一块土地。如迦罗人、卡西人等就是如此。

有共同的节日活动。如桑塔尔人每年春节以后要举行全族性的狩猎活动。而举行这种全族活动时，各村联主任要召开联席会议，会议上可以解决各村联主任提出的所有问题，还可以解决有关全族的社会和宗教问题。这种村联会等于桑塔尔人的最高法院。

村以上设有联合会。村联会有十几个或二十几个村子组成，还设主任。主任由各村共同选举产生。凡涉及两个村庄以上的事情，要提交村联主任解决。有关各村的村长和村议会成员要协助村联主任工作。有些重大问题，村长解决不了，也提交村联主任处理。

团结互助，共同对敌。成员之间关系和好，即所谓“有福同享，有难同当”，“合作”精神在各方面发挥作用，从建造房屋到播种收割，往往是一方有难，八方支援，把集体利益放在个人利益之上，有时个人之间虽有小的摩擦或纠纷，但当他们的集体利益受到侵犯时，个人之间的恩怨则会被置之度外，或自动消除，纠纷的双方会毫不迟疑地握手言和，携手并肩，共同对付来犯之敌。

五　奇特的婚俗与禁忌

印度少数民族之多，数量之大，闻名于世，他们在印度社会中占有重要的地位。各民族都有自己的历史文化，更有奇特的风俗习惯，就连挑选生活伴侣的方式也各有特点，归纳起来，主要有以下几种：

(1) 试婚。男女婚前可以同居，以便相互了解和确定婚姻关系。男的到女的家后，居住的时间长短不一，少则几周，多则数月。如果双方满意，则可结婚。若双方性格不合，男的要给女方父母一笔钱，作为赔偿，然后方可回家，婚事就算告吹。但若女方已经怀孕，两人则非结婚不可。今天在古吉拉特邦的皮尔族和阿萨姆邦的古喀族中这种风俗尤为流行。

(2) 抢婚。即男方的人把女的抢来成婚。抢婚分为三种：一是强行抢婚；二是默契抢婚；三是礼仪性抢婚。

强行抢婚：在姑娘及其父母不同意的情况下把姑娘抢来举行结婚仪式。大多少数民族经济较为落后，男多女少，则采取付款娶妻的做法，即付一笔身价费给姑娘。若男方钱少，或姑娘身价费过高而无力支付时，便设法强行抢妻。这种风俗自古就有，相传至今。从前，在印度的那加族、霍族、皮尔族、贡德族及阿萨姆邦、比哈尔邦和中央邦的少数民族中非常盛行。后来，由于政府的限制，随着教育的普及和文明宣传的加强，这种风俗日益减少。但有些少数民族为了维护这种风俗，改头换面地创造了一些抢婚的新花样。例如，在贡德族中，只要父母同意就可抢婚；喜马拉雅山谷地带的波迪亚族也是如此；在柯亚族、蒙达族和比尔豪尔等民族中则采取另一种做法：姑娘若不能轻易抢到手，男子则可藏身于庙会和其他公共场所，待机行动，只要遇到机会，就往姑娘头上戴番红花。一旦成功，就意味着姑娘归他所有，与此同时，社会也给予承认。

默契抢婚：即双方家庭商定，某月某日男方家前来抢亲。确定了日期，男方带上亲朋好友，“袭击”女方家。女方家的人假装受伤，待在家里不动，男方家的人便把姑娘抬到马上，和男青年一起带走，这时姑娘故作呼喊哭泣之状。用这种方法显示男青年的勇敢，并表达对姑娘的爱意。

礼仪性抢婚：男女青年双方情投意合，但遭到父母的反对。在这种情况下，利用庙会或集日的机会，男青年应姑娘的要求公开给她头上涂朱红，这样，父母也只好同意他们成婚。若还不同意，就会有五老会的人出面为他们调解。除皮尔族人外，在一些蒙古种少数民族中这种做法还很流行。

（3）考验婚：到了结婚年龄的男子利用庙会、节日等机会，表现出自己的体力和才干为强者后则有权挑选姑娘为妻，古吉拉特邦的皮尔族就采取这种办法。在撒红节时，人们举行一种舞会，在舞场中央竖起一根竹竿，上面挂有椰子和红糖。未婚姑娘在竹竿四周围成一圈。圈外再围一圈未婚男子。青年们都尽情地跳舞。在跳舞的过程中，男青年爬上竹竿去取下椰子和红糖，奋力冲破姑娘们的舞圈。这时候，一个个争先恐后，拼命冲挤，姑娘们竭力阻拦，不让他们冲进圈内。他们之间犹如厮杀格斗一般，有些男子的衣服被撕破，有些男子的头发被揪掉。此时此刻，即使受伤流血，男青年们也在所不惜。最后，哪位男青年冲进圈内，首先拿到竹竿上挂的椰子和红糖，就算获得胜利。这样，他就有权挑选在场的任何一位跳舞的姑娘为妻，并且可以不付分文，立即带走。

（4）服役婚：婚后新郎先在岳父家做工服役，到一定时间，相当于付完姑娘身价费后才能把妻子带回家去。这是一种在买卖婚姻基础上发展起来的婚姻习俗。有些经济困难的小伙子，因付不起姑娘身价费而不得不采用这种办法。当然也有些是婚前服役的，即男青年去女家后，凡是能做的活，他都得做。服役的时间长短不一，最后把劳动所得作为姑娘身价费支出，付清了身价费，即可完婚。今天，印度的贡德族、白伽族、古吉族等少数民族的穷人中仍然采用这种办法。

（5）换亲婚：这是一种两家的姑娘交换成婚的办法，即甲家的姑娘嫁到乙家，而乙家的姑娘再许配给甲家。这样，两家相互交换，免付姑娘的身价费。贫寒之家，往往采用这种办法。在印度，除迦西族禁止采用这种办法外，其他少数民族大都采用此法。

（6）私奔婚：男女青年相爱，因遭到父母的反对或付不起姑娘的身价费时，一对情人就双双私逃外地，结为夫妻。过些时日再回到家里，社会便给予承认。这时父母自然也就无计可施，只好同意。这种结婚办法，不举行任何仪式。今天，在蒙达族、霍族、桑塔尔族等少数民族中，这种风俗还颇为盛行。从前，少数民族中由于不盛行童婚，所以上述结婚办法相当普遍。今天由于童婚盛行，此种结婚办法日益减少。印度的比尔豪尔族、奥郎沃族、蒙达族、格麻尔族、桑塔尔族等少数民族中还流行这种婚俗。

（7）强求婚：如果一位姑娘爱上一位男青年，或已订婚而男方还在拖延婚期，或男青年同意却又遭到其父母的反对时，那么她要设法同那位男青年成婚，就得采用这种办法。做法是：某天，姑娘带上米酒，突然闯入男方家里。对她的突然闯入或赖着不走，当然会遭到男方家人的反对，男方家为把她赶出门去，会施展种种手段。例如，在火里投放辣椒，使室内气味刺鼻，难以忍受，全家人都到室外，只把姑娘一人留在屋里，或者往姑娘身上泼热水，甚至一顿毒打，要么不给她饭吃。而和她要好的男青年这时则偷偷给她送饭，并鼓励她努力坚持，不要灰心。只要姑娘经受住了这些考验，依然泰然自若地坐在那里不动，就算获胜。男方父母也只好同意。如今印度的比尔豪尔族、奥郎沃族、蒙达族、格麻尔族、桑塔尔族等少数民族中也还流行这种婚俗。

六 土著的社会作用

印度的土著和其他民族一样，同是印度社会中不可忽视的一支社会力量。过去，他们在创造印度文明，发展民族文化，反对异族入侵，维护民族尊严，反对殖民统治，争取民族独立，以及反对宗教压迫和种族歧视等方面做出过重大贡献。今天，他们在发展和繁荣印度社会，建设现代化国家的过程中，同样起着积极而重要的作用。

印度的土著大多居住在多山地区和森林地带，那里蕴藏着丰富的自然资源，如比哈尔邦、中央邦、安得拉邦、奥里萨邦的土著居住区都是全印度有名的矿藏区。英国殖民主义者征服印度以后，“打破了本地的公社，摧毁了本地的工业，铲除了本地社会中一切伟大和崇高的东西，因而破坏了印度的文明”（参见马克思《不列颠在印度统治的结果》）。同时，在印度修建铁路，开发矿山，收集棉花和其他原料，以满足英国工业资产阶级的需要，这就使得山林地区的土著毫无例外地同其他地区的人民一样遭受苦难。由于铁路、公路的修建，矿山的开发，商人和高利贷者也涌向土著地区，再加上牧师的闯入，使土著人在经济上受到残酷剥削，在精神上受到奴役，因而他们的境况最为悲惨，灾难更为深重。哪里有压迫，哪里就有反抗。灾难深重的土著人逐渐觉醒了，愤怒了，起来反抗了。震惊印度和世界的1855年桑塔尔人反英大起义就是突出的一例。

桑塔尔人的起义，以反对外来经济剥削为主要目的。桑塔尔人本来处于生产资料公有制阶段，农业耕地和森林归全村所有。1793年东印度公司在孟加拉地区推行新的土地政策以后，产生了地主阶级，他们成了合法的土地主人，另外，桑塔尔人原来每年集体向东印度公司缴纳2000卢比租税，但是到1851年税额增加到4300卢比，农业可耕地又逐渐被贪心的地主和高利贷者所侵占，这样就引起了他们对地主、商人、政府的官员和法院的不满和仇恨。在和平手段无效的时候，一万名桑塔尔人在岗杜和西吐的领导下，于1855年6月30日宣布起义，他们宣誓要砸烂地主、高利贷者的剥削枷锁，推翻英殖民地的残酷统治，获得经济和政治上的独立，他们用长矛、大刀、弓箭等原始武器把地主、高利贷者、警察、官员杀得狼狈逃窜，把英国军队打得丢盔弃甲。

这次起义坚持了一年之久，后来，起义领导者岗杜和西吐不幸被捕，起义被镇压下去。这次起义虽然后来被残酷镇压了，但是它却给殖民者以沉重的打击，迫使殖民当局为桑塔尔人居住的地区颁布了一些特殊的法律；对警察条例作了某些修改；承认桑塔尔人的区长有权解决桑塔尔人和政府之间的矛盾；取消了桑塔尔人和政府之间任何其他形式的调解规定；规定法院审理桑塔尔人案件时要听取桑塔尔人的意见。

桑塔尔人的起义，不仅是土著人看到了自己的力量，提高了他们对英斗争的信心，为印度人民树立了光辉的榜样，而且还对1857年印度民族大起义起到了思想发动和精神武装的作用。

1857年的大起义虽然是全印人民的大起义，但是很多土著人都直接或间接地参加了，他们发挥了巨大作用。正如马克思所说："土著联军虽然消极了一个时期，但是，一旦他们想象自己有足够力量时，就起义了。"

起义的土著联军带走了弹药，"把英国人的平房烧成了平地，跟起义的居民联合起来"，起义队伍迅速发展，声势浩大，给英国人以沉重打击。在谈到土著居民的作用时，马克思强调指出："可以肯定地说，如果没有土著居民的秘密参与和支持，是不会有这样庞大规模的。"有些地方，正是他们在同英国人进行直接斗争。

土著人不仅在本国的反英斗争中起了重要作用，做出了极大的贡献，而且对亚洲、对中国都有重大影响。

众所周知，19世纪中叶，英国这个当时世界最强大的殖民主义国家，以印度为基地，不断向亚洲一些国家进行疯狂侵略。印度的民族起义，犹如在其后院点起了一把大火，不仅消灭它的部分军政人员，削弱了英国进行扩张的军事力量，而且牵制了它的力量，这就或多或少地削弱了它在亚洲的地位，延缓了它对亚洲进行殖民侵略的进程。这次起义也配合了我国的反英斗争。众所周知，在第二次鸦片战争期间，中国人民对英国侵略者的反抗斗争，尤其是太平天国军队对英国侵略者的沉重打击，牵制了大量英军，这就削弱了英国镇压印度人民起义的军事力量。而印度起义爆发后，又使英国不能派出更多的军队到中国，并且还把原来派往中国的一部分侵略军调往印度，这就间接地支持了中国人民的斗争。因此，当时中国人民听到印度起义的消息，都奔走相告，人心大振。印度土著所起的作用，印度人民不会忘记，中国人民也铭刻于心。

印度的土著在过去为创造印度的历史文化做出了重要贡献，在山区和森林地区的垦殖活动和农田水利建设中起了积极作用，在反对外国殖民统治和封建剥削方面成绩卓著。在今后的建设和斗争中，他们也必然能发挥更大的作用，做出更大的贡献。

七　民族热点问题

印度自独立以来，少数民族矛盾此起彼伏，时有发生，有的再加上种姓矛盾，造成社会动荡，不少人死于非命。因此，印度的少数民族问题一直是人们关注的问题之一。其原因是多方面的。

地方民族主义。地方民族主义是一个突出的问题，早在20世纪50年代初，印度政府对地方民族主义采取抑制态度，有些地方要求按语言重新划分邦界，包括尼赫鲁总理在内，当时并不同意这种要求，于是遭到一些地方的反对，当时安得拉人、马拉提人等上街游行，甚至造成流血冲突。后来，中央政府同意了各地民族的要求，于1956年重新划分了邦界。这一措施虽然满足了各地民族的要求，但并未解决所有问题。地方要求独立的事情从未间断。例如，20世纪50年代和60年代泰米尔纳德的一些人公然打出独立的旗帜，20世纪80年代旁遮普锡克族极端分子要求建立卡利斯坦，桑塔尔人等也有类似要求。尽管情况复杂，斗争激烈，但是印度政府控制了局势。其原因有三：第一，印度有个强有力的中央政府，其领导层是通过一定选举程序和组织机制产生的，由各民族的代表人物组成；第二，各民族在宗教、语言、文化风俗等方面虽然千差万别，但都遭受过英帝国主义的殖民统治，为获得独立而进行过长期不懈的斗争，在历史文化与思想感情上有着不可分割的联系；第三，每个民族作为印度民族的组成部分，体现着大家共同的根本利益，虽然有各种形式的斗争，但总体上看，都是地方民族要求更多的民族自治权。当然，一些地方民族主义的分裂倾向对政局的稳定和经济的发展起了很大破坏作用，不得不引起政府的关注。

在政治上，存在如何平等对待各民族和恰当处理民族要求的问题。印度属于多民族国家。一个民族总有各种要求，而且不同时期要求也会不同。若处理不当，矛盾非但不能解决，而且还会使矛盾激化，引起动乱。例如，印度在1956年按语言划分邦界时，对一些较小民族的要求未充分重视，所以造成后来一些矛盾的发生。以后随着民族意识的觉醒，有些较小民族自治要求日益强烈，除那加族、米佐族外，桑塔尔族也有强烈的自治要求，旁遮普的锡克人表现得尤为突出。当年英·甘地执政时曾极力加强中央权力，但同时也对东北地区小民族作出了让步，同意他们单独建立邦。不过，对锡克人的要求采取了强硬措施，当一些锡克极端分子鼓吹建立“卡利斯坦共和国”时，英·甘地派兵攻占了金庙，死伤数百人之多。这样，形势进一步恶化，引起了锡克人更大不满。实际上，正是这种对抗不断发展，导致了英·甘地1984年被跟随她20余年的警卫刺杀。这件事引起印、锡两教之间更大冲突，使印度损失惨重。

在宗教方面，少数民族矛盾与教派冲突有密切联系。可以说，两者互为因果，又互为表现形式。所以在印度，教派斗争表现得十分激烈。早在印、巴分治时，印度教教徒与穆斯林之间发生了流血冲突，造成了彼此对立情绪。印、巴独立之后，又先后几次交战，这对印度教教徒与穆斯林的关系造成了不良后果，加剧了两者之间的矛盾。前些年，印、巴关系时好时坏，现在接近正常化。

在经济上，各民族经济发展不平衡，贫富悬殊，两极分化。人民贫困、失业人数增加是民族矛盾、社会动荡不安的原因之一，在印度，即使是大城市，其贫困化达到了危险的边缘。拿孟买来说，有200万人居住在简陋的贫民窟里，许多地方无水无电，不少人生活无着，找不到工作，铤而走险进入黑道，为非作歹。有些人受宗教思想影响，希望“今世行善，来世享福”，致使社会上有些人的“胡作非为”受到一定限制。

印度的农村发展缓慢也是一个原因，而且30%以上的人无地。因此，有些人只有背井离乡，到城市谋生度日。农村大批劳动力流入城市，加重了城市负担，扩大了城市贫民的队伍。“印度政府认识到这个问题的严重性，对农业非常重视，但优惠政策的受益者是小地主，落不到普通农民头上。”贫困、失业是造成民族矛盾激化、产生社会动乱的一个重要原因。据印度学者调查发现，在锡克极端分子中的年轻人，大多是由于失业走投无路才铤而走险的。

历史原因。早在英国占据印度时期，殖民政府对少数民族采取过孤立和“保护”的政策，它把少数民族隔离在一些人迹罕至的森林地区、山地和岛屿，并划定特区。与此同时，殖民政府也在土地占有、使用森林资源及财政拨款等方面对少数民族给予一定的法律“保护”。殖民政府妄想通过这种政策使广大的少数民族远离民族独立运动的潮流。由于英国采取的一系列措施，使少数民族继续处于落后、贫穷、孤立的状态。英国殖民主义者1947年撤离前，还采用“分而治之”的政策，挑起印度教教徒和穆斯林的仇恨，印度、巴基斯坦至今深受其害。这祸根造成了今天的宗教矛盾，从寺庙之争到孟买的骚乱和爆炸都可以看到这种阴影。

八　政府保护政策的积极作用

印度独立后，为保护少数民族利益，发展少数民族地区的经济和文化，宪法中作了有关规定，政府采取了一系列措施，收到了一定效果。

（一）政治上给予一定的保护

在印度宪法条文中有多处提到对部落民的特别规定，如“废止实行‘不可接触’陋习”（第17条），“对非部落民进入和定居部落民地区以及购置财产在法律上给予限制”（第19条第5款），“由总统发布命令，公布表列部落名单，政府对表列部落予以保护”（第342条）。“表列种姓、表列部落有权要求在国家机关中工作，在中央的一级、二级职员中，为表列部落民保留7.5%的职位”（第335条），为部落民（和表列种姓、落后种姓）保留一定比例的公职职位（第16条和335条），“1990年1月25日以前给予部落民（和表列种姓）在国会和邦议会中的特别代表权”（第330、333和334条），在国会人民院全部议席542席中，有40席保留给表列部落，在各邦议会3997议席中，有303席保留给表列部落。如此等等，不一一列举。这样，印度宪法中明文规定了废除宗教的、社会的、人种的差别，力图保护弱小部落民的利益，使他们享有参与国家事物的权利。

（二）发展少数民族经济，政府给予支援

中央政府和邦政府为发展少数民族地区的经济，给予了多种支持。这种经济支持在每个五年计划中都有体现，而且逐年增加，并为少数民族地区的发展制定有关方针和纲领。根据这个方针和纲领，在那些少数民族人数占所在地区人口一半或一半以上的邦和直辖区还要为少数民族制订补充计划。其目的是缩小少数民族地区与其他民族地区之间在发展上的差距。在少数民族地区发展纲领中，为了发展经济，提高少数民族的生活水平，还作了特别规定，具体办法如下：

（1）重新分配土地，限制土地转让。印度独立以后，各种原因迫使一些少数民族丧失了土地，失去了生活来源。针对这种情况，政府决定重新分配土地，把一些可耕的荒地分配给他们开荒种植。20世纪70年代，各邦还修改了土地限额，把多余的土地分给无地或少地的少数民族，并强调土地不能转让，以确保耕者有其田。邦政府还规定，禁止高利贷商人向少数民族勒索土地（或牲畜），或以此还债。高利贷商人手里的借据必须经过邦政府的专门人员检验后方为有效。通过上述措施，使一些少数民族生活得到了保障，对社会安定也起到一定作用。

（2）帮助建立一些类似合作社的组织。先后成立了诸如农业、畜产等不同类型的合作社。还成立了邦一级的少数民族的合作社，以组织、联系邦内的各种合作社。这对促进农业资金的流通，林产品的交换、销售及活跃贷款等起了一定作用。中央政府和邦政府对这些合作社还不时给予经济补助，以利于发放贷款和其他工作的开展，这些措施对高利贷商人和债主的剥削起到一定的限制作用。

（3）帮助少数民族进行开发和建设。政府在少数民族地区兴修水利、建设公路，推广新的技术和耕作方法，帮助少数民族发展小规模的工业生

产等。此外，还拨款为他们提供医疗设备，开办医院，改善卫生条件。并帮助他们盖房、打井，解决居住、饮水等困难。

（三）发展少数民族教育，增加就业人数

印度基本政策的目的之一是消除种姓、种族等各种歧视，以期印度社会能平等发展，力图通过教育和就业等办法消除少数民族与其他社会集团之间的差别。为此政府作了有关规定，在五年计划中，少数民族教育是一项重要内容，为此印度政策投资较大，有关教育的经费几乎占每项计划经费的一半。中央政府还特别指示，在高等教育中对少数民族学生给予优待，保留其入学名额不少于5%，在录取学生时，对少数民族学生也比较照顾，如考分与其他学生相同，可优先录取，有时略低一点也能录取。邦政府对在校的少数民族学生实行免费教育，发放奖学金，开办寄宿学校，提供食宿和讲义优待办法。据统计，在高等学校注册的少数民族学生人数近年来不断增加。今天，无论是在普通大学还是在名牌大学中，都能看到一些少数民族的学生在学习。

把对少数民族的教育和就业结合起来。政府为解决少数民族的就业问题作过不少规定，采取了一些措施。例如，在中央和邦政府各部门工作的人员名额中给少数民族保留一定比例，还为少数民族和低级种姓的人设立高等职位考核训练机构等。通过训练为少数民族创造就业条件。在中央政府部门的工作人员中，由中央政府直接雇用部分少数民族干部，保留7.5%的名额。为保证这些名额的落实，少数民族就业考试大多一次成功，对他们的要求一般放宽。在晋级时，也规定为他们保留7.5%的名额。中央、邦政府的三等、四等职员一般由地方录用，在录用时，按照少数民族在各邦中所占人口比例来确定其名额。通过这些措施，少数民族的就业情况也有所变化。

九　政策是一回事，落实是另一回事

目前，政府为改变少数民族状况，虽然在政治、经济、文化等方面制定了一些政策，作了一些规定，取得了一定效果，但实际情况并不理想。

政治方面，国家机关中为表列部落民保留一定数量的职位，但殴打残害少数民族的事件时有发生。对他们不是暗杀，就是纵火烧死。据印度表

列种姓和表列部族专员署的报告，已经申报的残害部落民的案件1976年为1065起，1977年增至1138起，1978年增加为1632起，两年内增加了53%。其中问题严重的是中央邦（714起）、马哈拉施特拉邦（267起）、比哈尔邦（196起）和拉贾斯坦邦（184起）。

经济方面，宪法规定“保护少数民族不受一切社会剥削与歧视”，“为确保少数民族土地占有权和免受代理商的经济剥削而采取必要的法律措施”。这些规定很好，但有些地方未能很好落实。据北方邦和中央邦的有关调查，发现有些部门的工作人员并不照章办事。随着工业化的发展，商人、承包商和一些官员相互勾结，任凭自己有钱有势，任意把少数民族赶走，然后把他们的土地据为己有，进行买卖。林业部门的一些官员也有违法乱纪的现象，每当他们宣布农民的哪块土地归国家保护，税务部门就马上向那些农民征税，或将土地归村社所有，事先既不同有关少数民族商量，事后也不给土地赔偿。这样一来，失去土地的农民生活无着，只能靠借债度日，或沦为债务奴隶。印度部落民负债情况比较普遍。据P. 马拉亚对安得拉特仑甘纳地区瓦朗加尔县408户部落民所作的调查，其中负债户数达276户，占67.64%。高利贷者十分活跃，他们靠剥削、买卖人口大发横财。显然，这些事情是下一级人员干的，或者是他们与高利贷商人互相勾结造成的，政府一经发现，即给予追究。但是漏网者也为数不少。

近些年来，少数民族为土地而进行的斗争并未完全停止，时起时伏，形式多样。有的抢劫农作物，有的袭击林业官员、焚烧仓库等。少数民族反抗压迫和剥削，要求收回失去的耕地以获得生活权利的呼声至今还很高。

在教育方面，少数民族教育有了发展和提高。但是和社会其他集团的差距并未缩小，初等教育尤为落后。各邦、中央直辖区在教育水平及普及程度方面也存在差距。同时，少数民族内部的差距也有日益扩大之势。有关少数民族教育的一些规定和措施，均有不落实的情况。如有些少数民族学生由于英语或其他功课基础较差，或因种姓、种族歧视等原因未被录取，或入学后又中途辍学。因此在校人数小于注册人数，甚至有些学校有名无实，不是处于半瘫痪状态，就是干脆没有学生。校舍破乱不堪，教师不去上班，只拿部分工资，其余大部分工资上交有关检查官员。因此，少数民族文化落后，文盲很多，据统计，文盲率占88.7%。印度独立以来，政府对少数民族在法律、政治、经济和文化教育方面作了一些规定，给予了一定保护和帮助，起到一定作用，得到了部落民的支持。但效果并不理想，其主要原因如下：

（1）历史原因。这主要与英国统治和经济掠夺有关。英国统治印度如此之久，其流毒很广很深。英国殖民主义者利用印度的民族、宗教、种姓制度等错综复杂的社会矛盾，采取“分而治之”的政策，对少数民族百般歧视，不断制造民族矛盾和民族对立，甚至残酷屠杀，以维护其在印度的统治。各行政机构对少数民族也非常歧视，如部落民遭到毒打，甚至被活活打死、烧死，受害者无处申冤；部落民财产被劫、土地被占，也无人问津。少数民族忍无可忍，终于暴发了 1855 年桑塔尔人反英大起义。印度独立初期，政府基本上沿袭英国对部落民的做法。后来，作了一些保护少数民族利益的法律规定，诸如部落民有土地占有权和受保护的权利等，情况有所好转，但“歧视”问题并未因此而得到彻底解决，一些旧的习惯势力仍起作用，至今仍有如警察、法院中的少数人因为受贿而不主持正义，对部落民进行欺压，殴打残害部落民的事件时有发生。这些都与历史上长期对少数民族的歧视分不开。

（2）政策上的问题。早在独立初期，尼赫鲁总理就少数民族的经济发展和政治权利问题提出过一些较好的解决办法，他说：“尊重少数民族对土地和森林的占有权”，“要永远记住，我们不仅不想对他们的任何生活方式进行干涉，而且还想对他们的生活方式给予支持和帮助”。尼赫鲁还强调：“要培养少数民族自己管理自己的能力，不要把我们的想法强加于他们。”这些意见本来是合理的，但是政府内部意见不一，不少人对此持反对意见，后来这些办法被否定了，未能得到彻底落实。采取了同化政策，主张让少数民族了解文明社会的生活方式，让他们同一切旧的“决裂”。尤其到了 20 世纪 60 年代，一些人企图用快速的社会和经济开发完成对少数民族的全部同化。后来，又用提高少数民族福利的办法来迫使少数民族与其他民族结合在一起，甚至主张用印度教取代少数民族的原始信仰，以达到文化的一体化。尽管动机可能是好的，但在这种思想指导下，一些有关少数民族的法律条款难以落实。基督教传教士也闯入少数民族地区，宣传自己的文明和宗教，修教堂，办学校，迫使少数民族放弃和改变自己的生活方式。结果冲击了少数民族的风俗习惯和传统的民间文化，他们产生了悲观、失望情绪，使一些少数民族“印度教化”，不少人皈依印度教，以便提高自己的社会地位。例如，皮尔人和桑塔尔人就是这样。但实际情况是，他们在印度教社会中，地位仍然很低，如同不可接触的种姓一样，甚至连最低级种姓的清道夫都看不起他们。这样一来，他们的社会地位更低了，经济状况更差了。印度教化影响的结果，童婚也大量出现了，嫁妆陋习也随之蔓延开来。

（3）有些政策不落实。有些政策是好的，但得不到落实，印度政府在每个五年计划中都规定一笔用于表列种姓和表列部落福利事业的拨款，这种拨款已从第一个五年计划（1951—1956）的3.004亿卢比增加到第四个五年计划（1969—1974）的17.27亿卢比和第五个五年计划（1974—1978）的29.619亿卢比。印度政府还在第五个五年计划期间实施一种部落地区附属计划，在每一个部落超过人口总数50%的地区，制订这种旨在加强部落民地区建设的计划，这种计划的拨款投资由中央和各邦联合负责，第五个五年计划期间（1974—1978）中央政府的拨款达到12亿卢比，第六个五年计划期间（1980—1985），这种拨款的指标为47亿卢比。但事实证明，这种拨款远远少于原定指标，而且已经花费的资金又有一大部分为各级官员、包工商和部落上层分子所侵吞。政府规定的对表列部落民在教育、就业和银行信贷等方面的优惠对于大多数部落民来说犹如一纸空文。又如，以前印度政府以实现“发展农村纲要”的名义在少数民族地区搞过福利投资。实践证明，有些地方效果不大，因为这些钱也到了一些地方官员手里。宪法规定，保护他们不受一切社会剥削与歧视，实际上贯彻不力。印度大部分邦存在不同程度的问题。据报道：“在这些邦内，那些被认为文明的民族都有占用少数民族土地和财产的情况，并且对他们进行各种剥削，使一些土著人要么变成债务奴隶，要么被迫流离失所。而土著人又不能及时受到政府的保护，警察和一些行政机关由于受贿而对地方给予包庇，对土著人进行威胁。”虽然上级政府对土著人定有计划和规定，但下级有些部门对计划落实不力，或者“在执行过程中由于受贿而中途停止”。这就充分证明了“政策是一回事，落实是另一回事”。由于种种原因，两者之间还存在一定差距。

以上事实证明，印度独立以来，政府在各方面做了不少工作，取得了一些成绩。但同时必须看到，问题还严重存在。历史上的流毒很深，民族与宗教矛盾存在，教育还不发达。因此尽管印度中央和地方政府为改善少数民族状况作了些努力，但是要想使所有问题得到应有的解决，却不是短期内能办到的。

十 少数民族简介

印度少数民族很多，这里简单介绍几个。

（一）迦洛人

迦洛人又叫阿吉格芒呆人（山民之意）。他们主要分布在迦洛山区，该区面积3000多平方千米，拥有人口30余万。此外，在山区周围的平原及瓜尔巴拉兰地区散居着不少迦洛人。

迦洛人主要有三大支派，或叫三大家族：即马拉格、毛米恩和桑格麻。各家族又有许多分支，如阿外、阿梭和西拉等。他们是不同家族通婚后出现的新家族。

迦洛人至今还处于母系社会，以“马交”为单位。马交是以母亲为首的单位，这些马交的名称，通常以动物、河流、洞窟等的名称命名，如郎格索（熊崽）马交、瓦斯拉（瓦斯拉河）马交等。每一个马交有个共同祖先，即同一母亲，家谱由女子即由母亲相传。

迦洛人最早住在何处，至今尚无定论，但他们自认为来自中国的西藏。有学者曾提出了西藏人和迦洛人之间的共同特征，即他们都崇拜鳄鱼，注重拜牦牛尾。可是，有的学者又认为这类动物在迦洛山区从来没有，故两者无关。即使如此，也不能完全证明迦洛人属于西藏人。更有一些学者认为，迦洛人同其他少数民族一样，是由中国经过印度东北和上阿萨姆地区来到这里的。远在上古时期，就有大量蒙古人种由此道源源而来。

迦洛族的语言属于西藏语系，它与居住在阿萨姆平原、北格恰尔山脉和地蒂利普拉地区的少数民族的语言接近。迦洛族人和格恰尔人，无论是在语言上还是在身体结构上，都有许多相同之处。基于此种理由，一些学者认为，这两个民族同属一源，后来才分成两支。其中格恰尔人分布在布拉马普特拉河以北地区，迦洛人则分布在此河以南。

迦洛人皮肤略黑，有蒙古人的脸型特征。他们一般有波浪般的卷发，虽然有时也把它弄直。

迦洛人身材矮小，虽然壮实，但没有卡西人那种四肢发达的明显特征。有些人留有胡须，但比较稀少。男女的发型大多一样，在后面打结，或者包个头巾。青年妇女看上去丰满娇媚，而且身体健康，但随着年龄的增大，很快就失去了丰姿。

迦洛人有特殊的婚姻风俗，盛行姑表兄妹结婚。这种独特的婚姻制度是迦洛人社会结构的核心，每个家庭，家产归幼女继承，是这一婚制的本质。

迦洛人不时兴婚价，但偶尔也有送一把剑、一个盾或一头牛的情况。因行为不轨而离婚的较为普遍。离婚也很自由。但是，主动要求离婚者要支付赔偿费。

迦洛人相信万物有灵，而且认为精灵有善、恶之分。善神能给人带来吉祥和幸福；恶神则给人带来疾病和灾难。他们用供奉祭品的方法来改善同这些神灵的关系，根据不同情况，判断该向哪位神灵和用何种方式祭献，有时使用食物，有时献活物。

迦洛地区并非世外桃源，它同周围的社会乃至世界有着联系，受其影响。他们在向灌溉性农业过渡的过程中，政府对他们给予鼓励和帮助，所以使当地的某些制度和传统习惯发生了明显的变化。可以说迦洛人的母系社会结构已经发生了许多变化，在向父系社会过渡，朝着现代文明的方向发展。

（二）桑塔尔人

桑塔尔人是印度人数最多的部族之一，他们主要分布在比哈尔、西孟加拉和奥里萨等地。他们主要以务农为业，也善于狩猎。

桑塔尔人皮肤黝黑，长头型，前额宽阔，眼睛呈黑褐色，鼻梁笔直，嘴唇稍厚，额骨突出，头发卷曲，胡须稀疏，中等身材。桑塔尔人操桑塔尔语，属于印度最古老的一种土语。

桑塔尔人一般实行一夫一妻制，在某种情况下，也有一夫多妻的现象。一般来说，他们实行成人婚姻，由于受印度教风俗的影响，童婚也时有发生。在桑塔尔人中，一般流行着几种结婚方式。（1）媒人婚。即配偶双方的父母通过媒人商定，这是最普通的一种婚姻方式。在这种婚姻中，新郎的父亲向女方支付新娘的身价费。（2）买郎婚。若一个少女婚前与人私通怀孕，而男方又不愿与她正式成婚，或者是由于氏族的规定而不能结婚，在这种情况下，这个男子就必须给女方的父亲一大笔钱，以便买一个新郎，其丑事则可一直瞒着。（3）服役婚。男青年到女方家居住，不需要向姑娘的父母支付任何费用，但必须无偿为未来的岳父干活 5 年，方可成婚。（4）自投婚。因家境贫寒，无力支付正规的结婚费时所采用的一种结婚方式。新娘把她的一些物品收在一只小篮里，顶在头上，带到新郎家里。到了新郎家，新郎在她的头上涂上朱红，就算成婚，不需要新郎支付任何费用。（5）涂颜婚。在举行结婚仪式时，新郎用朱砂把新娘的前额直至全脸涂红，这便是这一婚名的由来。这种婚姻一般在以下两种情况下出现：一是男女青年商定的婚事遭到女方的父母反对时；二是当男青年怀疑姑娘不愿与自己结婚时。（6）闯入婚。如果一对青年男女私通，而该男子又拒绝与女方正式结婚，女子可闯入男方家里，赖着不走。这时男方家会对女子进行多种折磨。若女子经受住了考验，最后双方只好成婚。（7）自由婚。这种婚姻是寡妇或离婚的妇女与鳏夫或离婚男子的再婚。这种婚姻大都是婚姻的双方自由结合。这种婚姻给女方的身价费很少，因为人们普遍认为，这种女子死后在阴间还会与她的第一个丈夫从新结合，他们现在的结合只是暂时的。

桑塔尔实行火葬，但儿童和孕妇实行土葬。火葬的第六天要举行一种仪式，即把邻居们请来，到死者生前居住的屋里沐浴，并向死者上供。

桑塔尔的传统是，土地归村社所有，个人没有所有权，只有使用权。死者的财产由儿子们继承，但长子享有特殊继承权。女子无继承权。若死者没有儿子，财产则由直系男子继承。

（三）米基尔人

米基尔是印度少数民族之一，十万余人。他们分布在阿萨姆邦的西布萨加尔、瑙岗、迦摩缕波县、卡西山区和北卡恰尔山区。主要聚居地是米基尔山区。操阿萨姆语和米基尔语两种语言，属蒙古人种。

米基尔是阿萨姆人称呼这个部族的名称。他们自称“阿冷”，意思是人。该族的某些传说表明他们来自东南的某个地方。他们不承认和东北地区的其他民族有血缘关系。米基尔人的语言类似固基语，风俗习惯类似那加族，而人种特征更像阿萨姆族。肤色一般是棕黄色中带一点白净。米基尔属蒙古人种，操藏缅语。

一般说来，米基尔人实行一夫一妻制，按习惯，男人不准娶两个妻子。但是有钱人多妻现象也存在。离婚是允许的，但很少见。如果妇女不育或别的原因回娘家后拒绝回来，丈夫要拿一葫芦酒去岳父家，并宣布从此她自由了。离婚后，双方都可再婚。寡妇也允许再婚。

儿子继承财产。母亲和女儿什么也得不到。如果没有儿子，就由最近的男亲属来继承。如果死者无子或无兄弟，寡妇可以保有财产，如果她与前夫同一氏族的男人结婚的话。长子通常分得财产的最大份额。往往是父亲死前分割财产。米基尔人是大家庭，后辈很少另立门庭。

米基尔人注重葬礼，即使婴儿死亡，也要同样举办。若有人死于急性传染病，如天花或霍乱等，则要立即埋葬，改日还要把骨头挖出来正式火化，再举行葬礼。普通情况是，尸体在家要停放 12 天，期间家属不能留在家里，必须到河对岸煮饭吃。从逝世之日起，村寨每夜派出一个男人前往死者家里。葬礼进行的前三天，村里的青年人每晚都要在死者的房前敲锣打鼓，而且手持矛棍，成对跳舞。火化尸体时，熟悉死者的妇女们开始歌唱死者，并告诉大家死者将以什么方式到什么地方去会见那些早已死去的亲属。年轻人继续跳舞，直至火化仪式结束。米基尔人的葬礼时间长，花费大，对生产和生活均有不利影响。

米基尔人长期信仰原始宗教，基督教早已传入，但没有多大发展。他们敬奉多种神祇，诸如火神等，还太阳、月亮、大山等都是神灵。相信灵魂不灭，可以转生来世。因此一般都以他们的已故亲属的名字给孩子命名。

米基尔人的主要农作物是谷子。耕作像其他山区一样，实行刀耕火种。另外还种植大量玉米、棉花、山芋等。工业很少。林克节（ringker）是每年必过的节日，在六月举行。节日期间，人们杀一只羊或一只鸡，向神献祭，还有收获节，不献祭，只会餐，宴会上不宰牲口，因为他们相信，如果这时宰了牲口，收回家的谷子就会很少。